전면개정
제4판

ADVANCED ENGLISH GRAMMAR

고급
영문법
해설

문 용

박영사

머리말

— 제4판 출간에 부쳐 —

이 「고급영문법해설」은 영어의 활용능력을 기르기 위해서 영문법의 지식을 심화하고자 하는 이들을 대상으로 쓰여졌다. 동시에 대학에서의 영문법 교재로, 그리고 중·고등학교의 영어교사나 일상 업무를 수행하는 데, 영어 지식이 긴요한 일반인에게 참고가 될 수 있도록 꾸몄다.

이 책을 집필하는 데 저자가 특히 유의한 것은 학습영문법에 현대언어학의 성과를 가능한 한 이론 자체가 드러나지 않도록 쉽게 풀어서 도입하려고 한 점이다. 저자는 초판부터 이와 같은 점에 신경을 써왔지만, 특히 이 제4판에서는 이론적으로 드러나 보이는 곳을 크게 줄였다.

우리 주위에서 영어 학습열은 대단하다. 하지만 영문법에 대한 진지한 관심은 차라리 줄어든 느낌이 없지 않다. 그런데 학습자의 나이가 어리고, 학습자가 익히려는 기능이 그저 일상적인 듣기와 말하기에 한정된 경우라면 몰라도, 다음과 같은 경우 영어 학습에서의 영문법의 자리는 절대적이다.
   1) 학습자의 나이가 대학교에 진학할 나이이거나 그 이상인 경우
   2) 학습자가 현재 고등교육을 받고 있거나 받은 경우
   3) 학습자가 격식이 높은 영어를 습득하려는 경우
   4) 학습자가 일상적인 의사소통의 차원을 넘어 전문적인 업무 수행에 영어를 필요로 하는 경우
   5) 수준이 높은 읽기나 쓰기의 기능에 능통하려는 경우

이 책의 권말에 참고문헌이 제시되어 있는데, 참고문헌 중 저자에게 도움이 컸던 것은 Quirk et al.의 A Comprehensive Grammar of the English Language (1985) 이다. 이 지면을 빌려서나마 이 저자분들에게 심심한 경의와 사의를 표하고 싶다.

「고급영문법 해설」의 초판이 나온 것은 벌써 30년 전이다. 그동안 세 번에 걸쳐 개정판을 냈는데, 이번에 여기 저기 숨어있던 오류를 또 한 번 바로잡고 표현 방식

도 다듬고 내용을 첨삭해서 제4판을 내놓는다. 30년 동안 독자 여러분의 애호를 받아왔는데도 아직도 여기저기 오류가 숨어 있었고 미비한 점이 있었으니, 필자로서는 부끄러움과 죄송함을 금치 못한다. 이번에 내놓은 개정판이 거듭난 모습으로 독자 여러분의 기대에 어긋나지 않았으면 한다.

이 책이 출판되기까지 꼼꼼히 교정을 보고 내용을 자세히 살펴 미비한 점을 지적해준 남조우 선생께 감사드린다. 박수열 선생께도 감사를 드린다. 사실 나는 박수열 선생은 얼굴도 모른다. 하지만 이 책의 2판과 3판이 나올 때까지 박수열 선생은 번번이 책의 여기저기에 숨어있던 미비점을 찾아 알려 주셨다. 이 두 분의 도움이 없었더라면 이 「고급영문법해설」이 현재와 같은 모습으로 출판되기는 어려웠을 것이다.

인내심과 꼼꼼함의 본보기를 보여준 박영사 편집부의 전채린 과장과 배우리 씨에게도 감사드린다.

남이 찾지 못했던 잘못된 부분을 꼼꼼히 찾아 주신 김동윤 선생께도 감사드립니다.

2017년 8월

문 용

차 례

Chapter 01 동사

Chapter 02   비정형동사

Chapter 03   시제와 상

Chapter 04 조동사

Chapter 05 가정법

Chapter 06 수동태

Chapter 07 명사

Chapter 08 관사

Chapter 09 대명사

Chapter 10 형용사

Chapter 11　부사

Chapter 12　전치사

Chapter 13 접속사

Chapter 17 분열문과 생략구문

Chapter 18 일치

Chapter 19 화법

Chapter 20 어순

동사

Verbs

동사

1.1 동사의 분류

동사는 목적어의 필요 여부에 따라 자동사와 타동사로 분류되고, 보어의 필요 여부에 따라 완전동사와 불완전동사로 분류된다.

1) 완전자동사(complete intransitive verb): 보어(complement)나 목적어(object)를 필요로 하지 않는 동사
2) 불완전자동사(incomplete intransitive verb): 보어를 필요로 하는 동사
3) 완전타동사(complete transitive verb): 목적어를 필요로 하는 동사
4) 수여동사(dative verb): 직접목적어(direct object)와 간접목적어(indirect object)를 필요로 하는 동사
5) 불완전타동사(incomplete transitive verb): 목적어와 보어를 필요로 하는 동사

1.2 문장의 주요소와 기본문형

이 다섯 종류의 동사는 다음과 같이 네 개의 기호로 추상화할 수 있는 기본 문형을 만든다.

1) S + V
2) S + V + C
3) S + V + O
4) S + V + IO + DO
5) S + V + O + C

유의 이와 같은 기본 문형의 설정은 주어, 술어동사, 보어, 목적어를 문장의 주요소로 삼는 데 근거를 두는데, 영어의 동사의 기본적 통사상 특성과 영어 문장의 기본 어순을 이해하는 데 도움이 된다. 그런데 이 다섯 종류의 기본 문형이 모든 문장 구조를 편리하게 설명해 주는 것은 아니다. 일례로 이 기본문형은 완전한 문장을 만드는데 필수적인 요소가 되는 일부 부사(구)를 포함하는 구문(⇒ 1.3(2), 1.7, 1.13.3)과 구동사 구문(⇒ 1.24), 그리고 일부 부정사 구문(⇒ 1.23, 2.3.3) 등을 제대로 설명하지 못한다.

1.3   완전자동사

(1) 완전자동사는 보어나 목적어를 필요로 하지 않는다.

We have just arrived.

The sun disappeared.

유의 완전자동사가 술어동사로 사용된 문장은 S + V로 기호화가 된다. 하지만 S + V는 '언제', '어디서', '어떻게', '왜' 등을 나타내는 부사(구)를 수반함으로써 얼마든지 그 구조가 복잡해지고 길이도 늘어날 수 있다.

The boys lay *on the grass with their eyes closed.*

Across the park, **he** walked, *hand in hand with his daughter.*

(2) 위에서 언급한 기본 문형(이른바 문장의 5형식)을 전제로 한다면, 부사(구)는 문장을 구성하는 데 있어, 주요소가 아닌 수식 요소에 속한다. 그러나 다음의 예가 보여주듯이 자동사 가운데는 완전한 문장을 만드는 데 반드시 부사(구)가 필요한 것이 있다.

The castle stands *on the hill.*

He stayed *in bed.*

Don't lie *on the wet ground.*

The road goes *through the village.*

유의 다음 예문에는 부사구가 둘이 나온다. 이 문장을 완전한 문장으로 만드는 데 부사구 in Seoul이 꼭 필요한 것은 아니다. 하지만 목적지인 '… 에'를 전제로 하는 go 뒤에는 to a museum이 꼭 필요하다.

John went to a museum in Seoul.

(3) 동사 가운데는 다음과 같이 자동사와 타동사의 두 기능을 겸하는 것이 있다.

자동사	타동사
The door opened quickly.	Someone opened the door.
Paper burns quickly.	Burn all waste paper.
The window broke.	Who broke the window?

이와 같이 두 기능을 갖는 동사로는 그 밖에 다음이 있다.

burst, close, drop, grow, hang, hurt, melt, move, ring, roll, shake, shut, stop, turn, …

(4) 다음 (a)와 (b)에서 (a)의 waved는 완전자동사이고, (b)의 waved는 타동사이다.

(a) He waved.
(b) He waved his hand.

그런데 (a)와 (b)는 똑같이 '그는 손을 흔들었다'란 뜻을 나타낸다. 이는 wave가 (his) hand라는 목적어를 생략할 수 있고, 목적어가 없어도 여전히 '손을 흔들다'란 뜻을 나타내기 때문이다.

하지만 다음 (c)의 목적어는 생략하지 못한다.

(c) He waved a red flag/his left hand.

이 wave처럼 원래는 타동사지만, hand와 같은 특정한 목적어를 생략할 수 있고, 목적어가 생략됨으로써 타동사가 자동사로 바뀌는 동사의 예를 좀 더 들어보면 다음과 같다.

drink

타동사로 쓰이는 drink(…을 마시다)는 water, orange juice, tea, coffee, alcohol 등을 목적어로 삼는다. 그런데 water, coffee, … 등은 생략할 수 없지만, '술(alcohol)'을 나타내는 목적어는 생략해도, 이 목적어를 수반하는 문장과 뜻이 같은 완전한 문장을 만든다.

(a) Drink water a lot everyday.
≠ (b) Drink a lot everyday.

(c) He never drinks alcoholic beverages. - 타동사

= (d) He never drinks. - 자동사

drive

drive(··· 을 운전하다)는 car, bulldozer, school bus 등을 목적어로 삼는데, a car만은 생략할 수 있다.

(a) Can you drive a bulldozer?

≠ (b) Can you drive?

(c) Can you drive a car? - 타동사

= (d) Can you drive? - 자동사

play

play는 문맥이 분명한 경우, football, tennis 등 운동명과 piano, violin 등 악기명에 속하는 목적어를 생략해도 완전한 문장을 만든다.

"Do you like baseball?"

"Yes, I do."

"Do you play often?"

"Yes, I play everyday."

유의 위에서 <문맥이 분명한 경우>란 단서를 붙였지만, like나 take는 아무리 문맥이 분명해도 목적어를 생략할 수 없다. like나 take는 타동사로만 쓰이는 동사인 것이다.

1. "Do you like baseball?"

   "Yes, * I like. (→ Yes, I do.)" (앞으로 나오는 * 표는 문장이 비문법적이란 표시)

2. "Who took my umbrella away?"

   "* Your wife took away. (→ Your wife took it away./Your wife did.)"

그 밖에 다음과 같은 동사도 괄호 안에 주어진 목적어를 생략할 수 있다.

change (clothes)

lose (game)

pass (test/exam/inspection)

pay (bill/money)

(5) 다음에 나오는 동사 wash, write, sell은 원래가 타동사이다. 그런데 자동사로도 쓰인다. 자동사로 쓰이는 경우 이 동사들은 수동적 의미를 갖는다.

> The clothes wash with no trouble. (그 옷은 세탁이 수월하다.)
> This pen writes smoothly. (= One can write smoothly with this pen.)
> His new book sold rapidly. (그의 신작은 날개 돋친 듯 팔렸다.)

해설 타동사가 자동사로 전용되면서 수동적 의미를 나타내는 경우, 이런 동사들은 대체적으로 부사구를 필요로 한다. 부사구가 필요한 것은 이런 동사들이 수동의 의미 자체보다 주어의 성능이나 특질을 나타내는 목적으로 쓰이기 때문이다. 또한 수동적 의미 자체를 나타내는 것이 목적이 아니기 때문에, 그의 신작을 평가하는 목적을 가진 His new book sold rapidly는 좋지만, The house was sold yesterday를 *The house sold yesterday로 바꾸어 쓰지는 못한다.

1.4 자동사가 만드는 도치구문

1.4.1 There로 시작하는 구문

(1) 다음 (a)처럼 There로 시작하는 문장은 흔히 존재문(existential sentence)이라고 불린다. 어떤 사물의 존재를 알리는 기능을 갖기 때문이다.

> (a) There is a cat under the table.

영어에는 문장 구성에 있어 구정보(old information)에 속하는 요소는 어순상 앞자리를 차지하고, 신정보(new information)에 속하는 요소는 뒷자리를 차지한다는 원칙이 있다. (⇒ 20.1)

여기서 구정보란 말을 주고 받는 화자(speaker)와 청자(hearer) 사이에서 이미 화제에 올랐거나 그들이 공유하고 있는 정보를 가리키며, 신정보란 청자에게는 그의 의식 속에 아직은 입력이 되어 있지 않은 정보를 가리킨다.

예문 (a)의 주어는 a cat이다. cat 앞에 부정관사 'a'가 쓰이고 있는 것으로 알 수 있듯이, 이 주어는 청자에게는 신정보에 속한다. 신정보는 상대적으로 뒷자리를 차지한다는 어순의 원칙에 따라 이 cat을 문장의 뒷자리로 옮기고 보면, 주어의 자리가 비게 된다. 이 자리를 There로 메운 문장이 (a)와 같은 존재문이다.

존재문에서의 **there**는 문장의 주어의 자리를 차지할 뿐, 특정한 의미는 갖지 않으며, 천천히 똑똑하게 발음하는 경우를 제외하고는 [ðər]로 발음된다.

위에 나오는 (a)와 달리 다음 (b)는 비문법적이다. (b)는 (c)로 고쳐야 한다.

> (b) ＊There is the cat under the table.
> → (c) The cat is under the table.

정관사 **the**가 붙은 **the cat**은 청자도 이미 그 존재를 알고 있는 구정보에 속한다. 그렇기 때문에 문장을 **There**로 시작하지 않는 것이다.

(d)는 어떨까?

> (d) A book is on the table.

(d)는 비문법적인 문장은 아니다. 예를 들어 인쇄물(서적)에서는 'page 16에 나오는 도표 참조'란 뜻으로 **A diagram is on page 16** 같은 문장이 쓰인다. 하지만 일상적으로는 (d)와 같은 구문은 거의 쓰이지 않는다.

한편 (b)는 비문법적이지만 다음과 같은 문맥에서는 **There + be**가 the + 명사(그 밖에 this/that + 명사 또는 고유명사)를 수반할 수 있다.

1) 상대방에게 어떤 사람이나 사물의 존재를 상기시키거나 일깨워 줄 때

> (e) A: Who else should be informed?
>   (그 밖에 누구에게 알려야 할까?)
>   B: Well, there's Susan, Jack, and Barbara or Joan.
> (f) A: I can't decide where to take her for lunch.
>   B: Well, there's that Chinese restaurant we ate at last week.

2) 최상급 + 명사가 의미상 특정적이 아닐 때

> (g) There wasn't the slightest difference between them.

(g)의 **the slightest difference**는 "티끌만한 차이"란 뜻으로, **slight**가 최상급으로 쓰였기 때문에 **the**가 부가되었을 뿐, 구정보에 속하지도 않고 특정한 사람이나 사물을 가리키지도 않는다.

(2) 동사 be 이외에도 한정된 일부 동사가 There로 시작하는 문장의 술어동사로 쓰인다.

> In a small town in Germany, there once lived a poor shoemaker.
> There comes a time for decision.

1.4.2 (장소를 나타내는) 부사구 + 동사 + 주어 구문

> On the platform was a strange-looking old man.
> Here above the city, on a tall column, stood the statue of the Happy Prince.

위와 같은 구문은 '이야기체(narrative style)'에서 흔히 쓰인다. 학교문법은 이 구문을 문장의 앞자리로 옮겨진 부사구를 강조하기 위한 도치구문으로 설명하기도 한다. 그런데 한 문장에서 A + B + C로 이루어진 어순을 C + B + A로 바꾸었다면, 그것은 문맥에 따라서는 C를 강조하려는 데 목적이 있기도 하지만, 뒷자리로 옮긴 A를 강조하려는 데 목적이 있기도 하다. 위의 구문이 바로 그렇다. 이 구문이 이야기체에서 애용되는 것도 이 구문이 우선 배경을 제시하고 그 다음에 동사가 나오고 끝에 가서 신정보에 해당하는 주어를 드러내게 함으로써 suspense를 조성하는 효과가 생기기 때문이다.

1.4.3 Here로 시작하는 구문

> Here comes the bus!
> Here is the news.

해설 다음에서 (a)와 (b)의 차이는 무엇일까?
(a) Your book is here.
(b) Here is your book.
(a)는 Where is my book?과 같은 질문의 답으로 적절하며, here가 정보가치가 크다. 한편 (b)와 같은 도치구문은 어떤 사물에 상대방의 관심을 끌려고 할 때 쓰이며, your book이 정보가치가 크다.

1.4.4 (방향)부사 + 이동동사 + 주어 구문

In went the sun and down came the rain.
On marched the soldiers.
Away goes the servant.

이 (방향을 나타내는) 부사 + 이동동사 + 주어로 구성된 도치구문은 앞 (1.4.2)에서 다룬 도치구문과는 또 달리, C + B + A란 도치된 어순 자체를 통해서 정상적 어순인 A + B + C 가 나타내는 의미에 극적효과를 더해 준다.

1.5 불완전자동사

1.5.1 불완전자동사와 보어

불완전자동사는 보어를 필요로 하는 동사를 가리킨다. 대표적인 불완전자동사로는 be와 become이 있다. 각각 '… 이다'와 '… 가 되다'란 의미를 갖는 be와 become은 '…'에 해당하는 부분을 보충하여야만 완전한 문장을 만들 수 있다. 이 '…'에 해당하는 부분이 보어이다. 불완전자동사를 잇는 보어를 특히 주격보어(subjective complement)라고 부르는 것은 이 보어가 주어를 설명해 주는 기능을 갖기 때문이다.

> **참고** 1. '보어'란 용어는 학자나 문법이론에 따라 그 정의나 해석이 여러 가지로 다르다. 가장 넓은 의미로 쓰이는 경우, 보어는 동사를 보충하여 완전한 문장을 만드는 데 필요한 주격보어, 목적어, 목적(격)보어(objective complement) 및 부사(구)를 모두 가리킨다.
> 2. 주격보어가 주어의 여러 속성을 설명해주는 기능을 갖는다면 불완전자동사는 주어와 이 주격보어를 연결해주는 기능을 갖는 셈이다. 이와 같은 이유 때문에 불완전자동사는 '연결동사(linking verb)' 또는 '계사(繫辭, copula)'라고 불리기도 한다.

1.5.2 불완전자동사의 분류

불완전자동사를 그 특성에 따라 다음과 같이 분류할 수 있다.

(1) be류
기본적으로 '… 이다(S=C)'란 의미를 갖는다.

> I'm tired.
> Stay awake.
> You must keep quiet.
> The situation remains unchanged.
> Broken pieces of glass lay scattered all over the road.

(2) become류
기본적으로 '… 가 되다(S → C)'란 의미를 갖는다.

> He became ambitious.
> Get ready.
> He grew thin and grey.
> The children fell asleep.
> The poor man went mad.
> In autumn the leaves turn yellow.
> The handle has come loose. (손잡이가 헐렁헐렁해졌다.)
> The river ran dry. (강물이 바닥이 났다.)

유의 동사 make는 이른바 문장의 3형식이나 5형식을 만드는 대표적 동사의 하나이지만, 다음처럼 보어를 수반하는 불완전자동사로도 쓰인다.
> That woods will make *a good hiding place*.
> (저 숲은 좋은 은신처가 될 수 있겠다.)
> He will make *a good husband*.
> (그는 좋은 남편이 될 것이다.)

바로 위에 나온 예문에는 다음과 같이 **you**를 부가할 수도 있다.
> He will make you a *good husband*.
> (= He will be a good husband to you.)

(3) look류

감각을 통해서 주어의 상태를 나타내는 동사로, look, taste, smell, feel, sound가 여기에 속한다.

> He looks young.
> This soup tastes hot.
> The rose smells sweet.
> This sheet feels wet.
> That sounds interesting.

(4) seem류

seem과 appear가 여기에 속한다.

seem을 예로 들어 그 특성을 살펴보자.

seem은 일단 다음 (a)를 종속절로 수반하는 (b)와 같은 구문을 만들 수 있다.

> (a) He is happy.
> → (b) It seems that he is happy.

그리고 (b)는 다음과 같이 (c)나 (d)로 구문을 바꿀 수도 있다.

> (b) It seems that he is happy.
> → (c) He seems to be happy.
> → (d) He seems happy.

seem을 불완전자동사로 간주하는 것은 이 동사가 만드는 (d)와 같은 문장 때문이다. 그런데 seem의 특성은 seem이 (d)와 같은 문장에서 쓰인다는 점보다는 (b)~(d)와 같은 의미상 서로 유기적인 관계를 갖는 문장을 만들 수 있다는 점에 있다.

seem은 '… 해 보인다'란 뜻을 갖는데, (c)와 (d)에서 '… 해 보이는 것'은 과연 무엇일까? (c)와 (d)의 주어는 he지만, (c)와 (d)에서 '… 해 보이는 것'은 he라기보다 he is happy일 것이다. 그것은 (c)와 (d)가 (b)와 유기적인 관계를 갖고 있는 것으로도 알 수 있다.

seem을 단순히 불완전자동사로만 이해해서는 안 된다.

> 유의 위의 예문에서 (c)는 (d)로 바꿀 수 있지만, (c)의 구문을 모두 자유롭게 (d)의 구문으로 바꿀 수 있는 것은 아니다. (c)의 구문을 (d)의 구문으로 바꿀 수 있는 것은 seem을 잇는 어구가 <주관적인 판단>을 반영하는 경우에 한한다. He seems to be happy를 He seems happy로 바꾸어 쓸 수 있는 것도 그 판단이 <주관적>이기 때문이다. 다음 (e)는 (f)로 바꾸

지 못한다. <그가 선생이고 아니고>는 객관적으로 가려질 수 있는 것이어서, 주관적으로 판단할 여지가 적은 것이다.

(e) He seems to be a teacher.

→ (f) *He seems a teacher.

위에서의 설명은 **appear**에 대해서도 똑같이 해당된다. 다만 의미상 **seem**과 **appear** 사이에는 다음과 같은 차이가 있다.

He seems happy. – 화자가 <주관적으로> 판단할 때, '그가 행복해 보인다'는 뜻.

He appears happy. – <겉으로 드러난 인상>으로 볼 때, '그가 행복해 보인다'는 뜻.

유의 '보인다'는 뜻을 갖지만 **look**은 **seem**이나 **appear**와 달리 It looks that …의 구문을 만들지 못한다.

He looks young.

→ *It looks that he is young.

1.5.3 주격보어가 될 수 있는 어구

(1) 명사(구), 명사 상당어구(대명사, 동명사, to 부정사구, 명사절 등)

Who is it? It's me.

Seeing is believing.

To be diligent is to be happy.

The question is whether it is true or not.

유의 불완전자동사 다음에는 주격보어가 쓰인다지만, It's me의 me가 그렇듯이 보어가 되는 인칭대명사는 높은 격식성이 요구되는 문맥이 아니라면 보통 목적격이 쓰인다.

(2) 형용사(구)

The situation is hopeless.

She appears a little upset.

She has grown taller since I last saw her.

보어가 되는 형용사 가운데는 다음과 같이 1) 전치사 + 명사(구), 2) to 부정사구, 3) that절을 필요로 하는 것이 있다. (⇒ 10.16)

1) I am afraid *of dogs*.

   My opinion is different *from yours*.

2) English is difficult *to master*.

   You are very kind *to invite me to dinner*.

3) I am sure *that he is honest*.

그 밖에 한정된 일부 형용사는 의문사가 이끄는 부정사구나 종속절 또는 동사의 -ing형을 수반하기도 한다.

I am uncertain $\begin{cases} \textit{how to get there.} \\ \textit{what they would say.} \end{cases}$

She is very busy *cooking*.

1.5.4 불완전자동사의 용법상 유의점

(1) 많은 불완전자동사는 완전자동사나 타동사로도 쓰인다.

The situation remains unchanged. - 불완전자동사

After the fire, very little remained of my house. - 완전자동사

The weather has turned cold and windy. - 불완전자동사

When I called, she turned to look at me. - 완전자동사

He turned the key in the lock. - 완전타동사

The heat turned the milk sour. - 불완전타동사

(2) come, go, run, fall

흔히 완전자동사로 쓰이는 come, go, run, fall이 불완전자동사로 쓰이는 경우, 보어가 되는 어구는 다음과 같은 것으로 한정되어 있다.

come: come true, come loose, come unstuck, come unfastened

go: go mad, go wrong, go bald, go rusty, go sour, go pale

run: run short, run wild, run dry

fall: fall sick, fall asleep, fall vacant

위의 예에서 알 수 있듯이, 불완전자동사로 쓰이는 경우, go는 보통 바람직하지 않은 상태로의 변화를 나타내며, come은 '(꿈이) 실현되다'든가 '(묶였던 것이) 풀린다'는 뜻

으로 많이 쓰인다.

(3) turn

정치적으로 변절을 했다거나 직업이나 종교를 바꾸었다는 뜻을 나타내는 문맥에서 쓰이는 **turn**은 보어로 쓰이는 명사 앞에 관사가 붙지 않는다.

> The king's trusted minister turned traitor and poisoned him.
> (왕이 신임했던 장관이 반역자로 변절해서, 왕을 독살했다.)
> He worked in a bank for thirty years before turning painter.

(4) 그 밖에 불완전자동사 + 보어가 숙어처럼 쓰이는 특수한 예에 다음이 있다.

> Fear of failure loomed large in his mind.
> (실패할지도 모른다는 두려움이 마음속에 무겁게 자리를 잡았다.)
> "How do you plead?" asked the judge.
> "We plead guilty, Your Honor."
> ("유죄를 인정합니까? 무죄를 주장합니까?"하고 판사가 물었다.
> "판사님, 저희는 유죄를 인정합니다.")
> You can rest assured that these mistakes won't happen again.
> (이런 과실은 다시 저지르지 않을 테니 그렇게 믿으시고 마음을 놓으세요.)

그 밖에 다음도 있다.

> burn red((불이) 붉게 타다), lie flat(납작 눕다), stand firm(단호한 입장을 취하다), turn out a success((실패할 줄 알았는데) 결과적으로 성공하다), freeze solid(꽁꽁 얼다), spring open(갑자기 탁 열리다), feel a fool((자신이) 바보처럼 느껴지다)

1.6 의사보어

다음은 괄호 안의 문장으로 그 뜻을 풀어 쓸 수 있다.

> We parted *good friends.*
> (= We were good friends when we parted.)
> He died *a beggar.*
> (= He was a beggar when he died.)
> He returned to his land *a different man.*
> (= He was a different man when he returned to his land.)
> The boy came *running* toward me.
> (= The boy came toward me and he was running.)

위의 예문의 술어동사는 원래가 자동사로 이 동사만으로도 뜻이 통하는 완전한 문장을 만들 수 있다. 그런데 문장의 끝 부분에 주격보어 비슷하게 주어의 상태 등을 부연 설명하는 어구가 부가되었다. 이와 같은 부가어를 '의사보어(quasi-complement)'라고 한다.

1.7 be동사 + 부사(구)

be동사는 완전한 문장을 만들기 위해서 경우에 따라서는 부사(구)를 필요로 한다.

> The moon is down.
> School is over.
> This letter is for you.
> The meeting is on Monday.
> She is in good health.
> Why are all the lights on?

해설 이른바 「문장의 5형식」을 기준으로 한다면 위에 나오는 예문들은 몇 형식에 속할까? 위의 예문들은 문장의 1형식이라 할 수도 없고 2형식이라 할 수도 없다. 1형식이기에는 완전한 문장을 만드는 데 필수적인 부사(구)를 수반하고 있고, 2형식이 되기 위해서는 보어가 필요한데 부사(구)는 보어가 되지 못한다.

Quirk et al.(1985 : 721)은 동사＋필수적인 부사(구)를 하나의 독립된 동사형으로 설정하고, 이 동사형을 S＋V＋A로 기호화하고 있다. A란 adverbial(부사류(副詞類))의 약자인데, S＋V＋A를 독립된 동사형으로 인정한다면, A는 S(ubject), O(bject), C(omplement)와 나란히 문장의 주요소의 하나가 된다.

Quirk et al.은 다음과 같이 일곱 가지의 동사형을 설정하고 있다.

1) S＋V
2) S＋V＋C
3) S＋V＋A
4) S＋V＋O
5) S＋V＋IO＋DO
6) S＋V＋O＋A
7) S＋V＋O＋C

1.8　완전자동사로 쓰이는 be동사

다음 예처럼 '존재하다'란 뜻으로 쓰일 때의 be동사는 완전자동사이다.

God is. (신은 존재한다.)

다음과 같은 예도 있다.

Whatever is has every reason for being.
(존재하는 것은 무엇이든 존재할 만한 이유가 있다.)
To be, or not to be, that is the question.
(죽느냐, 사느냐, 그것이 문제로다.)

유의　위에 제시한 바와 같은 특수한 표현이 있기는 하지만, '존재한다'란 뜻으로 be동사가 흔히 쓰이지는 않는다.

1.9 완전타동사

1.9.1 타동사와 목적어

완전타동사는 목적어를 필요로 하는 동사를 말한다. 주격보어가 주어와 넓은 의미에서 (=)의 관계를 갖는다면, 동사가 영향을 미치는 대상을 나타내는 목적어와 주어는 (≠)의 관계를 갖는다.

> She is a nurse in a large hospital. - 보어(She = a nurse)
> We need a nurse to take care of him. - 목적어(We ≠ a nurse)

1.9.2 목적어가 될 수 있는 어구

목적어가 될 수 있는 어구는 명사와 명사 상당어구(대명사, to 부정사(구), 동명사(구), 명사절 등)이다.

> The boy caught the ball. - 명사구
> I want to see him. - to 부정사구
> I remember meeting you once. - 동명사구
> I don't know what to do. - 의문사 + to 부정사구
> I didn't know that she was your sister. - 명사절
> I don't care whether/if you like me or not.
> I don't know what he wants.

1.9.3 목적어와 수동태

목적어를 수반하는 대부분의 문장은 목적어를 주어로 삼아, 수동태 구문으로 바꿀 수 있다. (⟹ 6.1)

1.10 that이 이끄는 종속절

타동사가 **that**이 이끄는 종속절을 목적어로 삼는 경우, 타동사는 **that**이 이끄는 종속절의 술어동사의 형태에 따라 다음과 같이 분류된다. **that**절을 수반하는 형용사도 똑같은 분류를 할 수 있다. (⟹ 10.16.3)

(1) 사실기술동사(factual verb)
종속절의 술어동사로 직설법을 쓴다.

> They agree that she *is* guilty.
> I know that he *is* an honest man.
> He denies that he *took* the money.
> I hope that you *don't* mind my asking this.

다음과 같은 동사가 사실기술동사에 속한다.

> admit, agree, assume, believe, declare, deny, expect, hope, insist, know,
> repeat, say, see, suggest, suppose, think, understand

(2) 감정동사(emotive verb)
종속절의 술어동사로 직설법 또는 should + 원형동사가 쓰인다.

> I regret that ⎰ you *leave* your hometown.
> ⎱ you *should leave* your hometown.
> she *married* him.
> she *should have married* him.

should + 원형동사는 **that**이 이끄는 종속절에 화자가 그의 감정(놀라움, 의외로움, 실망, 다행스러움, …)을 의도적으로 반영하려는 경우에 쓰인다.
marvel, rejoice, wonder 등 한정된 동사가 이 감정동사에 속한다.

(3) 의지동사(volitional verb)
'명령', '주장', '제안', '권고', '요구' 등 주어의 의지를 반영하는 동사로, 종속절의 술어동사는 인칭이나 시제에 관계없이 동사의 원형(또는 should + 원형)을 쓴다. 미국영어에서는 동사의 원형을 선호한다.

> I propose that they (*should*) *admit* all applicants.
> He insisted that she (*should*) not *smoke*.
> The police officer demanded that the dog (*should*) *be* kept tied up.
> He suggested that I (*should*) *take* a taxi.

다음 동사가 의지동사에 속한다.

> ask, command, demand, insist, move(동의(動議)하다), order, prefer, propose, recommend, request, suggest

> **해설** 1. insist나 suggest는 사실기술동사로도 쓰이고, 의지동사로도 쓰인다. (a)처럼 사실기술동사로 쓰인 경우와 (b)처럼 의지동사로 쓰인 경우, 동사의 의미는 다음처럼 다르다.
>   (a) He insisted that she didn't smoke.
>   (그는 그녀가 담배를 피우지 않는다고 우겼다.)
>   (b) He insisted that she not smoke.
>   (그는 그녀가 담배를 피워서는 안 된다고 역설했다.)
> 2. 의지동사가 쓰인 문장에서 종속절의 술어동사에 원형이 쓰이는 것은 미국영어가 선호하는 용법으로, 영국영어에서는 should + 원형이 많이 쓰인다.

(4) 가정동사(hypothesis verb)

사실과 다른 가정이나 소망을 나타내는 동사로, 종속절의 술어동사는 과거형이 쓰인다. 가정동사로는 **wish, would rather**가 있고, (형식상의) 명령문에 나오는 **suppose**도 가정동사로 쓰인다.

> I wish she *treated* us kindly.
> (그녀가 우리를 좀 친절하게 대해주었으면 싶다.)
> I would/I'd rather you *didn't* tell him.
> (나는 네가 그에게 그 말은 안했으면 싶다.)
> Suppose you *had* one billion won, what would you do?
> (혹시 10억이란 돈이 있다면 무엇을 하겠어요?)

1.11 타동사와 목적어의 의미관계 ·

다음에서 **the ground**와 **a hole**은 똑같이 **dig**의 목적어이다.

$$\text{dig} \begin{cases} \text{the ground} \\ \text{a hole} \end{cases}$$

그런데 똑같은 목적어이긴 하지만 **dig**와 **the ground** 사이의 의미관계는 **dig**와 **a hole** 사이의 의미관계와는 다르다. **the ground**는 **dig**가 영향을 미치는 '대상'이지만, **a hole**은 땅을 판 다음에 형체를 드러내는 '결과'이다.

예를 추가해 보자.

(1) 대상과 결과
다음에서 **the door**는 **paint**의 대상이지만 **a portrait**는 **paint**의 결과이다.

$$\text{paint} \begin{cases} \text{the door} \\ \text{a portrait} \end{cases}$$

> **참고** 이와 같은 타동사와 목적어의 의미 관계에 주목하여, 목적어는 다음과 같이 분류되기도 한다.
> 1) 피동목적어(affected object): 동사가 나타내는 동작이나 행위에 의해서 영향을 받는 목적어
>   위에서 언급한 '대상'을 나타내는 목적어가 피동목적어에 해당한다.
> 2) 달성목적어(effected object): 동사가 나타내는 동작이나 행위의 결과로 존재하게 되는 목적어
>   위에서 언급한 '결과'를 나타내는 목적어가 달성목적어에 해당한다.

(2) 대상과 도구
다음에서 **the table**은 주먹으로 친 대상이지만 **his fist**는 **the table**을 치는 데 사용한 '도구'를 나타낸다.

$$\text{He banged} \begin{cases} \text{the table with his fist.} \\ \text{his fist on the table.} \end{cases}$$

(3) 대상과 장소

다음에서 trees는 plant의 '대상'이지만 the garden은 '(나무를 심은) 장소'이다.

$$plant \begin{cases} \text{trees in the garden} \\ \text{the garden with trees} \end{cases}$$

다음 역시 비슷한 의미 관계를 보여준다.

$$load \begin{cases} \text{the potatoes onto the truck - 대상} \\ \text{the truck with potatoes - 장소} \end{cases}$$

$$pack \begin{cases} \text{clothes in a trunk - 대상} \\ \text{a trunk with clothes - 장소} \end{cases}$$

유의 　비슷한 뜻을 나타내는 것처럼 보이지만 다음에서 (a)와 (b) 사이에는 미묘한 의미 차이가 있다. 장소가 목적어의 자리를 차지한 (b)는 (a)와 달리 '가득히'라는 의미를 함축하는 것이다.

(a) plant trees in the garden

　　(마당에 나무를 심다)

(b) plant the garden with trees

　　(마당에 나무를 빽빽이 심다)

그러므로 다음 (c)와 (d)에서 (c)는 문법적이지만 (d)는 비문법적이다. 한 그루의 나무로 뜰을 가득히 채울 수는 없기 때문이다.

(c) plant a tree in the garden

(d) * plant the garden with a tree

1.12　동족목적어

다음과 같이 타동사와 동형이거나 어원이 같거나 또는 의미가 비슷한 목적어를 동족목적어(cognate object)라 부른다.

1) 동형이거나 어원이 같은 것

He slept a peaceful *sleep*.

The old man died a natural *death*.

2) 의미가 비슷한 것

> They are running a *race*.
>
> They fought a good *battle*.

유의 (sing a song이나 run a race 같은 예도 있지만) 보통 동족목적어는 형용사의 수식을 필요로 한다.

> dream a *strange* dream
>
> live a *miserable* life
>
> smile a *happy* smile

1.13 유의할 S + V + O 구문

1.13.1 (동사를 대신하는) 일상동사 + 명사 구문

(1) 영어에는 '… 을 보다'란 뜻을 나타낼 때, **look**이 동사로 쓰인 (a) 이외에 (b)와 같은 구문이 있다.

> (a) She looked at me and smiled.
>
> (b) Have/Take a look at this letter.

영어에 이와 같은 두 표현 방식이 존재하는 것은 **look**이란 하나의 어형이 동사로도 쓰이고 명사로도 쓰이기 때문인데, (b)와 같이 동사를 대신하는 일상동사 + 명사 구문은 현대 영어의 특징의 하나이다.

(여기서 일상동사란 편의적인 명칭으로, 일상적으로 사용빈도가 높은 **have, take, give, make, do, pay, put** 등을 가리킨다.)

비슷한 뜻이 아래의 (a) 또는 (b)처럼 나타나는 예를 좀 더 추가하면 다음과 같다.

> (a) They laughed.
>
> (b) They gave an amused laugh.

> (a) Two men were drinking at the bar.
>
> (b) A couple were having a drink at a table by the window.

(a) Have you ordered?

(b) Have you placed your order?

(a) They photographed the pigeons in Trafalgar Square.

(b) John took a photograph of her.

(2) 일상동사＋명사 구문에 관해서 유의할 만한 문법 사항으로는 다음이 있다.

1) have와 take

'… 을 하다'를 나타낼 때, 일상동사로는 have와 take가 공히 쓰이는데, have와 take의 차이는 무엇일까?

a look, a walk, a nap, a bath, a shower가 목적어가 되는 경우는 영국영어에서는 have를 쓰고, 미국영어에서는 take가 쓰인다. 하지만 a dream, a talk이 목적어가 되는 경우는 have만이 쓰인다.

I had a strange dream about you last night.

I had a long talk with her.

다음 (a)와 (b)는 의미가 다르다.

(a) She had a dislike for him.

(b) She took a dislike to him.

(a)는 '평소에 … 가 싫었다'란 뜻이고 (b)는 ' … 가 싫어졌다'란 뜻으로 다음 (c)와 그 의미가 비슷하다.

(c) She came to dislike him (immediately when she saw him).

2) give

일상동사로 쓰이는 경우, give가 수반하는 목적어의 종류는 크게 다음 세 가지이다.

(a) a look, a nod, a grin, a smile, a chuckle 등 언어 이외의 의사소통 방식 (nonverbal)과 관련이 있는 낱말

She gave me a wink/a nod.

(= She winked/nodded at me.)

(b) a wash, a kick, a push 등 물리적 접촉을 나타내는 낱말

He gave the door a couple of hard kicks.

(= He kicked the door hard a couple of times.)

(c) a jump, a yell, a cry, a shout, a lurch 등 순발적 동작이나 반응을 나타내는 낱말

At the sudden noise Bob gave a jump.

3) order

동사로 쓰이는 order는 '명령하다', '주문하다', '… 한 순서로 배열하다' 등 복수의 의미를 갖는다. 일상동사 + 명사구로 이와 같은 의미를 나타낼 때, 그 의미 차이는 서로 다른 일상동사로 나타난다.

The captain ordered the flag to be raised. (명령하다)

→ The captain gave an order for the flag to be raised.

Have you ordered yet? (주문하다)

→ Have you placed your order yet?

Order these names alphabetically. (… 한 순서로 배열하다)

→ Put these names in alphabetic order.

4) 다음에서 have + 명사구는 수동적 의미를 갖는다.

I had a visit from a stranger.

I had a fright. (= I was frightened.)

The baby is having a bath. (= The baby is being bathed.)

5) 다음에서 (a)는 '그는 한잔 했다'란 뜻으로 '일회적인 행위'를 나타내고, (b)는 '그는 습관적으로 술을 마신다'란 뜻을 나타낸다.

(a) He had/took a drink.

(b) He drinks.

(1.13.2) hit a nail on the head

다음 (a)를 한국어로 옮기면 (b)가 되는데 (b)를 영어로 직역하면 (c)가 된다.

> (1) (a) hit a nail on the head
>   (b) 못의 머리를 치다
>   (c) hit a nail's head

(a)와 (c) 사이에는 미묘한 차이가 있다.

우리가 벽에 못을 박을 때, 우리가 망치로 치는 것은 못이라기보다는 못의 머리이다. 하지만 우리는 못을 박기 위해서 못의 머리를 치는 것이지, 그저 머리를 치기 위해서 못의 머리를 치는 것은 아니다. 이와 같이 물리적 힘을 받는 것은 못의 일부지만, 못 전체에 영향을 미치기 위해서 못의 머리를 칠 때 쓰이는 것이 (a)이다. (c)는 그저 '못의 머리를 친다'는 뜻이다.

유사한 예에 다음 (2), (3)도 있다.

> (2) (a) catch the thief by the arm
>   (b) 도둑의 팔을 붙잡다
>   (c) catch the thief's arm

도망가는 도둑을 쫓아가서 그의 팔을 움켜잡았다고 하자. 이때 도둑을 쫓아가 잡으려고 했던 것은 도둑의 팔 자체가 아니라 도둑이다. 도둑을 잡기 위해서 팔을 움켜잡은 것이다. 이처럼 도둑의 신체 일부에 물리적 힘을 가함으로써 도둑 전체에 영향을 미치려고 했을 때 쓰이는 것이 (a)이다. 반면에, 물에 빠진 사람이 허우적거리다가 손에 잡히는 대로 잡은 것이 어떤 사람의 팔일 때, 지푸라기라도 잡듯 그가 잡은 것은 어떤 사람의 팔이지 그 사람은 아니다. 이런 상황을 나타낼 때는 (c)의 catch someone's arm이 알맞다.

> (3) (a) kiss her on the hand
>   (b) 그녀의 손에 입을 맞추다
>   (c) kiss her hand

영국에서 새로 임명된 수상은 여왕을 알현하는데, 그 자리에서 여왕이 내미는 손에 입을 맞춘다. 이와 같이 여왕의 손에 입을 맞추는 행위는 하나의 의식이지, 수상이 이성으로서의 여왕에 키스를 하는 것이 아니다. 다시 말해서 수상의 입맞춤은 대상의 신체의 일부(손)에 한정된 접촉에 불과하다. 이런 경우는 (c)가 알맞다. 한편 (c)와는 대조적으로 키스를 한 것은 상대방의 손이지만, 심리적으로 키스의 대상이 된 것이 상대방의 손이 아닌 그녀인 경우는 (a)가 알맞다. 말을 바꾸어 (a)는 '그녀에 대한 애정표시로 그녀에게 키스를 했는데 키스를 한 신체부위가 그녀의 손이다'란 뜻을 나타낸다.

(1.13.3) 부사구를 필요로 하는 S + V + O

타동사 + 목적어 구문 가운데는 다음과 같이 반드시 부사(구)를 필요로 하는 것이 있다.

> He treats us kindly.
> The hostess showed me to the door.
> He saw Mary home. (집까지 바래다 주다)
> John put the car in the garage.

1.14 수여동사

(1.14.1) 직접목적어와 간접목적어

수여동사는 직접목적어와 간접목적어를 수반하는 동사를 말하며 S + V + IO + DO 로 기호화 할 수 있는 문형을 만든다.

S	V	IO	DO
He	gave	the girl	a doll.
He	bought	the girl	a doll.

해설 위의 예가 그렇듯이 대체로 직접목적어는 '… 을'이란 뜻을 나타내고, 간접목적어는 '… 에게'란 뜻을 나타낸다.

위의 두 문장은 the girl을 생략해도 원래의 뜻이 변하지 않는다.

> He gave a doll. (그는 인형을 주었다.)
> He bought a doll. (그는 인형을 샀다.)

그러나 a doll을 생략하면 원래의 뜻이 달라지거나 불완전한 문장이 되어 버린다.

He gave the girl. (그는 그 여자를 주었다.(?))

He bought the girl. (그는 그 여자를 샀다.(?))

이와 같은 사실은 타동사와 '… 을'이란 뜻을 갖는 목적어의 관계가 타동사와 '… 에게'란 뜻을 갖는 목적어의 관계에 우선함을 보여준다. 또한 이런 사실은 a doll을 직접목적어라고 부르는 이유를 설명해준다.

(1.14.2) 문형의 전환

수여동사가 술어동사로 쓰인 S + V + IO + DO의 문형은 대부분의 경우 IO를 부사구로 바꾼 S + V + O + 부사구의 문형으로 전환을 할 수 있다.

He gave the girl a doll.

→ He gave a doll to the girl.

He bought the girl a doll.

→ He bought a doll for the girl.

위의 예문에도 나타나 있지만 부사구를 만드는 간접목적어 앞에는 술어동사의 특성에 따라 to나 for 또는 기타 전치사가 부가된다.

(1) to가 필요한 동사

lend him some money → lend some money to him

recommend you a good dictionary

→ recommend a good dictionary to you

send her a present → send a present to her

tell him a secret → tell a secret to him

다음과 같은 동사도 전치사로 to를 필요로 한다.

deny ((… 을) 주지 않다, (… 을 주기를) 거절하다), grant, offer, owe, pay, promise, read, show, teach

유의 1. give나 grant와 비슷한 뜻을 갖지만, donate는 S + V + IO + DO의 문형을 만들지 못한다. lend와 뜻이 비슷한 let(세를 받고 빌려주다)도 그렇다.

donate some money to the orphanage

→ *donate the orphanage some money

let a room to a foreign student

→ * let a foreign student a room[1]

2. 동사 mean은 다음과 같은 문맥에서 수여동사로 쓰인다.

She didn't mean you any harm.

→ She meant no harm to you.

(2) for가 필요한 동사

find him a hotel → find a hotel for him

cook her husband a delicious meal

→ cook a delicious meal for her husband

do me a favor → do a favor for me

choose him a sensible wife → choose a sensible wife for him

save the child some food → save some food for the child

call me a taxi → call a taxi for me

그 밖에 get, make, order, spare 등이 전치사로 for를 필요로 한다.

유의 1. leave는 '유산으로 남기다'란 뜻일 때는 전치사로 to가 쓰이고, '(음식 등을) 남겨두다'란 뜻일 때는 for가 쓰인다.

His father left his son a fortune.

→ His father left a fortune to his son.

Have you left me anything to eat?

→ Have you left anything to eat for me?

2. do는 good/harm을 목적어로 삼아 '이익이 되다/해를 끼치다'란 뜻을 나타낼 때는 간접목적어 앞에 to가 붙고, favor를 목적어로 삼아 '청을 들어주다'란 뜻을 나타낼 때는 for와 함께 쓰인다.

do him good/harm → do good/harm to him

do me a favor → do a favor for me

3. 전치사 for를 필요로 하는 save나 spare는 keep, leave, reserve 등과 똑같이 '…을 남겨놓다'란 뜻을 갖는다. 하지만 '(수고를) 덜어주다'란 뜻의 save나 spare는 S + V + (O) + O의 문형을 만들 뿐, S + V + O + 부사구 구문을 만들지 않는다.

This machine saves (us) a lot of trouble.

→ * This machine saves a lot of trouble for us.

4. bring은 전치사로 to와 for가 다 쓰인다.

If you're going to the public library, please bring two or three novels to/for me.

---

[1] *OALD* 기타 다른 영영사전과 달리 *LDCE*의 개정판(2016)에는 let이 이 두 구문을 다 만든다는 기술이 나와 있다.

(3) 그 밖의 전치사를 필요로 하는 동사

> May I ask you a favor? → May I ask a favor of you?
> We played him a trick. → We played a trick on him.

1.15 S + V + O + O

다음에 나오는 두 목적어를 수반하는 구문은 S + V + O + 부사구 구문으로 바꾸지 못한다.

> The work cost him his life.
> (그 일 때문에 그는 목숨을 잃었다.)
> She forgave him his thoughtless remarks.
> I'll bet you one million won that he will win the election.
> I don't envy you your journey in this bad weather.

S + V + O + 부사구로 바꾸지 못하는 위의 구문은 간접목적어와 직접목적어를 수반하는 구문이라기보다 그저 두 개의 목적어를 수반하는 구문으로 보아야 할 것이다. 위의 예문에서 bet은 세 개의 목적어(you, one million won, that절)를 수반하는 셈이다.

> envy나 forgive는 둘째 목적어 앞에 for를 부가하기도 한다.
> I envy you for your success.
> I forgive you for what you have done.

1.16 목적어의 생략

ask나, forgive, bet, envy는 두 목적어 가운데 하나를 생략할 수도 있다.

Ask him his name.
→ Ask him.
→ Ask his name.
She forgave him his thoughtless remarks.
→ She forgave him.
→ She forgave his thoughtless remarks.
I'll bet you one million won.
→ I'll bet you.
→ I'll bet one million won.

pay도 직접목적어와 간접목적어 가운데 하나를 생략해도 완전한 문장을 만든다.

I paid John the money.
I paid the money to John.
I paid John.
I paid the money.

특히 직접목적어를 생략해도 완전한 문장을 만들며, 의미의 혼동이 생기지 않는 동사로는 pay 말고도 promise, send, show, teach, tell, write 등이 있다.

1.17 수여동사가 만드는 유의할 구문

앞에서 언급한 수여동사의 통사상의 특성 이외에, 수여동사가 만드는 유의할 구문에 다음이 있다.

(1) 직접목적어로 쓰인 that절과 간접목적어

that이 직접목적어로 쓰이는 경우, 간접목적어의 수반 여부에 따라 수여동사는 다음과 같이 분류할 수 있다.

1) 간접목적어를 반드시 수반하여야 하는 동사

  (a) He convinced us that he could do it.
    assure, inform, notify, persuade, satisfy, tell 등이 1)에 속한다.

2) 간접목적어를 생략할 수 있는 동사

  (b) He showed (us) that he could do it.
    advise, beg, bet, promise, warn 등이 2)에 속한다.

3) 간접목적어 앞에 전치사가 필요한 동사

  (c) He mentioned (to me) that he had seen you.

mention은 that절만으로도 완전한 문장을 만들지만 '… 에게'를 뜻하는 간접목적어와 함께 쓰일 때는 간접목적어 앞에 전치사 to가 필요하다.

    announce, complain, confess, declare, explain, point out, remark, report, say, propose, recommend, suggest 등이 3)에 속한다.

    참고 (c)와 유사한 구문을 만들되, 간접목적어 앞에 전치사로 (to 아닌) of를 필요로 하는 동사에 ask와 beg가 있다. 단 ask와 beg가 만드는 이 구문은 격식체에 속하고 사용빈도가 낮다.
    I ask/beg of you that you will keep this secret.
    (= I ask/beg you to keep this secret.)

4) 간접목적어를 수반하지 않는 동사

  (d) He ordered that they attack at once.

order는 직접목적어로 that절을 이끄는 경우, 간접목적어를 수반하지 않는다. command, instruct 등이 여기에 속한다.

(2) 직접목적어로 *wh*-절이 쓰이는 구문

Tell me where you have been.

He asked me what time it was.

(3) 직접목적어로 **to** 부정사구가 쓰이는 구문

I told Mary to see a doctor.

advise, ask, beg, command, forbid, invite, order, persuade, remind, request, teach, urge 등이 이 구문을 만든다.

(4) 직접목적어로 의문사 + to 부정사구가 쓰이는 구문

They advised him what to wear in the tropics.

The instructor taught us how to land safely.

Please remind me where to meet you after lunch.

유의 다음 (a)와 (b)는 to go의 의미상의 주어가 다르다.
(a) He told them where to go.
= He told them where they should go.
(b) He asked them where to go.
= He asked them where he should go.

1.18 그 밖에 유의할 관련 구문

(1) explain A to B
다음 (a)는 (b)로 바꾸어 쓰지 못한다.

(a) The lawyer explained the new law to me.
→ *(b) The lawyer explained me the new law.

이 explain처럼 S + V + DO + to + IO 구문을 만들뿐, S + V + IO + DO의 구문을 만들지 못하는 동사로는 다음이 있다.

announce, demonstrate, describe, mention, point out, report, say, state, suggest

(2) provide와 supply

다음에서 의미상 blankets는 직접목적어에 해당하고 the homeless는 간접목적어에 해당한다. 그런데 간접목적어 앞에는 for가 쓰이고, 간접목적어가 술어동사 다음 자리로 옮기면, 통상적인 S + V + IO + DO 구문과는 달리 DO 앞에 with가 필요하다.

　(c) The government provided/supplied blankets for the homeless.
　→ (d) The government provided/supplied the homeless with blankets.

(3) blame

blame은 간접목적어인 John앞에 on이 쓰였는데, John을 술어동사 다음 자리로 옮기면, 통상적인 S + V + IO + DO 구문과는 달리 the broken vase 앞에 for가 필요하다.

　(e) Mary blamed the broken vase on John.
　→ (f) Mary blamed John for the broken vase.

1.19　S + V + IO + DO와 S + V + DO + 전치사 + IO의 용법 차이

하나의 뜻이 S + V + IO + DO와 S + V + DO + 전치사 + IO의 두 형식으로 표현될 수 있는 경우, 두 구문 가운데 어느 쪽을 택하는가 하는 것은 다음을 원칙으로 한다.
(편의상 S + V + IO + DO를 구문 A, S + V + DO + 전치사 + IO를 구문 B로 부르기로 한다.)

(1) 직접목적어가 인칭대명사인 경우는 구문 B를 택한다.

　＊John gave Mary it.
　→ John gave it to Mary.

(2) 두 목적어 가운데 길이가 긴 쪽이 어순상 뒷자리를 차지한다.

1) 직접목적어가 긴 경우: 구문 A

His parents chose him *a sensible but plain-looking wife.*

2) 간접목적어가 긴 경우: 구문 B

Please pass this note to *the man in the corner.*
He reads his poems to *anyone who'll listen.*

이 1)과 2)의 어순은 end-weight의 원칙(⇒ 20.4)에 부응한다.

두 목적어가 인칭대명사인 경우는 구문 B가 알맞다.

*John gave her it.
→ John gave it to her.

유의 직접목적어가 one이나 some과 같은 부정대명사이거나, this나 that과 같은 지시대명사인 경우는 위의 규칙이 해당되지 않는다.
We gave him some.
Fred gave her this.

(3) 상대방에게 신정보가 되는 쪽이 원칙상 뒷자리를 차지한다. (⇒ 20.1)
특정한 문맥이 전제가 되지 않는 한, 다음에서 자연스러운 것은 (a)보다는 (b)이다. 부정관사＋명사가 대명사나 고유명사 또는 정관사＋명사에 비해 상대방에게 신정보가 되기 때문이다.

(a) John gave a book to the boy.
→ (b) John gave the boy a book.
(a) John gave a doll to Mary.
→ (b) John gave Mary a doll.

1.20 불완전타동사

1.20.1 목적어와 목적(격)보어

불완전타동사는 목적어와 목적어를 부연 설명해주는 목적(격)보어(다음부터는 '목적보어'로)를 필요로 하는 동사를 가리킨다. 불완전타동사는 S + V + O + C의 문형을 만드는데, 이 문형에서 목적어는 의미상 목적보어의 주어가 된다.

1.20.2 목적보어가 되는 어구

(1) 명사(구)

The committee elected him its chairman.
Her parents named her Sophia after her grandmother.

(2) 형용사(구)

We hold you responsible.
The shock turned his hair white.
The long walk made me hungry.
I pushed the door open.

(3) 부정사구

1) to 부정사구

He forced Mary to go to hospital
The boss allowed me to take one week's leave.
Our teacher encouraged us to think for ourselves.

2) to 없는 부정사
술어동사가 지각동사나 사역동사인 경우는 부정사 앞에 **to**가 붙지 않는다.

He saw her cross the street.

They let the prisoner go home.

I heard someone slam the door.

I've never known him (to) pay for a drink.

John helped me (to) solve the problem.

참고 1. know와 help는 부정사구 앞에 to가 붙기도 하고, 생략되기도 한다. 이 구문을 만드는 know는 경험을 나타내는 완료형이 쓰인다.

2. 사역동사로 쓰이는 make, let, have와 get은 그 의미와 용법상 다음과 같은 차이가 있다.
   1) (a) I made him go there.
      (b) I let him go there.
      (a)는 '가고 싶어 하지 않은 그를 강제로 가도록 만들었다'란 뜻이고 (b)는 '그가 가고 싶어 했기 때문에 가도록 허가를 해주었다'란 뜻이다.
      (c) I had him go there.
      (d) I got him to go there.
      (c)는 위에 나오는 (a)와 (b)의 중간적인 의미를 갖는다. 즉 '그는 꼭 가고 싶었던 것도 아니고, 가고 싶지 않았던 것도 아니다. 그저 나는 그로 하여금 그 곳에 가게 한 것'이다.
      한편 (a)가 의미상 I forced him to go there에 가깝다면 (d)는 I persuaded him to go there에 가깝다.
   2) make, let, get은 무생명사를 목적어로 삼을 수 있다.
      Who made the ship sink?
      He let the kite fly away into the sky.
      I can't get the car to start.
      have는 무생명사를 목적어로 삼는 경우는 과거분사를 목적보어로 삼는다.
      (⇒ 1.21)
      Why don't you have your hair *cut*?
      She had the watch *repaired* at the shop.
   3) 무생명사가 주어가 되는 경우, 술어동사로 자유롭게 쓰이는 것은 make이다.
      The movie made him cry.
      What made you do so?
      그 밖에 let이 무생물주어를 주어로 삼아, 다음과 같은 문장을 만든다.
      A stroke of luck let us win the game.
      (어쩌다 운이 좋아서 우리는 경기에 이겼다.)
      A break in the clouds let us see the summit.
      (구름 사이가 좀 벌어져 우리는 정상을 볼 수 있었다.)

(4) 분사

1) 현재분사

A guard caught them smoking in the lobby.
I could hear the rain splashing on the roof.
Can you really get that old car going again?

2) 과거분사

He got/had the computer repaired immediately.
Someone must have seen the car stolen.
I found the seat taken.

(5) 기타

그 밖에 다음과 같은 문장들이 S + V + O + C 구문으로 간주된다.

1) 부사

Let's have him in.
(그를 안으로 들여보내시오.)
I'll have your cat down from the tree in a minute.
(댁의 고양이를 곧 나무에서 내려드리지요.)

2) 전치사구

I found everything in good condition.

1.21 S + V + O + C 구문의 유의점

(1) S + V + O + C의 구문은 의미상 다음처럼 두 문장이 합쳐진 것으로 이해하면 목적어와 목적보어의 관계, 또는 목적보어로 사용되는 현재분사와 과거분사 또는 현재분사와 부정사의 차이가 드러난다.

I found him lying on the floor.

← I found him + he was lying on the floor

I'll see it done.

← I'll see it + it will be done

I saw Mary crossing the street.

← I saw Mary + Mary was crossing the street

I saw Mary cross the street.

← I saw Mary + Mary crossed the street

유의 바로 위의 예문이 보여주듯이 I saw Mary crossing the street는 Mary가 길을 건너가고 있는 것을 보았다는 뜻이고, I saw Mary cross the street는 Mary가 길을 건너간 것을 보았다는 뜻이다.

(2) have가 만드는 S + V + O + 분사

1) 다음 문장은 문맥에 따라 (a) - (c) 중 하나로 해석될 수 있다.

He had a rose tattooed on his arm.

(a) 그는 팔에 장미의 문신을 했다. - 능동적(하나의 사건)

(b) 그는 팔에 장미의 문신을 당했다. - 피동적(하나의 사건)

(c) 그는 팔에 장미의 문신이 있었다. - 상태

2) (a) I had my hair cut. - 능동적

(b) I had my purse stolen. - 피동적

have는 to cause(⋯을 하게 하다)란 뜻으로도 쓰이고 to experience(⋯을 겪다, 경험하다)란 뜻으로도 쓰인다. 2)에서 능동적인 의미를 나타내는 (a)의 have는 전자의 의미로 쓰였고, 피동적인 의미를 나타내는 (b)의 have는 후자의 의미로 쓰였다.

3) (a) In less than no time he had the whole audience laughing.

(순식간에 그는 모든 청중을 뱃살을 쥐고 웃게 만들었다.)

(b) Dr. Kim will have you walking again in a couple of days.

(김박사는 이틀이면 당신을 다시 걸을 수 있게 만들 것입니다.)

3)의 (a), (b)는 '⋯로 하여금 ⋯하게 하다'란 뜻을 갖는데, 그런 의미에 덧붙여 그

만큼 주어의 능력이나 역량이 대단하다는 것을 드러내려는 데 목적이 있다.

(3) S + V + O + to be + C 구문과 to be의 생략

예를 들어 **consider**는 다음과 같은 구문을 만든다. 그리고 **to be**를 생략할 수도 있다.

> We considered him to be a fool/foolish.
> → We considered him a fool/foolish.

반면에 **know**가 만드는 다음 구문은 **to be**를 생략하지 못한다.

> We know him to be a good writer.
> → *We know him a good writer.

어떤 경우에 **to be**는 생략될 수 있는 것일까. 실상 **to be**의 생략 여부는 아주 미묘하다. 분명한 것은 **to be** 다음의 내용이 주관적인 판단이나 감각적 내지 즉감적(卽感的)인 반응을 반영할수록 **to be**는 생략이 가능하다는 점이다. find, consider, think 등이 적절한 문맥에서 **to be** 를 생략할 수 있는 것은 이 동사들이 주관적이거나 감각적인 생각/느낌을 나타내는 동사이기 때문이다. 그와는 반대로 **know**는 지적인 인식이 전제가 된다.

(4) S + V + O + C 구문과 S + V + that절 구문

'나는 개 한 마리가 그 고양이를 쫓아가는 것을 보았다'를 영어로 옮기면 S + V + O + C 구문에 속하는 I saw a dog run after the cat이 된다. *I saw that a dog ran after the cat은 비문법적인 것이다. 그렇다고 **see**가 S + V + that ⋯ 구문을 만들지 못하는 것은 아니다.

> I saw the door was open.
> Can't you see that she's deceiving you?

S + see + O + C와 S + see + that의 차이는 무엇일까?

S + see + O + C는 **physical perception**(눈에 비친 감각적 지각)을 나타낼 때 쓰이고 S + see + that은 **mental perception**(이해와 판단 등이 작용한 지각)을 나타낼 때 쓰인다.

동사 **find**도 이 두 구문을 만든다.

(a) I **found** him dead.

(b) I **found** that he was dead.

(a)는 가령 '(그가 쓰러져 있어 달려 가보니) 그는 죽어 있었다'와 같은 상황에서 쓰이고, **(b)**는 '(신문의 보도나 공문서의 열람을 통해서) 그가 죽은 것을 알았다'와 같은 상황에서 쓰인다.

즉 S + find + O + C는 주관적이고 감각적인 판단을 전제로 하며, S + find + that은 객관적이고 지적인 판단이 가능한 상황이 전제가 된다.

1.22 유사구문

(1) 전치사와 함께 쓰이는 목적보어

We regard him as $\begin{cases} \text{a genius.} \\ \text{brilliant.} \end{cases}$

They mistook him for an American.

위의 예문에서 **a genius/brilliant**나 **an American**은 의미상으로는 목적보어처럼 앞에 나오는 목적어를 설명하거나 기술하는데, 정상적인 S + V + O + C 구문과 달리 그 앞에 전치사를 필요로 한다.

이 **regard**처럼 목적보어에 해당하는 명사나 형용사 앞에 전치사 **as**를 필요로 하는 동사에 다음이 있다.

accept, acknowledge, characterize, class, describe, look on, recognize, treat

한편 '… 을 … 으로 생각하다'란 뜻으로 쓰일 때, **take**는 **mistake**처럼 전치사로 **for**를 필요로 한다.

She looked so young I took her for your sister.

(2) 의사(목적)보어 구문

앞에서(⟹ 1.6) 살펴보았듯이, **He died young**에서 **died**는 원래 완전자동사로 **He died**만으로도 완전한 문장의 요건을 갖춘다. 그런데 그 다음에 주어를 부연해서 기술해주는 형용사 **young**이 부가되어 겉으로는 S + V + C와 동일한 어순의 문장이 되었다. 그리고 우리는 이와 같은 완전자동사 다음의 C를 의사보어라 불렀다.

이 의사(주격)보어에 준하여 의사(목적)보어의 설정도 가능하다. 다음 raw가 바로 그렇다.

He eats fish raw.

위의 예문에서 **eat**은 원래가 완전타동사로 **He eats fish**만으로도 문장은 완전하다. 그런데 그 다음에 **fish**를 부연 설명하는 **raw**가 부가되어, 겉으로는 S + V + O + C와 동일한 어순의 문장이 되었다.

이 raw와 비슷하게 의사(목적)보어를 수반하는 문장의 예로는 다음도 있다.

I like my coffee black.

1.23 S + V + (대)명사 + to 부정사 구문의 재음미

겉으로는 비슷해 보이지만, 다음 (a) ~ (c)는 그 구조가 다르다.

(a) He wanted the doctor to examine his wife.
(b) He asked the doctor to examine his wife.
(c) He expected the doctor to examine his wife.

(a)의 구조는 다음과 같다.

<u>He</u> <u>wanted</u> <u>the doctor to examine his wife</u>.
　S　　V　　　　　　　O

즉 wanted의 목적어가 되는 것은 (the doctor가 아니라) **the doctor to examine his wife**이다. 그는 의사를 원했던 것이 아니라, 의사가 그의 아내를 진찰하기를 원했던 것이다.

the doctor가 목적어가 아니기 때문에 (a)를 the doctor를 주어로 삼은 수동태의 문장으로 바꾸지 못한다.

> * The doctor was wanted to examine his wife (by him).

다음은 (b)의 구조이다.

> <u>He</u> <u>asked</u> <u>the doctor</u> <u>to examine his wife</u>.
> S   V   IO   DO

the doctor가 간접목적어이기 때문에 (b)는 the doctor가 주어가 되는 수동형을 만들 수 있다.

> The doctor was asked to examine his wife by him.

또한 직접목적어에 해당하는 부정사구를 that이 이끄는 절로 고칠 수도 있다.

> He asked the doctor to examine his wife.
> → He asked (the doctor) that he examine his wife.

> 유의 He asked the doctor that he examine his wife와 같은 구문에서는 간접목적어에 해당하는 the doctor는 보통 생략된다.

한편 (c)의 구조는 다음과 같다.

> <u>He</u> <u>expected</u> <u>the doctor</u> <u>to examine his wife</u>.
> S   V   O   C

the doctor가 목적어이기 때문에 the doctor를 주어로 하는 수동형이 가능하다.

> The doctor was expected to examine his wife.

하지만 (b)의 경우처럼 to examine 이하를 that절로 바꾸어 쓰지는 못한다.

> He expected the doctor to examine his wife.
> → * He expected the doctor that he would examine his wife.

expect가 that절을 수반할 수는 있다. 하지만 that절을 수반하는 경우 the doctor는 삭제되어야 한다.

He expected that the doctor would examine his wife.

1.24 구동사(句動詞)

1.24.1 구동사의 분류

영어에는 동사와 (전치사적) 부사 또는 전치사가 결합해서 단일형의 동사와 비슷한 의미와 기능을 갖는 (복수의 낱말로 이루어진) 동사가 많다. 이런 형태의 동사를 구동사 (phrasal verb)라고 한다.

구동사는 다음과 같이 크게 네 종류로 분류된다.

1) 자동사적 구동사(intransitive phrasal verb)
2) 타동사적 구동사(transitive phrasal verb)
3) 전치사 수반 동사(prepositional verb)
4) 전치사 수반 구동사(phrasal prepositional verb)

> **참고** 구동사는 '다어동사(多語動詞, multi-word verb)'로 불리기도 한다. 구동사를 만드는 부사를 특히 '(전치사적) 부사'라 부르는 것은 이 부사가 다른 문맥에서는 전치사로 쓰이기 때문이다.

1.25 자동사적 구동사

동사와 (전치사적) 부사(다음부터는 '부사'로)가 결합해서 자동사와 비슷한 기능을 갖는 구동사를 말한다. 다음과 같은 예를 들 수 있다.

The plane has just taken off.

All our plans broke down.

He turned up unexpectedly.

The enemy were at last forced to give in.

The tank blew up.

1.26 타동사적 구동사

타동사적 구동사란 동사와 부사가 결합해서 목적어를 필요로 하는 타동사와 비슷한 기능을 갖는 구동사를 가리킨다.

She is bringing up her brother's children.

They called off the strike.

I can't make out what he means.

They gave in their resignation.

She can't live down her past.

대부분의 타동사적 구동사는 목적어를 동사와 부사 사이로 옮길 수 있다.

They *turned on* the light.

→ They *turned* the light *on*.

목적어가 대명사인 경우는 목적어를 부사 앞으로 옮겨야 한다.

＊They *turned on* it.

→ They *turned* it *on*.

참고 타동사적 구동사 가운데는 부사가 반드시 목적어 다음에 위치하여야 하는 것도 있다. 다음에서 on과 off는 목적어 앞에 위치해도 좋고 목적어 다음에 위치해도 좋다.
  (a) switch on the light/switch off the light
  (b) switch the light on/switch the light off
하지만 on과 off가 and로 연결되어 부사구를 만드는 경우는 이 부사구를 목적어 다음으로 옮기는 것이 end-weight의 원칙에 부합한다.

(c) switch the light on and off

(불을 껐다 켰다 하다)

관용적인 다음 구동사도 부사는 목적어 다음에서만 쓰인다.

cry **one's eyes** out(눈이 퉁퉁 붓도록 울다)

sob **one's heart** out(흐느껴 울다)

1.27 전치사 수반 동사

(1) 겉으로 보기에는 똑같은 동사＋전치사＋명사의 형식이지만, 전치사 수반 동사는 대부분의 경우 수동태를 만들 수 있는 점에서 동사＋전치사＋명사 구문과 다르다.

The next chapter deals with verbs.

　　　　　　　　　전치사 수반 동사

→ Verbs are dealt with in the next chapter.

He stood near the tree.

　　동사＋전치사

→ * The tree was stood near by him.

(2) 한편 전치사 수반 동사와 타동사적 구동사는 다음과 같은 차이가 있다.

1) 전치사 수반 동사는 타동사적 구동사와 달리 전치사의 목적어를 동사 바로 다음 자리로 옮기지 못한다.

They called on *the man*. → * They called *the man* on.

　　전치사 수반 동사

They called up *the man*. → They called *the man* up.

　　타동사적 구동사

2) 전치사 수반 동사는 타동사적 구동사와 달리 부사를 동사와 전치사 사이에 끼어 넣을 수도 있고 전치사가 관계사절을 선행할 수도 있다.

전치사 수반 동사	타동사적 구동사
They called *early* on the man.	* They called *early* up the man.
the man on *whom* they called	* the man up *whom* they called

3) 전치사 수반 동사와 타동사적 구동사는 제일 강세(primary stress)의 위치도 다음과 같이 다르다.

They cálled on the man.   They called úp the man.

> 유의 전치사 수반 동사도 전치사가 다음절인 경우는 전치사에 제1 강세가 붙는다.
> do withóut, get óver, come acróss

전치사 수반 동사의 예로는 다음이 있다.

ask for, believe in, care for, deal with, long for, object to,
part with, refer to, write about, …

> 참고 동일한 어형이 타동사적 구동사와 전치사 수반 동사로 공히 쓰이는 예로, turn on, get off 등이 있다.

타동사적 구동사
  Turn on the light. (불을 켜다)
  Get the letter off immediately. (편지를 보내다)
전치사 수반 동사
  The dog turned on the woman and bit her. (덤벼들다)
  Get off the bus!

1.28 전치사 수반 구동사

전치사 수반 구동사는 다음처럼 동사 + 부사 + 전치사로 이루어진다.

put up with
look forward to
stay away with
stand up for

전치사 수반 구동사가 다른 일반 부사의 수식을 받는 경우, 이 일반 부사는 어순상 전치사의 앞자리에 위치하며, 동사 바로 다음이나 전치사 다음에 위치하지는 못한다.

He puts up willingly with his inefficient secretary.

* He puts willingly up with his inefficient secretary.

* He puts up with willingly his inefficient secretary.

1.29 구동사와 일상체

구동사는 특히 일상체(informal style)에서 쓰이며, 격식체에서는 흔히 단일동사로 대체된다.

일상체	격식체
blow up	explode
come across	encounter
find out	discover
give in	surrender
go in(to)	enter
look into	investigate
put up with	tolerate
stay away with	avoid
stand up for	support

Exercises

I. 그 현재형이나 과거형이 아래 빈칸을 메울 수 있는 동사를 기호로 답하시오.

a. appear   b. be   c. become   d. feel   e. get

f. go   g. grow   h. look   i. make   j. remain

k. seem   l. smell   m. sound   n. taste   o. turn

1. The work _____ more and more interesting.
2. The chair _____ comfortable.
3. The milk _____ sour.
4. My coffee _____ rather sweet.
5. John _____ a very good husband.
6. The weather _____ much warmer.
7. The poor old man _____ mad.
8. She _____ thin and wizened.
9. He _____ rather a fool.
10. Marie Curie _____ a famous scientist.

II. 다음에서 문법에 맞지 <u>않는</u> 문장을 고르시오.

1. I expect him that he will help me solve my problem.
2. The latest figures suggest that business is improving.
3. Who can explain me this new law?
4. The officer ordered that his men not retreat.
5. The police had mistaken him as a drug dealer.

비정형동사
Non-finite Verbs

비정형동사

2.1 정형동사(定形動詞)와 비정형동사(非定形動詞)

　정형동사(finite verb)란 주어의 인칭과 수 및 시제에 따라 어형이 변하는 동사를 말하며 비정형동사(non-finite verb)란 부정사(不定詞), 동명사(動名詞), 분사(分詞)를 가리킨다.

　비정형동사는 보어나 목적어를 수반할 수 있고, 부사의 수식을 받으며 완료형과 수동형을 만들 수 있다. 하지만 정형동사와는 달리 주어의 인칭과 수에 따라 어형이 변하지 않으며, 완전한 문장을 만드는 데 필수적인 술어동사가 되지 못한다.

　비정형동사는 준동사(準動詞, verbal)라고 불리기도 한다.

　　정형동사: He wants/wanted to see me.
　　비정형동사: He wants to see me. - 부정사
　　　　　　　He remembers meeting me. - 동명사
　　　　　　　Seeing me, he immediately turned back. - 분사

2.2 to 부정사와 to 없는 부정사

　부정사는 동사의 원형 앞에 to를 붙이기도 하고 to 없이 쓰이기도 한다. to와 함께 쓰이는 부정사를 'to 부정사(to-infinitive)'라고 부르고, to 없이 쓰이는 부정사를 'to 없는 부정사(plain infinitive 또는 bare infinitive)'라고 부른다.

2.3 부정사의 용법

2.3.1 명사적 용법

한 문장에서 주어, 보어 및 목적어가 될 수 있고, 다른 명사(구)와 동격이 되기도 한다.

(1) 주어

> To study a foreign language **is to open** a window to your mind.
> To be diligent **is rewarding**.

부정사가 주어가 되는 구문은 end-weight의 원칙(⟹ 20.4)에 따라 대부분의 경우 형식주어인 it으로 시작하는 문장으로 대체된다.

> To be diligent **is rewarding**.
> → **It is rewarding** to be diligent.

(2) 보어

> His ambition **is** to be a pilot.

> 해설 1. 흔히 격언 등에서는 압축된 문장 효과를 내기 위해서 주어와 보어에 똑같이 부정사구가 쓰이기도 한다.
> To see **is** to believe. (백문(百聞)이 불여일견(不如一見))
> 2. 주어와 보어에 똑같이 to 부정사가 쓰인 구문은 '… 하게 되면 … 하게 된다'란 뜻을 나타내기도 한다.
> To know him **is** to like him. (그를 알게 되면 그를 좋아하게 된다.)

(3) 목적어

> I do not want to stay here all day.
> I hate to trouble you, but …

(4) 동격

His ambition, to be a pilot, was never fulfilled.

2.3.2 형용사적 용법

다음과 같이 앞에 나온 명사(구)를 수식한다.

The ability to think and to speak is peculiar to man.

He was the first man to cross the Atlantic.

형용사적으로 쓰인 부정사는 앞에 나오는 명사가 선행사가 되는 관계절로 바꿀 수 있다.

He is a man to betray us(= who would betray us).

I have no reason to refuse(= why I should refuse).

He has a large family to support(= that he must support).

2.3.3 부사적 용법

동사, 형용사를 수식하여 목적, 결과, 이유, 원인 등을 나타낸다.

(1) 목적

We eat to live, not live to eat.

해설 1. to 부정사를 사용한 '목적' 표현은 일상체에 속하며, 격식체는 in order to나 so as to 등이 쓰인다.
　　 2. come, go, run, stop, try 등 다음에서는 to 부정사구 대신에 and + 동사가 흔히 쓰인다.

　　　　 Let's stop to have a rest.
　　　　 → Let's stop and have a rest.

　　 명령문에서 쓰이는 hurry 다음에서도 and + 동사가 쓰인다.

　　　　 Hurry up and finish your work.

(2) (예상 밖의) 결과

Scott reached the South Pole to find(= and as a result found) that he was
not the first man to come.

He awoke with a start to find the whole house on fire.

(깜짝 놀라 깨어보니 집 전체가 불타고 있었다.)

He rose to be head of a college.

He tried it again only to fail.

(3) (기쁨, 슬픔 등 감정의) 원인

I'm glad to have you back.

(네가 다시 돌아와서 기쁘다.)

We're happy to be here.

(4) 판단의 근거

They must be crazy to believe such nonsense.

He must be a fool to do such a thing.

유의 1. 다음 (a)와 (b)는 이른바 '문장의 2형식(S + V + C)'에 속하며 부정사구는 부사적으
로 쓰이고 있다.

    (a) He is eager to please.
    (b) He is easy to please.

하지만 이와 같은 문형 설정이나 부정사의 용법 설명만으로는 이 두 문장을 제대로
이해하지 못한다.

(a)와 (b)의 구문을 제대로 이해하기 위해서는 (a)에서는 he가 부정사 to please의 의
미상 주어가 되지만 (b)에서는 he가 to please의 의미상 목적어가 된다는 것을 알아
야 한다.

즉 부정사의 용법을 (명사적, 형용사적, 부사적이라는) 세 가지 용법으로 분류해서
이해하는 것은 문장의 구조와 의미를 이해하는 데 도움이 되지만, 이와 같은 분류가
기계적이어서는 안 된다.

다음 (c)와 (d)의 경우, 부정사가 위에서 언급한 세 가지 용법 가운데 어느 용법에 속
하는지를 따지는 것은 무의미하다.

    (c) I want him to go. (⟹ 1.23)
    (d) He seems to be happy. (⟹ 1.5.2(4))

2.4 부정사의 여러 형식

2.4.1 부정사의 부정(否定)

　to 부정사를 부정하는 not은 to의 바로 앞에 위치한다. 다음 (a-b)에서 (a)의 not은 to 부정사에 걸리고 (b)의 not은 try에 걸린다. (b)는 부정문이지만 not이 부정사구에 걸리는 (a)는 부정문이 아니다.

> (a) She tried not to make him angry.
>> (그녀는 그가 화를 내지 않도록 애를 썼다.)
>
> (b) She did not try to make him angry.
>> (그녀는 그를 화가 나게 만들려고 하지는 않았다.)

예를 추가해보자.

> Try not to be late. (늦지 않도록 해.)
> You're silly not to have locked the door.
> (현관문을 잠그지 않았다니 어리석었어.)

2.4.2 수동형 부정사

수동형 부정사는 to be + 과거분사의 형식을 취한다.

> Women like to be admired.
> I want some pictures to be taken.

> **참고** 수동형 부정사를 포함한 관용적 표현에 다음이 있다.
> His work leaves much to be desired.
> (= His work is very unsatisfactory.)

2.4.3 완료형 부정사

완료형 부정사 to + have + p.p.는 다음과 같은 경우에 쓰인다.

(1) 술어동사가 나타내는 일(행위나 사건)보다 부정사가 나타내는 일(행위나 사건)이 시간상 앞섰을 때

(a) I'm happy to meet you.
(b) I'm happy to have met you.

(a)는 처음 만날 때 건네는 인사지만, (b)는 만나고 난 다음 헤어질 때 알맞은 인사이다.

(c) He seems to be rich.
(c') It seems that he is rich.
(d) He seems to have been rich.
(d') It seems that he was rich.

(c)는 '그가 현재 부자로 보인다'란 뜻이고 (d)는 '그가 과거에 부자였던 것 같다'란 뜻이다. (c)와 (d)는 (c')와 (d')로 바꾸어 쓸 수도 있다.
(e)는 (e')로 바꾸어 쓸 수 있다.

(e) He seemed to have been rich.
(e') It seemed that he had been rich.

예를 추가해보자.

I'm happy to have had this talk with you.
He seems to have had bitter experiences in youth.
You will find him to have aged shockingly.

다음 (f)는 (f')와 뜻이 같다.

(f) You are supposed to have finished the work.
= (f') You should have finished the work.

(2) 어떤 일이 실현되지 못했음을 나타낼 때
다음과 같은 문맥에서 완료형 부정사는 어떤 일이 실현되지 못했음을 나타낸다.

1) was to/were to 다음에서

He was to have been elected as chairman, but he suddenly fell ill.
(그는 회장으로 선출될 참이었는데, 덜컥 병이 들어버렸다.)

2) 가정법과거완료 구문에서

It would have been better to have told me so.
(나한테 말을 해주었더라면 더 좋았을 텐데.)

3) intended, meant, would like, expected, hoped, wanted 등의 다음에서

I meant to have called you, but I forgot.
(당신한테 전화를 걸 생각이었는데 깜박 잊었네.)
I intended to have met her.
(나는 그녀를 만날 생각이었다.)
I would like to have visited the old museum.
(나는 그 오래된 박물관을 찾아가보고 싶었다.)

> **참고** <어떤 일이 실현되지 못했음>은 위의 예처럼 meant/intended/would like + to have +
> p.p.로 나타내기도 하지만, 그보다 더 자주 쓰이는 형식은 had meant/had intended/would
> have liked + to 부정사이다. (⇒ 3.15)
> I had meant to call you, but I forgot.
> I had intended to meet her.
> I would have liked to visit the old museum.

2.4.4 의문사 / 관계대명사 + 부정사구

(1) 다음은 의문사 + to 부정사가 술어동사의 목적어로 쓰인 예이다.

I do not know what to do.
Tell me where to go.
Do you know how to drive?

하지만 부정사구는 why와는 함께 쓰이지 않는다.

*You must explain why to do it.
→ You must explain *why it should be done.*

참고 다음 예문에서 knows 다음의 how는 생략할 수 없지만, taught him 다음의 how는 생략이 가능하다.

He knows how to captivate his audience.

(그는 청중을 사로잡는 방법을 안다.)

His father taught him (how) to swim.

teach + (대)명사나 learn을 잇는 how to … 의 구문에서 how의 생략이 가능한 것은 to 이하가 비교적 쉽게 익힐 수 있는 동작이나 기술을 나타내는 경우이다.

(2) 부정사는 관계대명사와 함께 쓰이기도 한다. 이런 경우 관계대명사는 그 앞에 전치사가 필요하다.

I have nothing of which to complain(= of which I must complain).

A cuckoo does not, like most other birds, build a nest in which to lay its eggs(= in which it lays its eggs).

2.5 분리부정사

분리(分離)부정사(split infinitive)란 to와 동사 사이에 부사가 끼어든 부정사구를 말한다.

I'd like to *really* come to your party.

He began to *slowly* tell what he did.

규범문법에서는 분리부정사는 정용법이 아니라고 규정하지만, 그럼에도 불구하고 일상체에서는 분리부정사가 흔히 쓰인다.

2.6 부정사의 대용형

A: Do you want to see Mary again?

B: I want to, but I promise not to.

위에 나오는 B의 I want to와 I promise not to는 각각 다음 (a)와 (b)의 일부를 생략한 문장이다.

(a) I want to see Mary again.

(b) I promise not to see Mary again.

I want와 I promise 다음의 to는 그 다음에 동사가 생략되었다는 표시이다. 말을 바꾸면 to는 그 다음을 잇는 동사구를 대신한다. 이와 같은 기능을 갖는 to를 '대(代)부정사(pro-infinitive)'라고 한다. 대부정사는 일상체에서 많이 쓰인다.

유의 to가 부정사(구)의 대용형으로 쓰이는 경우, 그 다음을 잇는 be만은 다른 동사와 달리 생략되지 않는다.

A: I want you { to come to the party.
                to be invited to the party.

B: Do you really want me { to?
                           to be?

2.7 to 부정사구와 전치사

부정사구가 다음 (a)처럼 전치사를 수반하는 경우가 있다. 이는 (a)의 명사 + to 부정사 + 전치사가 (b)의 동사 + 전치사 + 명사에서의 변형이기 때문이다.

1. (a) Give me a chair to sit on.
   (b) sit on a chair
2. (a) We must have a house to live in.
   (b) live in a house

3. (a) You have **nothing** to be afraid of.

   (b) be afraid of **nothing**

4. (a) I **need a tool** to open it with.

   (b) open it with a tool

유의 1. **We must have** a house **to live in**과 달리, **a house** 대신 **a place**가 쓰인 구문에서는 live in의 in이 생략된다.

     We need a house to live in.

     We need a place to live.

  2. 전치사가 **to** 부정사구를 바로 잇는 대신, **to** 부정사와 전치사 사이에 **to** 부정사의 목적어가 필요한 (즉 **to** 부정사구와 전치사의 거리가 멀어지는) 경우에는 일상체에서는 전치사가 흔히 생략된다. (⟹ **12.21(2)**)

     We have no money to buy it (with).

     I need a tool to open it (with).

2.8   be + to 부정사 구문

be + to 부정사는 다음과 같은 의미와 용법을 갖는다.

1) 계획과 예정

   We're to be married **next month.**

신문이나 방송에서 공식적인 행사의 예정들을 보도할 때에도 이 형식이 쓰인다. (⟹ 3.4(6))

   The Prime Minister is to speak **on television tonight.**

2) 명령과 지시, (명령과 지시에 따른) 의무

   You're to be back **by 10 o'clock.**

   No one is to leave **this building without the permission of the police.**

3) (if가 이끄는 조건절에서) 의도와 목표

> If he is to succeed, he must work harder.
> If we are to win the game, we must start training now.

4) 운명

> John was to perish in a shipwreck at forty, and to leave a wife and two children.
> (John은 마흔이 되었을 때 타고 있던 배가 난파를 당해서 아내와 두 자식을 남겨놓고 죽는다.)

해설 바로 위의 예문은 John이 나이 40에 죽는 것을 알고 있는 필자가 John이 살아 있는 시점에서, 그의 앞을 내다보는 식으로 쓴 글이다.

2.9 to 없는 부정사

다음과 같은 경우는 부정사 앞에 to를 부가하지 않는다.

1) 조동사 다음에서

> You *cannot* buy happiness with money.

2) 지각동사 다음에서 (⟹ 1.20.2(3))

> She *heard* the front door open and somebody come in.

3) 사역동사 다음에서 (⟹ 1.20.2(3))

> Don't *let* such a trivial matter come between us.
> (그러한 사소한 일이 우리 사이를 갈라놓지 않도록 합시다.)

4) 일상체에서 all you have to do나 이와 유사한 구문이 주어로 쓰인 문장의 보어가 되는 경우

> *All you have to do* is pay me what you owe me.
> (당신은 내 빚만 갚으면 돼요.)

All I must do is stick it out.

(나는 끝까지 버티기만 하면 된다.)

5) go와 결합해서

"Come on. Let's *go* see a movie," she suggested.

"*Go* fetch." (가서 가져와. - 개에게 물건을 멀리 던지며 가져오라는 명령)

해설 Go see, Go fetch 등은 Go and see, Go and fetch를 줄인 말로 격식성이 낮은 일상적인 구어체에서 쓰인다.

6) make나 let 등 한정된 동사와 결합해서 관용구를 만드는 경우

He made believe(= pretended) that he was rich.

We haven't got meat, so we'll have to make do(= manage) with bread.

(고기가 없으니 그럭저럭 빵으로 때울 수밖에.)

Let go of that rope.

(그 밧줄에서 손을 떼요.)

It would be a pity to let slip such an opportunity.

(그와 같은 기회를 놓친다면 애석한 일이다.)

7) but, except 다음에서

She did nothing but sob.

(그녀는 흐느껴 울 뿐이었다.)

8) Why, Why not으로 시작하는 생략형 의문문에서 (⇒ 16.2.6)

Why waste such a lot of money?

2.10 독립부정사

독립부정사(absolute infinitive)란 문장부사 내지 삽입구적인 구실을 하는 부정사구를 말한다.

To be frank with you, I don't agree with you on this matter.
Strange to say, I have dreamed the same dream for three nights.
He is, so to speak, a walking dictionary.
To make matters worse, it began to rain.

2.11 부정사의 의미상의 주어와 목적어

(1) (a) To see is to believe.
   (b) I expect to hear from him.
   (c) I want you to come early.

위의 예문에서 (a)의 경우는 to see나 to believe의 (의미상의) 주어가 나타나 있지 않다. 이는 (a)가 일반적인 사실을 기술하고 있어 to see나 to believe의 주어가 특정인을 가리키지 않기 때문이다. 즉 의미상의 주어가 불특정적인 일반인일 때, 부정사의 주어는 명시되지 않는다.

(b)는 의미상 I expect와 I hear from him이 합쳐진 문장으로 to hear의 의미상의 주어는 이 문장의 주어인 I와 동일하다.

(c)는 의미상 I want와 you come early가 합쳐진 문장으로 to come의 의미상의 주어는 you이다.

(2) (d) I have no friend to help me.
   (e) I have no friend to help.

(d)와 (e)처럼 부정사구가 그 앞에 나오는 명사를 수식하는 경우, 이 명사는 to 부정 사의 의미상 주어나 목적어가 되기 마련이다. (d)에서는 help가 그 다음에 me란 목적 어를 수반하고 있기 때문에 friend는 자연스럽게 help의 주어로 해석되며, (e)에서는 help가 타동사인데 그 다음에 목적어가 나타나 있지 않아서, friend가 help의 목적어 로 해석된다.

(3) be + 형용사가 술부를 이루는 경우, 그 다음을 잇는 부정사구의 의미상 주어와 목적어는 개별 형용사에 따라 다르다.

(f) His English is easy/difficult/hard to understand.

easy, difficult, hard, convenient 등이 be동사를 이어서 술부를 이루는 구문에서는 문장의 주어가 부정사의 의미상 목적어가 된다. (⇒ 10.16.2(3))

(g) This is very convenient to use.

(f)와 (g)에는 to 부정사의 의미상 주어가 나타나 있지 않다. 이는 (f)나 (g)가 누구 에게나 해당되는 사실의 기술이어서, 일반인을 가리키는 주어를 밝힐 필요가 없기 때 문이다. 그러나 주어를 명시할 필요가 생기면 to 부정사의 의미상 주어는 다음과 같 이 for + ___의 형식으로 나타낸다.

This book is difficult *for me* to understand.

(4) willing이나 eager가 be동사와 함께 술부를 이루는 구문에서는 to 부정사의 의 미상 주어는 문장의 주어와 일치한다.

I am willing to go. (← I go)
He is eager to please his wife. (← He pleases his wife)

그러나 to 부정사의 의미상의 주어가 문장의 주어와 일치하지 않는 경우에는 역시 for + ___의 형식이 쓰인다.

He is eager for me to come.

(5) to 부정사의 의미상 주어가 for + ___의 형식으로 나타나는 예로 다음도 있다.

The rule is for men and women to sit apart.

(= The rule is that men and women should sit apart.)

We were waiting for the door to be opened.

He pushed the door open for her to enter.

> 유의 1. 같은 be ready to의 형식이지만, 다음 (a)에서는 we가 to eat의 의미상 주어가
>   되고, (b)의 the food는 to eat의 의미상 목적어가 된다.
>   (a) We are ready to eat.
>   (b) The food is ready to eat.
>   2. 다음 부정사 구문은 그 의미가 이중적이다. 즉 문맥에 따라서 he는 fight의 주어
>   가 될 수도 있고 목적어가 되기도 한다.
>   He is not strong to fight.

2.12 동사의 통사상 특성과 부정사

2.12.1 동사 + to 부정사 구문

want나 hope는 다음처럼 to 부정사를 수반할 수 있다.

I want to go.

I hope to see her.

want나 hope처럼 to 부정사를 수반하는 동사의 예로 다음이 있다.

agree	aim	ask	attempt
bear[1]	bother[2]	care[3]	choose
claim	decide	decline	deserve
expect	fail	forget	hesitate
hope	learn	like	plan
prefer	pretend	promise	propose[4]
refuse	regret	remember	struggle
tend	trouble[2]	try	undertake
wait	want	wish	

해설 1. bear는 can't와 함께 부정문에서 쓰이거나 can과 함께 의문문에서 쓰인다.

He can't bear to be laughed at.

(그는 비웃음의 대상이 되는 것을 참지 못한다.)

How can you bear to eat that stuff?

(어떻게 그런 것을 잠자코 먹는단 말이야?)

2. to 부정사를 수반하는 bother, trouble도 흔히 부정문이나 의문문에서 쓰인다.

Please do not trouble to answer this letter.

Don't trouble to change.

(번거롭게 옷을 갈아입지 마세요.)

3. to 부정사를 수반하는 care의 주요 용법은 다음과 같다.

1) Would you care to … ?의 형식으로 상대방에게 무엇을 정중하게 요구하거나 부탁할 때 쓰인다.

Would you care to wait here?

2) 부정문에서 쓰이며, not care to do는 not want/like to do란 뜻을 갖는다.

He said that he did not care to do so.

4. to 부정사를 수반할 때 propose는 ('제의하다'란 뜻이 아닌) ' … 할 작정이다/ … 할 의도를 갖고 있다'란 뜻을 갖는다.

I propose to tell them everything.

(**2.12.2**) 동사 + (대)명사 + to 부정사 구문

want는 다음과 같은 구문도 만든다.

I want you to go.

하지만 hope는 want와 똑같이 동사 + to 부정사 구문은 만들지만, 동사 + (대)명사 + to 부정사 구문은 만들지 못한다. *I hope him to come은 비문법적이다. 동사 + (대)명사 + to 부정사 구문을 만들 수 있는 동사로는 다음이 있다.

advise	allow	ask[1], [2]	command
encourage	expect[2]	forbid	force
hate	induce	invite	like
love	order	permit	persuade
remind	request	tell[3]	urge
want[2]	warn		

해설 1. 다음 (a)와 (b)는 의미가 다르다.

(a) I asked to speak to Mr. Jones.

(b) I asked Bill to speak to Mr. Jones.

(a)는 I said, "Could I speak to Mr. Jones?"란 뜻이고, (b)는 I said, "Bill, would you speak to Mr. Jones?"란 뜻이다.

ask는 (a)보다는 (b)의 형식으로 자주 쓰인다.

2. want/ask/expect가 만드는 이 구문의 구조상의 차이에 관해서는 (⇒ 1.23).

3. 다음 (c)와 (d)는 tell의 의미가 다르다.

(c) He told me to go.

(d) He told me that it was quite easy.

(d)의 tell이 '⋯ 라고 말하다'란 뜻이라면, (c)의 tell은 '⋯ 하라고 명령하다'란 뜻이다.

2.13 동명사의 기능과 용법

동명사는 주어, 보어, 타동사와 전치사의 목적어가 될 수 있다.

(1) 주어

Teaching requires tact.

Lying is a disgraceful vice.

Swimming in the sea is the best kind of exercise in summer.

(2) 보어

That's not saying very much.

(그렇게 말해도 과언은 아니다.)

The best kind of exercise in summer is swimming.

(3) 타동사의 목적어

I enjoyed reading it.

I like reading in bed.

(4) 전치사의 목적어

Are you afraid *of* speaking in public?
Between laughing and crying they were like mad.
(웃다 울다 하는 꼴이 그들은 꼭 미친 것 같았다.)

2.14 동명사의 통사상 특성

동명사는 통사상 다음과 같이 명사적 특성과 동사적 특성을 아울러 갖는다.

(1) 명사적 특성
관사를 부가할 수 있으며 형용사의 수식을 받고 복수형을 만든다.

The writing of letters is a good exercise in English composition.
He was waked by *an insistent* tapping on his door.
There have been indiscriminate bombings and shootings.
(무차별 폭격과 사격이 감행되었다.)

(2) 동사적 특성
목적어를 수반하며 부사의 수식을 받을 수 있고, 수동형과 완료형을 만들 수 있다.

I would appreciate your keeping *it* a secret.
He began reading *slowly* and *in a clear voice*.
I object to being treated like a child.
He was suspected of having embezzled large sums of money.

해설 동명사는 이와 같이 명사적 특성과 동사적 특성이 있지만, 동일한 동명사가 이 두 특성을 겸하지는 못한다.
그러므로 관사가 붙은 명사적 동명사는 목적어를 직접 수반하지 못하며, 목적어를 수반하는 동명사가 관사와 함께 쓰이지 않는다.

$$\text{He was arrested for} \begin{cases} \text{the stealing of horses.} \\ *\text{ the stealing horses.} \\ *\text{ stealing of horses.} \\ \text{stealing horses.} \end{cases}$$

2.15 동사의 통사상 특성과 동명사

2.15.1 타동사의 세 종류

타동사 가운데는 다음 A처럼 부정사만이 목적어가 될 수 있는 동사와 B처럼 동명사만이 목적어가 될 수 있는 동사가 있고 C처럼 부정사와 동명사가 다 목적어가 될 수 있는 동사가 있다.

$$\text{A. I managed} \begin{cases} \text{to get on the bus.} \\ *\text{ getting on the bus.} \end{cases}$$

$$\text{B. I could hardly avoid} \begin{cases} \text{meeting} \\ *\text{ to meet} \end{cases} \text{him from time to time.}$$

$$\text{C. I tried} \begin{cases} \text{to swim.} \\ \text{swimming.} \end{cases}$$

2.15.2 동명사만을 목적어로 삼는 동사

위에 나오는 (B)의 avoid처럼 동명사만이 목적어가 될 수 있는 동사와 동사구로는 다음이 있다.

advise[1]	allow[1]	avoid	consider[2]
delay	deny	dislike[3]	enjoy
escape	finish	postpone	practice
keep(= continue)	mind[4]	miss	recommend[1]
risk	stop[5]	suggest	cannot help
give up	go on[6]	keep on	leave off

[해설] 1. advise는 '누구에게'에 해당하는 목적어를 수반하지 않는 경우 구문 (a)가 쓰이고, '누구에게'를 명시한 문맥에서는 구문 (b)가 쓰인다.

    a. He advised applying at once.

    b. He advised me to apply at once.

그 밖에 제안, 허가와 금지, 권고와 추천 등을 나타내는 allow, permit, recommend도 advise와 통사상의 특성이 같다.

    c. We do not allow smoking in the hall.

    d. His parents won't allow him to stay out late.

2. 동명사를 수반하는 consider는 '(… 을 할까 말까) 신중하게 생각하다'란 뜻을 갖는다.

    I'm considering going to England for the summer.

3. dislike는 영국영어에서는 동명사만을 목적어로 삼지만, 미국영어에서는 to 부정사가 목적어로 쓰이기도 한다.

4. 동명사를 수반하는 mind는 의문문과 부정문에서 쓰인다.

    Do you mind opening the window?

    I don't mind staying home.

5. 동사 stop은 (a)처럼 동명사를 목적어로 삼는데 (b)의 to 부정사구와 의미와 용법을 혼동하기 쉽다. (b)에서 쓰인 to 부정사구는 부사구이다.

    a. Please stop talking and listen.

      (제발 입 좀 다물고 내 말 좀 들어봐.)

    b. I stopped to speak to him.

      (나는 그에게 말을 걸기 위해서 하던 일을 멈추었다.)

'중지하다'란 뜻을 나타내는 동사로는 cease도 있다. cease는 stop과 달리 동명사와 to 부정사를 다 목적어로 수반할 수 있다.

    If you cease to do something or cease doing it, you stop doing it.

6. go on의 경우도 동명사를 수반하는 경우와 부정사를 수반하는 경우, 그 의미 차이가 미묘하다. 다음에서 (a)는 '하던 이야기를 계속해서 …'란 뜻을, (b)는 '화제를 바꾸어서 …'란 뜻을 나타낸다. (a)의 talking은 go on의 목적어지만 (b)의 to tell … 은 부사구이다.

    a. She went on talking about her illness until we all went to sleep.

    b. She stopped talking about her illness and went on to tell us about all her other problems.

다음에서 목적어로 쓰이고 있는 동명사는 수동의 의미를 갖는다.

    My coat *needs* mending(= needs to be mended).

    Such rude words *won't bear* repeating(= are not suitable for repeating).

I don't think the book *deserves* reading(= deserves to be read).

The house *wants* painting(= needs painting/needs to be painted).

[유의] 바로 위의 예문에 나오는 want painting은 want to be painted로 바꾸어 쓸 수 있기는 하지만 사용빈도가 낮다. 격식성이 낮은 영국영어에서 쓰인다.

(2.15.3) to 부정사와 동명사를 목적어로 삼는 동사

to 부정사와 동명사를 다 목적어로 삼는 동사는 다음과 같다.

begin	continue	forget	hate
intend	like	love	mean
prefer	propose	regret	remember
try			

1) 동사에 따라서는 to 부정사와 동명사를 목적어로 삼는 경우 다음과 같은 의미 차이가 생긴다.

(a) I regret to tell you that John stole it.

   (= I regret that I'm about to tell you …)

(b) I regret telling you that John stole it.

   (= I regret that I told you …)

즉 to 부정사를 수반하는 (a)는 '유감스럽지만 … 말을 해야겠다'란 뜻이고, 동명사를 수반한 (b)는 '(이미) 말해버린 것이 유감스럽다'란 뜻이다. 다시 말해서 시간상의 전후관계에 있어 regret to tell은 regret이 to tell … 에 앞서고 regret telling은 telling이 regret에 앞선다.

2) remember, forget의 경우도 regret과 비슷한 의미 차이가 생긴다.

(a) I remembered to lock the door.

   (= I remembered that I had to lock the door and then I did so.)

(b) I remember locking the door.

   (= I locked the door and I remember that I did.)

(c) I forgot to go to the bank.

   (= I forgot that I was to go to the bank and therefore did not do so.)

(d) I forgot (about) going to the bank.

　　(=I forgot that I went to the bank.)

3) to 부정사는 '특정한(일시적) 경우'를 전제로 하지만, 동명사는 '평소의(습관적) 사실'을 언급할 때 쓰인다.

(a) I hate to disappoint you, but I can't join you.

　　Would you like to have a look at my new dress?

(b) She hated shopping.

　　Do you like going to concerts?

위와 같은 의미의 차이는 특히 동사가 hate, like, dislike, prefer인 경우에 생긴다.

　유의　그렇기는 하지만 다음처럼 짧은 문장으로 쓰일 때 두 문장 사이에는 별 의미 차이가 없다.

　　I like *to read*.

　　I like *reading*.

또한 would like/prefer/hate 다음에서는 to 부정사가 쓰인다.

　　Would you like *to dance*?

4) try의 경우 (a)와 (b)의 의미 차이는 다음과 같다.

(a) She tried to swim.

(b) She tried swimming.

(b)는 She tried swimming as an experiment(가령 살을 빼려고 시험삼아 수영을 했다)란 뜻만을 나타내지만, (a)는 She made an attempt to swim(가령 수영을 못하는 그녀가 물에 빠져 손발을 허우적거리며 헤엄을 치려고 했다)이란 뜻도 나타내고 (b)의 뜻으로도 쓰인다.

5) mean과 propose

(a) I didn't mean to hurt you.

　　(너를 해칠 생각은 없었다.)

(b) This new order will mean working overtime.

　　(이 새로운 명령이 효력을 발생하면 근무시간 외에 더 일을 하여야 할 것이다.)

(a)의 to 부정사를 수반하는 mean은 'intend to (… 할 의도를 갖는다)'란 뜻을 가지며, 동명사를 수반하는 mean은 'involve ((결과적으로) … 할 일이 생긴다, … 가 필요해진다)'란 뜻

을 갖는다.

(c) They propose to buy a new house.

(그들은 새 집을 살 생각이다.)

(d) He proposed changing the name of the company.

(그는 회사의 이름을 바꾸자고 제의를 했다.)

propose to는 'intend to'란 뜻이며, propose + … ing는 'suggest a plan, idea, or action'이란 뜻을 갖는다.

타동사의 목적어는 아니지만 다음과 같은 의미 차이도 유의할 만하다.

6) sorry

(a) I am sorry to disturb you, but could I speak to you for a minute?
Sorry to keep you waiting. We'll start now.

(b) I'm sorry for/about losing my temper this morning.

이제 막 하려는 일이나 막 저지른 일을 사과할 때 sorry to … 가 쓰이고, 지나간 일을 미안하게 생각하고 사과를 할 때는 sorry for/about + … ing가 쓰인다.

7) certain/sure

(a) Health-care costs are certain to increase in coming years.

(b) She's certain/sure of passing the exam.

(a)와 (b)는 각각 (a')와 (b')로 풀어 쓸 수 있다.

(a') I'm certain/sure that health-care costs will increase in coming years.

(b') She's certain/sure that she will pass the exam.

(2.15.4) to 부정사와 동명사를 수반하는 대조적 구문

to 부정사와 동명사는 다음과 같은 구문에서도 대조적으로 나타난다.

1) (a) used to do

(b) be used to doing

2) (a) cannot help but do

   (b) cannot help doing

3) a chance $\begin{cases} \text{to do} \\ \text{of doing} \end{cases}$

4) a habit $\begin{cases} *\text{to do} \\ \text{of doing} \end{cases}$

5) a method $\begin{cases} *\text{to do} \\ \text{of/for doing} \end{cases}$

6) an opportunity $\begin{cases} \text{to do} \\ \text{of/for doing} \end{cases}$

7) a reason $\begin{cases} \text{to do} \\ \text{for doing} \end{cases}$

8) a way $\begin{cases} \text{to do} \\ \text{of doing} \end{cases}$

[유의] 다음 1)-2)의 (a)와 (b)에 나오는 부정사는 서로 유기적인 관계를 갖고 있다.

1) (a) He refused to sell the stocks.

   (b) his refusals to sell the stocks

2) (a) He was reluctant to go.

   (b) his reluctance to go

하지만 다음 3)-5)에서 (b)는 비문법적이다. (b)는 (c)로 고쳐야 한다.

3) (a) He hopes to find the missing boy.

   (b) * any hope to find the missing boy

   (c) any hope of finding the missing boy

4) (a) He prefers to leave early.

   (b) * his preference to leave early

   (c) his preference for leaving early

5) (a) Is it possible for the weather to improve?

   (b) * any possibility for the weather to improve

   (c) any possibility of the weather improving

2.16　동명사의 의미상의 주어

(1) 다음에서 동명사 fishing, being asked의 의미상 주어는 각각 문장의 주어와 일치한다. 즉 문장의 주어와 동명사의 주어가 일치하는 경우 동명사의 주어는 따로 명시하지 않는다.

> I am fond of fishing.
> I don't like being asked to make a speech.

(2) 문장의 주어와 동명사의 주어가 일치하지 않는 경우는 동명사의 의미상의 주어는 (대)명사의 소유격 또는 목적격으로 나타낸다. 소유격은 격식체에서 쓰이며 목적격은 일상체에서 많이 쓰인다.

> What's the use of my/me going there?
> I don't like my wife's/my wife going to such a place.

단 동명사의 의미상의 주어로 문장을 시작하는 경우는 소유격이 목적격보다 자연스럽다.

> John's coming home tomorrow will make all the difference.
> (John이 내일 집에 돌아온다면 문제는 아주 달라질 것이다.)

(3) forgive, excuse, prevent 등이 술어동사로 쓰이는 경우 목적어가 되는 동명사는 (a)처럼 의미상의 주어와 함께 쓰이거나 (b)와 같은 형식을 취한다.

> 1) (a) Forgive my/me ringing up so early.
>   (b) Forgive me for ringing up so early.
> 2) (a) Excuse my/me being late.
>   (b) Excuse me for being late.
> 3) (a) We cannot prevent his/him spending his own money.
>   (b) We cannot prevent him from spending his own money.

유의 stop은 동명사가 목적어가 되는 경우, 동명사의 의미상의 주어는 목적격을 쓴다.
> I can't stop him (from) spending his own money.

(4) 어느 누구에게나 똑같이 적용되는 일반적 사실의 기술에는 동명사의 주어를 나타내지 않는다.

Teaching is learning.

2.17 동명사를 포함하는 관용적 표현

동명사를 포함하는 관용적 표현으로 다음이 있다.

It's no use/no good making an excuse for this.
(이 일에 대해서는 핑계를 대봤자 소용이 없다.)
There's no telling when he will arrive.
(= It is impossible to tell when he will arrive.)
There's no arguing with him.
(그와는 이야기가 통하지 않는다.)
He looked so funny that I couldn't help laughing.
What do you feel like eating for lunch?
(점심으로 무엇을 먹고 싶니?)
His suggestion is worth considering.
(그의 제안은 고려해 볼 만하다.)
It was a profession of his own choosing.
(= it was a profession which he had chosen himself.)
That goes without saying.
(그것은 말할 나위가 없다.)
He came near being killed.
(그는 죽음을 당할 뻔했다.)
No smoking./No spitting./No parking.
(금연/침을 뱉지 마시오./주차금지)

유의 바로 위의 예에서처럼 동명사는 No와 결합해서 게시 등에서 쓰이는 금지의 뜻을 나타내지만, 동사가 목적어를 수반하는 경우는 No + 동명사 대신에 Do not … 을 쓴다.

Do not touch these wires.
Do not feed the animals.

2.18 분사의 기능

분사에는 현재분사(present participle)와 과거분사(past participle)가 있다.[2] 현재분사는 진행형을 만들고 과거분사는 완료형과 수동형을 만든다.

What are you reading?
I've just finished **reading it.**
The baby will be well taken **care of.**

또한 분사는 1) 형용사적 용법을 가지며, 2) 주격보어와 목적보어가 될 수 있고 3) 분사구문(participial construction)을 만든다.

2.18.1 분사의 형용사적 용법

(1) 명사를 앞에서 수식한다.

boiling **water** - 현재분사
the following **example**
A rolling **stone gathers no moss.**
(구르는 돌은 이끼가 끼지 않는다. - 격언)

hard, fast, long 등의 부사가 명사를 수식하는 현재분사 앞에 부가되기도 한다.

hard-working students
fast-moving traffic
long-playing records

---

2) 현재분사와 과거분사란 명칭은 동사의 원형에 -ing와 -ed를 부가한 형식을 가리키는데, 전자가 현재시제하고만 관련이 있고 후자가 과거시제하고만 관련이 있는 것도 아니어서 반드시 적절한 명칭은 아니다.

a broken glass – 과거분사

She looked up at him with a bewildered gaze.

(그녀는 그를 당황한 눈길로 올려다보았다.)

Chopin was a born musician.

(Chopin은 타고난 음악가였다.)

(2) 명사를 뒤에서 수식한다.

분사가 명사를 뒤에서 수식하는 것은 대체적으로 분사가 형용사구의 일부를 이루는 경우이다.

people living in cities

children brought up in the country

2.18.2 보어로 쓰이는 분사

(1) 주격보어

He stood leaning against a tree.

He sat buried in thought.

He came in unnoticed.

The mystery remains unsettled.

(2) 목적보어

I found him lying on the floor.

I am sorry to have kept you waiting.

A few words caught in passing set me thinking.

(지나가다 들은 몇 마디가 나로 하여금 여러 생각을 하게 만들었다.)

I could not make myself understood.

I felt myself pulled by the sleeves.

2.19 분사와 관계절

(1) 과거분사 + 명사

과거분사 + 명사는 관계대명사를 사용해서 바꾸어 쓸 수 있다. 과거분사의 대부분이 타동사의 과거분사로, 명사를 수식하는 경우 수동의 의미를 나타낸다.

> a broken glass = a glass which *is* broken
>
> a murdered clerk = a clerk who *was* murdered

그런데 관계대명사를 사용해서 풀어 쓴 위의 예문이 보여주듯이 **broken**의 경우 be 동사는 현재시제가 쓰였고, **murdered**는 과거시제가 쓰였는데, 현재시제와 함께 쓰인 과거분사일수록 형용사적인 성격이 강하다.

한편 이동 또는 상태의 변화를 나타내는 자동사에서 파생한 과거분사는 수동의 의미를 갖지 않는다.

> an escaped prisoner = a prisoner who *has* escaped
>
> fallen leaves = leaves that *have* fallen

위에 예가 나왔지만 a clerk who was murdered는 a murdered clerk로 바꾸어 쓸 수 있다. 하지만 a clerk who was killed를 *a killed clerk로 바꾸어 쓰지는 못한다. 또한 a box which was made (by my brother)나, the girl who is liked very much를 *a made box나 *a liked girl로 바꾸지는 못한다. the guest who arrived도 *the arrived guest로 바꾸지 못한다.

이와 같이 일상적으로 사용빈도가 아주 높은 동사의 과거분사는 명사를 수식하지 못한다. 형용사적으로 명사를 수식하기에는 동사적 특성이 너무 뚜렷한 것이다.

그러나 이와 같은 과거분사도 부사 또는 부사 상당어구의 수식을 받으면 명사를 수식할 수 있다.

> *Korean*-made television sets
> *home*-made cake
> cf. *a made box/*made cake
> the *newly* arrived guest
> a *recently* built house
> cf. *the arrived guest/*a built house

그런가 하면 *a *found* dog는 비문법적이지만 a *lost* dog는 문법적이다.

(2) 명사구를 수식하는 현재분사 역시 관계대명사를 사용하여 풀어 쓸 수 있다.

> a sleeping baby = a baby who *is sleeping*
> a moving staircase = a staircase which *moves*

해설 위의 관계대명사를 사용한 풀어쓰기에 나와 있듯이 a sleeping baby는 '지금 잠을 자고 있는 갓난아이'란 뜻이지만, a moving staircase는 '지금 움직이고 있는 …'이란 뜻은 아니다.

예를 추가해보자.

> (a) Is the girl dancing with John your sister?
> (b) We can offer you a job cleaning cars.

(a)의 dancing with John은 '지금 John과 춤을 추고 있는'이란 뜻이어서 the girl who *is dancing* with John이 되지만, a job cleaning cars는 '세차'란 일자리를 나타내는 명사구여서 a job which *cleans* cars로 풀어써야 한다.

2.20 | very의 수식을 받는 분사

> (a) She is much/*very liked by everybody.
> (b) I'm very tired.
> (c) His story was very exciting.

위의 예문 (a)~(c)에서 liked가 very의 수식을 받지 못하는 것은 liked가 수동의 의미를 나타내기 위해서 과거분사로 쓰였을 뿐, 본질은 동사이기 때문이다. 반면에 tired나 exciting은 (동사에서 파생했다지만) 형용사적이어서 very의 수식을 받을 수 있다.

참고 very와 much의 수식을 다 받는 분사도 있다.

> I am much/very surprised at the news.

위의 예문에서 much가 쓰였다면 화자는 surprised를 동사적으로(동사의 과거분사로) 간주한 셈이고, very를 썼다면 surprised를 glad나 happy, sad에 준하는 형용사로 간주한 것이다.

2.21 동명사와 현재분사

동명사와 현재분사는 형태는 동일하지만 (위에서 살펴본 용법 이외에) 다음과 같은 차이가 있다.

(1) 현재분사 + 명사가 만드는 명사구와 동명사 + 명사가 만드는 복합명사는 강세의 위치가 다르다.

> 현재분사 + 명사 : **boiling** wáter (끓는 물)
> 동명사 + 명사 : bóiling **point** (비등점)

(2) 이 명사구와 복합명사의 차이는 다음과 같은 풀어쓰기에도 드러난다.

> 현재분사 + 명사
> boiling water = water which is boiling
> the following example = the example which follows

> 동명사 + 명사
> a sleeping car = a car used for sleeping
> a boiling point = a point at which a liquid boils
> a changing room = a room where one changes one's clothes (for sports)
> a living room = a room where one lives when not sleeping

유의 다음 -ing형은 현재분사인지 동명사인지 분간하기가 쉽지 않다.
They are busy packing.
She spent the afternoon writing letters.
There is no point waiting for him.
He tore his coat climbing a tree.
They have some difficulty getting skilled workers.
He was a long time coming.
(그는 오랜 시간이 지나서야 돌아왔다.)
We had fun playing cards.
위의 예문의 -ing형 앞에는 전치사 in을 부가할 수도 있다. in이 부가되는 경우 -ing형은 말할 것 없이 동명사이다. 하지만 in이 탈락되고 보면 -ing형은 전치사의 목적어가 아니어서 동명사로 보기가 어렵다. 그렇다고 앞서 살펴본 현재분사의 특성에도 맞지 않는다. 이런 사정을 고려할 때 위의 예문에 나오는 -ing형은 동명사도 현재분사도 아닌 그저 (제3의) -ing형으로 다루어도 좋을 법하다.

go와 연결해서 일종의 숙어를 만드는 go fishing, go hiking의 -ing형도 마찬가지다.

참고 -ing형 가운데는 현재분사와 동명사 외에도 다음과 같이 명사, 형용사, 전치사, 접속사에 속하는 것들이 있다.

a tall building - 명사
an interesting story - 형용사
She is very active, considering her age. - 전치사
Supposing (= If) it rains, what shall we do? - 접속사

2.22 동사에서 파생하지 않은 -ed형

(1) -ed형 가운데는 un-, well- 등 접두사가 부가된 것이 있다. 이와 같은 -ed형은 그와 대응하는 동사형을 갖지 않는다.

an unbroken record
an unfinished novel
His conduct was uncalled for.
His conduct was unheard of.
They are well-behaved and well-spoken.
It was a pleasure to talk with such a well-read man.

(2) 다음은 명사에 -ed가 붙은 특수한 (형용사의) 예이다.

a blue-eyed baby
a long-legged animal
a loudmouthed woman (수다스러운 여인)
a ragged, wretched, aged man leaning heavily on a crooked stick helped along by his good-tempered wife
(구부러진 지팡이에 의지하고 마음씨 고운 아내의 부축을 받은 남루하고 초라한 늙은 사나이)

참고 명사에 부가한 -ed는 과거분사를 만드는 -ed와는 달리 하나의 음절로 발음된다.
ragged[rǽgid], wretched[rétʃid], aged[éidʒid], crooked[krúkid]

2.23 분사구문

(2.23.1) 분사구문의 형식과 의미

다음 (a)의 부사구와 (b)의 부사절은 서로 바꾸어 쓸 수 있다.
이 (a)의 Feeling처럼 분사가 접속사와 주어와 술어동사를 겸하는 구실을 하는 구문이 분사구문(participial construction)이다.

(a) Feeling rather ill, Thomas declined the invitation.
(b) As he felt rather ill, Thomas declined the invitation.

분사구문은 문맥에 따라 '시간', '이유', '양보', '조건' 등의 뜻으로 해석이 된다. 또한 '부대상황(attended circumstances)'을 나타내기도 한다.

Arriving(= When he arrived) at the station, he found his train gone. - 시간
Not knowing(= As I did not know) what to do, I asked him for some advice.
- 이유
Being(= Because I am) only a student, I can't afford to get married. - 이유
Sitting(= Although I am sitting) here in the sun, I still feel cold. - 양보
Young men came by the dozen, asking(= and they asked) her to dance.
- 부대상황

부정(否定)의 형식을 취하는 경우, not은 분사 앞에 위치한다.

Not knowing what to do, I just stayed home.

해설 1. 분사구문 가운데는 부대상황을 나타내는 것이 많다.
두 가지 상황이 동시에 일어나거나 연속해서 일어나 그 하나를 분사구문으로 바꾸었을 때, 이와 같은 분사구문이 부대상황을 나타낸다.

부대상황을 나타내는 분사구문은 문장의 중간이나 끝에 위치하기도 한다.

The spectators leapt to their feet and roared approval.

(관중들은 일제히 일어나서 '옳소'하고 소리를 질렀다.)

→ Roaring approval, the spectators leapt to their feet.

→ The spectators, roaring approval, leapt to their feet.

→ The spectators leapt to their feet, roaring approval.

2. being + 보어로 이루어진 분사구문은 보통 이유나 원인을 나타낸다. 그러므로 (a)를 (a')로 바꿀 수 있지만, 양보를 나타내는 (b)를 (b')로 바꾸지는 않는다.

(a) As he was ill, he couldn't play football.

→ (a') Being ill, he couldn't play football.

(b) Although he was ill, he played football with us.

→ (b') * Being ill, he played football with us.

3. being + 과거분사로 이루어지는 분사구문은 보통 being을 생략한다.

Being cleared(= When it is cleared), the site will be valuable.

(정지작업이 끝나면 그 대지는 값이 나갈 것이다.)

→ Cleared, the site will be valuable.

Being utterly exhausted(= As they were utterly exhausted), they fell asleep at once.

→ Utterly exhausted, they fell asleep at once.

4. 분사구문은 대체적으로 격식체나 문어체(written style)에 속한다. 일상적인 대화 등에서 자주 쓰이는 구문은 아니다.

(2.23.2) 완료형 분사구문

완료형 분사구문은 분사구문이 나타내는 시간이 주절이 나타내는 시간보다 앞섰음을 분명히 할 때 쓰인다.

Having failed twice, he didn't want to try again.

Having made(= As I have made) that mistake once, I'll not make it again.

(2.23.3) 독립분사구문

독립분사구문(absolute participial construction)이란 분사구문의 의미상의 주어가 주절의 주어와 일치하지 않는 분사구문을 말한다. 분사구문의 주어가 주절의 주어와 일치하지 않는 경우는 분사구문에 분사구문의 주어를 명시하여야 한다.

The authorities **having arrived and taken seats reserved for them,**
the ceremony began.
(당국의 요인들이 도착하여 그들을 위해서 마련된 자리에 앉은 다음 식이 시작되었다.)
Human nature **being what it is, the outcome was inevitable.**
(인간성이란 것이 본래 그런 이상, 그런 결과는 필연적이었다.)
We'll leave tomorrow, weather **permitting.**
All savings **gone, we started to look for jobs.**

2.23.4 비인칭(관용적) 독립분사구문

분사구문의 주어가 주절의 주어와 일치하지 않으면서 (독립분사구문과 달리) 분사구문의 주어가 빠진 관용구적인 분사구문을 말한다.

Generally speaking, **man is stronger than woman.**
Talking of novels, **have you read Hemingway's** *Farewell to Arms*?
Putting it mildly, **you have caused us some inconveniences.**
(완곡하게 말하건대, 당신은 우리에게 좀 불편을 끼쳤어요.)

2.24 유사구문

분사구문과 유사한 구문에 다음이 있다.

(1) with + 주어 + 분사구문

With night coming on, **the wind began to blow.**
(밤이 다가오자, ⋯)
What a lonely life it would be with you (being) away!
(당신이 가버리면, ⋯)
He came in with his boots covered in mud.
(진흙으로 범벅이 된 장화를 신고, ⋯)

(2) 접속사 + 분사구문

Once deprived of oxygen, **the brain dies.**
When telephoning from abroad, **dial 865, not 0865.**

(3) 전치사 + 동명사 구문

After talking to you, **I always feel better.**
Depress the clutch before changing gears.
On being told(= When she was told) the party was cancelled, she burst into
tears.

(4) (접속사 +)주어 + be동사가 생략된 구문

An excellent speaker, **he was never at a loss for a word.**
(말을 아주 잘하는 그는 더듬거리는 일이 한 번도 없었다.)
John welcomed Margaret, glad of the company.
(John은 Margaret을 반겼다. 자리를 함께 할 상대가 생긴 것이 좋아서.)
The manager approached us, full of apologies.
(지배인은 사과를 늘어놓으면서 우리에게 다가왔다.)

Exercises

Ⅰ. 보기를 참고하여 다음 동사가 수반할 수 있는 목적어의 형식을 기호로 답하시오.

(a) 명사   (b) 명사 + 필수적 부사구
(c) that이 이끄는 종속절   (d) 의문사가 이끄는 종속절
(e) 부정사구   (f) 동명사구

| 1. ask | 2. believe | 3. consider | 4. deny | 5. enjoy |
| 6. explain | 7. feel | 8. hope | 9. keep | 10. mind |

Ⅱ. 과거형으로 다음 빈칸을 메울 수 있는 동사를 골라 숫자로 답하시오.

(a) We _____ to go home now. (b) We _____ walking.
(c) I _____ you to be here. (d) I _____ them leave.
(e) I _____ them waiting. (f) I _____ my seat occupied.

1. ask	2. avoid	3. begin	4. dare	5. discover
6. finish	7. have	8. help	9. hope	10. imagine
11. keep	12. prefer	13. promise	14. refuse	15. stop
16. suggest	17. tell	18. threaten	19. watch	20. wish

시제와 상

Tense and Aspect

Chapter 03

시제와 상

3.1 시제의 분류

동사의 어형변화를 통한 시간 관계의 표현을 시제(tense)라고 한다.

영어에는 현재시제와 과거시제란 두 시제가 있다.[1] 현재시제는 (be동사를 제외하고는) 동사의 원형으로 나타내며, 주어가 3인칭인 경우에 한해서 동사의 어미에 -s를 부가한다.

유의 '시제(tense)'는 동사의 어형변화를 근거로 설정된 문법 범주이므로, 이 시제를 현실 세계에서의 '시간(time)'과 혼동해서는 안 된다.

현실세계에서의 시간은 '과거', '현재', '미래'로 나누어지지만, 영어에 '미래'란 시제는 없다. 영어에서 미래는 현재시제, 조동사 will/shall, 현재진행형, be going to, 미래진행형 등의 형식으로 나타낸다. (⇒ 3.4)

3.2 현재시제

현재시제(present tense)의 용법은 다음과 같다.

---

1) 종래 학교문법과 전통문법의 일부에서는 현재시제, 과거시제, 미래시제를 기본시제(단순현재, 단순 과거, 단순미래)로 설정하고 이 기본시제에 진행형, 완료형, 완료진행형을 결합시켜 12개의 시제를 설정해 왔다.

이 책에서는 동사의 어형변화를 기준으로 시제를 설정하려는 현대 언어학의 관점에 따라, 두 시제 만을 인정하고 미래표현을 따로 다루고, 진행형과 완료형은 '상(相, aspect)'이란 별도의 문법범주에 포함시켰다. (⇒ 3.5)

(1) (시간과 관계없는) 일반적 사실, 동식물과 사물의 속성 등을 나타낸다.

> Honesty is the best policy.
> Two and two make(s) four.
> Hydrogen is the lightest element.

(2) 현재의 습관적인 동작과 행위를 나타낸다.

> You smoke and drink too much.
> I always take the same bus to go to school.
> I get up at six every morning.

반복이나 습관을 나타내는 현재시제는 흔히 always, usually, seldom 등의 빈도부사와 함께 쓰인다.

(3) 현재의 상태를 나타낸다.

> Susie has beautiful eyes.
> Nobody remembers how he learned his mother tongue.
> We live in Seoul.

해설 엄격하게 말한다면 '현재'란 과거와 미래의 중간을 차지하는 순간적인 시간을 가리킨다. 하지만 위의 예문의 동사가 나타내는 시간이 그런 <순간>은 아니다. 그렇다면 언제부터 언제까지를 가리키는 것이 현재일까? (시간과 관계가 없는 (1)의 용법을 일단 고려하지 않기로 한다면) 용법 (2)와 (3)에서의 '현재'는 단적으로 <밝힐 필요가 없거나 밝힐 수 없는 과거로부터 밝힐 필요가 없거나 밝힐 수 없는 미래에 걸친 시간의 폭>을 가리킨다. 그렇기 때문에 1초전에 일어난 일이라도 과거의 시점이 분명한 경우는 현재시제를 쓸 수가 없다. 과거의 시점이나 기간을 분명히 밝힌 다음의 경우 아무리 현재 이곳에 살고 있을 망정, (단순)현재시제의 사용은 비문법적이다.

> * We *live* here since 2010.
> → We *have lived/have been living* here since 2010.
> * We *live* here for five years.
> → We *have lived* here for five years.

(4) 확정된 미래를 나타낸다.

I have a date next Monday.
Your subscription to our magazine ends next month.
(귀하가 신청한 본 잡지의 구독 유효기간은 다음 달에 종료됩니다.)

미래를 나타내는 현재시제는 흔히 미래를 나타내는 부사(tomorrow, next month, in a minute 등)와 함께 쓰인다.

(5) 어떤 사건이나 동작 또는 행위와 그것을 표현하거나 설명하는 말이 동시에 시작하고 동시에 끝날 때.
이 용법은 흔히 다음과 같은 상황에서 쓰인다.

1) 운동 경기의 중계

Cha passes the ball to Lee, who heads it straight into the goal.
(차(車)선수가 이(李)선수에게 공을 패스했습니다, 이 선수가 그 공을 바로 헤딩해서 골인을 했습니다.)

2) 시범을 해보이면서 설명할 때

I take the card from the pack and place it under the handkerchief.
(자 보세요. 이 한 패의 카드에서 카드 한 장을 빼냈습니다. 그 카드 한 장을 이 손수건 안에 집어넣었습니다.)

3) 약속, 명명(命名), 선언, 수락 등의 행위를 '수행동사'로 나타낼 때

I promise to pay it back by the end of this month.
I name this ship Pan-Korea.
I warn you again.
We accept your offer.

해설 다음에서 (a)와 (b)는 '명령'을 나타낸다.
(a) Come here.
(b) I order you to come here.
우리가 (a)를 명령으로 이해하는 것은 (a)가 명령문이기 때문이다. (b)는 형식상으로는 명령문이 아니다. 하지만 우리가 (b)를 역시 명령으로 이해하는 것은 '명령하다'란 뜻의 order가 술어동사로 쓰였기 때문이다.
이와 같이 '명령'이란 행위(그 밖에 '약속', '서약', '명명(命名)', '선언' 등)가 이루어지고, 그와 같

이 이루어지는 행위를 술어동사가 분명하게 나타내는 경우, 이런 술어동사를 수행(遂行)동사(performative verb)라고 한다. (b)의 order가 바로 이런 수행동사이다.

예를 추가해보자.

(c) I promise to pay you back the money.

(c)에서는 이 말이 입 밖에 나옴과 동시에 '약속'이란 행위가 이루어진다. (c)의 promise 역시 (b)의 order와 똑같은 수행동사이다.

그런데 다음 (d)와 (e)에서는 promise가 술어동사로 쓰이고는 있지만 그렇다고 약속이라는 행위가 이루어지고 있지는 않다. (d)는 '그가 … 라는 약속을 했다'란 제3자의 행위의 기술이고, (e)는 '과거에 내가 … 라는 약속을 했다'라는 과거에 일어난 사실의 기술에 불과하다.

(d) He promises to pay you back the money.

(e) I promised to pay you back the money.

order나 promise(또는 accept, name, warn, …)가 수행동사이기 위해서는 반드시 1인칭(I, We)이 주어가 되어야 하고, <현재시제>가 쓰여야 한다.

(6) 현재 진행되고 있는 일을 나타낸다.

I see an airplane in the sky.

Father wants to speak to you.

It is very cold.

해설 어떤 일이 진행되고 있을 때, 그런 일을 나타내는 데는 원칙상 현재진행형이 쓰인다. 위의 예문에서 현재시제가 현재진행형을 대신하고 있는 것은 see, want, be 등이 현재진행형을 만들지 못하는 상태동사이기 때문이다.

(⟹ 3.20)

(7) 역사적 현재(historical present)

현재시제는 과거에 일어난 일을 지금 눈앞에서 일어나고 있는 일인 것처럼 생생하게 표현할 목적으로 쓰이기도 한다. 이와 같은 용법의 현재시제를 '역사적 현재'라고 한다.

Now Caesar leaves(← left) Gaul, crosses(← crossed) the Rubicon and enters (← entered) Italy with 5,000 men.

(이제 Caesar는 5,000명의 군사를 거느리고 Gaul을 출발하여 Rubicon강을 건너 Italy로 진격한다.)

해설 '역사적 현재'는 역사적 사실만을 기술하는 용법은 아니어서, '극적 현재(dramatic present)'라고도 불린다. 상상적 사건을 다루는 소설 등에서의 현재시제 역시 역사적 현재에 속한다.

(8) (미래를 나타내는) 부사절에서

I will tell him when he comes back.

We have only five minutes before the train starts.

    cf. I don't know when he *will come* back. (명사절)

(9) 전달동사(verb of communication)와 함께

The ten o'clock news says that it's going to be cold.

John tells me you're getting a new car.

I hear that it's going to be cold.

해설 위의 예문에서 술어동사로 쓰인 say, tell, hear가 관여했던 시간은 실제로는 과거에 속한다. 그러므로 과거시제가 쓰여도 무방하다. 그런데 왜 현재시제가 쓰였을까? 이 동사들은 정보의 전달과 관련이 있는 동사들이다. 과거의 사실을 기술하는데 현재시제가 쓰인 것은 이런 정보전달동사의 현재형이 누가 말을 해주어서 또는 누구한테 들어서, '현재 그런 정보를 알고 있다(Now I have the information)'란 뜻을 드러내주는 기능을 갖기 때문이다.

3.3   과거시제

(1) 과거시제(past tense)는 과거에 일어났던 사실(행위, 상태, 습관)을 기술하는 데 쓰인다.

I received his letter a week ago.

Hyden was born in 1732.

I lived in Busan for ten years.

해설 1. I lived in Busan for ten years는 '내가 이제는 부산에서 살지 않는다'란 뜻을 함축한다.
    2. 다음은 현재시제와 과거시제를 다 쓸 수 있는 예이다.
       Brahms was/is the last great representative of German classicism.
       위의 예문에서 was가 쓰인 것이 Brahms가 이미 고인이기 때문이라면, is가 쓰인 것은 Brahms가 현재도 대중의 사랑을 크게 받고 있는 음악가이기 때문이다.

3. 우리말에 '놀랐지?'란 표현이 있다. 우리말에서는 놀람이란 감정변화가 일어났을 때를 시점으로 삼아 과거시제가 쓰이지만, 영어에서는 현재 놀라고 있는 상태라면 Are you surprised?가 알맞고, 과거에 놀랐던 것이라면 Were you surprised?가 알맞다.

그 밖에 우리말의 '봄이 왔다'도 영어에서는 문맥에 따라 Spring has come과 Spring came으로 갈라진다. (⟹ 3.12)

(2) (현재의 사실에 반대되는) 가정을 나타내는 데 쓰인다.

If you loved me, you wouldn't do such a thing.

가정법에서 쓰이는 과거형은 형태상으로 과거일 뿐, 과거란 시간과는 직접적 관련이 없다. (⟹ 5.2)

(3) (특히 영국영어에서) 상대방의 입장에 대한 '자상한 배려'를 나타낸다.

A: Did you want me? (← Do you want me?)
B: Yes, I hoped (← hope) you would give me a hand with the painting.

위의 예문에서 I hoped가 I hope보다 상대방의 입장을 고려한 자상한 표현이 되는 것은 과거형을 씀으로써 '(과거에) … 을 바랐는데 어떨는지. (지금은 당신 처분에 맡기겠다)'는 뜻을 은연중 내비쳐 상대방이 심리적 부담을 덜 수 있기 때문이다.

Did you want me? 역시 Do you want me?가 함축할 수 있는 '또 내가 필요해요 (왜 자꾸 귀찮게 하죠)?'란 언중유골적인 의미를 배제함으로써 상대방의 심리적 부담을 덜어준다.

참고 위에서 살펴보았듯이 영어의 과거시제가 한국어의 과거시제와 달리, '현재'란 시간과 거리를 둔 '과거'뿐만 아니라, '사실'과 거리를 둔 '가정'을 나타내고, (격식을 필요로 하는 만큼이나) '대인관계에서의 거리'를 나타내는 데도 쓰인다는 것은 유의할 만하다.

3.4 미래표현

영어에서 미래는 다음과 같은 형식으로 나타난다.

(1) will + 동사의 원형

The parcel will arrive tomorrow.

(2) be going to

The parcel is going to arrive tomorrow.

(3) 현재진행형

The parcel is arriving tomorrow.

(4) 미래진행형

The parcel will be arriving tomorrow.

(5) 현재시제

The parcel arrives tomorrow.

이와 같은 형식은 각각 다음과 같은 특성을 갖는다.

(1) will + 동사의 원형

앞으로 어떤 일이 일어나리라고 추측/예측할 때 쓰인다.

George will leave tomorrow.

They say it will be good weather tomorrow.

The letter will arrive in a few days.

(2) be going to

be going to는 일상체에서 많이 쓰인다. 앞에 나온 (1)의 will이 앞으로 일어날 일을 미래의 관점에서 예측한다면, be going to는 앞으로 일어날 일을 현재의 관점에서 예측한다.

다음 (a)와 (b)는 앞으로 하려는 어떤 일에 대한 '현재의 의도(present intention)'를 나타낸다.

(a) What are you going to do tonight?

(b) I'm going to play tennis this afternoon.

다음 (c)~(e)는 앞으로 어떤 일이 일어나리라는 예측을 가능하게 하는 '현재의 징후 (present cause and symptom)'가 근거가 되고 있다. 즉 (c)는 현재 어지러움을 느끼고 있기 때문에 (d)는 현재 하늘에 비구름이 새카맣게 몰려와 있기 때문에 (e)는 현재 그녀가 임신 중이기 때문에, **be going to**가 쓰인 것이다.

> (c) I feel dizzy. I think I'm going to faint.
> (d) There's going to be a storm in a minute.
> (e) She's going to have another baby.

be going to는 (부사의 수식을 받지 않을 때는) 가까운 미래를 나타내지만, 부사(구)가 미래를 분명히 밝히는 경우에는 먼 미래도 나타낼 수 있다. 다음에서 (f)는 시간상 '지금, 곧'을 가리키지만 (g)는 '조만간'을, (h)는 '먼 미래'를 가리킨다.

> (f) Watch! That pile is going to fall.
> (g) We're going to live in the country.
> (h) I'm going to be a police officer when I grow up.

be going to는 will과 달리 조건절과는 함께 잘 쓰이지 않는다.

> (i) (?) He's going to sell his house if you ask him.
> (j) He'll sell his house if you ask him.

위의 예문에서 (j)와 달리 (i)가 정상적인 어법이 못되는 것은 '집을 팔겠다'는 현재의 의도와 '팔라고 한다면'이란 아직 실현되지 않은 조건이 논리적으로 어긋나기 때문이다.

해설 다음에서 (a)와 (b)는 어떻게 다를까?
> (a) Don't sit on that rock. It's going to fall.
> (b) Don't sit on that rock. It'll fall.

be going to는 '현재의 징후'를 나타낸다. 그러므로 (a)는 The rock is going to fall anyway whether you sit on it or not(네가 바위에 앉건 앉지 않건 바위가 굴러 떨어지게 생겼다)이란 뜻으로 풀이할 수 있는 반면, (b)는 The rock will fall if you sit on it이란 뜻이다.

(3) 현재진행형

현재진행형은 미래에 일어날 어떤 일의 '계획이나 준비가 현재 이루어져 있는 경우'에 쓰인다.

> My aunt's coming to stay with us.
> We're leaving tomorrow.
> He's moving to Seoul.

미래표현에 있어 현재진행형이 자주 쓰이는 동사는 leave, stay, come, start, move 등의 이동동사이다. 사전 계획이나 준비가 필요한 동사가 바로 이동동사인 것이다.

 1. 다음에서 (a)는 '결혼을 하겠다'란 현재의 의도를 나타내고 (b)는 '결혼 준비 (결혼 날짜의 결정, 예식장의 예약 등)가 완료되었다'는 뜻을 함축한다.

> (a) I am going to get married.
> (b) I am getting married.

2. 현재진행형은 미래를 나타내는 데도 쓰이지만, 원래 현재진행을 나타내기 때문에 특정한 부사가 부가되거나 문맥을 전제로 하지 않는 경우, 미래를 가리키는지 현재진행을 나타내는지 분명치 않을 수도 있다. 일례로 **The plane is taking off**가 그렇다. 그렇기 때문에 의도했던 의미를 분명히 하기 위해서는 현재진행형이 쓰인 문장은 흔히 적절한 부사가 필요하다.

> The plane is just taking off. - 현재진행
> The plane is taking off at 5:20. - 미래

3. 다음 (a)와 (b) 가운데서 (b)는 비문법적이다. '자연 현상인 일출'이 사전 계획이나 준비 등 인위적으로 결정되는 일은 아니기 때문이다.

> (a) John is rising at 5 o'clock tomorrow.
> (b) *The sun is rising at 5 o'clock tomorrow.

(4) 미래진행형

미래진행형은 (현재의 상황으로 보아 특정인의 의지나 의도와는 관계없이) '그렇게 되기 마련인 미래(future as a matter of course)'를 나타낸다.

> The train will be arriving at eight o'clock.

해설 다음 (a)와 (b)는 의미가 다르다.

> (a) I'll write to John and tell him about her.
> (b) I'll be writing to John and I'll tell him about her.

(a)는 '그녀에 관해서 말하기 위해서 John에게 (의도적으로) 편지를 쓰겠다'란 뜻이고, (b)는 '어차피 John에게 편지를 쓰게 되어 있으니까 편지를 쓰는 김에 그녀에 관한 말도 하겠다'란 뜻이다.

(5) 현재시제

확정된 미래는 현재시제로 나타낸다.

> Tomorrow is Saturday.
> Next Christmas falls on Thursday.
> The train leaves at 7:30 this evening.
> The Prime Minister makes his budget speech this afternoon.

(6) 그 밖에 미래는 다음과 같은 형식으로 나타낼 수 있다.

1) be about to

> I feel something terrible is about to happen.

be about to는 (금방 일어날 수 있는) 아주 가까운 미래를 나타내기 때문에 시간부사를 필요로 하지 않는다.

2) be to

be to는 신문이나 방송에서 공식적인 행사의 예정 등을 보도할 때 흔히 쓰인다. (be to의 기타용법은 ⇒ 2.8)

> The Prime Minister is to speak on television tonight.

3.5 상(相)

> (a) He reads the Bible every day.
> (b) He is reading a newspaper.
> (c) He has just read her letter.

위의 예문 (a)~(c)는 시제란 관점에서 본다면 현재를 나타낸다. 그러나 (a)는 '습관'

을, (b)는 '진행'을, (c)는 '완료'를 나타내고 있다. (a)~(c)는 시제는 동일하지만, 습관, 진행, 완료 등으로 나타나는 '상(相, aspect)'이 다른 것이다.

한편 다음 (d)와 (e)는 '진행'이란 상은 동일하지만 시제가 다르다.

> (d) He is painting his house.
> (e) He was painting his house.

(f)와 (g)는 '완료'란 상은 동일하지만 역시 시제가 다르다.

> (f) He has just read her letter.
> (g) He had just read her letter.

해설 동사의 어형변화를 통한 시간의 표현을 시제라 한다면, 진행, 계속, 상태, 완료, 미완료 (또는 습관, 반복적 동작, 순간적 동작, 동작의 시작, 동작의 완료, 동작의 과정) 등을 나타내는 동사의 의미와 형식을 상(相)이라고 한다.

형식상 영어에는 be + … ing로 나타나는 진행상(進行相)과 have + 과거분사로 나타나는 완료상(完了相)이 있다. (개별 동사가 나타내는 의미상의 상에 관해서는 ⇒ 3.19, 3.23~25)

3.6 진행상

형식상 be + … ing로 나타나는 진행상은 현재 및 과거시제와 결합하여 다음과 같은 진행형을 만든다.

> 현재진행: He is living in Seoul.
> 과거진행: It was raining when I went out.

또한 be + … ing는 미래를 나타내는 will/shall과 결합해서 미래진행형을 만든다.

> I will be living in New York this time next year.

3.7   현재진행

현재진행(present progressive)의 용법은 다음과 같다.

(1) 현재 (바로 이 순간) 진행되고 있는 동작이나 행위를 나타낸다.

A: Where are you?

B: I'm in the garden. I'm watering the roses.

> **해설** I'm watering the roses는 '현재 이 순간 꽃에 물을 주고 있는 일이 진행되고 있다'는 뜻으로 해석이 된다. 그런데 I'm watering the roses가 그렇게 해석되는 것은 <꽃에 물을 주는 일>이 주어의 자유의사에 따라 언제라도 진행과 중단이 가능한 행위이기 때문이다.

(2) (시간이 걸리는) 어떤 일이 아직 끝나지 않았음을 나타낸다.

I'm reading a mystery written by Agatha Christie.

We're building a house in the country.

> **해설** I'm writing a letter는 보통 '지금 이 순간 편지를 쓰고 있다'란 뜻으로 해석이 되지만, I'm writing a book은 '쓰기 시작한 책을 아직 다 쓰지 못했다'란 뜻이지, 반드시 '지금 이 순간 책을 쓰고 있다'는 뜻은 아니다.

(3) 동작이나 행위의 일시적인 반복을 나타낸다.

(a) I get up at 7 every morning.

(b) I'm getting up at 7 this week.

> **해설** (a)가 과거에서 미래에 걸친 장기간의 습관적 행위를 나타낸다면, (b)는 금주에 한해서 이루어지는 행위의 반복을 나타낸다.

예를 추가하면 다음과 같다.

I'm taking computer lessons this month.

(4) 한정된 기간의 상태의 계속을 나타낸다.

(a) I live in Seoul.

(b) I'm living in Seoul.

(a)는 '밝힐 필요가 없는 과거로부터 밝힐 수 없는 미래에 걸친 기간'을 전제로 할 때 쓰이고, (b)는 화자가 서울에 사는 기간이 '당분간'에 한할 때 쓰인다.

진행형은 be + 형용사의 구문에서도 쓰인다. (⟹ 10.15)

> (c) She is kind.
>
> (d) She is being kind.

(c)는 '그녀는 (천성적으로) 친절하다'란 뜻이고, (d)는 '그녀가 (일시적으로, 특정한 기회에) 친절을 베풀고 있다'란 뜻이다.

(5) 습관처럼 반복되는 행위를 나타낸다.

> He's always gambling.
>
> He's always asking silly questions.
>
> You're continually making poor excuses.
>
> (너는 계속 말도 안 되는 핑계만 대는구나.)

이렇게 습관처럼 반복되는 행위를 나타내는 진행형은 흔히 always, forever, continually 등의 부사와 함께 쓰이며, 화자의 불만, 못마땅함 등의 심리를 반영한다.

> **해설** 다음 예문에서 (a)는 it has a hole이란 뜻을 함축한다. 그러니까 이 순간 물이 새고 있다는 뜻은 아니다. (b)는 '이 순간 물이 새고 있다'는 뜻이며 (c)는 '여러 번 수리를 했는데도 자꾸 새기만 한다'는 화자의 '짜증스러움'을 반영한다.
>
> (a) The bucket leaks.
>
> (b) The bucket is leaking.
>
> (c) The bucket is *always* leaking.

(6) 미래를 나타낸다. (⟹ 3.4)

3.8 과거진행

3.8.1 용법

과거진행은 특정한 과거를 시점으로 할 뿐, 그 용법은 현재진행형에 준한다.

> **The wind** was blowing. - 진행
> **The boy** was coughing **all night long.** - 반복된 행위
> **He was busy packing. He** was leaving **that night.** - 예정

3.8.2 과거시제와 과거진행형

(a) Last summer I traveled **through China.**
(b) Last summer I was traveling **through China.**

(a)가 '작년 여름 얼마 동안(for some time during the summer) 중국을 여행했다'란 뜻이라면 (b)는 '여름 내내(throughout the summer) 여행했다'란 뜻을 함축한다.

(c) I read **from 10 p.m. to 11 p.m.**
(d) I was reading **from 10 p.m. to 11 p.m.**

(c)가 '10시에 책을 읽기 시작해서 11시에 끝마쳤다'란 뜻이라면, (d)의 경우 화자는 10시 전부터 책을 읽기 시작해서 11시 후까지도 책을 읽었을 것이다.

(e) I did shopping and walked **the dog.**
(f) Between one and two I was doing shopping and walking **the dog.**

(e)는 '장을 본' 다음에 '개를 산보시켰다'란 뜻이고 (f)는 '장보기'와 '개를 산보시킨 일'을 동시에 했다는 뜻이다.

> **해설** 현재시제로 쓰인 be going to는 흔히 화자의 '의도'를 나타내는데, 과거시제로 쓰인 be going to는 그 의도가 실현되지 못했음을 나타낸다.
>   I *was going to* write a letter to you last night.
> 위의 예는 '편지를 쓰지 못했다'란 뜻을 함축한다.

3.9 미래진행

(1) 특정한 미래를 시점으로 그때 진행되고 있을 일이나 상태를 나타낸다.

> She'll be watching TV when you get home tonight.
> I'll be living in New York this time next year.

(2) 그렇게 되기 마련인 미래를 나타낸다. (⟹ 3.4(4))

3.10 완료상

형식상 have + 과거분사로 나타내는 완료상(perfect aspect)은 다음과 같은 완료형을 만든다.

> 현재완료: He has written many short stories.
> 과거완료: He had written many short stories.
> 미래완료: He will have written 50 short stories by then.

또한 완료상은 진행형과 결합해서 완료진행형을 만든다.

> 현재완료진행: He has been running for two hours.
> 과거완료진행: He had been running for two hours.
> 미래완료진행: I will have been keeping a diary for 10 years next month.

3.11   현재완료의 용법

현재완료의 용법은 다음과 같다.

(1) (현재를 시점으로 한) 행위와 동작 등의 완료를 나타낸다.

I've **just** finished **my report.**
The full moon has **just** risen **above the hill.**

행위와 동작의 완료를 나타내는 현재완료는 흔히 just, now, already, this morning(week, month) 등 현재와 관련된 부사를 수반한다.

> **해설** just나 now와는 달리 just now는 a very short time ago를 뜻한다. 따라서 현재완료와 함께 쓰이지 않는다.
>
> He has *just* returned home.
> He has *now* returned home.
> * He has *just now* returned home.
> → He returned home *just now.*

(2) 과거의 경험을 나타낸다.

Have **you ever** seen **a ghost?**
I'm sure we've met **before.**

> **해설** '경험'을 나타내는 현재완료는 흔히 often, once, twice, before, already, ever, never 등의 부사를 수반한다.
> 하지만 특정한 과거를 가리키는 부사와는 함께 쓰이지 않는다.
> * I've been to Busan last week.
> → I went to Busan last week.

(3) (상태 또는 행위, 동작의 현재까지의) 계속을 나타낸다.

She and I have known **each other since 2005.**
How long have **you** been **a doctor?**

Freedom and equality have frequently been used from old as mere political catchwords.

(자유와 평등이란 말은 옛부터 알맹이 없는 정치적 구호로 사용되어 왔다.)

(4) (행위와 동작 등의 완료가 현재에 미치는) 결과를 나타낸다.

(a) I cut my finger.
(b) I've cut my finger.

(a)가 '손을 베었다'는 과거에 일어난 일을 그저 과거의 일로 기술하고 있다면, (b)는 '손가락을 막 베었다'는 뜻으로 '그래서 그 결과 피가 흐르고 있다던가 상처가 났다'란 해석을 가능하게 한다.

현재완료가 쓰인 다음 예문들도 문맥에 따라서는 괄호 안과 같은 결과적 상태를 의미한다.

Someone has broken her doll. (The doll is broken now.)
I've recovered from my illness. (I'm now well again.)
The taxi has arrived. (The taxi is here now.)

유의 have been to/have gone to/be gone의 의미와 용법
1. have been to는 보통 '… 에 갔다 왔다'란 뜻으로, have gone to는 '… 에 갔다 (따라서 지금 이 자리에 없다)'란 뜻으로 쓰인다.
   George has been to Paris. (= George visited Paris in the past.)
   George has gone to Paris. (= George is there now.)
2. 하지만 특히 미국영어에서 have gone to는 간혹 (경험을 나타내는 never, once, twice 등과 함께 쓰이면서) '… 에 가본 적이 있다'란 경험의 뜻을 나타내기도 한다.
   What's the most interesting place you've ever gone to?
   have gone to와 대조가 되는 구문에 be gone이 있다. be gone은 '가버리다, 사라져 버리다'란 뜻을 나타낸다.
   She's been gone for three hours; what do you think she's doing?
   When I came back, my car was gone.
3. have been to도 흔히는 '… 에 갔다 왔다'란 '완료'의 뜻으로 쓰이지만, '… 에 가본 적이 있다'란 '경험'의 뜻을 나타내기도 한다.
   I've *just* been to Japan. - 완료
   I've been to Japan but it was years ago. - 경험

4. 특히 미국영어에서는 일상체에서 과거의 경험은 현재완료 대신 과거시제로 나타내기도 한다.

Did you ever hear such a strange story?

(= Have you ever heard such a strange story?)

(5) 그 밖에 현재완료는 부사절에서 미래완료를 대신할 수 있다.

I will let you go out when you have done your homework.

3.12 과거시제와 현재완료

현재완료를 제대로 이해하기 위해서는 현재완료를 과거시제와 대조해서 두 문법 형식이 서로 어떻게 다른가를 이해하는 것이 중요하다.

단적인 예를 들어보자.

현재완료란 문법 형식이 없는 한국어의 경우 그저 '봄이 왔다'고 하면 되는 표현이 영어에서는 다음 **(a)**와 **(b)**로 갈라진다.

(a) Spring came.

(b) Spring has come.

(a)와 **(b)**는 어떻게 다른 것일까?

(a)는 그저 과거에 봄이 왔었다는 뜻을 나타낼 뿐, 현재 찾아온 봄을 가리키지는 않는다. 과거에 일어난 일을 그저 과거지사로 나타내는 과거시제가 쓰였기 때문이다. 반면에 현재완료가 쓰인 **(b)**는 '봄이 찾아왔는데 그래서 지금 봄이다'란 뜻을 나타낸다.

다음 **(c)**와 **(d)**의 차이는 무엇일까?

(c) She was an invalid.

(d) She has been an invalid all her life.

과거시제가 쓰인 **(c)**가 She is dead now란 뜻을 함축한다면, 그와 대조적으로 **(d)**는 She is still alive란 뜻을 함축한다.

    (e) He wrote many short stories.

    (f) He has written many short stories.

(e)는 '그가 이미 고인이 되었음'이, (f)는 '그가 아직 살아 있음'이 전제가 되고 있다. (f)는 그가 앞으로도 단편소설을 쓸 가능성을 배제하지 않는다.

'올해는 비가 많이 왔다'란 우리말과 대응하는 영어로는 다음 (g)와 (h)를 생각할 수 있다.

    (g) We had much rain this year.

    (h) We have had much rain this year.

(g)는 '이제 우기가 지나서 앞으로는 비가 오지 않을 시점(즉 우기가 과거가 된 시점)'에 알맞은 표현이고, (h)는 '앞으로도 비가 올 가능성이 있는 시점'에 알맞다.

'점심 먹었어?'와 대응하는 영어로는 (i)와 (j)가 있다.

    (i) Did you eat your lunch?

    (j) Have you eaten your lunch?

점심시간을 12시부터 1시 사이로 간주할 때, '1시가 훨씬 지난 시각에서 물을 때'는 (i)가 알맞고 '시간이 아직도 점심시간대인 경우'는 (j)가 알맞다.

다음 (k)의 경우는 saw로 미루어 보아 this morning이 시간상 과거임을 알 수 있다. 그렇다면 화자가 이 말을 입 밖에 낸 것은 this morning이 과거로 간주되는 '오후'일 것이다. 반면에 (l)의 경우는 have seen으로 미루어 this morning이 현재를 나타내는 것을 알 수 있다. 그렇다면 화자가 이 말을 입 밖에 낸 것은 '오전'이다.

    (k) I saw him this morning.

    (l) I have seen him this morning.

3.13 have got과 have

have got은 형식상으로는 현재완료지만, 흔히 일상적으로는 have를 대신한다.

> I've got money. = I have money.
> I've got to go. = I have to go.

하지만 다음에서는 have got이 have를 대신하지 못한다.

(1) He has blue eyes. - have가 영속적인 상태를 나타낼 때
   cf. He has got a blackeye. (그는 얻어 맞아 눈에 멍이 들었다.)
(2) Have a nice day. - 명령문을 만들 때
(3) I'll have him do it. - have가 사역동사로 쓰일 때
(4) A: Have you taken your breakfast?
   B: Yes, I have/* have got. - 목적어를 생략할 때
(5) To have a good reputation, … - to 부정사구를 만들 때
   Having a headache, … - 분사구문을 만들 때
(6) Let's have a walk(= Let's walk.). - have + 명사가 동사를 대신할 때

> **참고** have got은 간혹 조동사와 함께 쓰이는 수가 있다.
> She *must* have/have got a new boyfriend.

3.14 현재완료와 관련 구문

(1) 현재완료 + since 구문

전치사 또는 접속사로 쓰이는 since는 '과거의 어느 시점으로부터 (현재까지)'란 뜻을 갖는다. 그러므로 since가 전치사나 종속절을 이끄는 접속사로 쓰인 문장이나 문장의 주절에서는 현재완료 또는 현재완료 진행형이 쓰인다.

> I have known him *since* 2010.
> I've been wearing glasses *since* I was three.

유 의   1. 다만 주절이 시간을 나타내는 it으로 시작하는 문장에서는 현재완료보다 현재시
제가 자주 쓰인다.

It is/has been ten years since we moved to Seoul.

2. 위의 예가 보여주듯이 since가 이끄는 종속절은 과거의 어느 시점을 나타내기
때문에, 주절에서는 현재완료가 쓰여도 종속절에서는 과거시제가 쓰이기 마련
이다. 하지만 과거의 어느 시점에서 시작한 상황이 현재까지 계속되고 있는 경
우에는 since가 이끄는 종속절에서도 현재완료가 쓰인다.

(a) He hasn't spoken Korean since he moved to L.A.

(b) He hasn't spoken Korean since he has lived in L.A.

위의 예문에서 (a)의 move가 과거형을 취한 것은 L.A.로의 이사가 과거에 있었던
사건이기 때문이다. 하지만 L.A.에 이사를 와서 그곳에서 계속 오늘날까지 살고 있
으므로 (b)의 live는 현재완료형이 쓰였다.

(2) 현재완료와 과거시제의 혼용

현재완료가 과거를 막연히 나타낸다면, 이와 같은 막연한 과거는 과거시제가 쓰임
으로써 그 시점이 구체적으로 드러난다.

A: I'm going abroad.

B: So I've heard.

A: When did you hear about it?

B: Yesterday.

3.15 과거완료

(1) 과거완료(past perfect)는 (특정한 과거를 시점으로 삼아, 그때까지의) '완료'와 '결과', '경
험', '계속'을 나타낸다.

He had just finished his breakfast when she pressed the doorbell.

The thief simply walked in. You had forgotten to lock the door.

Until yesterday, I had never heard about it.

(2) 대과거(어느 특정한 과거의 시점보다 시간상 앞선 과거)를 나타낸다.

When the police arrived, the thieves had run away.

해설 1. after나 before가 종속절을 이끄는 경우, 시간상 앞선 일을 기술하는 데는 과거 완료를 써도 좋고 과거시제를 써도 좋다. before나 after가 시간상의 선후 관계를 분명히 해주기 때문이다.

She had left/left *before* I got there.

I ate my lunch *after* my wife had come/came back from shopping.

2. 다음 예문에서는 첫째 문장이 둘째 문장보다 시간상 앞서 있다. 하지만 이 첫째 문장이 과거완료를 쓰지 않은 것은 이 두 문장이 일이 일어난 순서에 따라 기술되어 있기 때문이다.

I met him first in 2008 when his hair was grey. I met him again in 2016. His hair was now white.

3. 다음 (a)와 (b)는 미묘한 의미 차이가 있다.

(a) When he opened the door, the dog jumped in.

(b) When he had shut the window, we opened the door of the cage.

(a)는 '문을 열자 개가 뛰어 들어왔다'란 뜻으로 두 가지 일이 그저 일어난 순서대로 기술되어 있다. (b)는 새장 문을 열기 전에 유리창 문을 닫았다는 사실을 분명히 하고 있다.

다음 (c)와 (d)의 차이는 무엇일까?

(c) When she sang her song, she sat down.

(d) When she had sung, she sat down.

(d)는 '그녀가 노래를 다 부른 다음에 앉았다'란 뜻이지만 (c)는 '그녀가 앉아서 노래를 불렀다'란 뜻으로 해석 못할 것이 없다.

4. '… 하자마자'의 뜻을 나타내는 as soon as, no sooner … than, scarcely … before, hardly … when의 구문을 이용해서 과거의 사실을 기술하는 경우, as soon as를 이용한 구문은 보통 종속절과 주절에 똑같이 과거시제가 쓰이지만, 다른 구문의 경우는 시간상 순간적이나마 빠른 주절에 과거완료가 쓰인다.

As soon as they saw/had seen the police, the thieves ran away.

$\left\{\begin{array}{l}\text{No sooner}\\\text{Scarcely}\\\text{Hardly}\end{array}\right\}$ had the thieves seen the police $\left\{\begin{array}{l}\text{than}\\\text{before}\\\text{when}\end{array}\right\}$ they ran away.

(3) 일부 동사(expect, hope, intend, mean, want)의 과거완료는 실현되지 못한 '소망'과 '의도'를 나타낸다.

> I had hoped to catch the 8:30 train, but found it was gone.
> She had intended/meant/wanted to do so, but was prevented by a headache.

> 유의 실현되지 못한 '소망'이나 '의도'는 위에 예시한 동사의 과거형 + 완료형 부정사의 형식으로 나타낼 수도 있다. (⟹ 2.4.3(2))
> > He had hoped to meet you.
> > = He hoped to have met you.

3.16 미래완료

미래완료(future perfect)는 미래의 어떤 특정한 시점을 기준으로, 그때까지의 행위와 동작 등의 '완료'와 '(완료에 따른) 결과', '경험', '계속'을 나타낸다.

> I will have finished the work by 5 o'clock. – 완료
> I will have gone home by the time you get here. – 결과
> I will have read the book three times if I read it again. – 경험
> It will have rained for ten days by tomorrow. – 계속

3.17 현재완료진행

(1) 현재완료진행(progressive present perfect)은 어떤 행위, 동작 또는 상태가 과거로부터 현재까지 계속되었으며 아직도 계속되고 있음을 나타낸다.

> (a) I have been studying English for five years.
> (b) It has been raining for a week.

그런데 이미 앞에서 살펴보았듯이 과거로부터 현재까지의 계속은 현재완료로도 나타낸다.

> (c) I have studied **English for five years.**
> (d) It has rained **for a week.**

(c)와 (d) 역시 동사가 나타내는 일이 계속되고 있음을 배제하지 않으므로, (a)와 (c), (b)와 (d)는 뚜렷한 의미 차이가 없는 셈이다. 그렇기는 하지만, 의미가 비슷해 보이는 현재완료진행과 현재완료 사이에도 여러 차이가 있다.

예를 들어보자.

(e)의 경우 현재완료진행은 시간을 나타내는 부사를 수반하지 않고도 '계속'을 나타내기 마련이다. 하지만 (f)는 기간을 나타내는 부사 없이는 의도했던 의미가 반드시 분명치 않다. '계속' 이외에도 현재완료형이 '완료'나 '경험'을 나타내기 때문이다.

> (e) I have been teaching **him.**
> (f) I have taught **him.**

다음에서 (g)는 '계속'을 나타내지만 (h)는 '완료'를 나타낸다. (g)의 **have been learning**은 어차피 '계속'을 나타내기 마련인데, (h)가 '완료'로 해석되는 것은 목적어인 **my irregular verbs** 앞에 **all**이 붙었기 때문이다.

> (g) I have been learning **irregular verbs all afternoon.**
> (h) I have learned **all my irregular verbs.**

stand의 경우.

다음 (i)의 빈칸에는 **has been standing**보다는 **has stood**가 알맞다. **has been standing**은 '계속'을 나타내면서도 '일시성'을 함축하는데, 강을 내다보며 **500**년 동안 서 있는 성이 일시적으로 서 있는 것은 아니기 때문이다.

> (i) The castle _____ overlooking the river for 500 years.

(2) 현재까지의 계속을 나타낸다고 하지만, 현재완료진행은 문맥에 따라서 미묘한 의미 차이가 생길 수 있다.

> (j) He has been running **for one hour.**
> (k) He has been running **for over two years.**

(l) A: You look hot.

   B: I have been running.

위의 예문에서 (j)는 '한 시간 전부터의 계속'을 나타내고 (k)는 '2년 전부터 계속해 온 습관화한 달리기'를 나타낸다. (l)은 '조금 전까지의 계속'을 나타낸다. (l)의 경우 지금 현재 달리기를 계속하고 있는 것도 아닌데 현재완료진행형이 쓰이고 있는 것은 조금 전까지 계속되었던 달리기의 영향이 아직도 현재에 미치고 있기 때문이다.

(l)과 용법이 유사한 예를 추가하면 다음과 같다.

(m) (상대방의 눈이 붉어진 것을 보고) You have been crying, haven't you?
   - 상대방이 지금 울고 있는 것은 아니다.

(n) (상대방의 눈에 멍이 들어 있는 것을 보고) You have been fighting again!

3.18 과거완료진행

과거를 시점으로 할 뿐, 용법은 현재완료진행에 준한다.

He had been living in Busan before he moved to Seoul two years ago.

3.19 개별 동사의 의미와 상(相)

문법 형식을 관점으로 한다면 위에서 살펴보았듯이 영어는 진행상과 완료상이란 두 상을 갖는다.

그런데 동사가 진행형과 완료형을 만든다고 하지만, 모든 동사가 진행형을 만드는 것은 아니다.

바로 다음에 나오지만 know는 진행형을 만들지 못한다. (⟹ 3.20)

진행형을 만들 수 있는 동사의 경우에도, jump가 만드는 진행형과 die가 만드는 진행형은 그 의미가 다르다. (⟹ 3.23)

현재완료를 만드는 경우에도 **teach**의 현재완료는 '경험'이나 '계속'을 나타낼 수 있지만, **die**가 만드는 현재완료는 '경험'이나 '계속'을 나타내지 못한다.

이는 의미를 관점으로 개별 동사가 나타내는 상을 계속, 순간, 상태, 과정, 활동 등으로 파악할 때, 위에서 언급한 동사들의 상이 다음과 같이 서로 다르기 때문이다.

	계속	순간	상태	과정	활동
know	+		+		
jump		+			+
die		+		+	
teach	+				+

참고   위에서는 개별 동사가 나타내는 의미상의 상으로 계속, 순간, 상태, 과정, 활동을 예로 들었다. 그런데 의미를 관점으로 동사의 상을 살펴볼 때, 문제가 되는 것은 위와 같은 개념의 설정 내지 분류가 학자에 따라 여러 가지로 다르다는 점이다. 개별 동사가 지니는 상으로는 위에서 예시한 계속, 순간, 상태, 과정, 활동 말고도 완료, 미완료, (동작과 행위의) 시작, 종결, 결과 또는 반복, 일시성, 습관 등을 설정해 볼 수 있다.
이 책에서는 동사의 의미상의 상에 관한 이론적 접근을 피하고, 개별 동사의 특성을 이해하는 데 필요한 대로 이와 같은 상의 개념을 융통성있게 원용하기로 한다.

3.20 상태동사와 활동동사

의미를 기준으로 할 때 동사는 일단 상태동사(stative verb)와 활동동사(dynamic verb)로 분류된다.

예를 들어 I know him에서의 **know**는 시간상으로는 <과거의 어느 시점으로부터 미래에 걸친 상당히 긴 기간>을 전제로 하며, **run**이나 **open** 등과 달리 마음대로 계속이나 중단 또는 반복을 할 수가 없다.

이와 같은 동사가 상태동사이다.

상태동사는 진행형을 만들지 못한다. 진행형이 나타내는 <진행중>이란 말은 <다음 순간에는 중단할 수도 있고 그러다가 다시 반복할 수도 있다>는 뜻을 함축하는데, 마음대로 중단이나 반복을 할 수 없는 동사가 상태동사인 것이다.

상태동사와 대립하는 동사가 활동동사이다. 활동동사의 예로는 **study**가 있다. 상태동사는 진행형 이외에도 여러 구문을 만들지 못하는데, **know**와 **study**를 대립시켜 이 두 동사가 만들거나 만들지 못하는 구문을 통해서 상태동사와 활동동사의 특성을 살펴보면 다음과 같다.

1) 진행형

    (a) *I'm knowing him.
    (b) I'm studying English grammar.

2) 명령문

    (a) *Know English grammar.
    (b) Study English grammar.

3) What I do is to … 로 나타나는 강조구문

    (a) *What I did was to know him.
    (b) What I did was to study English grammar.

4) 사역동사구문

    (a) *I persuaded him to know English grammar.
    (b) I persuaded him to study English grammar.

5) 자발적인 의사를 나타내는 양태부사를 수반하는 구문

    (a) *I only knew English grammar reluctantly.
    (b) I only studied English grammar reluctantly.

[유의] Know thyself가 그렇듯이, 상태동사가 만드는 명령문이 없는 것은 아니다. 하지만 Know thyself(또는 우리말의 '건강하십시오')와 같은 명령문은 Come here나 Get out처럼 청자가 그의 자유의사에 따라 화자의 말을 바로 행동에 옮길 수 있는 그런 명령문은 아니다. Know thyself는 '너 자신을 알도록 노력하라'나 '(왜 그렇게 너 자신을 모르느냐) 나는 네가 너 자신을 좀 더 알았으면 좋겠다'란 뜻을 가질 뿐이다.

다음과 같은 동사가 상태동사에 속한다.

1) (비자의적) 지각동사 및 인지동사

believe, desire, dislike, doubt, feel, guess, hate, hear, imagine, know, like, love, mind, prefer, realize, recognize, regard, remember, satisfy, see, smell, suppose, think, understand, want, wish

2) 관계동사

apply to, be, belong to, consist of, cost, depend on, equal, have, include,
lack, matter, need, owe, possess, remain, require, resemble, seem

3.21 활동동사를 겸하는 상태동사

상태동사 가운데는 활동동사를 겸하는 것도 많다.

예를 들어 **apply**에는 '(… 에 규칙 등이) 적용되다'란 뜻도 있고, '(연고 등을) 바르다'란
뜻도 있다. 전자의 의미로 쓰일 때의 **apply**는 상태동사지만, 후자의 의미로 쓰일 때는
활동동사이며, 진행형도 만든다.

(a) This rule applies/*is applying to everyone.
(b) He's applying the ointment to the wound to ease the pain.

상태동사가 활동동사를 겸하는 경우, 그 의미 차이가 미묘한 동사에 **think**가 있다.
다음에서 (a)의 **think**는 상태동사이고 (b)의 **think**는 활동동사이다.

(a) I think/*am thinking he is reliable.
(b) I am thinking about what you said.

이 (a)와 (b)에 나오는 **think**의 의미상의 차이는 무엇일까?

단적으로 (a)의 **think**는 화자의 '의견이 … 하다'란 뜻을 반영하고 (b)의 **think**는 '심
사숙고하다, 깊이 생각하다'란 뜻이다.

상태동사와 활동동사를 겸하는 동사의 예를 좀더 들어보자.

1) (a) This room measures/*is measuring five feet by four.
   (이 방은 넓이가 5×4 평방 피트가 된다.)
   (b) Hold your arm. I'm just measuring your sleeve.
   (팔을 들고 계십시오. 소매 길이를 재고 있습니다.)

2) (a) He imagines/*is imagining everything is easy.

   (b) Surely you're imagining things.

      (틀림없이 당신은 허깨비를 보고 있어요.)

3) (a) I hear/*am hearing you won the first prize.

   (b) His case is still being heard in court.

      (그의 소송사건은 아직도 법정에서 심의 중이다.)

4) (a) I have/*am having a lot of things to do.

   (b) We're having breakfast.

[유의] 우리가 가지고 있는 다섯 가지 감각과 관계가 있는 동사 가운데, see와 hear는 상태동사에 속하고, 활동동사로는 look at과 listen to가 쓰인다. smell, feel, taste는 상태동사와 활동동사를 겸한다.

상태동사	활동동사
I see a bus in the distance. (보이다)	What are you looking at? (보다)
Do you hear me? (들리다)	I was listening to the radio. (듣다)
Do you smell gas? (냄새가 나다)	Come and smell these roses. (냄새를 맡다)
The water feels warm. (느낌이 … 하다)	Feel how rough this is. ((손으로) 더듬어 보다, 만져 보다)
It tastes like sugar. (맛이 나다)	Taste this soup. (맛을 보다)

3.22 진행형의 특별용법

(1) 신체적 이상과 관련이 있는 ache, feel, hurt, itch 등의 동사는 단순시제를 쓰거나 진행형을 쓰거나 의미에 차이가 없다.

> I feel hungry. = I'm feeling hungry.
> My knee hurts. = My knee is hurting.

(2) 구어체에서는 like, want, hope 등의 상태동사가 표현을 정중하게 하기 위해서 진행형으로 쓰이기도 한다.

> I'm hoping you'll give us some advice.
> (우리에게 좀 조언을 해주셨으면 하고 바랍니다.)
> We're wondering if you have any suggestions.
> (혹시 도움이 될 만한 제안을 해주실 수 없을는지요.)

[해설] 위의 예문처럼 원래 진행형을 만들지 못하는 동사가 진행형을 만듦으로써, 정중한 표현이 되는 것은, 진행형이 나타내는 '일시성'이 상대방이 가질 수 있는 심리적인 부담감을 덜어주기 때문이다.

(3) more and more 등의 부사를 부가했을 때 상태동사가 진행형을 만드는 경우가 있다.

> (a) He resembles/* is resembling his father.
> (b) He is resembling his father *more and more*.

[해설] (a)의 resemble은 be like … 란 의미를 갖는 상태동사로, 진행형을 만들지 못한다. 그런데 그 resemble이 (b)에서 진행형을 만들고 있는 것은 more and more가 부가됨으로써 be like … 란 의미가 become like … 란 의미로 바뀌었기 때문이다.

3.23 활동동사와 상(1)

상태동사와 달리 활동동사는 진행형을 만든다. 진행형에는 여러 용법이 있는데, 개별 동사가 제각기 갖는 의미상의 특정한 상(相)에 따라 진행형의 용법이 여러 가지로 다르게 나타난다.

다음을 예로 들어보자.

(1) swim in the pool
(2) knock on the door
(3) die
(4) knit a sweater

(1) swim in the pool

동사구 swim in the pool은 상당한 시간 폭을 전제로 한다. 순간적으로 시작해서 끝나지는 않는 것이다. 그렇기 때문에 다음 (a)의 진행형은 의미상 '진행'을 나타내고 (b)의 완료형은 for two hours가 부가되어 있어 '계속'으로 해석된다.

(a) He is swimming in the pool.
(b) He has swum in the pool for two hours.

(2) knock on the door

knock on the door는 그 행위가 순식간에 시작했다 끝난다. 다시 말해서 의미상 knock은 순간상(瞬間相, punctual aspect)을 나타낸다. 대조적으로 앞에서 살펴보았던 swim은 계속상(繼續相, durative aspect)을 나타낸다.

의미상 순간상을 나타내는 동사의 be + … ing는 '반복'을 나타낸다.

Somebody's knocking on the door.
(누군가가 자꾸 문을 두드려요.)

knock처럼 순간상을 나타내며, 진행형이 '반복'을 뜻하는 동사로는 그 밖에 nod, jump, fire(총을 발사하다) 등이 있다.

John was nodding his head.
She was jumping with joy.

(3) die

die 역시 knock처럼 순간상을 나타낸다. 하지만 '(삶에서 죽음으로) 상태의 변화'를 나타낸다는 점에서 die는 knock과 차이가 있고, knock처럼 반복이 가능하지도 않다. 그렇기 때문에 die의 진행형은 '상태의 변화가 가까워졌음'을 뜻한다. 즉 the old man was dying은 '그 노인의 죽음이 임박했다'란 뜻이다.

die처럼 진행형이 '어떤 상태의 변화가 가까워졌음'을 나타내는 동사로는 arrive, stop, park (the car), take off 등이 있다.

> The Boeing 747 is taking off.
> The train is arriving at platform 4.

(4) knit a sweater

knit a sweater는 시간 폭이 넓은 점에서는 swim in the pool과 다름이 없다. 하지만 knit a sweater와 swim in the pool은 다음과 같은 점이 다르다.

다음에서 (a)는 (b)의 뜻을 내포한다.

> (a) He was swimming in the pool.
> ← (b) He swam in the pool.

하지만 (c)는 (d)의 뜻을 내포하지는 않는다.

> (c) She was knitting a sweater.
> ≠ (d) She knitted a sweater.

(c)가 (d)를 내포하지 않는 것은 swim in the pool의 진행형이 그저 '진행'을 나타내는 것과는 달리, knit a sweater의 진행형이 '미완료'를 나타내는 한편 과거시제는 '완료'를 나타내기 때문이다.

다음도 이 두 동사의 의미상의 차이를 보여준다.

시간과 관계가 있는 부사와 결합하는 경우, 과거형으로 쓰인 swam in the pool은 '계속'을 나타내는 for가 필요하고, knitted a sweater는 '완료'에 걸린 시간을 나타내기 위해서 in이 필요하다.

> He swam in the pool for/*in two hours.
> She knitted a sweater *for/in a week.

knit a sweater와 의미상의 특성이 같은 동사구로는 write a book, paint a picture, build a house 등이 있다.

3.24 활동동사와 상(2)

다음 예는 우리말의 '찾다'가 영어에서는 look for와 find로 갈라짐을 보여준다.

Did you find what you looked for?
(너 찾던 것 찾았니?)

즉 look for는 '찾는다'란 행위의 '과정'을 나타내고 find는 그런 과정이 목표로 삼은 '종결점'을 나타낸다.

'종결점(에의 도달)'은 순간적이기 때문에 find는 look for와 달리 진행형을 만들지 못하며, 기간을 나타내는 부사구와도 함께 쓰이지 않는다.

I'm looking for/* finding my key.
I looked for my key for/* in thirty minutes.
I found my key * for/in thirty minutes.

참고 '(물건을) 찾다'란 뜻의 find는 진행형을 만들지 못하지만 find가 '(연구를 통해서) 사실을 발견하다'란 뜻을 나타내는 경우에는 진행형을 만든다.
Scientists are finding more and more evidence that there may be great mineral wealth under the ice.
위의 예문에서 find의 진행형은 '과학상의 연구 결과의 점진적인 진전'을 나타낸다.

look for와 find가 보여주는 차이는 study와 master 사이에서도 발견된다. 즉 study는 '과정'을 나타내고, master는 '종결점'을 나타낸다. 그런데 동사 learn은 '과정'을 나타내는 데도 쓰이고, '종결점'을 나타내는 데도 쓰인다. 따라서 부가된 부사구로 보아 다음 (a)에서의 learn은 study의 뜻으로, (b)에서의 learn은 master의 뜻으로 해석할 수 있다.

(a) He has learned English for five years.
(b) He has learned English in five years.

3.25 활동동사와 상(3)

(1) 시제 및 상과 관련해서 다음도 유의할 만하다.

    (a) Man sneezes.

    (b) He sneezes.

    (c) He sneezed.

  (a)는 '인간은 재채기를 하는 습성을 가지고 있다'란 뜻으로, 총칭적으로 쓰인 man 을 주어로 삼고 현재형이 쓰인 sneeze는 의미상 '습관상'을 나타낸다. 하지만 '그는 (감기가 들었는지) 재채기를 한다'란 뜻을 갖는 (b)에서의 sneeze는 '일시상'을 나타내고, '그는 한번 재채기를 했다'란 뜻을 갖는 (c)는 '순간상'을 나타낸다.

  (2) 한국어에서는 똑같은 동사가 쓰이는데 영어에서 '계속상'과 '순간상'이 다른 동 사로 나타나는 예에 다음이 있다.

계속상	순간상
ride	get on
wear	put on
hold	catch
beat	hit
stand	stand up
sit	sit down

> **참고** 한편 어미가 -er로 끝나는 많은 동사는 흔히 '반복상'을 나타낸다.
> glitter(반짝반짝 빛나다), clatter(덜커덩거리다)
> mutter(중얼중얼하다), simmer(부글부글 끓다)

Exercises

Ⅰ. 다음 괄호 안의 동사를 미래를 나타내는 형식으로 바꿀 때 문맥상 알맞은 형식을 보기에 나오는 기호로 답하시오.
(문맥상 알맞은 형식은 여럿일 수 있음)

(a) will + infinitive	(b) be going to + infinitive
(c) will be -ing	(d) be -ing (현재진행형)
(e) 단순현재	(f) be to + infinitive
(g) be about to + infinitive	

1. Most areas (have) rain tomorrow, and there (be) thundery showers in many places.

2. We (find) a cure for cancer one day, but in the meantime this awful disease (claim) thousands of victims a year.

3. You say that production (be) much lower this year. But if you (go) into any factory in this region, you (hear) quite a different story.

4. A: The professor (be) very busy tomorrow. He (give) two lectures in the morning, then he (go) to New York for conference.

   B: What time he (leave) for New York?

   A: He (catch) the 12:15 train and (get) to New York just after 3.

   B: So he (be) pretty tired by the time he (get) back.

II. 다음 괄호 안의 동사를 보기와 같은 형식으로 바꿀 때, 문맥상 알맞은 형식을 기호로 답하시오.

(a) would + infinitive	(b) should + infinitive
(c) was/were going to + infinitive	(d) was/were -ing(과거진행형)
(e) was/were to + infinitive	(f) was/were about to + infinitive

1. The weather forecast yesterday said that many areas (have) rain, but we certainly didn't have any here.
2. I warned you not to eat so much lunch if you (swim) yesterday afternoon.
3. It was 1491. Columbus (discover) America in the following year.
4. A: Do you know where Professor Brown is?

   B: I know he (catch) the 12:15 train for New York, where he (attend) a conference.

조동사
Auxiliary Verbs

조동사

4.1 조동사의 기능

(1) 조동사는 본동사(main verb)를 도와 본동사만으로는 나타내기 어려운 다음과 같은 문법 형식과 의미를 나타낸다.

1) 의문문, 부정문을 만든다: do
2) 진행형을 만든다: be
3) 완료형을 만든다: have
4) 수동태를 만든다: be
5) 가능, 허가, 의무, 개연성과 가능성 등을 나타낸다: can/could, may/might, must, will/would, shall/should, ought to
6) 기타: need, dare, used to

(2) 조동사 가운데서 특히 가능, 허가, 의무, 개연성과 가능성 등 문장의 명제(命題)에 반영되는 화자의 태도와 판단을 나타내는 조동사를 법조동사(法助動詞, modal auxiliary, 또는 modal)라고 한다.[1]

(3) 그 밖에 다음과 같은 동사구가 '준조동사(semi-auxiliary)'라는 이름으로 분류되기도 한다.

have to, be able to, be about to, be bound to, be due to, be going to, be likely to, be obliged to, be supposed to, be willing to

---

1) 문법이론에서는 이 '명제(命題)에 반영되는 화자의 태도와 판단'을 modality라고 한다. modality는 쉽게 풀어서 설명하면 speaker's attitude of mind를 뜻하는데, 우리말로는 '법성(法性)'으로 번역된다.

이 동사구들이 준조동사로 불리는 것은 (조동사가 그 다음에 동사의 원형을 수반하듯이) 이 동사구들이 동사의 원형을 수반하여야 하고, 조동사처럼 의미상 능력, 가능, 의무, 추측 등을 나타내기 때문이다.

또한 준조동사와는 별도로 '조동사적 관용어(modal idiom)'에 속하는 어구에 다음이 있다.

> had better/best, would rather/sooner, be to, have got to

4.2 조동사의 특성

조동사는 그 수가 극히 한정되어 있지만, 앞에서 지적했듯이 그 기능은 서로 크게 다르다. 하지만 모든 조동사가 다음과 같은 문법상의 특성을 공유한다.

(1) 조동사만이 부정문을 만들 때, 바로 not과 결합할 수 있다.

She may/can/must come. + NEG(부정)
→ She may not/cannot/must not come.

(2) 조동사만이 주어 앞으로 어순을 바꾸어 의문문과 도치구문을 만든다.

Does she love you?
Can you swim?
Must I come?
Never have I felt better.

(3) 조동사만이 술부를 대신하는 대용형으로 쓰인다.

A: Have you finished your homework?
B: Yes, I have(= have finished my homework).
I can swim across the river. But he cannot(= cannot swim across the river).

(4) 한 문장이 나타내는 의미를 강조하는 데 쓰인다.

한 문장의 전체적 의미는 그 문장과 함께 쓰이는 조동사를 강하게 발음함으로써 강조가 된다. (다음에서 대문자는 발음상의 강조 표시)

> I warn you + EMP(강조) → I DO warn you.
>
> I have warned you + EMP → I HAVE warned you.
>
> You must warn him + EMP → You MUST warn him.

유의 조동사는 약하게 발음하는 경우와 강하게 발음하는 경우 그 발음이 다르다. do, have, must는 각각 강하게 발음하면 [duː], [hǽv], [mʌst]가 되고, 약하게 발음하면 [də/du], [həv/əv], [məst]가 된다.

참고 한 문장에 다음과 같이 조동사가 둘 이상 겹치는 수가 있다.

> He has been watching her.
>
> She has been being watched.
>
> He must have watched her.
>
> She must have been watched.

이런 경우 위에서 설명한 조동사의 특성 (1) ~ (4)는 첫 번째 조동사에 적용된다.

> She has been watching him + NEG
>
> → She has *not* been watching him.

4.3 can

can의 주요 용법은 다음과 같다.

(1) '능력'을 나타낸다.

> She can make her own dress.
>
> Our team can easily beat your team.

유의 1. 인지동사인 believe, understand, remember나 지각동사인 see, hear, feel 등은 can을 부가하건 하지 않건 의미 차이가 없다.

> I *can* hear someone knocking. = I hear someone knocking.
>
> *Can* you see anything? = Do you see anything?
>
> I *can't* understand. = I don't understand.

2. 미래와 완료형, 또는 분사구문에는 be able to가 can 대신 쓰인다.

I *won't be able to* attend the meeting.

The patient *has been able to* walk for two days now.

Not being able to speak Chinese, I couldn't make myself understood.

(2) '허가'를 나타낸다.

Can I borrow your pen for a minute?

If you are through with your homework, you can go out and play.

> 해설 1. '허가'는 can 이외에 may로도 나타낸다.
> (can과 may의 차이는 ⇒ 4.18(8))
> 2. Can/May I ··· ?라고 물었을 때, 허가 요청을 승낙하는 경우는 (Yes,) You
> can/may가 쓰이고, 승낙을 거부하는 응답으로는 (No,) You cannot/may not 이
> 외에 You must not이 쓰인다. (⇒ 4.18(8))
>> A: Can/May I smoke?
>> B: Yes, you can/may.
>>> cf. No, you cannot/may not smoke in this room.

> 유의 상대방으로부터 '··· 을 허가해 달라'는 요청을 받았을 때의 응답인 You can/may나
> You cannot/may not은 상대방이 사용한 Can I ··· ?나 May I ··· ?와 형식상 대응한다. 하지
> 만 이와 같은 형식의 응답은 윗사람과 아랫사람 사이나 군대의 상급자와 하급자 사이의 대
> 화라면 모를까, 친한 사람끼리의 대화에서는 어울리는 표현이 아니다. 친한 사람끼리의 대
> 화라면, '좋아, 그렇게 해'란 뜻으로는 Sure, Certainly, Go ahead! 등이 쓰일 것이며, 허가에
> 부정적인 경우는 No, I'm afraid not이나 I'd rather you did not 등이 쓰일 것이다.

(3) '가능성'을 나타낸다.

Can gas freeze?

Anybody can make mistakes.

> 해설 can이 나타내는 가능성은 '이론상의 가능성(theoretical possibility)'으로, may가 나
> 타내는 '사실상의 가능성(factual possibility)'과 대조가 된다. (⇒ 4.5)

(4) '강한 의문과 부정'을 나타낸다.

의문문과 부정문에서 **can**은 어떤 사실에 관한 강한 의문과 부정을 나타낸다.

> **Can** the news be true?
> The news **can't** be true.

한편 can't + have + p.p.는 과거에 일어난 일에 대한 강한 부정을 나타내고, 의문문에서 쓰인 can + 주어 + have + p.p. … ?는 과거에 일어난 일에 대한 강한 의문을 나타낸다.

> **He** can't have said **so.**
> (그가 그렇게 말했을 리가 없다.)
> **Can he** have said **such a thing?**
> (과연 그가 그런 말을 할 수 있었을까?)

[유의] 원래 화자의 미묘한 마음의 상태를 반영하는 것이 법조동사이다. 그렇기 때문에 위에서는 **can**의 용법을 크게 넷으로 나누었지만, 문맥에 따라서는 그 의미를 다음과 같이 확대 해석할 수가 있다.

1) '허가'를 묻는 **can**은 ' … 하고 싶다'란 '완곡한 요청'을 의미할 수 있다.
   Can I have some more bread, please?
   (빵 좀 더 주세요.)
2) 또한 **can**이 나타내는 '허가'는 '가벼운 명령'일 수도 있다.
   You can go now.
   (이제 그만 가봐.)
3) 강한 의문을 나타내는 **can**은 화자의 당황스러움이나 조바심을 반영하기도 한다.
   What can he mean?
   (도대체 무슨 속셈으로 그런 말을 한 것일까?)

4.4 could

4.4.1 용법

(1) (시제의 일치의 규칙에 따라서) can의 과거형으로 쓰인다.

It is so dark that we *can* see nothing.

→ It was so dark that we could see nothing.

He said, "You *can* go."

→ He said that I could go.

(2) can이 나타내는 '허가' 또는 '요청'의 뜻을 부드럽거나 정중하게 표현한다.

Could you come and see me tomorrow?

Could I borrow some money?

해설 용법 (2)의 could는 형식상으로는 can의 과거형이지만, 의미상으로는 과거와 관련이 없다. 이와 같은 과거를 '법과거(modal past 또는 modal preterite)'라고 한다.

(3) '추측'을 나타낸다.

A: I wonder where Tom is.

B: He could be in the library.

해설 He *could* be in the library는 He *may* be in the library보다 문장의 내용에 대한 화자의 확신의 정도가 상대적으로 약하다. (⟹ 4.18(1))

(4) 가정법에서 쓰인다. (⟹ 5.2.1, 5.3)

(4.4.2) could와 실현 여부

'… 할 수 있었다'는 뜻인 **could**가 반드시 '실제로 … 했다'란 뜻을 나타내지는 않는다. 그러므로 다음 (a)와 (b)는 의미가 다르다.

(a) He could pass the test.

≠ (b) He passed the test.

'실제 합격했다'란 뜻을 나타내기 위해서는 (a)는 다음 (c)~(f) 중의 하나로 고쳐야 한다.

(c) He *was able to pass* the test.

(d) He *passed* the test.

(e) He *managed to pass* the test.

(f) He *succeeded in passing* the test.

해설 즉 could + 동사는 '… 할 능력이 있었다'란 뜻이지 '(특정한 일회성 기회가 전제가 될 때) 어떤 일이 실현되었다'는 뜻은 아닌 것이다.
could + 동사가 과거에 어떤 일이 실현되었음을 나타낼 수 있는 것은 다음과 같은 경우에 한한다.

1) 술어동사가 see, hear, smell, taste, feel, remember, understand 등 언제든지 발휘할 수 있는 일반적인 능력을 나타낼 때

When we went into the house, we could smell something burning.

(= We smelt something burning.)

She could read when she was four.

(= She read when she was four.)

2) 술어동사가 습관 또는 반복된 동작을 나타낼 때

Whenever I ran fast, I could catch the bus.

따라서 (어느 특정한 기회에) '나는 빨리 뛰어가서 버스를 탈 수 있었다'는 I ran fast and caught/was able to catch the bus이지, I ran fast and could catch the bus가 아니다.

3) 다만 부정형인 could not은 '실제로 … 하지 못했다'란 부정의 뜻을 나타낸다.

He couldn't pass the test.

= He didn't pass the test.

4.5   may

(1) '허가'를 나타낸다. (⇒ 4.18(8))

  A: May I smoke?

  B: Yes, you may.

    No, you may not.

(2) '불확실한 추측과 사실상의 가능성'을 나타낸다.

You'd better take an umbrella with you. It may rain before evening.

The report may/may not be true.

may + have + p.p.는 과거에 일어난 일에 대한 확실하지 않은 추측을 나타낸다.

She's very late. She may have missed her train.

(··· 기차를 놓쳤는지도 모른다.)

해설   1. 다음 예문은 현재의 상황에 대한 추측일 수도 있고, 미래에 일어날 일에 대한 추측일 수도 있다.

The road may be blocked.

(1) 그 도로는 폐쇄되어 있는지도 모른다.

(2) 그 도로는 앞으로 폐쇄될지도 모른다.

blocked를 형용사적인 특성을 가진 과거분사로 간주하면 (1)로 해석이 되고, 동사의 과거분사로 간주하면 (2)로 해석된다.

다음의 경우 상태동사와 함께 쓰인 **may**는 대체적으로 현재의 사실과 관련된 추측을 나타내고, 활동동사와 함께 쓰인 **may**는 미래의 일에 대한 추측을 나타낸다. (⇒ 3.20)

He may *be* a teacher. - 현재의 그에 대한 추측

He may *know* the answer.

He may *become* a teacher. - 미래의 그에 대한 추측

He may *leave* here.

2. 앞서 언급한 바, can이 나타내는 '이론상의 가능성'과 **may**가 나타내는 '사실상의 가능성'의 차이는 다음과 같다. (⇒ 4.3(3))

(a) A friend may betray you.

(b) A friend can betray you.

제4장 조동사 · 139

사실상의 가능성을 나타내는 (a)는 '(실제 존재하는) 어느 친구 하나가 너를 배반할지도 모른다'란 뜻으로 해석이 된다. 반면에 이론상의 가능성을 나타내는 (b)는 친구 일반론으로 '친구란 누구이건 여차하면 너를 배반할 수 있는 존재이다'란 뜻을 갖는다.

3. 사실상의 가능성에 대한 강한 의문과 부정은 **can**으로 나타낸다.
 (⟹ 4.3(4))

> *Can* the news be true?
>
> The news *cannot* be true.

(3) 소망과 희망을 나타내는 격식적인 표현에서 쓰인다.

May you be happy!

May the New Year bring you happiness.

May God be with you.

May he rest in peace. (명복을 빕니다.)

(4) 다음과 같은 양보절에서 쓰인다.

Try as he may, he never succeeds. (아무리 애를 써도 …)

Come what may, we will go ahead with our plan. (무슨 일이 닥쳐도 …)

Whatever you may say, he will not believe you.

Be the pain what it may, the operation must proceed.

(아무리 고통스러워도 수술은 차질 없이 진행되어야 한다.)

4.6 might

4.6.1 용법

(1) (시제의 일치의 규칙에 따라, 또는 과거와 관련된 문맥에서) may의 과거형으로 쓰인다.

He said, "The report *may* be true."

→ He said that the report might be true.

He assured me that I might come back whenever I liked.
Progress might be slow, but it was sure.

(2) may보다 덜 확실한 추측을 나타내거나 may가 나타내는 뜻을 더 완곡하고 조심
스럽게 나타낸다.

He may agree with me.
He might agree with me.

may는 그가 동의할 가능성을 50%쯤으로 보았을 때 알맞고 might는 그 가능성을
30%쯤으로 보는 경우에 알맞다.

다음 예문에서의 might는 may나 can보다 상대방의 입장을 고려한 한결 부드러운
'제의'를 나타낸다.

We might go to the concert.
(혹시 음악회에 가는 것도 괜찮은데, 어떨까?)
    cf. We may/can go to the concert.

(3) 가정법에서 쓰인다. (⟹ 5.2.1, 5.3)

(4.6.2) may/might가 만드는 특수구문

1. may/might well

(1) '… 하는 것도 당연하다, 마땅히 … 하여야 한다'란 뜻을 나타낸다.

They may/might well be proud of their son.
(그들이 아들을 자랑하는 것도 당연하다.)

이와 같은 뜻의 may/might well은 도치구문을 만들기도 한다.

She hopes they will respond gratefully, and well they may.
(그녀는 그들이 고맙게 응해주기를 바라는데, 응당 그들은 그래야 한다.)

(2) '아마도'란 뜻을 나타낸다.

> He may well refuse.
> (= It is quite likely that he will refuse.)
> His appearance has changed so much that you may well not (= are not very likely to) recognize him.

2. may/might as well

(1) 2인칭이 주어인 경우: '권고'나 '제안'을 나타낸다.

> You may as well start at once.
> You may/might as well ask him.
> (= It would do no harm to ask him.)

(2) 1인칭이 주어인 경우: (다른 뾰족한 방안이 없다는 전제하에서) 소극적인 의도를 나타낸다.

> There's nothing to do, so I may as well(= have no strong reason not to) go to bed.
> (할 일도 없으니 잠이라도 자야겠다.)

3. may/might as well A as B
'(역설적으로) B보다는 차라리 A가 낫다'란 뜻을 나타낸다.

> One may as well not know a thing at all as know it but imperfectly.
> (무슨 일이건 어설프게 아는 것보다는 아주 모르는 것이 낫다.)
> You might as well expect the sun to rise in the west as expect me to agree with you.
> (나의 동의를 기대하기보다는 차라리 해가 서쪽에서 뜨기를 기대하시지.)
> You never listen — I might as well talk to a brick wall.
> (귀를 꼭 막고 있으니, 차라리 벽돌담에 대고 말하는 것이 낫겠다.)

4.7 must

4.7.1 용법

(1) '의무'를 나타낸다.

> You must be back by ten o'clock.
> When you enter the building, you must show the guard your pass.
> Dogs must be kept on a lead.

해설 1. '의무'를 나타내는 조동사로는 must 이외에 have to/have got to, should, ought to가 있다.
이 네 조동사의 용법상의 차이에 관해서는 (⟹ 4.18(6))

2. must는 can, may, will, shall과 달리 과거형을 갖지 않는다. 그러므로 시제의 일 치의 규칙에 따라 과거의 시제를 써야 하는 간접화법의 종속절에서는 must가 그대로 쓰이기도 한다. 과거와 미래는 have to로 나타낸다.

> The doctor said that I must stop smoking.
> We'll have to hurry or we will be late.
> The crew had to leave the sinking ship.

유의 (특히 영국영어의 경우) must는 상대방을 초청하면서 '꼭 오라'는 뜻이나 '보고 싶 다'란 뜻을 강조할 때 쓰이기도 한다. 이런 must는 겉으로는 명령이나 의무를 뜻하는 듯 보이지만, 실제로는 화자의 간절한 바람을 반영한다.

> You must come. We all want to see you.
> I must see you.

(2) '확실한 추측'을 나타낸다.

> Mary must have a problem — she keeps crying.
> If A is bigger than B, and B is bigger than C, then A must be bigger than C.

유의 가능성이 높은 추측을 나타내는 데는 have to도 쓰인다.

> He has to have a lot of money to live by the way he does.
> (그런 식으로 살고 있는 것을 보면 그는 돈이 많은 것이 틀림없다.)

must + have + p.p.는 과거에 일어난 일에 대한 확실한 추측을 나타낸다.

I can't find my keys. I must have left them at home.

must와 부정

(1) '의무'를 나타내는 must의 부정은 그 의미를 두 관점에서 살펴볼 수 있다.

예를 들어 must go를 부정하는 경우, NEG(부정)이 go에 걸리면 must go의 부정은 의미상 '안 가야 한다, 즉 가지 말아야 한다'가 되며, NEG이 must에 걸리면 '가는 것이 의무는 아니다, 즉 갈 필요가 없다'가 된다.

위와 같은 의미의 차이를 가리기 위해서, 형식상 ' … 하지 말아야 한다'란 '금지'의 뜻은 must not으로 나타내고, ' … 할 필요가 없다'는 뜻으로는 need not/ don't need to나 don't have to가 쓰인다. (⟹ 4.19)

You must not tell George. (= Don't tell George.)
You don't have to/don't need to tell George.

(2) '확실한 추측'을 뜻하는 must의 부정은 can't로 나타난다.

A: There's the doorbell. It must be the newspaper boy.
B: No, it can't be. It's only four o'clock.

4.8　will

(1) '단순미래'를 나타낸다.

I'll be seventeen next year.
You'll be sorry for it.

해설 올해 나이가 16세라면 내년에는 17세가 될 것이다. 17세가 되리라는 미래의 일은 주어나 화자의 의지와는 아무 관계가 없다. '단순미래(simple future)'란 이와 같이 화자나 주어의 의지가 개입하지 않은 미래를 말한다. 이 단순미래와 대조적으로 화자나 주어의 의지를 나타내는 미래를 '의지미래(volitional future)'라 부른다. 예를 들어 다음 용법 (2)에 나오는 will은 의지미래를 나타낸다.

(2) '주어의 자발적인 의사와 의도'를 나타낸다.

> George will help you.
> He'll do anything for money.
> I will write to him as soon as possible.
> We won't stay any longer than two hours.

해설 형식상으로는 의문문이지만 상대방(you)의 '자발적인 의사'가 전제가 되고 있는 다음에서 (a)는 '제의'를, (b)는 '권고'를, (c)는 '부탁'을 나타낸다.

(a) Will/Won't you have a piece of cake?
(b) Will/Won't you come in?
(c) Will you lend me your pen for a moment?

그런가 하면 will you … ?는 문맥에 따라서는 요청 또는 명령과 지시를 나타낸다.

(d) Come this way, will you?
   Will you come this way?

(3) '고집과 강한 의지'를 나타낸다.

> I will have my own way.
> (나는 내 마음대로 하고 말겠다.)
> A: Can somebody help me?
> B: I will.

'강한 거부 의사'를 나타낼 때는, **will not/won't**가 쓰인다.

> She won't open the door.
> If he won't listen to me, I can't help him.
> The car won't start.

유의 1. '강한 의지'를 나타내는 will은 강하게 발음하며 축약형 (-'ll)을 쓰지 않는다.
　　　2. The car *won't* start는 '차가 아무리 애를 써도 시동이 걸리지 않네, (마치 고집을 부리는 생물체처럼)'이라는 뜻을 함축한다.
　　　3. 강한 의지를 나타내는 will은 조건문에서도 쓰일 수 있다.
　　　　　If you will do so, I'll be very happy.
　　　　　(그렇게만 해주신다면야, 저는 아주 좋습니다.)

(4) '추측·예측'을 나타낸다.

The game will be finished by now.
You'll be Miss Kim, I suppose.
You will have heard the news last night.

will + have + p.p.는 과거에 일어난 일에 대한 추측을 나타낸다.
또한 미래완료를 나타내는 데도 쓰인다. (⟹ 3.16)

(5) '(사물의) 습성, 특성, 일반적인 경향'을 나타낸다.

A lion will attack a man only when hungry.
Boys will be boys. (= It is typical of boys that they behave like boys.)
(사내아이들이란 사내아이들답기 마련. - 속담)

(6) '현재의 습관적 행위'를 나타낸다.

He'll talk(= He always talks) for hours if you give him the chance.
(그는 기회만 주어지면 몇 시간이고 떠벌린다.)

해설 주어의 습관적 행위를 나타내는 will은 narrative style(이야기 체)에 속하며, 일상적
으로는 주어 + always + 동사(현재시제)가 쓰인다.

(7) '명령'과 '지시'를 나타낸다.

You will do it at once.
You will not disturb me while I am reading.
The audience will kindly be seated.
(청중 여러분은 착석해주시기 바랍니다.)
All staff will arrive for work by 8:40 a.m.
(전 직원은 오전 8시 40분까지 출근요망.)

4.9 would

(1) 시제의 일치의 규칙에 따라 will의 과거형으로 쓰인다.

I said to her, "Will you go with them?"
→ I asked her if she would go with them.

(2) '정중한 부탁과 의뢰'를 나타낸다.

Would you show me the way to the market?
Would you tell me the time, please?

(3) '(주어의) 고집'을 나타낸다.

He would not tell us where the money was hidden.

(4) '소망'을 나타낸다.

I would(= wish to/would like to) ask you to reconsider your decision.

> **해설** 1. '소망'을 나타내는 would는 그 다음에 rather를 수반하기도 한다.
> I'd *rather* walk than take a bus.
> Which would you *rather* do, go to the movies or stay home?
> (영화를 보러 가는 것하고 집에 머물러 있는 것하고 어느 쪽을 원해요?)
> 2. would의 사용은 흔히 상대방의 의향이나 관심을 묻는 다음과 같은 문맥에서 그 표현을 정중하고 부드럽게 해준다.
>
> Would you { like to go/prefer to go / mind going / be interested in going } instead of me?
>
> 그런데 예를 들어 Would you lend me some money?의 would는 will로 바꾸어 쓸 수 있지만, 위의 예문에 나오는 would는 will로 바꾸지 못한다.
> 3. would rather 다음에 절이 따르는 경우는 절의 술어동사는 과거형을 쓴다.
> (⇒ 1.10(4))
> I would rather you listened to me.
> (나는 네가 내 말을 귀담아 들었으면 좋겠다.)

I'd rather **you** stayed home.
(네가 밖에 나가지 않으면 좋겠다.)

(5) '과거의 반복된 동작'을 나타낸다. (⇒ 4.15)

Every morning he would go for a walk.
She would often sit for hours looking vacantly out of the window.

(6) '추측'을 나타낸다.

A: Somebody's at the door.
B: That would be a milkman.
(A: 누가 왔어요.
B: 우유배달원이겠지.)

(7) 가정법에서 쓰인다. (⇒ 5.2.1, 5.3)

4.10 shall

(1) '단순미래'를 나타낸다.

I shall be seventeen next year.
I shall see Tom tomorrow.

해설 단순미래를 나타내는 shall은 1인칭이 주어가 되는 경우에 한하며, 격식체에 속한다. 현대 영어에서는 단순미래는 주로 will로 나타내며, 단순미래를 나타내는 shall의 용법은 특히 미국영어의 경우 사라지고 있다. 부정형인 shall not의 축약형으로는 shan't가 쓰인다.
We shan't be gone long.
(우린 곧 돌아올 거야.)

(2) 화자의 '강한 의지'를 나타낸다.

1) 화자의 강한 의지는 보통 will로 나타내지만, 화자의 의지를 더욱 강하게 드러내고자 할 때, 대중에 크게 호소하려는 연설이나 공식적인 성명 등 격식체에서 아주 제

한적으로 shall이 쓰인다.

> We shall fight and we shall win.
> We shall never surrender.

2) 2인칭이나 3인칭이 주어인 경우, 주어의 행동을 통제하여 '주어가 … 을 하도록 만들겠다'는 화자의 의지를 나타낸다. 격식성이 높고 사용빈도는 낮다.

> You shall do as I say.
> (내가 하라는 대로 해. - 안하면 하도록 만들겠다란 화자의 의지를 함축한다.)
> You shall stay with us as long as you like.
> (좋으시다면 얼마든지 우리 집에 머물도록 하시오.)
> He shall be punished. (= I will make him punished.)

(3) '법규 또는 규정의 이행 의무'를 나타낸다.

> Every member shall pay his annual subscription within the first fortnight of the year.
> If the president resigns, the board shall elect a new president within thirty days.

(4) 상대방의 의사와 의견을 묻는 의문문에서 쓰인다. (이 (4)의 용법에 한해서는 shall이 일상적으로 많이 쓰인다.)

> Shall I open the window?
> (= Would you like me to open the window?)
> What shall I do?
> Shall we go or do you want to stay longer?

[유의] Shall we go to the movies?에 대한 답은 Yes, let's이다. 또한 Let's로 시작하는 문장의 부가의문문에서는 shall이 쓰인다.
> Let's go to the movies, shall we?

4.11 should

(1) (시제의 일치의 규칙에 따라) shall의 과거형으로 쓰인다.

> Jim said, "*Shall* I stay?"
> → Jim asked if he should stay.

유의 시제의 일치의 규칙에 따라 should가 shall의 과거형으로 쓰이는 것은 특히 shall이
상대방의 의사나 의견을 묻는 용법으로 쓰인 경우이다. shall이 단순미래를 나타낼 때는 간
접화법에서 should보다 would가 쓰인다.
> Mary said, "I *shall* be seventeen next year."
> → Mary said that she *would* be seventeen next year.

(2) '의무'를 나타낸다.

> You should do as he says.
> I do not see why I should apologize.

should + have + pp.는 '마땅히 했어야 할 일을 하지 않았다'란 뜻을 나타낸다.

> I should have gone to New York yesterday, but I didn't.
> Your application is too late. You should have submitted it by March 31st.

해설 1. '의무'를 나타내는 should와 must/have to의 차이는 (⟹ 4.18(6))
2. '마땅히 했어야 할 일을 하지 않았다'란 뜻은 ought to + have + pp.로도 나타낸
다. (⟹ 4.12)

(3) '논리적인 추측과 가능성'을 나타낸다.

> They should be at home now.
> He should speak English very well if he has been learning it for five years.

(4) (조건문에서) '(실현성이 약한) 가정'을 나타낸다.

> If you should see him, give him my regards.
> If you should be interested, I'll send you a copy.

해설 if you see him이 '그를 만나면'이란 뜻이라면, If you should see him은 '혹시라도 그를 만난다면'이란 뜻이다.

(5) (화자의) 놀라움, 의외로움, 섭섭함, 그 밖의 여러 감정과 주관적 판단을 드러내는 데 쓰인다. (⟹ 1.10(2))

> I'm surprised that you should have been so foolish.
> It is strange that he should refuse to see her.
> It seemed incredible that he should be the same man I knew twenty years ago.

(6) 주절의 술어동사가 의지동사인 종속절에서 쓰인다. (⟹ 1.10(3))

> He commanded/ordered that the prisoner should be shot at once.

(7) 그 밖에 should는 다음과 같은 구문에서 쓰인다.

1) lest가 이끄는 종속절에서

> I was afraid lest she should be angry.
> (나는 그녀가 화를 낼지도 몰라 그것이 염려스러웠다.)
> He walked on tiptoe lest he should wake up the sleeping baby.
> (그는 자고 있는 아이가 깰까봐 살금살금 발끝으로 걸었다.)

유의 lest가 이끄는 종속절에서 should의 사용이 절대적인 것은 아니다. 다음과 같이 should가 생략되고 동사의 원형만이 사용되기도 하고, 직설법이 사용되기도 한다.
He turned the radio down lest he (should) miss the phone ringing.
I grabbed the iron rail lest I slipped off.

2) How, Why, Who 등으로 시작하는 수사의문문(rhetorical question)에서

> Why should I go?
> (왜 내가 가? - '가지 않겠다'는 뜻)
> Who should come into my room at night but a thief?
> (도둑 아니고서야 한밤중에 누가 내 방에 들어온단 말이야? = 도둑이 들어온 거지.)

참고 수사의문문이란 어떤 뜻을 강조하기 위해서 의문문의 형식을 취했을 뿐, 질문을 목적으로 하지 않는 의문문을 말한다.

4.12 ought to

(1) '의무'를 나타낸다.

He ought to apologize.
You ought to do as he says.

('의무'를 나타내는) ought to + have + p.p.는 '마땅히 이행했어야 할 의무를 이행하지 않았다'란 뜻을 나타낸다.

He ought to have apologized. (= but he didn't.)

해설 ought to의 부정형은 ought not to이고, 축약형으로는 oughtn't to가 쓰인다. 의문문을 만드는 경우는 ought만이 주어 앞으로 자리를 바꾼다.
You ought not/oughtn't to drink so much.
Ought they to work so late at night?

(2) (논리적으로 당연한) '추측'과 '가능성'을 나타낸다.

These plants ought to reach maturity in three years.
Children ought to read by the age of seven.

(추측과 가능성을 나타내는) ought to + have + p.p.는 '어떤 일이 마땅히 이루어졌어야 한다'란 뜻을 나타낸다.

He ought to have finished his work. It's 11 o'clock already.

유의 '의무'를 나타내는 must, should와의 차이는 (⟹ 4.18(6))

4.13 need, dare

(1) need와 dare는 의문문과 부정문에서 조동사로 쓰인다.

Need I pay for the ticket?
You needn't pay for the ticket.
Dare she go out at night?
No one dare tell him the bad news.

(2) 의문문과 부정문에서 조동사로 쓰인다지만, need와 dare는 긍정문은 물론 의문문과 부정문을 만드는 경우에도 본동사로 쓰이기도 한다.

Do I need to pay for the ticket?
You don't need to pay for the ticket.
Who dares to go out at night?
She didn't dare to tell him the bad news.

해설
1. 특히 미국영어에서는 need는 주로 본동사로 쓰인다.
2. 조동사로도 쓰이고 본동사로도 쓰이다보니, 특히 dare는 간혹 다음에 나오듯이 조동사도 본동사도 아닌 형식이 병용되기도 한다.
   He does not dare go.
   He didn't dare open his eyes.
3. 특히 영국영어의 경우 dare는 다음과 같은 관용어를 만든다.
   I daresay/dare say (= I think probably) you're right.
   How dare you! (어떻게 감히!)
4. 다음 예문에 나오는 dare는 타동사이다. Swan(1997:141)에 의하면 이런 구문은 상대방을 어르며 '어디 한번 할 수 있으면 해봐. 겁이 나서 못하지!'란 뜻을 나타낼 때 쓰인다.
   I dare you to run across the road with your eyes shut.

(3) 조동사 dare는 다른 조동사에 비해서 사용빈도가 낮다. 일상적으로는 (a)의 뜻은 (a)보다 (b)로 나타난다.

  a. He dare say what he thinks.
  b. He is not afraid to say what he thinks.

(4) need not + have + p.p.는 '… 을 할 필요가 없었는데 했다'란 뜻을 나타낸다.

  You need not have cooked so much food. Nobody was hungry.

  유의 need not + have + p.p.가 '… 을 할 필요가 없었는데 했다'란 뜻을 나타낸다면 did not need to … 는 '… 을 할 필요가 없었는데 했다'란 뜻을 나타낼 수도 있고, '… 을 할 필요가 없어서 하지 않았다'란 뜻을 나타내기도 한다.

4.14 used to

(1) 과거에 오랫동안 계속되었던 상태나 동작의 반복을 나타낸다.

  I used to like candy when I was a child.
  Life is much easier than it used to be.
  There used to be a theater where there is a bank.
  It used to be thought that the earth was flat.

(2) 현재와 과거의 대조를 드러내고자 할 때, 과거형 대신에 쓰인다.

  I used to smoke cigarettes.

  해설 1. I liked her가 '나는 그녀를 좋아했다'는 단순한 과거의 사실의 기술이라면, I used to like her는 '나는 지금은 그녀를 좋아하지 않는다'란 뜻을 함축한다.
     2. used to의 의문형과 부정형 및 부정의문형으로는 다음 (a)와 (b)가 있다. (b)는 격식성이 높고 구식(old-fashioned)인 용법에 속한다. 일반적으로 (a)가 쓰이는데, (a)의 예문들이 보여주듯이 did(n't) 다음에서는 use와 used가 다 쓰인다.
       1) 의문문
        (a) Did you use(d) to like candies?

      (b) Used you to like candies?

   2) 부정문

      (a) I didn't use(d) to like candies.

      (b) I used not to like candies.

   3) 부정의문문

      (a) Didn't he use(d) to like candies?

      (b) Usedn't he to like candies?

부가의문문으로는 did(n't)가 쓰인다.

     You used to smoke a lot, didn't you?

     You used not to like her, did you?

4.15 used to와 would

  used to와 과거의 반복된 동작을 나타내는 데 쓰이는 would 사이에는 용법상 다음과 같은 차이가 있다.

  (1) used to는 어떠한 동사와도 결합하지만, would는 반복이 가능하고 따라서 주어의 의지에 따라 언제든지 중단도 가능한 동사(sing, go, make, get up, write, …) 하고만 함께 쓰인다.

     When I was a child, I used to/would get up early.

     When I was a child, I used to/* would like candies.

  (2) would는 유생명사(有生名詞, animate noun)만을 주어로 삼는 반면, used to는 형식주어 it과 무생명사(無生名詞, inanimate noun)도 주어로 삼는다.

     There used to/* would be a house there.

     A tall building used to/* would stand there.

     It used to/* would be said that …

(3) would에 비해 상대적으로 **used to**는 오랜 기간 동안 반복되었던 행위나 동작 또는 계속된 상태를 나타낸다. '길고도 막연한' 과거를 전제로 하기 때문에 last year, ten years ago, for ten years 등 과거의 특정한 시점이나 기간을 분명히 밝히는 부사구와는 함께 쓰이지 않는다.

I used to get up early { * last year.
when I was a child.

We used to live in Busan { * ten years ago/*for ten years.
before 2015.

4.16 do

(1) 긍정문을 의문문과 부정문으로 바꾸는 데 쓰인다.

Does this bus go to the airport?
Don't leave me, please.

> 해설 1. 영국영어에서는 '가지다'는 뜻의 have는 의문문과 부정문을 만드는 데 do를 필요로 하지 않는다.
> Have you any money on you?
> I asked John for some money, but he hadn't any.
> 그러나 과거시제가 쓰인 의문문에서는 영국영어에서도 보통 do를 필요로 한다.
> Did you have enough money?
> 또한 have가 '가지다'란 뜻 이외의 뜻으로 쓰일 때는 영국영어에서도 조동사 do가 필요하다.
> I don't have a bath on a cold morning.
> Did you have any difficulty getting here?
> 2. be + 형용사의 구조를 가진 술어동사구도 부정명령문에서는 do가 필요하다.
> Don't be absurd.

(2) 문장 전체의 뜻을 강조한다.

(a) You do look nice today! ― '멋져 보인다'란 뜻을 더 강하게 나타낸다.
(b) He did say so. ― '그는 정말 그렇게 말했다'란 뜻을 나타낸다.

(c) Do **be quiet**. — '조용히 하라는데 왜 자꾸 떠드느냐'란 뜻을 함축한다.

(3) 도치구문을 만든다.

정상적인 어순을 바꾸어 일부 부사나 부정을 나타내는 어구(seldom, rarely, never, lit-tle, only, no sooner … than, not until 등)를 문장의 앞자리로 옮기는 경우, 주어 앞에 **do**가 필요하다. (⟹ 16.4.7)

Rarely does it happen(← It rarely happens) that the harbour is frozen up in February.

Only when I found these hotel bills did I realize(← I realized only when I found these bills) he was leading a double life.

[유의] 그 밖에 **do**는 앞에 나온 동사구의 대용어로 쓰인다.

He knew more about it than we did(= knew about it).

1. **do**는 동사라기보다 동사구를 대신하기 때문에 다음 예문에서 (B)의 (a)는 (b)로 고쳐야 한다.
    A: Do you like apples?
    B: (a) Yes, *I do apples.
        → (b) Yes, I do.
   다만 다음과 같이 앞에 나온 문장의 목적어와 확연히 다른 목적어의 언급이 필요한 경우, 간혹 **do**는 목적어를 수반한다.
    A man usually does not think about his duty as much as he does(= thinks about) his right.
2. 다음 (a)와 (b)의 경우 (a)는 문법적인데 왜 (b)는 비문법적일까?
    (a) She has never sung in Seoul. She has done in France.
    (b) She's never lived in Seoul. *She has done in Busan.
   (a)와 달리 (b)에서 *She has done in Busan이 비문법적인 것은 **done**이 **lived**만을 대신하기에는, **lived**와 **in Seoul**의 관계가 너무나 밀접하기 때문이다.
3. 동사구를 대신하는 대용어로는 **do** 이외에 **do so**가 있다. **do so**는 자발적이고 능동적인 행동/행위/동작을 나타내는 동사구만을 대신한다. 상태동사에 속하는 **think**나 **like**와 같은 동사는 대신하지 못하는 것이다.
    (c) Joe kicked the door several times. He always does/does so when he wants to attract attention.
    (d) They think Tom is crazy. We do/*do so, too.
4. **So**로 시작하고 **do**가 주어 앞으로 나온 (e)에서 **so**는 **too**의 의미를 갖는다.

(e) A: John takes a walk every morning.

B: So does he.

그러므로 (e)의 B는 He takes a walk every morning, too로 바꾸어 쓸 수 있다. (e)에서 John과 he는 동일 인물이 아니다.

이 so + do + 주어 구문에 대응하는 부정형은 Neither + do + 주어이다.

(f) A: John doesn't take a walk every morning.

B: Neither do we.

한편 (e)의 so + do + 주어 구문과 대조가 되는 구문이 (g)이다.

(g) A: John takes a walk every morning.

B: So he does.

(e)에 나오는 he가 John이 아닌 것과는 달리 (g)에 나오는 he는 바로 John을 가리 킨다. 이 (g)의 So he does는 앞에서 살펴보았던 주어 + do + so와 의미상 큰 차이 가 없다. 굳이 차이를 따진다면 So he does는 He does so에 indeed 또는 in fact 란 뜻이 부가된 일종의 강조표현으로 간주할 수 있다.

5. 앞에 나온 동사(구)를 대신하는 용법의 do는 동사구를 대신하는 점에서는 생략문 을 만드는 다른 조동사와 비슷한 점도 있지만, does, did, done, doing 등의 활용형 으로도 쓰이고 so, it, this/that을 수반하는 점에서는 다른 조동사와 차이가 있다. 그래서 이 동사(구)를 대신하는 용법의 do는 '대동사(pro-verb)'라고 불리기도 한다.

4.17 법조동사의 의미상의 분류

앞에서 다루었던 법조동사는 그 의미에 따라 다음과 같이 크게 둘로 분류된다.

A. (어떤 일의) 사실 또는 실현 여부에 대한 개연성과 가능성 및 화자의 확신의 정도를 나타내 는 조동사: can/could, may/might, must, will/would, should, ought to

B. 의무, 허가, 요구, 능력, 의지 등과 관련된 화자의 태도와 판단을 반영하는 조동사: can/could, may/might, must, will/would, shall/should, ought to, need

대부분의 조동사가 두 가지 의미를 겸하고 있는 것을 알 수 있다.

참고 문법이론에서는 A에 속하는 법성을 '인식양태적 법성(epistemic modality)'이라 부르 고, B에 속하는 것을 '의무적 법성(deontic modality)'이라 부른다.

4.18 의미와 용법의 상대적 차이

(1) 확실한 추측과 불확실한 추측

이미 살펴 본 바와 같이 may는 '불확실한 추측'을 나타내는데(⇒ 4.5(2)), might는 may보다도 확실성에 대한 화자의 확신의 정도가 좀 더 낮다. (⇒ 4.6.1(2))

화자의 확신의 정도가 가장 높은 것은 must이다. (⇒ 4.7.1(2))

그 밖에 여러 조동사가 '추측'을 나타내는데, 다음은 추측에 대한 화자의 확신의 정도를 보여준다. (must가 화자의 확신의 정도가 가장 높으며, 아래로 내려갈수록 확신의 정도가 점차 낮아진다.)

A: Someone's knocking.

B: That must be John.　　　　　- (John임을) 확신

(That will be John.)

That should be John.　　　　

That may be John.

That could/might be John.　　- (John임을) 확신 못함

(2) (사실상의 가능성에 대한) 부정

A: Someone's knocking at the door.
I believe it's John.

B: That can't/couldn't be John.　　- 강한 부정

That won't/wouldn't be John.　　

That may not be John.

That might not be John.　　　- 약한 부정

(3) (과거에 일어난 일에 대한) 추측

A: Someone was asking for you.
B: That must have been John.   - (John임을) 확신
   That will/would have been John.
   That should have been John.
   That could/might have been John. - 확신하지 못함

(4) 미래에 일어날 일에 대한 추측

It will rain tomorrow.   - 비가 오리라 확신
It should rain tomorrow.
It may rain tomorrow.
It could/might rain tomorrow.   - 확신하지 못함

(5) 미래에 어떤 일이 일어나지 않으리라는 추측

It can't rain tomorrow.   - 비가 오지 않으리라 확신
It won't rain tomorrow.
It shouldn't rain tomorrow.
It may not rain tomorrow.
It might not rain tomorrow.   - 확신하지 못함

(6) 의무

의무를 나타내는 조동사로는 must, have to/have got to, should, ought to가 있다.

1) must와 have to 사이에는 다음과 같은 차이가 있다.

must는 '의무'의 근거가 화자에 있는 경우에 쓰이고, have to는 그 근거가 제3자 (일반적인 관습이나 규칙)에 있을 때 쓰인다.

다음 빈칸에는 (근무시간이 본인의 자유의사에 의한 것이 아닌 이상) must보다는 have to가 알맞다.

I ___ work from nine to five.

다음 (a)와 (b)의 차이는 무엇일까?

> (a) I must go now.
> (b) I have to go now.

(a)는 화자 자신이 스스로에게 과한 의무가 전제가 되고, (b)는 예를 들어 '버스가 곧 끊어질 테니까' 또는 '규정상 밤 12시까지는 숙소에 돌아가야 하니까' 등 주변의 상황이 화자에게 과한 의무가 전제가 된다.

위와 같은 차이가 있기는 하지만, 미국영어에서는 일상적으로 의무의 근거가 무엇이건, have to가 must보다 자주 쓰인다.

2) have got to는 have to의 변형으로 have to보다 더 구어적(colloquial)이다. (⟹ 3.13)

3) must는 should/ought to에 비해 '의무'이행의 강제성의 강도가 높다.

> (c) The doctor told me I must stop smoking.
> (d) My friends told me I should/ought to stop smoking.

(c)에서의 must에는 금연하라는 지시를 한 것이 의사여서 '의사의 지시는 따를 수밖에'란 뜻이 함축되어 있다. (d)에서는 should/ought to가 쓰였는데, 이는 금연하라는 말을 한 것이 친구들이어서, 친구들이 한 말은 지시라기보다는 충고일 테고, 그렇기에 의사의 지시에 비해서 강제성의 강도는 약하다.

다음에서 (e)는 문법적이지만 (f)는 비문법적이다.

> (e) I should/ought to go to New York, but I'm not going to.
> (f) *I must go to New York, but I'm not going to.

위의 예문에서 (f)가 비문법적인 것은 강제성이 강한 must go(원하든 원하지 않든 가야 하기 때문에 갈 수밖에 없다)와 but I'm not going to(가지 않을까 한다)가 논리상 서로 어긋나기 때문이다. 반면에 (e)는 '의당 가야 한다'와 '(의당 가야 하지만 내키지 않아서) 가지 않을까 한다'가 논리상 어긋나지 않는다.

> 유의 다음 (a)와 (b)는 의미가 전혀 다르다.
> (a) He should have been nicer to her.
>   (그녀에게 좀 더 잘 해줬어야지.)
> (b) He must have been nicer to her.
>   (그녀에게 좀 더 잘 해준 것이 틀림없어.)

4) should와 ought to의 경우, 영국영어에서는 ought to가 should보다 의무의 수행을 조금 더 강조하는 뜻을 갖지만, 미국영어에서는 강조의 정도나 의미에 있어 두 조동사 사이에 거의 차이가 없다. should가 ought to보다 사용빈도가 높다. 미국영어에서는 ought to는 주로 긍정문에서 쓰이고, 의문문과 부정문에서는 should가 ought to를 대신해서 쓰인다.

(7) 충고

> You must see a doctor.
> You should/ought to see a doctor.
> You might/could see a doctor.

'병원에 가보라'는 충고를 나타내는 위의 예문에서, must는 충고를 할 만한 권위가 화자에게 있음을 내비치기도 하고, 상대방에게 의사의 진찰을 받아야 할 필요성이 절실하다는 뜻을 나타내기도 한다. might/could는 화자의 권위가 낮거나 의사의 진찰을 받아야 할 필요성이 낮은 경우에 알맞다. 그렇기는 하지만 must에 비해 might/could는 친절함과 다정함을 좀 더 전달할 수도 있다.

'… 하지 않는 것이 좋다'란 부정적 충고를 가장 강하게 나타내는 조동사는 shall not인데, shall not은 격식체에 속하며 사용빈도도 아주 낮다.

> You shall not commit adultery.

'… 하지 않는 것이 좋다'란 뜻을 나타내는 조동사와 그런 충고의 상대적인 강도는 다음과 같다.

> You had better/best not say things like that.   - 강도가 강함
> You shouldn't say things like that.
> You're not supposed to say things like that.
> You don't have to/need to say things like that. - 강도가 약함

(8) 허가

'허가'를 나타내는 데는 can과 may가 쓰이는데, can과 may의 차이는 다음과 같다.

1) may는 허가를 해주는 권한이 화자에 있는 경우에 쓰이고, can은 허가를 해주는 권한이나 근거가 (규정이나 법규 등) 제3자에 있는 경우에 쓰인다.

    (a) You may smoke.
    (b) You can smoke.

(a)는 I give you permission to smoke란 뜻을 함축하고 (b)는 문맥에 따라서는 '이 방안에 금연(No Smoking)의 게시가 붙어 있는 것도 아니니까…'란 뜻을 함축한다.

    (c) May I smoke?
    (d) Can I smoke?

'허가'를 요청하는 경우도 허가의 권한이 상대방에게 있을 때는 may가, 제3자에 있을 때는 can이 쓰인다.

2) can은 일상체(informal style)에서 쓰이고, may는 격식체(formal style)에서 쓰인다.

    [유의] 일상체에서 can이 쓰인다는 말은 일상체에서는 You can smoke가 위에서 설명한 You may smoke의 의미와 기능도 겸한다는 뜻이다.

허가를 요청하는 뜻으로 격식체에서 may가 쓰이는 예로는 (e)와 (f)가 있다. (e)는 많은 사람들이 모인 장소에서 안내방송 등을 할 때 쓰이고 (f)는 교통 경찰이 교통 규칙 위반자에게 면허증을 요구할 때 쓰인다.

    (e) May I have your attention, please!
    (f) May I have your licence, please?

3) '금지'를 나타내는 데는 may not, cannot, must not이 쓰인다.

must not이 금지의 뜻을 가장 강하게 나타내며, 일상적으로 사용빈도가 높은 것은 cannot이다. may not은 격식체에 속한다.

    You must not/cannot park your car here.
    No baggage may be placed on the seats. - 게시문 또는 공고문

(9) 요청과 부탁

과거형이 쓰인 (b)가 (a)보다 정중하다.

(a) Can/Will you help me with this math problem?

    Can/May I use this telephone?

(b) Could/Would you help me with this math problem?

    Could/Might I use this telephone?

> 유의 그런데 과거형이 정중한 표현에서 쓰인다지만, 요청과 부탁의 응답으로는 그 뜻을 완곡하게 나타내는 과거형보다는 그 뜻이 직접적이고 분명한 현재형이 알맞다.

(a) A: Could/Would you help me with this math problem?

    B: Yes, I $\begin{cases} \text{can/will.} \\ *\text{could/}*\text{would.} \end{cases}$

        No, I $\begin{cases} \text{can't/won't.} \\ *\text{couldn't/}*\text{wouldn't.} \end{cases}$

(b) A: Could/Might I use this telephone?

    B: Yes, you $\begin{cases} \text{can/may.} \\ *\text{could/}*\text{might.} \end{cases}$

        No, you $\begin{cases} \text{can't/may not.} \\ *\text{couldn't/wouldn't.} \\ *\text{might not.} \end{cases}$

4.19 법조동사와 부정문

조동사가 not과 함께 쓰이는 경우, not은 조동사에 걸리기도 하고 본동사에 걸리기도 한다.

(a) I can't swim.

(b) You must not run.

(a)에서 not은 can에 걸린다. '나는 수영을 못한다'에서 부정의 대상이 되고 있는 것은 (수영을 할 수 있는) 능력인 것이다.

(b)에서 not은 run에 걸린다. '뛰지 말아야 한다'는 말을 바꾸면 '안 뛰어야 한다'란 뜻인 것이다.

예를 추가해보자.

(1) not이 조동사에 걸리는 경우

1) 허가를 뜻하는 may

You *may not* park here. (= You are not allowed to park here.)

2) (모든 용법에서) can

I *cannot* swim. (= I am not able to swim.)
He *cannot* do so. (= He is not allowed to do so.)
The news *cannot* be true. (= It is not possible that the news is true.)

3) need

You *need not* pay. (= It is not necessary that you pay.)

4) dare

I *daren't* quarrel with them. (= I don't have the courage to quarrel with them.)

(2) not이 술어동사에 걸리는 경우

1) (가능성을 나타내는) may

They may *not* come if it rains. (= It is possible that they won't come if it rains.)

2) (의무를) 나타내는 must

You must *not* sleep late. (= It is essential that you not sleep late.)

그 밖에 not이 어디에 걸리는가에 따라 두 가지 해석이 가능한 조동사로 will이 있다. 다음은 1), 2)의 두 가지 의미를 갖는다.

I won't join you.
    1) I don't intend to join you.
    2) I intend not to join you.

4.20   법조동사의 의미 해석

(1) 다음 (a)의 must는 1)과 2)의 해석이 가능하지만 (b)의 must는 1)의 해석만이 가능하다.

    (a) He must be careful.
        1) 그는 틀림없이 조심성이 많다. - 추측
        2) 그는 조심해야 한다. - 의무
    (b) He must be tall.
        1) 그는 틀림없이 키가 클 것이다. - 추측
        2) 그는 키가 커야 한다. - 의무 (x)

(b)의 경우 '의무'를 나타내는 2)의 해석이 불가능한 것은 tall이 주어의 자유의지에 따라 통제할 수 있는 것이 아니기 때문이다. 다음 (c)의 must도 '추측'만을 나타낼 수 있다. have some problems가 주어의 자유의지와는 무관하기 때문이다.

    (c) Mary must have some problems; she keeps crying.

다음은 어떨까.

    (d) John must eat.

eat은 주어의 자유의지에 따라 통제할 수 있는 동사이기 때문에, must는 '의무'를 나타낸다.

하지만 이 eat도 진행형으로 바꾸면 '추측'으로 해석하여야 한다.

    (e) He must be eating already.

진행형뿐만 아니라 조동사가 현재완료형과 결합하는 경우도, 동사의 원형과 결합하면 '허가'로 해석하여야 하는 조동사의 해석이 '추측'으로 바뀐다.

> (f) You may leave **your bag here.** - 허가
>
> You may have left **your bag in the bus.** - 추측

다만 should/ought to + have + p.p.는 '의무'로 해석하여야 한다.

> You should/ought to have been **more careful.**

(2) 동사의 수동형을 수반하는 조동사의 경우는 어떨까?

> (g) **The shop** must be closed.

(g)는 1)과 2)의 해석이 모두 가능하다.

> 1) 그 가게는 틀림없이 문이 닫혀 있을 것이다.
> 2) 그 가게는 문을 닫아야 한다.

1)로 해석하는 경우 (g)는 상태수동태에 속하고, 2)로 해석하면 동작수동태에 속한다. (⇒ 6.8)

(3) 조동사가 쓰인 능동태와 수동태의 의미 해석에 관해서는 다음도 유의할 만하다.

> (h) **John** will meet **Mary.**
> (i) **Mary** will be met **by John.**

(h)와 (i)는 의미가 같다. (h)가 진(眞)이면 (i)도 진인 것이다.
하지만 다음 (j)와 (k)는 의미가 다르다.

> (j) **John** won't meet **Mary.**
> (k) **Mary** won't be met **by John.**

(j)는 'John이 Mary를 만나려 하지 않는다'는 뜻이지만 (k)는 'Mary가 John을 만나려 하지 않는다'는 뜻인 것이다.

다음 (l)과 (m)도 의미가 다르다.

(l) Kevin can't teach John.
(m) John can't be taught.

(l)은 Kevin이 능력이 부족하다는 뜻이고, (m)은 John이 능력이 부족하다는 뜻이다.

Exercises

Ⅰ. 다음 빈칸에 알맞은 조동사를 써넣으시오.

1. You _____ go even if you don't want to.
2. We _____ not be in a hurry, as we still have plenty of time.
3. Little _____ he dream that he could win the first prize in the speech contest.
4. I don't know what I _____ to do under these circumstances.
5. The fog was so thick that we _____ hardly find out our way out of the forest.
6. He played the piano beautifully, and so _____ his wife.
7. _____ my wishes come true!

Ⅱ. 다음 빈칸에 would나 should를 써넣으시오.

1. You _____ memorize at least ten words in each lesson.
2. I wanted to see her eyes, but she _____ not look my way.
3. It is very strange that he _____ behave toward me like that.
4. You _____ have done your homework earlier.
5. A: "_____ you like to go for a walk?"
   B: "No, I _____ rather stay home."

6. We hurried to the theater lest we _____ miss the first part.

7. The trouble of a passion is that it does not stay where it _____.

8. Every now and then he _____ shake his head, as one who had been sud-
denly waken does.

가정법
Subjunctive Mood

Chapter 05

가정법

5.1 가정법(假定法)과 직설법(直說法)

> (a) If he has some money, he will lend you.
> (b) If he had some money, he would lend you.

위의 예문에서 형식상 **(a)**는 직설법에 속하고 **(b)**는 가정법에 속한다. **(a)**도 의미상으로는 '그에게 돈이 있으면'이란 가정을 나타낸다. 그럼에도 **(a)**를 직설법이라 불러, **(b)**의 가정법과 구별하는 것은 **(a)**의 조건절에는 인칭과 수에 따라 그 어형이 바뀌는 정형동사 **has**가 쓰였기 때문이다. **(b)**의 조건절에 쓰인 술어동사는 인칭이나 수에 따라 어형이 바뀌지 않는다.

인칭이나 수에 따라 변하지 않는 특정한 어형으로 사실과 반대되는 가정을 나타낼 때, 이와 같은 「가정」의 문법상의 형식을 가정법이라 부른다.

5.2 가정법과거

5.2.1 가정법과거의 형식

1) '가정법과거(subjunctive past)'는 현재의 사실과 반대되는 가정을 나타낸다.

해설 현재의 사실과 반대되는 가정을 나타내는데, 이를 가정법과거라 부르는 것은 이와 같은 가정을 동사의 과거형으로 나타내기 때문이다.

2) 직설법과 가정법 사이에는 의미상 다음과 같은 차이가 있다.

    (a) If he loves me, I'll marry him. - 직설법

    (b) If he loved me, I'd marry him. - 가정법

직설법이 쓰인 (a)의 '그가 나를 사랑한다면'은 '그가 나를 사랑하고 있을 가능성'을 배제하지 않는다.

반면에 가정법이 쓰인 (b)는 '그는 나를 사랑하지 않는다'란 현재의 사실을 전제로 한다.

3) 가정법과거의 형식은 다음과 같다.

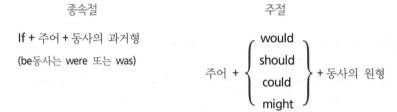

He would tell me if he knew, but he does not know anything about it.

If you bought it, you would regret it.

((사지 않을 테니까 망정이지) 만약 산다면 후회할 걸.)

If I were a bird, I would fly to you.

5.2.2 should와 were to

If you should see Celia, give her my best wishes.

If you should change your mind, no one would blame you.

If the sun were to rise in the west, I would not change my mind.

해설 조건절에서 쓰이는 should와 were to는 가능성이 아주 낮은 일을 가정할 때 쓰인다. 이런 경우 주절에서는 would 등이 쓰이지만, 조건절의 should가 절대적인 가정을 나타내지 않는 경우는 would 대신에 will이 쓰이기도 한다.

    If she should be interested, I'll call her.

참고 학교문법은 should와 were to가 쓰인 가정을 '가정법미래'로 설명하기도 한다. 그런데 가정법과거와 가정법과거완료란 명칭이 조건절에서 쓰인 동사의 형식을 근거로 한

다면, '가정법미래'란 명칭은 의미에 근거를 두고 있어, 학습자의 입장에서는 혼란스러울 수 있다. 이와 같은 혼란을 피하기 위해서는, 조건절에서 쓰이는 should는 그저 should의 용법의 하나로 다루고, **were to**가 쓰인 가정은 가정법과거로 다룰 수도 있을 것이다.

5.3 가정법과거완료

가정법과거완료(subjunctive past perfect)는 '과거의 사실에 반대되는 가정'을 나타내며, 그 대표적 형식은 다음과 같다.

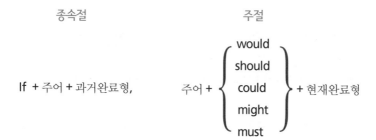

If I had been **you**, I would have accepted **his offer**.

If Cleopatra's nose had been a little shorter, the history of the world might have changed.

If you had studied **harder**, you could have passed **the exam**.

5.4 유의할 가정법 구문

(1) If it were not for … (… 가 없다면, … 가 아니면)

If it were not for **my family**, I would **give up my position**.

If it were not for **music**, our life would **be as dry as a desert**.

(2) If it had not been for … (… 가 없었더라면, … 가 아니었더라면)

If it had not been for **the doctor's skill, he** would have died.
If it had not been for **his laziness, he** could have been rich.

(3) 가정법과거완료와 가정법과거의 혼합구문

If he <u>had taken the doctor's advice</u>, he <u>might still be alive</u>.
        (가정법과거완료의 조건절)   (가정법과거의 주절)
(만약 <u>과거에</u> 그가 의사의 충고를 들었었더라면, 그는 <u>아직도</u> 살아 있을지도 모른다.)

(4) 가정법과 직설법의 혼합구문

I <u>would buy</u> **that book, but I** <u>do not have</u> **enough money.**
 (가정법과거의 주절)   (직설법 현재)
The **flower** <u>would have grown well</u>, **but I** <u>did not water</u> it.
     (가정법과거완료의 주절)   (직설법 과거)
((물을 주었더라면) 꽃은 자랐을 텐데, 나는 물을 주지 않았다.)
She <u>would have gone</u> **except she** <u>didn't have time</u>.
     (가정법과거완료의 주절)   (직설법 과거)
(시간이 없어 가지 못했지, 시간만 있었으면 갔을 거야.)

(5) wish가 이끄는 종속절에서 쓰이는 가정법

1) 가정법과거: 이루어질 가망이 없는 현재의 소망을 나타낸다.

  I wish I earned **more money.**
I wish you had **enough will power to quit smoking.**
I wish there were **no such things as exams.**

2) 가정법과거완료: 과거에 이루어지지 못했던 것에 대한 아쉬움을 나타낸다.

I wish you had told **me before.**
(진작 나한테 말했었더라면 좋았을 텐데.)
I wish I had written **down her telephone number.**
I wish I had **never been born!**

(6) It's time + 가정법과거 구문

It's time + 가정법과거는 '(마땅히 … 할 때가 되었는데 안하고 있을 때) 이제 … 을 해야지'란 뜻을 나타낸다.

> It's time you went to bed.
>
> (이제 잘 시간이야. 이제 자야지.)
>
> It's time you started earning your own living.
>
> (너도 이제 밥벌이를 시작해야지.)

(7) as if/as though

> You talk as if you knew a great deal about this.
>
> She talked as if she were my mother.
>
> He turned pale as though he had seen a ghost.
>
> Everything looked strange to John as if he had not seen it before.

해설 1. '마치 … 처럼'의 뜻을 나타내는 as if나 as though가 이끄는 종속절에서는 가정법과거와 가정법과거완료가 다 쓰인다.

가정법과거는 (현재이건 과거이건) 주절과 종속절이 나타내는 시간대가 동일한 경우에 쓰이고, 가정법과거완료는 주절이 나타내는 시간보다 종속절이 나타내는 시간이 앞선 경우에 쓰인다.

> He speaks/spoke English as if he were an American.
>
> He speaks/spoke English as if he had learned it for a long time.

2. as if/as though가 이끄는 종속절에 반드시 가정법만 쓰이는 것은 아니다.

> (a) He behaves as if he owned the place. - 가정법
>
> (b) He behaves as if he owns the place. - 직설법

(a), (b)가 다 '마치 그가 그 곳 주인이라도 되는 것처럼'이란 뜻인데, (a)가 '그가 그 곳 주인도 아닌데'란 뜻을 함축한다면 (b)는 '그가 실제로 그 곳 주인일 수도 있다'는 뜻을 배제하지 않는다.

5.5　가정법현재

가정법현재(subjunctive present)는 인칭이나 수 그리고 시제와 관계없이 동사의 원형
이 쓰이는 술어동사의 형식을 가리킨다. 가정법현재는 다음과 같은 경우에 쓰인다.

(1) 1) 요청, 명령, 요구, 주장, 제의, 권고 등을 나타내는 술어동사(ask, demand,
require, insist, suggest, propose, …)가 이끄는 종속절에서 (⟹ 1.10(3))

> I asked that I be allowed to see the manager.
>
> An army lieutenant ordered that the flag be lowered.
>
> I request that he leave the place immediately.
>
> He insists that she stay with him.
>
> I suggest we not jump to a conclusion.
>
> (성급한 결론은 내리지 않았으면 합니다.)

2) 필요, 또는 중요함, 긴급함, 타당함 등을 나타내는 형용사(necessary, important,
urgent, imperative, desirable, …)가 보어로 사용된 It is … that … 의 구문에서, 또는
주어의 주장이나 요구, 간절한 바람 등을 나타내는 형용사(insistent, anxious, …)가
보어로 쓰인 구문의 종속절에서 (⟹ 10.16.3)

> It was necessary/important/urgent/imperative that he leave the place
> immediately.
>
> John was insistent/anxious that we not tell anyone else our plan.

3) 1)에서 예시한 동사에서 파생한 명사의 동격절에서

> They ignored my request that she leave the place immediately.

(2) 다음과 같은 극히 한정된 공식적인 어구에서

> God save the Queen! (여왕 만세!)
>
> Heaven forbid! ((바라건대) 그런 일은 절대로 없을 것이다.)
>
> Suffice it to say that … (… 라고 말하는 것으로 족하다.)

(3) 그 밖에 if가 이끄는 조건절에서도 가정법현재가 쓰이는 수가 있다. 하지만 이는 고문체(archaic)에 속하며, 현대영어에서 일상적으로 통용되는 어법은 아니다.

If this condition be met, … (만약 이 조건이 충족된다면, …)

5.6 그 밖에 유의할 가정법 구문

(1) if의 생략과 도치구문

조건절의 if는 생략이 가능하다. 다만 if가 생략되면 be동사(또는 조동사)가 주어 앞으로 자리를 옮겨 도치구문이 만들어진다.

Were I as rich as he(← If I were as rich as he), I would go abroad.
Were he to come(← If he were to come), I should refuse to see him.
(오지 않겠지만, 혹시 그가 오더라도 나는 그를 만나지 않을 것이다.)
Had I known(← If I had known) you didn't have a key, I wouldn't have locked the door.

(2) If절의 대용

1) 부사(구)에 의한 대용

I would not do such a thing in your place(= if I were in your place).
Without air(= If there were no air), no living things could exist.
But for your assistance(= If it had not been for your assistance), I could not have succeeded.
I am very busy this week; otherwise(= if I were not busy) I would certainly come to your party.

2) 주어에 의한 대용

Even a child would not do such a thing.
(어린애라도 그런 일은 하지 않을 것이다.) - 술어동사와 함께 쓰인 would가 주어인 a child가 가정을 나타내는 조건절을 대신하고 있음을 나타내 보인다.

A true friend **would have acted** differently.
(= A friend would have acted differently if he had been a true friend.)
(진정한 친구였다면 그렇게 행동하지는 않았을 것이다.)

3) 부정사구에 의한 대용

To look at him(= If you looked at him), you **could hardly help** laughing.
It would have been better for him to have refused(= if he had refused).

(3) 조건절의 생략

He **could easily do** it.
((하라고만 한다면) 그는 그 일을 쉽게 할 수 있을 텐데.)
We **would have arrived sooner, but we had a flat tire.**
(더 일찍 올 수 있었을 텐데 도중에 타이어가 펑크가 났다.)

(4) 주절의 생략

If only I'd listened **to my parents!**
(부모님 말씀만 들었었다면!)
Had I known **it!**
(그것을 알기만 했었더라도!)

(5) 기타(⇒ 1.10(4))

I'd rather you didn't **come tomorrow.**
(나는 네가 내일 오지 않았으면 좋겠다.)
Suppose you had **a million dollars, how** would you spend **it?**
Would that (= I wish) we had seen **her before she died.** - 격식체
(그녀의 생전에 그녀를 보았었다면!)

5.7 가정법의 의미

가정법과거나 과거완료는 기본적으로 사실과 반대되는 가정을 나타낸다. 그렇기는 하지만 가정법이 사실과 반대되는 가정만을 나타낸다고 기계적으로 이해해서는 안 된다.

(a) If it snowed tomorrow, the match would have to be cancelled.

(a)에는 사실과 반대되는 가정을 나타내는 가정법과거의 형식을 통해서 '내일은 눈이 오지 않으리라'는 화자의 예상이 드러나 있다.

(b) If you listened to me, you wouldn't make mistakes.

(b)의 경우는 '만일 내 말을 듣는다면 실수를 안 할 텐데'란 겉으로 드러난 의미 속에 '그렇지만 내 말을 듣지 않겠지'란 화자의 아쉬움이 드러나 있다.

(c) You might have let me know that she was in a foul temper.
   ((그녀가 저기압이란 사실을 알려 줄 수도 있었을 텐데) 왜 안 알려줬어!)

(d) You could have given me some notice!
   ((미리 좀 연락을 해줄 수도 있었을 텐데) 왜 안 그랬어!)

(c), (d)는 형식상으로는 가정법과거완료의 주절인데, 과거의 사실과 반대되는 가정 자체보다 상대방에 대한 화자의 불만이 드러나 있다.

다음 예문 (e)의 were to는 가정법과거의 형식을 취했을 뿐, 화자의 정중한 태도를 반영한다.

(e) If I were to express my opinion, I would say …
   (외람된 말씀이오나, 한마디 의견을 말씀드린다면, …)

Exercises

Ⅰ. 다음 빈칸에 알맞은 것을 고르시오.

1. A: "How was the party?"
   B: "Wonderful. If you _____ with us, you would have had a good time.
      (a) would come   (b) came
      (c) had come   (d) were coming

2. A: "Mr. Nam left for Busan long ago."
   B: "Oh, That's a pity. I wish _____."
      (a) I'd meet him   (b) I'll have met him
      (c) I'd have met him   (d) I had met him

3. A: Have you finished studying?
   B: No, but I wish I _____.
      (a) would   (b) had
      (c) should   (d) have

4. It is ten o'clock, John. About time you _____ to bed.
      (a) are going   (b) will go
      (c) had gone   (d) went

Ⅱ. 다음을 괄호 안의 지시에 따라 고쳐 쓰시오.

1. He worked very hard, <u>otherwise</u> he would have failed.
   (otherwise를 조건절로)
2. My mother's illness prevented me from attending the meeting.
   (가정법으로)
3. <u>Born in better times</u>, he would have been known all over the world.
   (밑줄 친 부분을 조건절로)
4. I should have been glad to <u>have met her</u>.
   (밑줄 친 부분을 조건절로)
5. <u>But for my teacher's advice</u>, I would have failed miserably.
   (밑줄 친 부분을 조건절로)

수동태
Passive Voice

Chapter 06

수동태

6.1　능동태(能動態)와 수동태(受動態)

주어와 술어동사의 능동·수동관계를 나타내는 형식을 태(voice)라고 한다. 능동태 (active voice)는 타동사 + 목적어의 형식으로 나타내며, 수동태(passive voice)는 능동태의 목 적어를 주어로 삼고 동사는 be + 과거분사의 형식을 취한다. 수동태에서 능동태의 주 어는 by + 명사(구)를 만든다.

> The janitor opened the door. - 능동태
> The door was opened by the janitor. - 수동태

6.2　수동태의 용법

수동태는 다음과 같은 경우에 쓰인다.

(1) 동작주(능동태의 주어, agent)가 불분명하거나 쉽게 밝히기가 어려울 때, 또는 밝힐 필요가 없는 일반인을 가리키거나 밝힐 필요가 없을 만큼 분명할 때

> He was killed in the Vietnam War.
> The city is well supplied with water.
> No one is allowed to think that he is higher than anyone else in a demo-
> cratic society.
> William is called Bill for short.
> (William은 줄여서 Bill이라 불린다.)

(2) 동작주를 드러내지 않으려 할 때

    (a) Your earlier reply will be appreciated.
       (조속히 회답해주시면 감사하겠습니다.)
    (b) This will be discussed later.
    (c) He was given some bad advice about buying bonds.
    (d) An error was made in the planning.

    해설   위의 예문 가운데 (a)는 상업통신문(business letter)에서 애용되는 표현이다. 어떤 사업상의 거래를 성사시키기 위해서는 거래를 원하는 쪽에서는 상대방을 치켜세워야 하고 이 쪽은 자세를 낮추어야 한다. 그와 같은 배려를 반영한 표현이 (a)이다. (b)는 학술 논문 등에 흔히 나오는 표현이다. 학술논문에서는 수동태가 많이 쓰이는데, 이는 논문의 객관성을 높이기 위해서는 필자(동작주)를 겉으로 드러내지 말아야 하기 때문이다. (c)는 그에게 도움이 못되는 조언을 한 동작주를, (d)는 어떤 계획을 수립하는 데 있어 오류를 범한 당사자를 밝히지 않으려는 배려에서 쓰인 수동태의 예이다. (d)의 경우 오류를 범한 당사자는 화자 자신일 수도 있다.

(3) 동작주보다는 동작의 대상을 드러내고자 할 때

    Our cat *was killed* by a dog.
    The bed *was* not *slept in*.
    (그 침대에는 아무도 잠을 잔 흔적이 없었다.)

(4) 문체상의 배려로, 앞에 나온 주어를 그대로 주어로 삼을 때

    He spoke and was applauded by the audience.
    He went there, but was not warmly received.

    유의   1. 수동태는 S + be + 과거분사 + by + 동작주로 공식화할 수 있지만, 실제로는 by + 동 작주를 수반하는 구문보다는 by + 동작주가 명시되지 않은 구문이 (4:1 정도의 비 율로) 많다. by + ⋯ 는 다음과 같이 동작주를 명시할 필요가 있는 경우에만 필 수적이다.
          He was brought up by his grandmother.
          On his death he was succeeded by his second son.
       2. 비슷한 의미를 능동, 수동의 두 형식으로 나타낼 수 있을 때, 위에서 살펴본 바 와 같은 경우를 제외한다면, 대체적으로는 능동태가 쓰인다.
          We enjoyed the music을 수동태로 바꾼 The music was enjoyed by us는 어색

하고, John loves Mary를 Mary is loved by John으로 바꿀 수는 있지만, I love Mary를 Mary is loved by me로 바꾸면 어색하다. (⇒ 20.3)

다음 능동태 (a)를 수동태로 바꾸면 (b)가 된다. 그런데 (b)와 같은 문장은 문법적이기는 하지만 쓰이지는 않는다. 그 뜻을 빨리 이해하기에는 동사구의 구조가 너무나 복잡한 것이다.

(a) The conservatives have not been winning seats lately.
   (보수당은 요즘 의석을 많이 얻지 못하고 있다.)
(b) (?)Seats have not been being won by the conservatives.

6.3 정보가치와 태

영어에는 어순상 구정보에 속하는 요소는 상대적으로 문장의 앞자리를 차지하고, 신정보에 속하는 요소는 뒷자리를 차지한다는 원칙이 있다. (⇒ 20.1)

다음 (a)에서는 Mr. Smith가 구정보일 테고, (b)에서는 the first prize가 구정보일 것이다. 그렇다면 능동태인 (a)는 문맥상 What did Mr. Smith donate?란 질문이 전제가 되는 상황에서 쓰인 것이고, 수동태인 (b)는 Who donated the first prize?가 전제가 되는 상황에서 쓰인 것이다.

(a) Mr. Smith donated the first prize.
(b) The first prize was donated by Mr. Smith.

6.4 수동태 전환시의 유의사항

능동태를 수동태로 바꿀 때, 특히 유의할 사항에 다음이 있다.

(1) S + V + IO + DO 구문

   A. S + V + O + to + IO
   B. S + V + O + for + IO

문장의 3형식으로 전환하면, S + V + IO + DO는 주로 위와 같은 두 구문을 만든다.

그런데 구문 A를 만드는 동사와 B를 만드는 동사는 능동태를 수동태로 바꾸는 데 있어 약간의 차이가 있다.

A에 속하는 대표적인 동사로 **give**를 예로 들어보자.

> (a) Tom gave a book to John.
>
> → (a') A book was given $\begin{cases} \text{to John.} \\ \text{John.} \end{cases}$
>
> (b) Tom gave John a book.
>
> → (b') John was given a book.

한편 B에 속하는 동사의 예로는 **find**와 **make**를 들어보자.

> (c) Susan found a nice apartment for John.
>
> → (c') A nice apartment was found $\begin{cases} \text{for John (by Susan).} \\ * \text{John} \end{cases}$
>
> (d) Susan found John a nice apartment.
>
> → (d') * John was found a nice apartment.
>
> (e) Arlene made this dress for Sandra.
>
> → (e') This dress was made for Sandra (by Arlene).
>
> (f) Arlene made Sandra this dress.
>
> → (f') [?]Sandra was made this dress (by Arlene).

find나 **make**의 경우는 DO를 주어로 한 수동태는 가능하지만, IO를 주어로 한 수동태는 비문법적이거나 비문법에 가까운 것이다.[1]

buy는 어떨까?

buy에 관해서는 IO를 주어로 하는 수동태가 (g)처럼 문법적이란 견해도 있고, (h)가 보여주듯이 비문법적이란 견해도 있다.

> (g) We were bought a present,[2] …
>
> (h) We bought her a dress.

---

1) (c) ~ (f)는 Cowan(2008:402), Celce-Murcia, M. and D. Larsen-Freeman (1999:372-373)에서 인용.
2) Swan(1997:613)

→ A dress was bought for her.

→ * She was bought a dress.[3]

IO 앞에 **to**가 쓰이는 동사에 비해, **for**가 쓰이는 동사가 IO를 주어로 하는 수동태로의 전환이 자유롭지 못한 것은 분명하다.

두 목적어 가운데 하나를 주어로 삼아 수동태를 만든 경우, 그대로 남아 있는 목적어를 보류목적어(retained object)라고 한다. (a')가 보여주듯이 to + 보류목적어의 경우, **to**는 생략할 수도 있다. 하지만 (c')가 보여주듯이 **for**는 생략이 되지 않는다.

(2) 동사 + 명사 + 전치사가 타동사의 구실을 하는 경우

영어에서는 다음과 같이 일부 동사 + 명사 + 전치사가 타동사와 비슷한 기능을 갖는 관용어를 만든다.

make use of

take advantage of

take care of

이 관용어들은 다음과 같이 두 형식의 수동태를 만들 수 있다.
make use of를 예로 들어보자.

They made good use of the computer.

→ (a) Good use was made of the computer.

→ (b) The computer was made good use of.

make use of는 하나의 타동사와 같은 기능을 갖지만, 또 한편으로는 make use of 자체를 타동사(make) + 목적어(use) + of로 분석할 수도 있다. (a)는 이 use를 주어로 삼아 만든 수동태이고, (b)는 make use of를 하나의 타동사로 간주하여 목적어가 되는 the computer를 주어로 삼아 만든 수동태이다.

(a)는 격식체에 속하고 (b)는 일상체에 속한다.

---

3) Declerck(1991:207)

(3) S + V + O + to 없는 부정사 구문

이 구문의 수동태는 부정사 앞에 **to**를 부가하여야 한다.

> They made us work very hard.
> → We were made to work very hard.
> We saw the car stop.
> → The car was seen to stop.

> 유의 make와 달리 사역의 의미를 갖는 let이나 get은 보통 수동태를 만들지 못한다.
> They let me enter the church.
> I was * let(→ allowed) to enter the church.
> They got her to open the door.
> She was * got(→ made) to open the door.

(4) 명령문

명령문의 수동태는 사역동사 **Let**으로 시작한다.

> Do it at once.
> → Let it be done at once.

6.5 수동태 전환의 제약

능동태를 수동태로 바꾸는 경우에는 다음과 같은 제약이 있다.

(1) 다음은 수동태를 만들지 못한다. 주어가 목적어에 미치는 능동적인 힘이 약한 것이다.

> They have a nice house.
> This coat does not fit you.
> John resembles his father.

(2) 다음과 같은 목적어는 수동태의 주어가 되지 못한다.

1) 재귀대명사

John could see himself in the mirror.
→ *Himself could be seen in the mirror.

2) 상호대명사

We could hardly see each other in the fog.
→ *Each other could hardly be seen in the fog.

3) 주어의 신체의 일부

The handsome doctor shook his head.
→ *His head was shaken by the handsome doctor.

4) 부정사와 동명사

John hoped to kiss her.
→ *To kiss her was hoped (by John).
John enjoyed seeing her.
→ *Seeing her was enjoyed (by John).

(3) that절(또는 if/whether절)을 목적어로 수반하는 능동태는 that절을 주어로 하여
수동태를 만드는 경우, it is + p.p.+ that … 의 형식을 취한다.

They agree that she is pretty.
→ It is agreed that she is pretty.
We regret that he should refuse our proposal.
→ It is regretted that he should refuse our proposal.
I request that she be sent home.
→ It is requested that she be sent home.

해설 다음은 수동태로 (1)과 (2)의 두 가지 형식이 가능하다.
(a) They believe that he is seriously ill.
→ (1) It is believed that he is seriously ill.
→ (2) He is believed to be seriously ill.

that절을 이끄는 **believe**가 술어동사로 쓰인 위의 능동태처럼 두 형식의 수동태가 가능한 동사로는 다음이 있다.

   assume, consider, declare, expect, feel, know, report, say, see, suppose, think, understand

위에 제시한 (2)의 능동태로는 (a) 말고도 다음 (b)를 설정할 수 있다.

   (b) They believe him to be seriously ill.

그런데 **believe**의 경우는 (b)를 설정할 수 있지만 , 다음 (c)가 (d)에서 파생했다고는 보기 어렵다. (d)는 그 자체가 비문법적이기 때문이다.

   (c) He is said to be seriously ill.
   (d) * They say him to be seriously ill.

(4) 전치사 수반 동사는 동사와 전치사가 합쳐서 타동사와 비슷한 역할을 하므로, 다음과 같이 수동태를 만들 수 있다.

   We have not heard of him since.
   → He has not been heard of since.
   We will have to deal with that matter immediately.
   → The matter will have to be dealt with immediately.

유의 다음의 경우는 목적어가 추상명사인 경우에 한해서 수동태를 만들 수 있다.

   The engineers went very carefully into $\begin{cases} \text{the problem.} \\ \text{the tunnel.} \end{cases}$

   (기사들은 신중히 $\begin{cases} \text{그 문제를 검토했다.)} \\ \text{터널 속으로 진입했다.)} \end{cases}$

   → $\begin{cases} \text{The problem} \\ \text{* The tunnel} \end{cases}$ was very carefully gone into by the engineers.

   They arrived at $\begin{cases} \text{the expected result.} \\ \text{the splendid stadium.} \end{cases}$

   (그들은 $\begin{cases} \text{예상했던 결과에 도달했다.)} \\ \text{웅장한 경기장에 도착했다.)} \end{cases}$

   → $\begin{cases} \text{The expected result} \\ \text{* The splendid stadium} \end{cases}$ was arrived at.

6.6 능동태와 수동태의 의미

다음 (a)와 (b)는 의미가 같다.

(a) A loves B.
(b) B is loved by A.

이 (a)와 (b)는 주어도 다르고, 구성요소의 정보가치도 서로 다르다. 그러면서도 (a)와 (b)가 의미가 같다는 말은 <(a)가 사실이면 (b)도 사실이다>란 뜻이다. A가 B를 사랑하는 것이 사실이면 B가 A의 사랑을 받고 있는 것도 사실인 것이다.

그런데 이와 같은 의미관계가 성립하지 않는 능동태와 수동태가 있다.

1) (a) John can't teach Mary.
   (b) Mary can't be taught.

(a)는 John이 무능하다는 뜻이고 (b)는 Mary가 무능하다는 뜻이다.

2) (a) The earthquake didn't cause the collapse of the bridge.
   (b) The collapse of the bridge was not caused by the earthquake.

(a)는 (여러 의미로 풀이할 수 있지만 흔히는) the bridge did not collapse란 뜻을 함축한다. 그러나 (b)는 the bridge collapsed란 사실이 전제가 되고 있다.

3) (a) Three hunters shot two deer.
   (b) Two deer were shot by three hunters.

(a)는 '세 사냥꾼이 두 마리의 사슴을 잡았다'란 뜻으로도 해석이 되고, '한 사냥꾼이 두 마리씩 여섯 마리의 사슴을 잡았다'란 뜻으로도 해석이 된다.

그러나 (b)는 전자의 의미만을 갖는다.

[유의] 다음에서 1)은 (a)를 (b)로 바꿀 수 있지만 2)는 (a)를 (b)로 바꾸지 못한다. 2)의 경우는 (a)와 (b)는 의미가 다른 것이다. 이는 willingly가 동사구에 걸리지 않고 주어에 걸리는 주어지향부사이기 때문이다. (⇒ 11.6.3)

1) (a) A killed B *cruelly*.
   → (b) B was killed *cruelly* by A.
2) (a) A killed B *willingly*.
   ≠ (b) B was killed *willingly* by A.

6.7 의사수동태

(1) 영어에서는 관심, 놀람, 실망, 기쁨 등 감정의 변화를 흔히 수동태로 표현한다.

(a) I'm interested in English grammar.
(b) I was surprised at her behavior.

이 (a)와 (b)에 대응하는 능동태로는 다음 (a')와 (b')를 설정해 볼 수 있다.

(a') English grammar interests me.
(b') Her behavior surprised me.

그런데 예를 들어 다음 (c)에서는 주어가 그의 능동적인 의지에 따라 목적어에 영향을 미치고 있지만, (a')와 (b')에서는 주어가 그렇지 못하다. (a')에서 영문법이 의도적으로 나의 마음에 관심을 일으키려 한 것도 아니고, (b')에서 그녀의 행동이 고의로 나를 놀라게 한 것도 아닌 것이다.

(c) The hunter killed a lion.

위의 (c)에서처럼 자발적인 의지에 따라 목적어에 영향을 미치는 주어를 '동작주(agent)'라고 부른다면, (a')와 (b')의 주어는 목적어에 감정 변화를 일으키게 한 '자극(stimulus)'에 불과하다.

수동태로 바뀌었을 때, English grammar와 her behavior 앞에 by가 쓰이지 않고 in과 at이 쓰인 것도 이 (a')와 (b')에서의 주어가 '동작주'가 아니기 때문이다.

따라서 수동태라 하지만 (a), (b)와 (c)의 수동태인 (c')는 그 수동성의 정도가 다르다.

(c') A lion was killed by a hunter.

(c')에서의 과거분사 killed가 동사적이라면, 수동성이 약한 (a), (b)에서의 과거분사 interested, surprised는 형용사적이다.

interested와 surprised가 형용사적인 것은 very, rather, quite 등 원래 형용사를 수식하는 부사의 수식을 받을 수 있는 점에서 드러난다. (동사성이 강한 과거분사인 killed나 made는 very의 수식을 받지 못한다.)

I am very interested in English grammar.

I was very surprised at her behavior.

＊A lion was very killed by the hunter.

이 (a), (b)처럼 동작주가 전제가 되지 않은 수동태를 '의사수동태(擬似受動態)'라 부른다.

의사수동태에서는 과거분사에 따라 함께 쓰이는 전치사가 여러 가지로 다르다.

의사수동태를 만드는 과거분사	함께 쓰이는 전치사
aggrieved, annoyed, delighted, frightened, pleased, worried	about
alarmed, amused, delighted, disgusted, pleased, puzzled, surprised	at
interested, justified, disappointed	in
convinced, scared, tired	of
known, opposed, inclined	to
annoyed, bored, concerned, delighted, depressed, disappointed, disgusted, dismayed, distressed, enchanted, obsessed, overcome, satisfied	with

유의 예를 들어 be surprised는 보통 at을 수반하지만 '그가 나를 의도적으로 놀라게 했다'란 뜻을 나타낼 때는 (그가 동작주가 되므로) be surprised 다음에 by가 알맞다.

I was surprised by him.

또한 놀라움, 실망, 역겨움 등의 감정변화를 일으키게 한 대상을 감정변화의 원인이란 관점에서 기술하는 경우에도 전치사는 by가 쓰인다.

I was surprised by a knock at the door.

(나는 문을 두드리는 소리 때문에 놀랐다.)

cf. I was surprised at her behavior.

(나는 그녀가 하는 행동에 놀랐다.)

예를 추가해보자.

She was frightened by a mouse that ran into the room.
cf. She's always been terribly frightened of dying.

6.8 동작수동태와 상태수동태

(a) He was buried by his wife.
(b) He is buried in the city cemetery.

위의 두 예문은 똑같이 be + 과거분사(buried)의 형식을 취하고 있지만, '매장되었다'란 (a)는 과거에 일어났던 일회적 사건의 서술이고, '매장되어 있다'란 (b)는 현재의 상태의 기술이다.

이와 같은 차이 때문에, (a)는 '동작수동태(active passive)'로, (b)는 '상태수동태(statal passive)'로 불린다.

(a)와 (b)가 보여주듯이 동작수동태와 상태수동태는 시제나 부사구를 만드는 전치사의 선택에 차이가 있다.

다음에서는 (c)는 동작수동태이고 (d)는 상태수동태이다.

(c) He was surrounded by many people.
(d) He was surrounded with many people.

(c)에서는 전치사로 by가 쓰였는데, 동작주와 함께 쓰이는 by는 <많은 사람들이 그를 포위했다>란 뜻을 분명히 한다. 그렇기 때문에 (c)는 대응하는 능동태인 (c')로 바꿀 수도 있다.

(c') Many people surrounded him.

하지만 many people 앞에 with가 쓰인 (d)는 <많은 사람들이 그를 포위하고 있었다>란 뜻으로, 이 (d)는 (c')에서 만들어진 수동형이 아니다. 또한 (c)는 '일시적인 사건'을 나타내므로 immediately와 같은 부사도 부가할 수가 있다. 하지만 상태를 나타내는 (d)는 immediately와 함께 쓰지 못한다.

$$\text{He was} \begin{cases} \textit{immediately} \text{ surrounded by many people.} \\ *\textit{immediately} \text{ surrounded with many people.} \end{cases}$$

다음에서는 (e)가 동작수동태이고 (f)는 상태수동태이다.

(e) The gate is shut at six o'clock.
    (문은 6시에 닫힌다.)

(f) The gate is shut now.
    (문은 현재 닫혀 있다.)

(e)는 We shut the gate at six와 대응하지만 (f)는 대응하는 능동태를 갖지 않는다. 다음 (g)도 상태수동태에 속한다.

(g) The house is already sold.

상태수동태인 (g)는 대응하는 능동태가 없다.

6.9 get + p.p.

(1) 수동의 뜻은 be + p.p.의 형식 이외에 get + p.p.로 나타낼 수도 있다.

My watch got broken while I was playing football.
I got caught in a shower on my way home.

(2) 수동의 뜻을 나타내는 get + p.p.는 용법상 다음과 같은 특성을 갖는다.

1) 흔히 상태의 변화를 나타내는 데 쓰인다. (꼭 그렇지는 않지만, 많은 경우 좋지 않고 바람직하지 않은 변화를 나타낸다.)

He got drunk on three glasses of whisky.
The boy got hurt on his way from school.
No man wants to be killed, but some do get killed.
It's time he got married.

2) 다음과 같은 경우 get + p.p.는 쓰이지 않는다.

(a) His theory $\begin{Bmatrix} * \text{got} \\ \text{was} \end{Bmatrix}$ understood only by a few scientists.

John hasn't $\begin{Bmatrix} * \text{got} \\ \text{been} \end{Bmatrix}$ seen for years.

get은 understand, see같은 상태동사와 함께 쓰이지 않는 것이다.

(b) Parliament $\begin{Bmatrix} * \text{got} \\ \text{was} \end{Bmatrix}$ opened on Tuesday.

Our new school building $\begin{Bmatrix} * \text{got} \\ \text{was} \end{Bmatrix}$ built last year.

상태의 변화는 흔히 갑자기, 예기치 않게 일어나기 마련이다. 그러므로 자세한 사전계획을 필요로 하는 사건을 나타내는 데는 be + p.p.가 알맞다.

(c) He $\begin{Bmatrix} * \text{got} \\ \text{was} \end{Bmatrix}$ given a violin as a prize by his teacher.

violin을 받은 것이 상태의 변화는 아니다.

(3) get + p.p.는 일상적인 대화에서는 자유롭게 쓰이지만, 격식을 갖춘 '쓰기'에서는 적절치 않을 수도 있다.

(4) 다음처럼 by + 동작주를 수반하기는 하지만, be + p.p.에 비하면 by + 동작주의 수반 빈도가 훨씬 떨어진다.

The cat got run over by a bus.

유의 get + p.p.는 수동의 뜻을 지니므로, 주어는 피동적이어야 마땅하다. 하지만 다음 예문에서 겉으로 드러나 있지는 않지만 주어에 해당하는 **you**는 get + p.p.가 나타내는 변화를 일으키게 하는 동작주이기도 하다. 그런 점에서 다음 수동태는 그 의미가 재귀적(**reflexive**)이다.

Get dressed **quickly!** (빨리 옷 입어!)

Get lost! ((보기 싫으니) 꺼져!)

Exercises

Ⅰ. 수동태는 어떠한 경우에 쓰이는지 설명하시오.

Ⅱ. 다음을 수동태로 바꾸시오.

1. Dark clouds have covered the sky.
2. All the students speak well of him.
3. You ought not to speak about such things in public.
4. Even little boys know the name of this baseball player.
5. The rapidity with which he mastered French surprised us all.
6. A well-known pianist gave the girl lessons.
7. John painted his house white.
8. How do you spell it?
9. They say that he was born in England.
10. Your report will not satisfy your professor.

III. 다음 빈칸에 알맞은 전치사를 써넣으시오.

1. The porters were possessed ____ superhuman strength.
2. This conclusion is hardly justified ____ the results.
3. John seemed very keen ____ linguistics.
4. I feel rather let down ____ his indifference.
5. The tree is known ____ its fruit.
6. The boys were caught ____ a shower on their way to school.
7. Primitive societies are by no means confined ____ such superstitions.
8. Mrs. Fisher had the misfortune to be shot ____ the leg.

Chapter

07

명사

Nouns

Chapter 07

명사

7.1 분류

명사는 그 문법상의 특성과 의미에 따라 흔히 다음 A나 B로 분류된다.

분류 A 1) 가산명사(可算名詞, countable noun 또는 count noun)

2) 불가산명사(不可算名詞, uncountable noun 또는 non-count noun)

분류 B 1) 보통명사(common noun)

2) 집합명사(collective noun)

3) 고유명사(proper noun)

4) 물질명사(material noun)

5) 추상명사(abstract noun)

7.1.1 명사의 분류 - A -

분류 A는 가산성(countability)을 기준으로 삼는다.

(1) 가산명사

1) 부정관사 'a(n)', 수사 one, two, … 등과 함께 쓰인다.
2) 복수형을 만든다.

two boys, three books

3) How many로 시작하는 의문문을 만든다.

How many $\begin{cases} \text{brothers do you have?} \\ \text{books did you buy?} \end{cases}$

(2) 불가산명사

1) 부정관사 'a(n)'나 수사 one, two 등과 함께 쓰지 못한다.

2) 복수형을 만들지 못한다.

3) How much로 시작하는 의문문을 만든다.

How much $\left\{\begin{array}{l}\text{money}\\\text{gasoline}\\\text{sugar}\end{array}\right\}$ do you need?

대표적인 가산명사로는 수를 셀 수 있는 cat, bird, rose, ball, car, hand, house, friend 등을 들 수 있다. 이와 같은 명사는 일정한 형체를 지니며, 동일 종류에 속하는 개체를 가리킨다.

좀 특수한 가산명사의 예로는 다음이 있다.

> meter, hour, dollar, word, sentence, family, …
> – 척도와 단위 등을 나타내는 명사
> part, drop, atom, piece, element, …
> – 특정한 물체나 물질을 분할한 일부
> idea, scheme, plan, remark, …
> – 일부 추상명사

대표적인 불가산명사로는 cotton, nylon, water, oil, oxygen, steam, milk, pork, beef, bread 등 재료, 물질, 액체와 기체, 음식 등을 나타내는 명사와 honesty, igno-rance, peace, safety 등 추상적인 개념을 나타내는 명사를 들 수 있다.

7.1.2 명사의 분류 - B -

명사는 문법상의 특성과 의미에 따라 다음 다섯 가지로 분류되기도 한다.

1) 보통명사

girl, book, tree, teacher, year, month, event, crime 등 많은 수를 공통된 하나의 이름으로 부를 수 있는 명사를 가리킨다. 대부분의 보통명사는 'a(n)'와 함께 쓰이고, 복수형을 만들 수 있다.

2) 집합명사

army, assembly, audience, committee, crowd, family, nation처럼 여러 개체가 모여서 하나의 집합체를 이룬 명사를 가리킨다.

3) 고유명사

John Lennon, Korea, Seoul, Venus, Mars, Sunday, April, Mount Everest, Hyde Park 등 인명과 지명, 그 밖에 천체명, 그리고 요일과 달, 축제일, 산, 섬, 공원, 도로, 학교, 공항 등에 붙인 이름을 가리킨다.

4) 물질명사

재료(metal, wood, paper, glass), 음식(sugar, meat, butter, flour), 액체·기체·원소(water, beer, air, gas, oxygen, uranium) 등을 나타내는 명사를 가리킨다.

부정관사와 함께 쓰이지 않으며, 복수형을 만들지 못한다.

5) 추상명사

happiness, honesty, action, decision, sincerity 등 추상적 개념을 나타내는 명사를 가리킨다.

대체적으로 보통명사와 집합명사는 가산명사에 속하고, 고유명사, 물질명사, 추상명사는 불가산명사에 속한다. 그렇기는 하지만 바로 앞에서 <대체적으로>란 단서를 붙인 것은 보통명사가 불가산명사로 쓰이기도 하고, 추상명사가 가산명사처럼 쓰이기도 하기 때문이다. 동일한 어형이 문맥을 달리하면 가산명사로도 불가산명사로도 쓰인다. 또한 모든 가산명사와 불가산명사가 제각기 문법상의 특성이 똑같지도 않다.

이와 같은 점을 염두에 두고, 앞으로 우리는 이 두 가지 분류에 의한 명사의 특성을 여러모로 살펴볼 것이다.

해설 글자 그대로 해석하면 가산명사는 수를 셀 수 있는 명사이고, 불가산명사는 수를 셀 수 없는 명사지만, 현실 세계에서의 가산성과 영문법에서의 가산성이 반드시 일치하지는 않는다. 그러므로 현실 세계에서의 가산성을 잣대로 삼아, 영문법에서의 가산성을 이해하려 해서는 안 된다. 예를 하나 든다면 tear(눈물)나 liquid(액체)나 cloud(구름) 또는 wind(바람)가 부정관사 'a'를 붙여 가산명사로 쓰이는가 하면 baggage/luggage는 불가산명사에 속한다. news나 information도 불가산명사이다. 'a'와 함께 쓰이지 못하며 복수형을 만들지 못하는 것이다.

가산성의 개념은 영어와 우리말 사이에서도 차이가 있다. 우리말에서는 '침묵은 금이다'와 '침묵이 흘렀다'의 '침묵'은 동일하다. 하지만 영어에서는 전자는 Silence is golden으로, 후자는 There was a long silence로 나타낸다. 후자의 silence 앞에는 'a'가 붙는 것이다. '침묵은 금이다'의 '침묵'은 불가산명사지만 '침묵이 흘렀다'의 '침묵'은 가산명사가 되는 것이다.

7.2 가산성의 재음미

(1) 앞에서 살펴보았듯이, 가산명사는 부정관사와 함께 쓰이며, 복수형도 만들고 one, two, three 등 수사와도 함께 쓰인다.

하지만 명사 가운데는 다음과 같이 부정관사 'a(n)'와는 함께 쓰이지만, 복수형을 만들지 못하고 수사와 함께 쓰이지 못하는 가산명사가 있다. 가산명사라지만 모든 가산명사의 가산성의 정도가 동일하지 않은 것이다.

> I'll have a think about this before I give you an answer.
> It's a pity it's too cold to go swimming today.

education이나 knowledge도 흔히는 불가산명사로 쓰이지만 형용사의 수식을 받는 경우 부정관사가 붙기도 한다. 하지만 복수형을 만들지는 못한다. 부정관사가 붙는 경우 education이나 knowledge는 위에서 예시한 a think나 a pity처럼 <한정된 자격>의 가산명사가 되는 셈이다.

> She has a first class knowledge of German.
> My parents want me to have a good education.

그런데 education이나 knowledge 같은 추상명사는 형용사의 수식을 받는 경우, 부정관사와 함께 쓰임으로써 <한정된 자격>의 가산명사로 바뀌지만 weather나 health는 아무리 형용사의 수식을 받아도 부정관사와 함께 쓰이지 않는다.

> very good health
> terrible weather

그런데 weather는 불가산명사이면서도 in all weathers 와 같은 관용구를 만든다.

(2) 앞에서 언급했듯이 silence는 불가산명사로도 쓰이고 (제한적이지만) 가산명사로도 쓰인다. 동일한 어형이 불가산명사와 가산명사를 겸하는 예를 좀 더 들어보면 다음과 같다. 다음에서 (a)는 불가산명사이고 (b)는 가산명사이다.

> 1) (a) I like wild country. (지방, 지역, 시골)
>   (b) Iceland is a cold country. (추운 나라)

2) (a) She was a woman of great beauty. (아름다움)

    (b) She was a beauty in her youth. (미인)

3) (a) All plants need light. (빛)

    (b) The lights suddenly went out. (전깃불)

4) (a) I will come with pleasure. (즐거움)

    (b) It will be a pleasure to see him. (즐거운 일)

5) (a) This is the age of science. (과학)

    (b) Physics is a science. (과학의 한 부문)

6) (a) He went to Busan on business. (용무)

    (b) He runs a small business. (사업체, 회사)

7) (a) The house was made of stone. (돌)

    (b) Children threw stones at him. (돌멩이)

8) (a) I don't feel pity for him. (연민의 정)

    (b) What a pity that you can't come. (유감스러운 일)

위에 예시한 불가산명사와 가산명사는 우리말로는 일단 별도의 낱말로 옮겨짐으로써 그 차이가 구별이 된다. 하지만 불가산명사이건 가산명사이건 우리말로는 동일한 낱말이 쓰이는 것도 있다.

9) (a) This job requires experience.

    (b) He's had many odd experiences.

흔히 '경험'으로 번역이 되지만 (9.a)의 experience는 '(여러 가지 일을) 겪음'이란 뜻이고, (9.b)의 experience는 '(여러 가지 겪은) 일'이란 뜻이다.

또한 똑같이 우리말로는 '침묵'이 쓰이지만 앞에서 언급한 silence는 '침묵'을, a silence는 '침묵이 계속된 동안'을 뜻한다.

(3) '웃음'이란 뜻을 나타내는 말에 laughter와 laugh가 있다.

그런데 laughter는 관사 없이 쓰이지만, laugh는 부정관사 'a'를 붙여야 한다.

a house of full laughter

She gave him a happy laugh.

'여행'이란 말도 travel은 관사 없이 쓰이지만 journey는 부정관사 'a'가 필요하다.

> She doesn't enjoy foreign travel.
>
> a long journey

[유의] coffee나 tea 또는 milk와 같은 낱말도 가산성이란 관점에서 살펴보면 재미있는 일면을 발견할 수 있다. 다음에 나오는 coffees는 어떻게 설명할 수 있을까?

> Two coffees, please.

Two cups of coffee의 약식 표현이란 설명도 가능하지만, *OALD* (2000)에 따르면 coffee는 가산명사로도 쓰인다. 가산명사로 쓰이는 coffee는 a cup of coffee란 의미를 갖는다. Three teas, please에서의 tea도 a cup of tea를 뜻한다. 하지만 *Three milks, please나 *Two waters, please란 표현은 없다.

LDCE (2003)에는 whisky에 a glass of whisky란 뜻이 있다는 설명이 나와 있다. beer에도 a glass of beer/a bottle of beer란 뜻이 있다.

7.3 보통명사

보통명사는 부정관사 'a(n)'와 함께 쓰이고 복수형을 만든다. 하지만 보통명사 가운데는 위의 특성이 그대로 들어맞지 않는 것도 있다.

pants, scissors, socks 등은 복수형으로만 쓰이고, sun, moon, earth, universe에는 정관사가 붙는다.

[유의] the sun, the moon은 유일한 존재를 가리키는 점에서 고유명사에 가깝다. 하지만 John이나 Christie 또는 Seoul, New York처럼 동일한 종류에 속하는 사람이나 도시를 구별하기 위해서 붙인 특정한 명칭이 아닌 점에서 고유명사와 다르다.

7.4 집합명사

(1) 여러 개체가 모여서 하나의 집합체를 이룬 명사를 가리킨다. family, committee 등이 대표적 예가 되는데, generation, majority 등도 집합명사에 속한다.

The younger generation seem to be interested only in pop music and clothes.

A majority voted in favor of the proposal.

(2) 집합명사는 크게 나눠 다음 두 가지 용법을 갖는다.

(a) 집합체를 하나의 단일체로 간주한다. 이런 경우는 보통명사처럼 부정관사와 함께 쓰이고 복수형도 만든다.

He has a large family.

How is your family?

Twenty families live in this apartment.

(b) 집합체를 구성하는 개체 하나하나를 가리킨다. 이런 경우 집합명사는 형태상으로는 단수지만 복수동사와 함께 쓰인다.

The family were eating in the dining room.

The audience were greatly moved.

(청중들은 모두 크게 감동했다.)

cf. The audience was very small.

(청중은 그 수가 적었다.)

family나 audience처럼 (a)와 (b)의 용법을 다 갖춘 집합명사로는 그 밖에 committee, class, group, jury, public, staff, team 등이 있다.

집합명사의 용법 (a)와 (b)의 차이를 드러내는 예로는 다음이 있다.

(a) The committee has met and it has rejected the proposal.

(b) The committee have met and they have rejected the proposal.

유의 위에 제시한 (a)와 (b)는 문법상 차이가 있기는 하지만, 의미는 거의 비슷하다. 다음 예문도 마찬가지이다.

The public is/are tired of demonstrations.

The vast majority of the students needs/need increased financial support.

The government is/are in favor of the proposal.

위와 같이 단수동사를 택하건 복수동사를 택하건, 그 의미가 거의 비슷한 경우, 미국영어는 영국영어에 비해 상대적으로 단수형을 선호한다.

해설 1. 집합명사인 people은 우리말로는 '국민'으로 번역되기도 하고 '사람들'로 번역
되기도 한다. 다음에서 (a)에 나오는 people은 '국민'을 뜻하고, (b)에 나오는
people은 '사람들'을 뜻한다. (a)에서 쓰인 people 앞에는 부정관사 'a(n)'를 부
가할 수 있고 복수형도 만든다. (b)에서 쓰인 people은 적어도 두 사람 이상을
전제로 하고, two, three의 수사나 many를 부가할 수 있지만 따로 복수형을 만
들지는 않는다.

(a) The Koreans are an industrious people.

(b) There were many/two people in the room.

다음 차이는 무엇일까?

(a) English-speaking peoples

(b) English-speaking people

(a)는 '(영국국민과 미국국민처럼) 영어를 사용하는 (복수의) 국민'을 뜻하고 (b)
는 '영어를 사용하는 사람들'을 뜻한다.

2. cattle, police, vermin 등은 동사는 복수형이 쓰이지만, 따로 복수형을 갖지 않
는다. 집합명사의 (b)의 용법으로 쓰이는 셈이다. 하지만 자유롭게 many나
two, three를 부가할 수 없는 점에서 위에서 설명한 people의 용법 (b)와 또 다
르다.

The vermin are small animals or insects which are harmful to human
beings and crops.

(vermin이란 인간과 농작물에 해를 끼치는 작은 동물이나 곤충을 말한다.)

The police have caught the murderer.

The cattle were grazing.

'스무 마리의 소'는 twenty cows지만 cattle을 쓴다면 twenty head of cattle이
지 *twenty cattle이라고는 하지 않는다. ('(스무) 마리'를 뜻하는 head는 복수형을
쓰지 않는다.)

3. furniture나 equipment는 의미상으로는 집합명사에 가깝다. 하지만 다른 집합
명사와 달리 부정관사와 함께 쓰이지 않으며, 복수형을 만들지 못한다. 그런 점
에서는 furniture나 equipment는 물질명사에 가깝다.

4. fruit는 다음과 같이 쓰인다.

(a) The country exports tropical fruits.

(b) Is a tomato a fruit or a vegetable?

(c) Bananas, apples, and oranges are all fruit.

(d) Fruit is eaten either raw or cooked.

복수형으로 쓰였거나 부정관사와 함께 쓰인 (a)와 (b)의 fruit는 보통명사로 과
일의 종류를 나타낸다. 하지만 단수형으로 쓰였으면서도 부정관사가 붙지 않는
(c)와 (d)에서의 fruit(과일)는 의미상으로는 furniture나 equipment처럼 집합명
사에 가깝고, 문법상의 특성을 고려한다면 물질명사에 가깝다.

5. enemy는 다음과 같은 문맥에서 쓰인다.

  (a) His arrogance made him many enemies.
  (b) Three of the enemy were arrested.

 (a)의 enemy는 보통명사이고 (b)의 enemy는 집합명사이다.

7.5 고유명사

(1) 고유명사는 첫 글자를 대문자로 시작하고 원칙적으로 부정관사나 정관사를 붙이지 않는다.

William Shakespeare, London, Sunday, Independence Day, Lake Como, Hyde Park, …

(2) 하지만 다음의 경우는 정관사를 붙인다.

1) 복수형으로 된 고유명사

the Netherlands, the United States
the Midlands(영국의 중부지방)
the Alps, the Rockies(산맥), the Kennedys(부부 또는 일가)

2) 강, 바다, 운하, 해협, 반도

the Danube, the Han River
the Pacific (Ocean), the Mediterranean (Sea)
the Panama (Canal)
the English Channel, the Korean Peninsula

3) 공공시설

the Grand Hotel, the Hilton(힐튼 호텔)
the British Museum
the House of Commons(영국의 하원)
the BBC(= the British Broadcasting Corporation)
the KBS(= the Korean Broadcasting System)

4) 정부기관·기타

The White House
The Pentagon
The Vatican

참고 대학명은 고유명사 + University의 형태를 취한 것은 정관사를 붙이지 않고, University of 고유명사의 형태를 취한 것은 정관사를 붙인다.
Texas University, the University of Texas

5) 신문

the *New York Times*, the *Dong-A Ilbo*

유의 신문 이외의 간행물(주간지 또는 월간지 등)의 경우, *Newsweek, Time, Saturday Review* 등은 관사가 붙지 않는다. 하지만 The *Economist*(영국의 경제 전문 주간지)나 The *Atlantic*(미국의 저명한 월간지) 등은 The가 붙어 있다.

6) 고유명사의 일면을 특히 드러내고자 할 때

the Chicago I like(내가 특히 좋아하는 그런 Chicago)
the young Shakespeare(젊었을 시절의 Shakespeare)

7.6 국명을 나타내는 고유명사와 파생형용사

(1) 국명(과 지역명)을 나타내는 고유명사에서 파생한 형용사는 그 나라에 고유한 언어가 있는 경우, 언어명으로 쓰인다. 국민을 나타내는 단·복수의 명사로는 파생형용사가 그대로 쓰이는 경우인 A가 있고, 파생형용사와 국민을 나타내는 낱말이 다른 경우인 B가 있다.

국민을 가리키는 말로 어미가 -ese나 -s로 끝나는 Chinese, Swiss 등은 단수형과 복수형이 동일하고, 어미가 -sh, -(t)ch로 끝나는 형용사가 만드는 국민명 English, French, Dutch, Irish 등도 따로 복수형을 갖지 않는다. Korean 등은 단수형에 -s를 부가해서 복수형을 만든다. 국민 전체의 총칭을 나타내는 표현으로는 the + … 복수형이

쓰인다.4)

A. (국민을 나타내는 데) 파생형용사가 그대로 쓰이는 경우

국명/지역명	형용사	국민(한 사람/총칭)
Afghanistan	Afghan	an Afghan/the Afghans
America (the United States)	American	an American/the Americans
Belgium	Belgian	a Belgian/the Belgians
Brazil	Brazilian	a Brazilian/the Brazilians
Italy	Italian	an Italian/the Italians
Korea	Korean	a Korean/the Koreans
Norway	Norwegian	a Norwegian/the Norwegians
Greece	Greek	a Greek/the Greeks
Iraq	Iraqi	an Iraqi/the Iraqis
Israel	Israeli	an Israeli/the Israelis
Japan	Japanese	a Japanese/the Japanese
Thailand	Thai	a Thai/the Thais
China	Chinese	a Chinese/the Chinese
Portugal	Portuguese	a Portuguese/the Portuguese
Switzerland	Swiss	a Swiss/the Swiss
Vietnam	Vietnamese	a Vietnamese/the Vietnamese
The Philippines	Filipino	a Filipino,-na[1]/the Filipinos

유의 1. Filipina는 Filipino의 여성형

---

4) Quirk et al. (1985: 265)에는 국민의 총칭을 나타내는 방식으로 다음이 나와 있다.
A German is a good musician.
Germans }
The Germans } are good musicians.
또한 다음도 총칭의 표현방식으로 가능하리라는 언급이 추가되어 있다.
The German is a good musician.
그런데, 다른 여러 문법서에 국민을 나타내는 총칭으로 (또는 대표적인 방식으로) 제시되고 있는 것은 the + … 복수형이다.

B. (국민을 나타내는 낱말이) 파생형용사와 다른 경우

국명/지역명	형용사	국민(한 사람/총칭)
Britain	British	a British person(Briton)/the British
England	English	an Englishman, an Englishwoman(한 사람) /the English(총칭)
France	French	a Frenchman, a Frenchwoman /the French
Ireland	Irish	an Irishman, an Irishwoman /the Irish
Spain	Spanish	a Spaniard/the Spanish
The Netherlands (Holland)	Dutch	a Dutchman, a Dutchwoman /the Dutch
Wales	Welsh	a Walesman, a Waleswoman /the Welsh
Denmark	Danish	a Dane/the Danes
Finland	Finnish	a Finn/the Finns
Poland	Polish	a Pole/the Poles
Scotland	Scottish/Scotch /Scots	a Scot/the Scots (또는 a Scotchman/the Scotch)
Sweden	Swedish	a Swede/the Swedes
Turkey	Turkish	a Turk/the Turks

해설 1. Scotland의 형용사인 Scottish/Scotch/Scots는 각각 다음과 같은 용법을 갖는다.
    (a) Scotch: 여러 가지 생산품에 쓰인다.
      Scotch whisky, Scotch wool
    (b) Scottish 또는 Scots: 사람이나 법을 나타내는 명사 앞에서 쓰인다.
      Scottish lawyer, Scots lawyer, Scots law
    (c) Scottish: 위의 (a), (b)가 적용되지 않는 다른 명사를 수식한다.
      Scottish universities, Scottish accent
  2. 영국인이나 프랑스인은 개인을 나타내는 낱말과 국민의 총칭으로 쓰이는 낱말
    이 다르다.
    (a) The English/The French are industrious. - 국민 전체
    (b) The Englishmen/The Frenchmen are industrious. - 특정한 일부

하지만 '중국인'이나 '일본인'은 개인을 나타내는 낱말과 국민의 총칭을 나타내는 낱말이 동일하다. 그러므로 (c)는 두 가지 의미로 해석된다.

(c) The Chinese are industrious. – 국민 전체 또는 특정한 일부

3. Arabia와 관련된 형용사로는 Arabic, Arabian, Arab이 있는데 각각 다음과 같은 용법을 갖는다.

(a) Arabic: 문자, 문학 등을 나타내는 낱말 앞에서 쓰인다.

the Arabic language, Arabic literature, Arabic numerals

(b) Arabian: 지리적인 면에서 'Arabia의'란 뜻을 나타낸다.

the Arabian night, the Arabian Desert/Sea, an Arabian camel

(c) Arab: 국가나 정치적인 관점에서 'Arabia의'란 뜻을 나타내며, 국민을 나타내는 데도 쓰인다.

Arab countries, an Arab, the Arabs

(2) 국적을 표현하는 데는 다음 두 가지 방식이 있다.

I'm $\begin{cases} \text{Korean.} \\ \text{a Korean.} \end{cases}$

7.7 물질명사

(1) 그 수를 셀 수 없는 명사가 물질명사이다. 부정관사와 함께 쓰이지 않으며, 복수형을 만들지 않는다. 양을 나타낼 때는 much, little, a great deal(또는 no, some, any)과 함께 쓰인다. 또한 다음과 같이 조수사(助數詞)를 이용한다.

a piece of paper   an item of news
an article of clothing   a drop of water

그 밖에 불가산명사의 수량을 나타내는 방법으로는 다음이 있다.

1) 그 물체의 형체와 관계가 있는 명사를 사용한다.

a ball of string   a sheet of paper/metal
a bar of chocolate/soap   a loaf of bread

a slice of bread/meat   a blade of grass

a stick of chalk   a block of ice

2) 그 물체를 담는 용기와 관계가 있는 명사를 사용한다.

a bag of flour   a bottle of ink   a basket of fruit

a bucket of water   a sack of coal

3) 척도 단위를 사용한다.

a gallon of oil   a kilo of sugar

(2) lamb은 '새끼 양'을 뜻하기도 하고 '양고기'를 뜻하기도 한다. 전자를 뜻할 때는
lamb은 보통명사(가산명사)에 속하고 후자를 뜻할 때는 물질명사(불가산명사)에 속한다.
chicken 역시 '닭'과 '닭고기'를 똑같이 나타낸다.

다음은 동물과 그 동물의 고기를 뜻하는 낱말이 다른 예이다.

동물(보통명사)	동물의 고기(물질명사)
pig	pork
sheep	mutton
calf	veal
ox, bull, cow	beef

7.8 추상명사

(1) 추상명사 가운데는 다른 품사로부터 파생한 것도 많다.

1) 형용사에서 파생한 것

kindness(← kind), bravery, neutrality, honesty, width, freedom, falsehood

2) 동사에서 파생한 것

arrival(← arrive), hatred, forgery, movement, formation, omission, entreaty, assistance, understanding

3) 다음과 같이 보통명사에서 파생한 것도 있다.

friendship(← friend), childhood(← child), slavery(← slave)

(2) 추상명사는 원칙상 관사와 함께 쓰이지 않으며, 복수형도 만들지 않는다.

Necessity is the mother of invention.
Knowledge is power.

유의 다만 수식어구와 함께 쓰이는 경우 정관사를 붙일 수 있고, 부정관사가 부가됨으로써 가산명사로 바뀌는 경우가 있다.

He has the wisdom of Solomon.
   cf. Wisdom is gained by experience.
The rich envy the happiness of the poor.
   cf. Happiness consists in contentment.
A little knowledge is a dangerous thing.

7.9 명사의 종류와 전용(轉用)

kindness는 흔히 추상명사의 대표적 예가 되지만, He has done me a kindness에서의 kindness는 a kind act를 의미하는 보통명사이며, pen은 흔히는 보통명사로 쓰이지만 The pen is mightier than the sword에서의 pen은 추상명사이다.

이와 같이 어떤 종류의 명사가 다른 명사로 전용되는 예를 추가하면 다음과 같다. (⟹ 8.3)

1) 추상명사 → 보통명사

She is a woman of great beauty.
→ She is a beauty.

2) 보통명사 → 추상명사

The judge sentenced him to five years in prison.
→ He forgot the judge in the father.
　　(그는 아버지로서의 정 때문에 재판관으로서의 공정성을 망각했다.)

3) 고유명사 → 보통명사

How many mysteries did Christie write?
→ I'm reading a Christie.

4) 물질명사 → 보통명사

You need to have your hair cut.
→ You have some grey hairs.

5) 보통명사 → 집합명사

We visited a small fishing village.
→ The whole village were happy to hear the news.

6) 보통명사 → 물질명사

The fish lay thousands of eggs at one time.
→ You've got egg all down your tie.

7.10 수

7.10.1 규칙복수형

(1) 대부분의 명사는 어미에 -(e)s를 부가해서 복수형을 만든다. 이와 같은 복수형을 규칙복수형이라고 한다.

1) book-books, dog-dogs, rose-roses
2) box-boxes, dish-dishes, watch-watches

다음도 규칙복수형에 속하는데, 단 어미가 -f(e)로 끝나는 명사는 -f(e)를 -ve로 바꾼 다음 -s를 부가하고, -y로 끝나는 명사는 -y를 없애고 -ies를 부가한다.

    3) knife-knives, wife-wives, leaf-leaves, wolf-wolves

    4) city-cities, lady-ladies

(2) 그 밖에 규칙복수형에 속하는 것으로, 발음과 철자에 유의할 만한 것에 다음이 있다.

1) -th[θ]로 끝나는 명사는 -s가 부가되면, [θ]가 [ð]로 바뀌며 따라서 발음은 [ðz]가 된다.

    mouth[mauθ] - mouths[mauðz]

이와 같은 발음의 변화는 oath, path, sheath, truth, wreath에도 똑같이 적용된다. 단 단모음 + th에 -s가 부가된 발음은 [θs]이다.

    myth[miθ]- myths[miθs]

2) house[haus]의 복수형 houses의 발음은 [hauziz]이다.

3) 어미가 -f로 끝나지만 -s만을 부가하는 단어에 chief, cliff, belief, grief 등이 있다. 이런 경우 발음은 [fs]가 된다. 하지만 handkerchief와 roof는 -s만을 부가하되, [fs]와 [vz]의 두 가지로 발음된다.

다음 낱말의 복수형은 -fs, -ves의 두 가지가 가능하다.

    wharf-wharfs/wharves; dwarf, hoof

4) 모음 + y로 끝나는 낱말은 -s만을 부가한다.

    day-days, boy-boys, journey-journeys

그 밖에 stand(-)by도 -s만을 부가하며, -y로 끝나는 인명 등을 나타내는 고유명사도 -s만을 부가한다.

    the Kennedys, two Germanys ((통일 전의) 두 독일)

그러나 산맥이나 군도를 나타내는 고유명사 가운데는 -y를 -ies로 바꾸는 것도 있다.

the Rockies, the Canaries

5) 어미가 -o로 끝나는 낱말은 다음과 같이 나뉘어진다.
(a) -es를 반드시 부가하여야 하는 것
echo-echoes; hero, negro, potato, tomato, veto

(b) -s만을 부가하는 것
a) 모음(글자 또는 발음) + o로 끝나는 것
bamboo-bamboos; embryo, kangaroo, radio, zoo

b) 약어
kilo(= kilogram)-kilos; memo, photo

c) 음악용어
solo-solos; piano, soprano, concerto

d) Eskimo-Eskimos; Filipino

(c) -s, -es를 다 허용하는 것

cargo-cargos/cargoes; buffalo, motto, tornado, volcano

6) 문자, 숫자, 약어의 복수형
(a) 글자의 복수:

Your 3's look like 8's.
(네가 쓴 3은 글자마다 8을 닮았구나.)
'Embarrassed' is spelled with two r's and two s's.

(b) 숫자의 복수: in the 1990's (1990년대에)
(c) 약어의 복수: MP's (= Members of Parliament)

숫자와 약어의 복수는 흔히 apostrophe(')가 생략되기도 한다.

in the 1990s, MPs

7.10.2 불규칙복수형

불규칙복수형은 다음과 같이 분류된다.

(1) 모음 변화에 의한 것

man-men, foot-feet, tooth-teeth, woman-women[wimin]

(2) 어미에 -en을 붙이는 것

ox-oxen, brother-brethren (⟹ 7.12)

(3) 불변복수(unchanged plural): 단수형과 어형이 동일한 복수형을 말한다. 다음과 같이 분류할 수 있다.

1) 동물, 조류, 어류의 일부: deer, mackerel, sheep, salmon, trout

   That is *a* deer.
   I saw *some* deer.

2) 선박을 뜻하는 **craft**와 항공기를 나타내는 **aircraft**

   one aircraft
   two aircraft

3) 어미가 **-ese, -s**로 끝나는 국민의 명칭: Vietnamese, Chinese, Japanese, Portuguese

   I met a Chinese.
   I know many Chinese.

4) 수량을 나타내는 단위: hundred, thousand, million, dozen, score(= 20), gross (= 12 dozen), stone(= 14 pounds)

   a hundred **pages**/*two* hundred **dollars**
   two gross **of** apples
   He weighed *nineteen* stone.

유의 1. hundred나 thousand가 정확한 숫자와 함께 쓰이지 않고, 막연히 '수백'이나

'수천'을 나타낼 때는 복수형이 쓰인다.

hundreds of times(수백 번)

thousands of years(수천 년)

2. 신장을 표시할 때는 단·복수형이 다 쓰인다.

George is six foot/feet tall.

(4) 외래복수(foreign plural)

Latin, Greek 등에서 유래한 외래어로, 본래의 복수형이 그대로 존속된 데서 생긴 복수형을 말한다. 외래어 가운데는 i) 영어 고유의 방식에 따라 -s를 붙여 복수형을 만드는 것, ii) (원래의) 외래어 복수형이 그대로 쓰이는 것, 그리고 iii) 두 가지 방식이 병용되고 있는 것이 있다. 두 가지 어형이 다 사용되는 외래어는 흔히 일상적으로는 -s형이 쓰이고, 학문적인 술어로는 본래의 복수형이 쓰이는 경향이 있다.

formula(공식) formulas - 일상용어

formulae - 수학용어

antenna(안테나, 촉각) antennas - 일상용어

그 밖에 통신 분야에서

antennae - 동물학 분야에서

위에서 언급한 i)～iii)의 세 방식을 전제로, 대표적인 외래복수형의 예를 들어보면 다음과 같다. (괄호 안은 어원)

1) -us로 끝나는 것(Latin)

　i) bonus - bonuses; campus, chorus, circus, virus

　ii) stimulus - stimuli; alumnus, locus

　iii) cactus - cactuses/cacti; focus, fungus, nucleus, radius, terminus, syllabus

2) -a로 끝나는 것(Latin)

　i) area - areas; arena, dilemma, diploma, drama

　ii) alumna - alumnae; larva

　iii) antenna - antennas/antennae; formula, vertebra

3) -um으로 끝나는 것(Latin)

　i) album - albums; chrysanthemum, forum, museum

    ii) bacterium - bacteria; erratum, ovum

    iii) medium - media/mediums; symposium, memorandum, curriculum, stratum, stadium, ultimatum

> 유의   agenda는 원래 agendum의 복수형인데, 이제는 단수형으로 쓰인다.
>
>   Is there an agenda for the meeting?
>
> data도 원래는 datum의 복수형인데, 단수동사와 함께 쓰이기도 한다.
>
>   The results of the experiment are still uncertain; there is/are not enough data.

4) -ex, -ix로 끝나는 것(Latin)

    ii) codex-codices

    iii) index-indices/indexes; apex, appendix, matrix

5) -is로 끝나는 것(Greek)

    i) metropolis-metropolises

    ii) analysis-analyses; axis, basis, crisis, diagnosis, ellipsis, oasis, parenthesis, synopsis, thesis

6) -on으로 끝나는 것(Greek)

    i) demon-demons; electron, neutron

    ii) criterion-criteria; phenomenon

    iii) automaton-automata/automatons

7) -e(a)u로 끝나는 것(French)

    iii) bureau-bureaux/bureaus; adieu, plateau

7.11 절대복수

명사 가운데는 복수형만을 갖는 것도 있다. 이와 같은 복수형을 '절대복수(plurale tantum)'라 부른다. 절대복수는 다음과 같이 분류되는데. 형식만 복수일 뿐 동사의 단수형과 함께 쓰이는 것이 있고, 복수형과 함께 쓰이는 것이 있다.

(1) 병명: measles, mumps, rickets, creeps, blues
병명은 보통 동사의 단수형과 함께 쓰인다.

> Measles/Mumps *is* an infectious disease.

(2) 학과명, 학문분야명: linguistics, phonetics, mathematics, classics, ethics, politics, economics, statistics
위의 명사들은 학문분야 또는 학과명(school subject)을 나타내는 경우에는 동사의 단수형과 함께 쓰이고, (학문분야가 아닌) 일반적 의미로 사용되는 경우에는 복수형과 함께 쓰인다.

> Mathematics *is* my best subject. (학문분야 또는 학과)
> Statistics *is* a rather modern branch of mathematics. (학문분야 또는 학과)
> Politics *have* never interested me. (정치)
> Their statistics *show* deaths per 1,000 of population. (통계)

학문분야 또는 학과명으로 arithmetic, logic, rhetoric은 원래 어미에 -s가 붙지 않는다.

(3) game: billiards, bowls, crickets
이 명사들은 동사의 단수형과 함께 쓰인다.

(4) 복수고유명사: Athens, Brussels, Wales, the United States, the United Nations

(5) 두 부분이 합쳐서 하나를 이루는 기구나 의류

binoculars	knickers	scales	tights
pants	scissors	tongs	pincers
shorts	glasses	pliers	spectacles

pajamas(Am.E.)/pyjamas(Br.E.)

이 명사들은 동사의 복수형 및 지시형용사의 복수형과 함께 쓰이며, 개수(個數)는 pair of로 나타낸다.

> These trousers *are* too tight for me.
> This pair of trousers *is* too tight for me.
> I need a pair of gloves.

(6) 기타

다음과 같은 명사들이 절대복수에 속한다.

> arms(무기), auspices(후원), goods(상품), guts(배짱), looks(외모), manners(예의범절), outskirts(교외), particulars((재산, 행사, 거래 등에 관한) 자세한 서면 정보), pains(수고), regards(문안인사), spirits(기분), …

위의 명사들은 단수형을 따로 갖지 않으며, 동사의 복수형과 함께 쓰인다. 그러나 복수를 나타내는 수사(數詞)와 함께 쓰이지는 않는다.

복수동사와 함께 쓰이는 예를 들어보자.

> Her ashes *were* scattered at the sea. (유골)
> The customs *have* seized large quantities of smuggled heroin.
> The damages *have* not been paid yet. (배상금)
> Her earnings *are* higher than mine. (소득, 수입)
> What *are* the odds? ((어떤 일이 이루어질) 가능성; 승산)
> These surroundings *are* not good for the children. (주위환경)
> All my thanks *are* due to you. (고마움)
> *Are* my valuables safe here? (귀중품)

절대복수에 관해서는 특히 다음을 유의하여야 한다.

1) 절대복수 가운데는 -s없이 쓰이는 경우, 절대복수의 단수형처럼 보이는 것도 많다. 하지만 절대복수는 단수형의 복수형이 아니다.

예를 들어 ashes는 '유골'을 뜻하지만, -es가 빠진 ash는 '재'를 뜻한다. '유골'이 '재'의 복수는 아니다.

ashes : ash와 비슷한 관계를 갖는 예를 좀 더 들어보자.

> customs(세관, 관세) : custom(습관)
> damages(보상금) : damage(손상, 피해)
> pains(수고) : pain(고통)
> manners(예의범절) : manner(방법, 태도)
> regards(안부인사) : regard(관심, 고려, 배려)

2) 절대복수인 arms는 '무기'를 뜻하고 arms에서 -s가 빠진 arm은 '팔'을 뜻한다. 그런데 '팔'을 뜻하는 arm의 복수형은 역시 arms이다. 즉 arms는 한편으로는 절대복수로 쓰이고 또 한편으로는 보통명사인 arm의 복수형으로도 쓰이는 것이다.

이와 같은 복수형을 '분화복수(differentiated plural)'라고 한다. 분화복수의 예로는 다음이 있다. (1)은 절대복수, 2)는 보통명사의 복수형)

> colors: 1) the national colors(기(旗))
> 　　　　 2) the colors of the rainbow(색깔)
> letters: 1) one of the great figures in English letters(문학)
> 　　　　 2) write many letters(편지)
> quarters: 1) more comfortable living quarters(병사들의 숙소)
> 　　　　　 2) in three quarters of an hour(1/4)

7.12 이중복수

많은 낱말들이 복수의 의미를 갖고 있다. 예를 들어 brother에는 '형제'란 의미 이외에 '종교상의 동지, 동일 교회의 신자'란 의미가 있다. 그런데 전자의 의미로 쓰이는 brother의 복수는 brothers지만 후자의 의미를 나타내는 경우의 복수형은 brethren이다.

brothers와 brethren처럼 단수형은 동일하지만, 의미에 따라 달라지는 복수형을
'이중복수(double plural)'라고 한다.

이중복수의 예로는 다음이 있다.

die	1. dies(형판(型板)
	2. dice(주사위)
penny	1. pennies(동전) – two pennies(동전 두 개)
	2. pence(화폐단위인 penny의 복수) – two pence
index	1. indexes(색인)
	2. indices(지수)
genius	1. geniuses(천재)
	2. genii(수호신)

7.13 -s로 끝나는 단·복수형

명사 가운데는 단수와 복수의 어미가 똑같이 `-s로 끝나는 것이 있다.

barracks	*This* barracks *is* *These* barracks *are* } new.
series	*This* new series *is* *These* new series *are* } beginning next month.
species	*This* species *is* *These* species *are* } now extinct.
works	*An* enormous steelworks *is* *Two* steelworks *are* } being built in this area.

7.14 복합명사의 복수형

복합명사는 다음과 같은 세 가지 방식으로 복수형을 만든다.

(1) 첫 요소를 복수형으로 만든다.

notary public	notaries public(공증인)
passer-by	passers-by(통행인)
mother-in-law	mothers- in-law
grant-in-aid	grants- in-aid(보조금)

(2) 두 요소를 다 복수형으로 만든다.

man servant	men servants
woman doctor	women doctors

(3) 마지막 요소를 복수형으로 만든다.

boyfriend	boyfriends
fountain pen	fountain pens
grown-up	grown-ups
stand-by	stand-bys
forget-me-not	forget-me-nots

mouthful, spoonful 등은 (1)과 (3)의 방식이 다 가능하다.

mouthful - mouthsful/mouthfuls
spoonful - spoonsful/spoonfuls

7.15 그 밖의 복수형

7.15.1 근사복수

가령 **two books**는 '책이 두 권'이란 뜻이지만 **1990's/1990s**(1990년대)는 1990, 1991, 1992, … 의 집합을 나타낸다. 이와 같은 근사한 수의 집합을 '근사복수(plural of approximation)'라고 한다.

근사복수는 보통 연대와 나이를 나타내는 데 쓰인다.

1990's(1990년대)

teens(10대), twenties(20대)

the man in his early thirties(30대 초반의 사나이)

7.15.2 상호복수

'악수하다'는 '서로 손 하나씩을 내밀어 마주 잡는다'는 말인데 영어로는 **shake hands**이지 * **shake a hand**가 아니다. '기차를 갈아타다'도 **change trains**이지 * **change a train**이 아니다. 이 **hands**나 **trains**처럼 상호간의 교환이나 관계를 나타내는 복수를 상호복수(plural of reciprocity)라고 한다.

I shook hands with him.

I changed trains at Daejon.

I'm friends with him.

Would you mind changing seats with me?

7.15.3 강의(強意)복수

복수형이 반드시 두 개 이상의 '수'만을 나타내지는 않는다.

다음과 같이 자연(현상)과 관련이 있고 불가산명사로 쓰이는 낱말들이 만드는 복수형은 그 양(정도, 넓이)이 <엄청남>을 나타낸다. 이와 같은 의미를 갖는 복수형을 '강의복수(intensity plural)'라고 부른다.

the sands of the Sahara
the waters of the Nile
the snows of Kilimanjaro

the rains는 '열대지방의 우기', 또는 '(열대지방에 내리는) 폭우'를 뜻한다.
감정과 관련이 있는 낱말로 다음 예문에 나오는 **hopes**도 강의복수로 봄 직하다.

She has high hopes. (그녀는 희망에 부풀어 있다.)

(**7.15.4**) their father와 their fathers

다음에서 단수형이 쓰인 (a)의 **their father**는 Jack과 Jill은 아버지가 같음을 나타내고, (b)의 **their fathers**는 Jack과 Jill의 아버지가 다름을 나타낸다.

   (1) (a) Jack and Jill are proud of their father.
      (b) Jack and Jill are proud of their fathers.

하지만 (2) 의 경우 (a)와 (b)는 의미가 같다. '아버지'와 달리 '입'은 누구나 각자가 따로 갖기 마련이기 때문이다.

   (2) (a) Children opened their mouth wide.
      (b) Children opened their mouths wide.

(2)의 경우 (a)와 (b)는 의미가 같고 어느 쪽이건 문법적이다. 하지만 (a)보다는 (b)가 바람직하다.

(**7.15.5**) a chair with arms와 an armchair

   (a) The house has three rooms.
   (b) the three-room house

(b)처럼 명사의 복수형이 다른 명사를 수식하는 경우, 복수를 나타내는 **-s**는 부가하지 않는다. 다음과 같은 예를 추가할 수 있다.

a girl who is ten years old → a ten-year girl

a bill worth ten dollars → a ten-dollar bill

a sharpener for scissors → a scissor sharpener

a chair with arms → an armchair

'치통'도 이가 몇 개가 아프건 toothache이다. '당구'는 billiards지만 '당구대'는 billiard table이다.

7.16 격

7.16.1 격의 의미와 종류

격(case)이란 한 문장에서 명사(또는 대명사)가 다른 낱말과 갖는 관계를 나타내는 문법상의 범주로, 대명사의 경우 일례로 I, my, me는 각기 주격, 속격(소유격), 목적격을 나타낸다.

I am a teacher. - 주격(주어의 구실을 한다)

This is my book. - 속격(book의 소유자를 밝힌다)

She hates me. - 목적격(hate의 목적어의 구실을 한다)

위의 예가 보여주듯이, 대명사의 경우 주격, 속격, 목적격은 각각 그 문법상의 기능이 다르고, 어형도 다르다. 이와 같은 대명사의 세 가지 격에 준해서 명사의 경우도 격은 세 가지로 분류된다.

The child was crying with hunger.

- 주격(subjective case 또는 nominative case)

She is the child's mother.

- 속격(genitive case) 또는 소유격(possessive case)

She loves the child so much.

Who takes care of the child?

- 목적격(objective case)

참고 대명사와 달리 명사는 주격과 목적격의 어형이 같다. 그렇기 때문에 형태만을 기준으로 격을 설정한다면, 영어의 주격과 목적격은 하나의 격으로 묶일 수 있다. 이와 같이 하나로 묶인 격은 통격(通格, common case)이라는 명칭으로 불리기도 한다.

7.17 속격

7.17.1 철자와 발음

(1) 속격은 명사에 -'s를 부가해서 만든다. 그러나 -s로 끝나는 복수형의 속격은 -'만을 붙인다.

> father's car, the boy's coat
> boys' coats, foxes' tails

(2) 속격의 발음은 -s를 붙여서 만드는 복수형의 발음에 준한다.

> dog's[dɔgz], dentist's[dentists]

다만 wife의 복수형은 wives[waivz]이지만 wife의 속격은 wife's이므로 발음은 [waifs]가 된다.

fox의 속격은 fox's이다. fox's의 발음은 복수형인 foxes의 발음과 똑같이 [fɑksiz]이다.

foxes의 속격은 foxes'이며, 발음은 역시 [fɑksiz]이다.

(3) -s로 끝나는 고유명사는 -'만을 붙이는 경우와 -'s를 붙이는 경우가 있다.

> Dickens's[díkinzis]
> Thomas's[tɔ́məsiz]
> Burns'[bə́ːrnz]
> Burns's[bə́ːrnziz]

-sus, -ses 등으로 끝나는 고유명사는 보통 -'만을 붙인다.

Jesus'[dʒizəs] disciples
Moses'[mouziz] Ten Commandments

(4) for ___'s sake의 틀을 이용한 숙어의 표현에서도 -ce, -ss로 끝나는 명사 다음에는 -'만을 붙인다.

for appearance' sake, for goodness' sake, for convenience' sake

(5) 복합명사의 속격은 마지막 낱말에 -'s를 붙인다.

my brother-in-law's house
somebody else's business

7.17.2 속격의 의미

속격은 '소유'란 의미 이외에도 다음과 같은 여러 의미를 갖는다.
명사 + -'s(다음부터는 -'s 속격으로 표시)로 나타내는 뜻은 경우에 따라서 of + 명사(다음부터는 of 속격으로 표시)로도 나타나기 때문에, 필요한 경우에는 of 속격도 아울러 다루기로 한다.

(1) 소유관계

Mr. Johnson's books(← Mr. Johnson has books.)
the gravity of the earth(← The earth has gravity.)

(2) 의미상의 주어(주어 속격, subjective genitive)

his parents' consent(← His parents consented.)
the rise of the sun(← The sun rose.)

(3) 의미상의 목적어(목적어 속격, objective genitive)

the prisoner's release(← ⋯ release the prisoner)
the king's assassination(← ⋯ assassinate the king)
a statement of the facts(← ⋯ state the facts)

해설 위에서 제시했듯이 release the prisoner란 뜻은 속격을 이용해서 the prisoner's release로 나타낼 수 있지만 love power(권력을 탐하다)란 뜻을 속격을 이용해서 * power's love로 나타내지는 못한다. 목적어 속격을 만들기 위해서는 속격 다음의 명사가 의미상 release나 assassination처럼 '능동적인 행동'을 나타내는 동사에서 파생한 명사이어야한다. love는 감정상의 상태를 나타낼 뿐, '행동'을 나타내지는 않는다.

반면에 love power란 뜻을 the love of power로는 나타낼 수가 있다.

(4) 기원, 출처, 저자(genitive of origin)

Hemingway's novels(← novels written by Hemingway)
the wines of France(← the wines produced in France)

(5) 수식과 설명(descriptive genitive)

a summer's day(= a summer day/a day in the summer)
a doctor's degree(= a doctoral degree/a doctorate)

(6) 도량과 척도

ten days' absence(← the absence that lasted ten days)
a dollar's worth(← ⋯ worth a dollar)

(7) 그 밖에 명사's + 명사가 하나의 관용어로 쓰이는 예에 다음이 있다.

sheep's eyes(추파), a stone's throw(아주 가까운 거리)
the lion's share(가장 큰(좋은) 몫)
a cat's paw(앞잡이), widow's weeds(미망인의 상복)

7.17.3 특정성과 속격

(1) 속격은 특정성을 기준으로 다음과 같이 분류되기도 한다.

A. 특정속격(defining genitive)
Peter's book — Peter가 가지고 있는 어떤 특정한 책

B. 종별속격(classifying genitive)

a children's book 아동용 도서 ─ 책의 종류를 말할 뿐 특정인이 소유하는 특정한 책을 가리키지 않는다.

(2) 특정속격과 종별속격 사이에는 다음과 같은 차이가 있다.

1) 특정속격은 속격과 그 다음에 나오는 명사(다음부터는 '주요어'로) 사이에 형용사를 끼워 넣을 수 있지만, 종별속격은 그렇게 하지 못한다.

Peter's old **book**

＊a children's old book

2) 종별속격은 부정관사와 함께 쓰일 수 있다.

a women's college, a mother's heart(모정)

3) 특정속격 앞에 위치하는 한정사(⇒ 8.10)와 형용사는 속격에 걸린다.

반면에 종별속격 앞에 위치하는 한정사는 명사구 전체에 걸린다.

4) 종별속격의 경우, 그 앞에 위치하는 형용사는 (a)처럼 명사구 전체에 걸릴 수도 있고, (b)처럼 속격에만 걸릴 수도 있는데, (a)와 (b)는 의미가 다르다.

(a) an <u>old</u> <u>man's</u> coat: a man's coat that is old

(b) an <u>old</u> <u>man's</u> coat: a coat designed for an old man

참고   1. -'s를 이용해서 어떤 사물의 종류를 나타내는 **children's clothes**(아동복)나 **women's magazine**(여성잡지)과 달리, 명사＋명사로 종류를 나타내는 말에 **baby clothes**(영아복)가 있다.

     2. 다음 (a)의 복합명사는 (b)의 of 속격과 의미가 다르다.

      (a) a matchbox, a paint tin, a coffee cup

(b) a box of matches, a tin of paint, a cup of coffee
a matchbox가 그저 '성냥갑'을 나타낸다면 a box of matches는 '성냥이 들어있
는 갑'을 뜻한다.

7.17.4 -'s 속격과 of 속격

명사 가운데는 -'s 속격과 of 속격 가운데서 하나의 형식만이 가능한 것과 두 가지
형식을 다 사용할 수 있는 것이 있다.

(1) 다음 명사는 원칙적으로 -'s 속격을 택한다.

1) 사람을 나타내는 명사

Washington's statue, the boy's new shirt, Mother's birthday, my father's
name

2) 고등동물을 가리키는 명사

the horse's tail, cow's milk, an elephant's trunk

3) 집합명사

the government's proposal
the nation's social security

그 밖에 다음과 같은 무생물명사도 -'s가 흔히 쓰인다.

4) 지명과 기관

Europe's future, London's water supply, the school's history

5) 인간의 활동과 관계가 있는 명사

the brain's weight, the game's history, science's influence, the mind's devel-
opment

(2) of 속격은 원칙적으로 무생물명사와 함께 쓰인다.

the title of the book, the window of the house
the legs of the table, the name of the street

유의 1. 위의 예에 나오는 **the title of the book**은 **the book's title**로 바꿀 수도 있다. 하지만 **the window of the house**를 * **the house's window**로 바꾸지는 못한다. 전자의 경우 **the book**이 무생물명사이면서도 **-'s** 속격이 쓰일 수 있는 것은 **the book**이 **-'s** 속격이 쓰이는 사람(의 활동)과 밀접한 관련이 있기 때문이다.
　　　2. **the needle's eye**란 말이 있다. **needle**이 무생물이면서도 **-'s** 속격이 쓰이고 있는 것은 **the needle's eye**가 '바늘귀'란 뜻이 아니라, '아주 작은 구멍'이란 뜻을 갖는 관용어로 통용되기 때문이다. '바늘귀'를 나타낼 때는 역시 **the eye of a needle**이 알맞다.

(3) **-'s** 속격과 **of** 속격의 두 형식이 다 가능한 경우, 이 두 형식 사이에는 용법상 다음과 같은 차이가 있다.

1) 초점과 격식성

　　(a) Dickens' novels
　　(b) novels of Charles Dickens

(a)는 **novels** 쪽에 초점이 있고 (b)는 **Charles Dickens** 쪽에 초점이 있다. 또한 전자는 일상체에 속하고 후자는 격식체에 속한다.

2) end-weight의 원칙

다음은 (a)보다 (b)가 바람직하다. (b)가 이른바 **end-weight**의 원칙(⇒ 20.4)을 충족시키기 때문이다.

　　(a) He's the well-known politician's **son**.
　　(b) He's the **son** of a well-known politician.

7.18 절대속격

(1) 문맥상 무엇을 가리키는지 분명할 때 -'s 속격 다음의 명사(주요어)는 생략이 가능하다. 이와 같이 주요어가 생략된 -'s 속격을 '절대속격(absolute genitive 또는 independent genitive)'이라 부른다.

> My car is faster than John's(= John's car).
> His memory is like an elephant's(= an elephant's memory).
> (그는 기억력이 비상하다. (코끼리는 기억력이 좋다는 속설이 있다.))
> Mary's(= Mary's dress) was the prettiest dress.

(2) 앞에 나온 절대속격은 같은 문장 안에 생략된 주요어와 동일한 명사가 쓰인 경우의 예인데, 관용적으로 -'s 다음의 명사가 생략되는 예도 있다.

> (a) I'm staying at my uncle's.
> (b) I'm going to a barber's to have my hair cut.
> (c) I'm going to a butcher's to buy some meat.

my uncle's 다음에는 house가 생략되어 있고, a barber's나 a butcher's 다음에는 shop이 생략되어 있다. 고유명사가 속격으로 쓰인 대형 성당이나 궁전 등도 주요어 없이 흔히 쓰인다.

> St(.) Paul's= St(.) Paul's Cathedral
> St(.) James's= St(.) James's Palace

그런가 하면 다음은 -'도 생략하고 -s만이 남아있는 예이다.

> Woodworths(Woodworth 백화점)
> Harrods(Harrod 백화점)
> Foyles(London에 있는 대형 서점)

유의 워낙 대형이다 보니, 위의 예에 나오는 -'가 빠진 -s는 속격이라기보다 복수형으로 간주되기도 한다. 이와 같이 복수를 닮은 명사들이 주어가 되는 경우 동사로는 단·복수형이 다 쓰인다.

> Harrods is/are very good for clothes.

7.19 군속격

(a) someone else's **son**

(b) the teacher of music's **room**

위의 (a)와 (b)에서의 -'s는 각각 someone else와 the teacher of music에 걸리지 else나 music에 걸리지 않는다. 이와 같이 명사구에 걸리는 속격이 군속격(群屬格, group genitive)이다.

다음과 같은 예를 추가할 수 있다.

King Henry the Eighth's **reign**(Henry 8세의 통치)

What's his name's **foolish remark**(누구더라 그 아무개의 어리석은 발언)

Another hour or two's **snow can make the road impassable.**

(한두 시간 더 눈이 오면 그 길은 통행을 하지 못하게 될 것이다.)

7.20 이중속격

(1) '이중속격(double genitive)'이란 of 속격과 -'s 속격을 아울러 포함한 명사구를 말한다.

an opera *of* Verdi's

this book *of* Brown's

(2) 이중속격은 -'s 속격 + 명사에 a, any, this, that, some, no, which, what 등을 부가할 필요가 생길 때 만들어진다.

a + Brown's book → *a Brown's book

                   → a book of Brown's

This book of Christie's is exciting.

Any friend of my son's is welcome.

It is no business of yours.
Which house of your neighbor's was burnt down?

(3) 이중속격을 만드는 데는 다음과 같은 제약이 있다.

1) -'s 속격을 만드는 명사는 사람을 나타내는 명사이어야 한다.

any friend of my son's
a book of Mr. Brown's

2) -'s를 만드는 명사는 관사를 부가하지 못한다.

*a sonata of a violinist's

3) 고유명사나 정관사 + 명사가 이중속격의 첫 명사구가 되지 못한다.

*Mary of Mr. Brown's
 → Mr. Brown's Mary
*the daughter of Mrs. Brown's
 cf. a daughter of Mrs. Brown's

단, 관계대명사의 선행사가 되는 경우에 한해서 이중속격은 정관사로 시작할 수 있다.

This is the daughter of Mrs. Brown's *who wants to see you*.

이중속격과 관련하여 그 의미 차이에 유의할 만한 명사구에 다음이 있다.

(a) my father's picture

(a)는 다음과 같은 세 가지 해석이 가능하다.
1) 아버지가 소유한 그림
2) 아버지를 그린 그림
3) 아버지가 그린 그림
그런데 다음 (b)는 2)만을 의미하고 (c)는 1)과 3)을 의미한다.

(b) a picture of my father
(c) a picture of my father's

(4) 다음에서의 **of**는 동격을 나타낸다.

    that nose of hers
    that wife of his

다음에서의 **of**도 동격을 나타낸다.

    a devil of a fellow(= a devilish fellow)
    a brute of a husband(= a husband who is like a brute)
    an angel of a nurse(= a nurse who is like an angel)

> 유의 다음 **(a)**와 **(b)**의 차이는 무엇일까?
>   **(a)** a friend of his
>   **(b)** his friend

(a)는 '특정화하지 않은 친구'를 가리킨다. 반면에 **(b)**는 화자나 청자가 어느 친구를 가리키는지 똑같이 알고 있는 특정한 친구를 가리킨다.

7.21 성

7.21.1 분류

문법상의 성의 구별을 gender라고 한다. gender는 다음과 같이 4종류로 분류된다.

(1) 남성(masculine gender): boy, father, king, son, …
(2) 여성(feminine gender): girl, mother, queen, daughter, …
(3) 통성(common gender): child, parent, cousin, …
(4) 중성(또는 무성)(neuter gender): garden, house, tree, …

(7.21.2) 남성과 여성의 어형

(1) 남성과 여성에 따라 다른 낱말을 사용하는 경우

남성	여성
man	woman
nephew	niece
monk	nun
gentleman	lady
bachelor	spinster
boar(수돼지)	sow(암돼지)
bull	cow
dog	bitch

유의 woman과 대립적으로 쓰이는 경우 man은 '남자'를 뜻하지만, 그렇지 않은 경우 man은 '사람'을 뜻한다. (⇒ 8.7) 똑같이 dog는 bitch와 대립적으로 쓰이는 경우는 '수캐'를 뜻하지만, 그렇지 않은 경우는 '(성을 가리지 않은) 개'를 뜻한다.

(2) 남성명사에 -ess 등의 접미사를 붙여 여성을 만드는 경우

남성	여성
actor	actress
emperor	empress
god	goddess
host	hostess
prince	princess
steward	stewardess
waiter	waitress

-ess 이외의 어미가 부가되는 예로는 다음이 있다.

hero	heroine
usher	usherette

한편 widower의 여성은 widow이고, bride의 남성은 bridegroom이다.

(3) 남성 또는 여성을 나타내는 다른 (대)명사를 첨부하는 경우

boyfriend	girlfriend
hegoat	shegoat
manservant	maidservant
peacock	peahen

(4) gender의 구별에 있어서 doctor, author, poet 등에 woman이나 -ess를 붙여서 여성명사를 만드는 방식은 사라지고 있다. woman doctor나 poetess는 '여의사'나 '여류시인'은 특별한 존재라는 여성 차별의 발상에서 생겨났다는 비판을 받아왔기 때문이다.

오늘날 author, citizen, cook, customer, dancer, doctor, driver, engineer, foreigner, friend, guest, nurse, neighbour, parent, person, professor, servant, singer, student, teacher, writer 등은 '통성'으로 쓰인다.

한편 남성 우위의 발상이라는 이유로 기피의 대상이 되어 온 chairman, spokesman, policeman도 각각 chair 또는 chairperson, spokesperson, police officer로 대체되었다. foreman 대신에는 supervisor가 쓰이고, Mrs.와 Miss 대신에 Ms(.)도 쓰인다.

그러나 남·여성을 구별할 필요가 생길 때는 boy friend/girl friend, man student/woman student와 같은 표현이 쓰일 수 있고, nurse는 대체적으로 여성이기 마련이어서 특히 남성의 경우 male을 붙여 male nurse가 쓰이기도 한다.

7.22 성과 대명사

성을 관점으로 삼아, 명사와 그 명사가 가리키는 대명사와 관계대명사가 어떻게 연결되는지를 살펴보면 다음과 같다.

(1) 사람

성	예	관계대명사	-	인칭대명사
남성	uncle	who	-	he
여성	aunt	who	-	she

통성	baby	who	-	he/she/it
		which	-	it
	cousin	who	-	he/she
	doctor	who	-	he/she
	anyone	who	-	they/he/he or she

해설 위에 나와 있듯이 doctor, cousin 등은 문맥에 따라 실제의 성을 근거로 he나 she를 선택한다.

His cousin refused to tell his/her name.

전통적으로는 가령 doctor의 경우, 성이 알려져 있지 않거나 남·여성에 다 해당되는 내용을 기술할 때, 대명사로 특히 격식체에서는 he를 써왔다.

A doctor can't do a good job if he doesn't like people.

하지만 이런 어법이 남성우월주의를 반영한다는 주장이 힘을 얻은 오늘날, a doctor의 대명사로는 he 대신에 he or she(또는 (s)he)가 일반화되고 있다.

A doctor can't do a good job if he or she doesn't like people.

anybody의 경우는 (somebody, nobody, … 등을 포함해서) he, he or she보다 they의 사용이 일반적이다. (⟹ 18.2.1)

If anyone calls, tell them I'll be back soon.

baby나 child는 그 성이 불분명하거나 화자의 관심사가 아닌 경우, 관계대명사로 which, 인칭대명사로 it이 쓰이기도 한다.

Here is the baby which needs inoculation.

A child learns to speak the language of its environment.

하지만 원래 which나 it은 물건이나 동물을 가리키는 대명사로, 객관성을 앞세운 과학논문이라면 몰라도, 갓난아이의 부모나 갓난아이에 대해서 애정을 가진 이가 그 갓난아이를 가리킬 때 which나 it을 쓰지는 않을 것이다.

(2) 동물·기타

성	예	관계대명사	-	인칭대명사
남성고등동물	bull	which	-	it
		(who)	-	he
여성고등동물	cow	which	-	it
		(who)	-	she
하등동물·기타	ant	which	-	it
국가	Korea	which	-	it/she

위의 표가 보여주듯이 고등동물은 경우에 따라서 it 대신에 he나 she가 쓰이기도 한다. 하지만 he/she가 쓰이는 경우라도 관계대명사 who는 어색하다. 애완동물(반려동물)을 가리키는데 it 대신에 쓰이는 he나 she는 동물에 대한 화자의 애정을 반영하기도 한다.

> They did not see *the shark* until it attacked them.
> I have *a dog*. His name is Lucky.
> I had *a cat*. She was very sly.

국가를 가리키는 대명사로는 대체적으로 그 국가명이 지리적 단위를 뜻할 때는 it을, 정치 내지 경제적 단위를 뜻할 때는 she를 쓴다(하지만 이런 관례가 절대적인 것은 아니며, 현대영어에서는 어느 경우이건 it이 많이 쓰인다).

> Look at this map. We see France here. It is one of the largest countries in Europe.
> Korea was able to increase her exports by 10 percent over the last six months.
> France has decided to increase its trade with Romania.

그 밖에 승용차의 주인이 승용차를, 선원이나 조종사가 그의 선박을 she로 부르기도 한다.

참고 시가 등에서는 무생물을 가리키는데 대명사로 he나 she가 곧잘 쓰인다. 그런 경우 the sun의 대명사로는 he가, the moon의 대명사로는 she가 쓰인다. the river에는 he가 쓰이는데 the sea에는 he/she/it이 다 쓰인다. Jespersen(1901-1949: Part VII. Ch.V(5.83))에 의하면 무생물을 가리키는 데 쓰이는 (s)he는 한편으로는 라틴어에서 쓰였던 방식의 답습이고, 또 한편으로는 작가의 상상력이 만들어 낸 소산이다.

I. 다음에 나오는 -s로 끝나는 명사를 문법상 가능하면 단수형으로 바꾸어
문장을 다시 쓰시오.

> Cats can see in the dark.
> → A cat can see in the dark.

1. The Middle Ages were times of feudal rivalries.
2. The drivers must produce their certificates to the customs.
3. The soldiers left their arms in the barracks.
4. Barracks are buildings used as military quarters.
5. Goods trains carry heavier loads than trucks do.

II. 다음에 나오는 단수명사를 문법상 가능하면 복수형으로 바꾸어 문장을
다시 쓰시오.

> A cat can see in the dark.
> → Cats can see in the dark.

1. A crisis often occurs in the best regulated family.
2. Another criterion is required in analyzing this phenomenon.

3. The anonymous workman was the real hero on the campus.

4. The runner-up was given a pound note.

5. The skeleton found in the lower stratum was taken at once to the museum.

Ⅲ. 밑줄 친 명사의 용법을 설명하시오.

1. There is no place like <u>home</u>.

2. Write in <u>pencil</u>.

3. <u>The</u> young <u>generation</u> nowadays do not read classics.

4. (a) What is <u>time</u>?

   (b) What is <u>the time</u>?

5. Till then his book had been <u>a failure</u>; now, however, it became <u>a</u> brilliant <u>success</u>.

Chapter

08

관사
Articles

Chapter 08

관사

8.1 관사의 종류

관사에는 부정관사(indefinite article)와 정관사(definite article)가 있다.

8.2 부정관사

8.2.1 a(n)

부정관사 a(n)는 기본적으로 one이란 뜻을 가지며, 가산명사 앞에 붙인다. 발음이 자음으로 시작하는 명사 앞에서는 'a'가, 모음으로 시작하는 명사 앞에서는 'an'이 쓰인다.

> a boy, a book, a university, a European
> an egg, an honest man, an X-ray

a, an은 보통 [ə], [ən]으로 발음하나, 그 뜻을 강조하기 위해서 천천히 그리고 똑똑하게 발음할 때는 [ei], [æn]으로 발음된다.

> You see a[ə] pear and an[ən] apple on the plate.
> I didn't say a[ei] man, but the[ði:] man.

- 253 -

8.2.2 부정관사의 주요 용법

(1) one이란 뜻을 나타낸다.

> He didn't say a word.
> May I have an apple?

(2) 어느 종류, 종족의 하나(one member of a class)임을 나타낸다.

> This is an apple, not a pear.
> She was successful as a teacher.

[유의] 위의 용법 (1)에 나오는 부정관사 a(n)는 one으로 바꿀 수 있지만, 용법 (2)에 나오는 a(n)는 one으로 바꾸지 못한다.
> (a) May I have an apple?
>   → May I have one apple?
> (b) This is an apple, not a pear.
>   → *This is one apple, not one pear.

또한 (b)의 an apple의 복수형은 apples지만, (a)의 an apple의 복수형으로는 apples가 아닌 some apples가 알맞다.

> (a') May I have $\begin{cases} \text{some apples?} \\ \text{*apples?} \end{cases}$
>
> (b') These are $\begin{cases} \text{apples.} \\ \text{*some apples.} \end{cases}$

(3) 처음으로 화제에 오른 명사 앞에 붙인다.

> A friend came to see me yesterday.
> Once upon a time, there lived a king.

[유의] <처음으로 화제에 오른 명사>란, 다른 말을 쓰자면 <상대방에게 신정보(new information)에 속하는 명사>를 말한다. 다음 (a)와 (b)의 차이는 무엇일까?
> (a) This is a book I bought yesterday.
> (b) This is the book I bought yesterday.

(a)는 내가 어제 책을 산 것을 모르는 사람에게 책을 보이면서 하는 말이고, (b)는 내가 어제 책 한 권을 산 것을 알고 있는 사람에게 책을 보이면서 하는 말이다. 상대방에게 그 책이 (a)에서는 신정보에 속하고 (b)에서는 그 책이 구정보에 속하는 것이다.

(4) 어느 종류, 종족 전체를 나타낸다. (⟹ 8.4.1(5))

A cat can see in the dark.
An oak tree is harder than a pine tree.

(5) per란 의미를 갖는다.

Take the medicine four times a day.
The car ran at the speed of 80 miles an hour.

(6) the same이란 의미를 갖는다.

The two boys were of a size.
(두 소년은 키가 같았다.)
Birds of a feather flock together. (유유상종(類類相從))

유의 관용적인 표현을 제외하고는 현대영어에서는 a가 the same이란 뜻으로는 별로 쓰이지 않는다.

8.3   부정관사 + 고유명사/물질명사/추상명사

고유명사/물질명사/추상명사는 부정관사와 함께 쓰이는 경우, 다음과 같이 특수한 의미를 나타낸다.

8.3.1   부정관사 + 고유명사

(1) ' … 와 같은'이란 뜻을 나타낸다.

He wants to be an Edison. (Edison과 같은 발명가)
Let's make this earth an Eden. (Eden과 같은 낙원)

(2) '… 란 (성을 가진) 사람'을 나타낸다.

We have a Farquharson in our class.
(Farquharson이란 성을 가진 사람)
A Dr. Johnson called while you were out. (Dr. Johnson이란 분)

(3) (흔히 알려져 있는 것과 다른) 새롭거나 색다른 일면을 나타낸다.

This was a very different Wilson from the one we used to know in London.
(우리가 London에서 알고 지내던 Wilson과는 전혀 다른 Wilson)
We are hoping for a better Seoul.
(현재의 서울과는 다른 더 좋은 서울)

(4) … 의 작품/제품을 나타낸다.

He is proud of a Rembrandt he has.
This is a Ford.

(**8.3.2**) 부정관사 + 물질명사

(1) 부정관사가 붙으면 물질명사는 가산명사로 바뀌어 개별명사에 따라 '종류', '부분', '사건' 등을 나타낸다.

This is a metal. (금속의 한 종류)
　cf. **This is made of metal.** (재료로서의 금속)
He threw a stone at the dog. (돌멩이 하나)
　cf. **a house built of stone** (건축재료로서의 돌)
A fire broke. (화재)
　cf. **Fire burns.** ((타는 특성을 가진) 불)

(2) 재료를 나타내는 일부 물질명사는 그 재료로 만들어진 제품의 일부를 가리키거나 그 재료로 이루어진 집합체를 가리킨다.

cloth(옷감) → a cloth(식탁보)　　paper(종이) → a paper(신문, 연구논문, 시험지)
glass(유리) → a glass(유리잔)　　wood(나무) → a wood / woods(숲)
iron(쇠) → an iron(다리미)

8.3.3 부정관사 + 추상명사

부정관사가 부가되면 추상명사 역시 가산명사로 바뀌어, '종류', '실례', '행위' 등을
나타낸다.

> commit a folly(어리석은 행동)
> a democracy(= democratic country)
> a long silence(= long period of silence)
> Temperance is a virtue. (중용은 미덕의 하나이다.)

해설 구체적인 예를 또 하나 들어보자.
> (a) Men can speak language, but animals don't.
> (b) If you want to learn a language, you should go to the country where it is
>   spoken.

관사가 붙지 않는 (a)의 language는 인간만이 갖고 있는 의사소통의 방법을 나타내는 추상
명사이다. 그런데 그 language를 개별화해서(이 지구상에는 적어도 3,000개가 넘는 언어가 존재
한다고 한다) 그 하나를 가리킬 때는 (b)처럼 language에 부정관사 a가 붙는다.

8.3.4 a few, a little 기타

부정관사는 다음과 같이 다른 수량사나 수량형용사와 함께 쓰이기도 한다.

> few books: a few books
> little money: a little money

few books가 not many books란 뜻이라면 a few books는 some books란 뜻이다.
little money가 not much money란 뜻이라면 a little money는 some money란 뜻이
다. 그런데 a few books는 부정관사 a가 few나 few books에 걸린다기보다, a와 few
가 결합해서 a few(= some)란 숙어를 만들며, 이 a few가 books에 걸리는 구조로 되
어 있다. a little도 마찬가지다.

그 밖에 부정관사 a는 '많다'란 뜻을 나타내는 다음과 같은 숙어를 만든다.

> a number of, a great deal of, a great many, a lot of(= lots of)

8.4 정관사

정관사(definite article) the는 부정관사와 달리 불가산명사나 가산명사 또는 명사의 단수형이나 복수형에 똑같이 부가할 수 있다.

발음이 자음으로 시작하는 명사 앞에서는 [ðə]로 발음하며, 모음으로 시작하는 명사 앞에서는 [ði]로 발음한다. 그 뜻을 분명하게 나타내기 위해서 천천히 그리고 똑똑하게 발음할 때는 [ði:]로 발음된다.

8.4.1 정관사의 주요용법

정관사는 다음과 같은 경우에 쓰인다.

(1) 앞에 나온 명사를 가리킬 때

> Here is a glass, some water, three coins. Watch! I pour the water into the glass, then drop the coins one by one into the water.

(2) 명사 다음에 나오는 어구가 그 명사를 특정화할 때

> My office is the room *on your right*.
> The light is on *in the dining room*.
> The coat *you gave me* isn't mine.

유의 My office is the room on your right에서 room에 the가 붙은 것은 on your right가 그 사무실이 어느 방인지를 분명히 했기 때문인데, 만일 on your right에 방이 두 개 이상 있는 경우는 특정화가 안 되므로 the room을 a room으로 바꿔야 한다.

> My office is a room on your right.

(3) 상황으로 미루어 화자가 가리키는 사람이나 사물이 분명할 때

> A: There's someone at the door.
>   Don't you hear the bell?
> B: Perhaps it's the milkman.
> A: No, it's the postman.

위의 예문에서 door와 bell 앞에 the가 붙은 것은 이 door와 bell이 A와 B가 보고 있거나 듣고 있는 특정한 door와 bell을 가리키기 때문이다. 한편 milkman과 postman 앞에 the가 붙은 것은 이 '우유배달원'이나 '우체부'가 A와 B가 다 잘 아는 일정한 시각에 그들을 찾아오는 특정인을 가리키기 때문이다.

다음에서도 the의 용법은 동일하다.

> Kevin is in the garden, watering the flowers.
> I'll meet you at the post office, or at the bank.

참고 the의 용법 가운데 앞에 나온 명사가 전제가 되는 (1)의 용법은 '전방조응적(前方照應的, anaphoric)', 뒤에 나오는 어구의 한정을 받는 (2)의 용법은 '후방조응적(後方照應的, cataphoric)' 용법으로 설명되기도 한다.
한편 주위의 상황이 전제가 되는 (3)의 용법은 '외계조응적(外界照應的, exophoric)' 용법으로 불린다.

(4) 형용사의 최상급, 서수(first, second, third, …), next, same 등이 명사를 특정화할 때

> New York is the largest city in the world.
> That's the third time you've trodden my toe.
> The same thing happened to me yesterday.

유의 1. 다음 (a)와 (b)에서 John Brown과 동격으로 쓰인 school teacher 앞에는 부정관사가 쓰였는데, Richard Burton과 동격으로 쓰인 actor 앞에는 the가 쓰였다.
(a) She married John Brown, a school teacher.
(b) She married Richard Burton, the actor.
이 the는 Richard Burton이 누구나 알고 있는 아주 유명한 배우임을 반영한다.
2. 서수＋명사나 최상급＋명사 앞에는 정관사가 붙지만, 다음의 경우에는 부정관사가 알맞다.
I have never won a first prize in my life.
His new book is a best-seller.
위의 예문에 나오는 first prize나 best-seller에 부정관사가 붙은 것은 이 first prize나 best-seller가 그 수가 많은 보통명사에 해당하기 때문이다.
3. 한편 다음 (a)와 (b)는 의미가 다르다.
(a) next week - (금주를 기준으로 한) 다음 주
(b) the next week - (금주 아닌 특정한 시점을 기준으로 한) 그 다음 주

(5) 어떤 종류나 종족 전체를 나타낼 때(generic use)

> The dog is a faithful animal.
> The eagle is the king of birds.

해설 1. 명사의 총칭적 의미는 다음과 같은 형식으로 나타낼 수 있다.
  (a) A dog is a faithful animal.
  (b) The dog is a faithful animal.
  (c) Dogs are faithful animals.
  (a)~(c)는 용법상 다음과 같은 차이가 있다.
  (a)가 한 마리의 개를 예를 들어 개 전체를 설명하려는 뜻을 갖는다면 (c)는 막연히 여러 마리의 개를 예로 들어 개 전체를 설명하려는 뜻을 갖는다. 반면에 정관사가 쓰인 (b)의 the dog는 '다른 동물과 구별이 되는 개라는 특정한 동물'이란 뜻을 나타낸다. (a)~(c) 가운데서 일상적으로 흔히 쓰이는 표현은 (c)이고, (b)는 과학논문 등에서 많이 쓰인다.

2. 다음 (d)와 (e)의 차이는 무엇일까?
  (d) An elephant likes peanuts. (코끼리는 땅콩을 좋아한다. - 총칭적)
  (e) An elephant stepped on my toe. (코끼리 한 마리가 …)
  똑같은 an elephant가 주어인데, (d)의 an elephant는 총칭적 의미를 나타내고, (e)는 그렇지를 못한다. a + 명사가 총칭적 의미를 나타내기 위해서는 이 명사구가 주어의 자리에서 쓰여야 하고, 술부가 그 주어의 일반적 속성을 기술하여야 한다. (d)와 (e)에서는 an elephant가 똑같이 주어로 쓰이고는 있지만, 코끼리의 일반적인 속성을 기술하고 있는 것은 (d)에 한한다.

3. 물질명사는 무관사 + 명사로 그 물질을 총칭적으로 나타낸다.
  Gold glitters.

4. 총칭적 의미를 나타내는 man, woman (⟹ 8.7(1))

5. 다음과 같은 the + 집합명사도 총칭적 의미를 갖는다.
  the police(경찰)
  the aristocracy(귀족계급)
  the majority(다수파)
  the minority(소수파)

6. the + 형용사가 나타내는 총칭적 의미는 (⟹ 10.17.1)

(6) 동일종류에 속하는 것이 하나 밖에 없는 다음과 같은 명사 앞에 붙인다(이와 같은 용법의 the를 '유일관사(unique article)'라 한다).

> the sun, the moon, the earth, the universe,
> the Lord(= God), the Pope, the Almighty, the Devil(= Satan),
> the Bible
> > cf. a Bible = a copy of the Bible

[유의] moon은 하늘에 나타나는 형체가 시기에 따라서 여러 가지로 다르다. 하나밖에 없는 천체이지만, 달이 나타내는 이와 같은 여러 형체를 드러내기 위해서 moon 앞에 부정관사가 붙기도 한다.

> a new moon, a crescent moon, a full moon

(7) 다음은 of + 명사구 수식을 받아 원래 관사가 붙지 않는 명사 앞에 정관사가 쓰이는 예이다.

> the history of the world
> > cf. world history
> the literature of America
> > cf. American literature

(8) 보통명사와 함께 쓰임으로써 추상적 의미를 나타낸다.

> succeed to the crown(왕위를 계승하다)
> be destined for the church(목사가 될 운명이다)
> The pen is mightier than the sword.
> All the mother in her awoke.
> (그녀의 가슴속에 잠재해 있던 모든 모성적 감정이 눈을 떴다.)

(9) 두 명사의 대조를 드러낼 때 쓰인다.

> the sea *vs.* the land
> living in the town *vs.* living in the country
> the left *vs.* the right

[유의] 1. 계절을 나타내는 명사는 관사를 붙이지 않아도 되지만, 대조를 드러내는 경우는

역시 정관사를 붙인다.

These birds fly north in the summer and south in the winter.

2. 위의 예문에 나오는 north와 south는 부사이다. 명사로 쓰이는 경우는 정관사와
함께 쓰인다.

A gale was blowing from the south.

turn right/turn left의 right와 left도 부사이다.

명사로 쓰이는 다음과 같은 문맥에서는 정관사와 함께 쓰인다.

Keep to the right. (우측통행)

Could people in the front row move a little to the right?

(앞줄에 계시는 분들은 조금만 우측으로 이동해 주십시오.)

(10) 다음과 같은 구문에서 쓰인다. (⟹ 1.13.2)

I slapped *him* in the face.

She held *me* by the sleeve, and wouldn't let me go.

(11) 계량(計量)의 단위를 나타낼 때 by 다음에서 쓰인다.

Do you sell eggs *by* the kilo or *by* the dozen?

I hired a car *by* the hour.

(12) 그 밖에 정관사는 부사적으로 쓰인다. (⟹ 10.12.6)

I loved him all the better for his faults.

The sooner, the better.

8.5 무관사

8.5.1 관사가 붙지 않는 명사

다음과 같은 명사 앞에는 관사가 붙지 않는다.

(1) 불가산명사

Copper is a precious metal.
Honesty is the best policy.
Art is long; life is short.
I had bread and milk this morning.

(2) 불특정의 복수 보통명사

Cats like fish, don't they?
I don't like cats.
I saw children playing on the street.

유의 위에도 예가 나오지만, '나는 장미를 좋아한다', '나는 개를 좋아한다'란 뜻을 나타낼 때, like 다음의 총칭적인 가산명사는 무관사＋복수형이 쓰인다.

(3) 유일한 직책을 나타내는 직함

John Kennedy was President of the United States.
They elected Mr. Hall Director of the National Bank.

유의 보통 관사 없이 쓰이기는 하지만, 그렇다고 정관사의 사용을 꼭 배제하는 것은 아니다.

(4) 호격

Hurry up, man!
Waiter, give me a coffee.

(5) 그 밖에 다음과 같은 명사

1) 식사명

Breakfast is ready.
At what time is dinner?

유의 그러나 (특정한 경우에 들었던) 식사의 질을 말할 때에는 관사를 붙인다.
We had lunch — a very good dinner.

The dinner was a very frugal one.
(그날 먹었던 저녁은 아주 소찬이었다.)

2) 언어명

English, standard Korean
He speaks fluent Chinese.

유의 하지만 language를 수반하는 경우는 the가 붙는다.
the English language
또한 standard English를 뜻하는 King's English 등 앞에도 the가 붙는다.
the King's English/the Queen's English

3) 계절, 월, 요일명
계절, 월, 요일명에는 대체적으로 관사가 붙지 않는다.

Spring comes before summer.
See you in April.
See you on Thursday.

4) (특정적이 아닌) morning, evening, day, night, …

Morning is the best time for study.
Day/Dawn was breaking.
Night fell.

해설 1. in the morning, in the evening에서의 the는 '대조적 용법'에서 쓰이는 the이며,
on the morning of the 10th에서의 the는 of the 10th의 수식을 받아 특정화가
되었기 때문에 the가 붙은 것이다.
2. 다음과 같은 명사 앞에서의 무관사는 이와 같은 어구가 하나의 숙어로 쓰였기
때문이다.
at dawn, at sunset, at dusk, at noon, at night

8.5.2 무관사 + 보통명사

보통명사가 관사 없이 쓰이는 특수한 경우에 다음이 있다.

(1) (school, hospital 등) 시설 자체보다는 그 시설이 갖는 목적이나 기능을 나타낼 때

School **begins** at 8 o'clock.

The boys are still in class. (수업중)

He is in hospital. (입원중) - 특히 영국영어에서

The man is in prison. (수감중, 복역중)

I'm going to market. (장보러 가다)

When will he take office? (취임하다)

해설　1. 다음 (a)와 (b)에 나오는 **sea**는 어떻게 다를까?
 (a) look out towards the sea
 (b) go to sea
 (a)는 '바다를 바라보다'란 뜻이지만 (b)는 '뱃사람이 되다'를 뜻한다.
2. table이 '식사'를 의미하고, **bed**가 '취침'을 의미할 때에도 table이나 bed에는 관사를 붙이지 않는다.
 They are at table. (= They are having meals.)
 She put the children to bed.
 (그녀는 아이들을 잠재웠다.)
3. 영국영어와 달리 미국영어에서는 다음과 같은 경우, 정관사가 붙는다.
 Father is in the hospital. (입원중)
 It is bad manners to blow your nose at the table. (식사중에)
 We were at the university together. (우리는 대학을 함께 다녔다.)

(2) '여행'과 '통신'의 방법을 나타내는 다음과 같은 숙어적인 표현에서

by air, by bus, by car, by land, by plane, by sea, by ship,
by cable, by letter, by radio, by telegram

유의　'차로 여행하다'를 영어로 옮기면 **by** 다음에서는 관사가 붙지 않는 car가 쓰이고, in 다음에서는 **a car**가 쓰인다.
(a)와 (b)의 차이는 무엇일까?
 (a) travel by car
 (b) travel in a car
(b)가 '차를 타고 여행하다'란 뜻이라면 (a)는 '차라는 교통수단을 이용해서 여행하다'란 뜻으로, by car는 하나의 숙어를 만들며, 숙어의 일부가 되는 **car**는 보통명사라기보다 추상명사에 가깝다.

(3) 다음과 같은 대구(對句)적 표현에서

Father and son **were both soldiers**.
They kept the treasure under lock and key, day and night.

대구적인 표현을 추가하면 다음과 같다.

from beginning to end, keep body and soul together,
from hand to mouth, from morning till night, day by day,
face to face, as man to man, step by step, year after year,
from right to left, from west to north

(4) 숙어처럼 쓰이는 동사+목적어 기타 표현에서

beg pardon, declare war, take care of, make room for,
take part in, take place, give way, do harm, lose sight of

(5) 다음과 같은 숙어적 전치사구에서

at ease, at hand, at heart, at present, at rest, by mistake, by sight, in case,
in fact, in love, in need, in public, in secret, in time, on business, on fire,
on purpose, on time, out of danger, out of place, out of sight

8.6 관사의 생략

다음과 같은 경우, 관사는 흔히 생략된다.

(1) 광고문과 게시문의 제목, 전문(電文), 신문기사의 큰 제목 등에서

PRIVATE ROAD - 게시문
PLANE CRASHES ON MOTORWAY - 신문기사의 큰 제목

(2) (일상적인 대화 등에서) 문장의 첫 자리를 차지하는 명사 앞에서, 또는 주어 + be동사가 생략된 다음에서

Fact(= The fact) is he knows nothing.
Great party, isn't it?(= It's a great party, isn't it?)

(3) 다음과 같은 양보절에서

Child as he is(= Although he is a child), he has more sense than his father.

8.7 그 밖에 유의할 용법

(1) 총칭적 의미로 쓰이는 man, woman
총칭적 의미를 나타낼 때 man, woman은 다른 가산명사의 단수형과 용법이 다르다.

(a) Man and woman were created equal.
(b) Man is a social animal.

(a)의 man, woman은 각각 '남자', '여자'를 총칭적으로 나타내고, 관사 없이 쓰이는 (b)의 man은 '인간(the human race)'을 총칭적으로 나타낸다.
'남자'와 '여자'를 총칭적으로 나타내는 표현으로는 man, woman말고도 a man, a woman과 men, women이 있다.

(c) In general, a woman lives longer than a man.
(d) In general, men like football more than women.

'인간'을 총칭적으로 나타내는 말로는 mankind, humans, human beings, the human race, people도 있다. 이런 말들은 '인간'을 총칭적으로 나타낼 때 원래 '남자'를 의미하는 man을 사용하는 것은 성적 차별이라는 여권신장론자들의 주장을 반영해서 일반화가 된 말들이다.

(2) television과 the radio

'TV를 보다'란 뜻을 나타낼 때 television 앞에는 관사가 붙지 않는다.

Would you rather go out or watch television?

다음에서 TV 앞에 정관사가 붙은 것은 이 TV가 특정한 television set를 가리키기 때문이다.

Look out! The cat is on the TV.

그런데 'TV를 보다'와 달리 '라디오를 듣다'의 radio 앞에는 정관사가 붙고, '영화를 보다'도 미국영어의 경우는 movies 앞에, (그리고 영국영어에서는 cinema 앞에) 정관사가 붙는다.

I always listen to the radio while I'm driving.
We are going to the movies/the cinema tonight.
　　cf. I'm going to see a movie.

(3) time, a long time, the time

추상명사로 쓰이는 '시간'은 관사가 붙지 않는다. 하지만 long, short 등의 형용사와 함께 쓰임으로써 '(시간의) 길이, 동안(= period)'을 나타낼 때는 부정관사가 붙는다. 시간을 물을 때는 정관사가 붙는다.

It will take you a long time to learn English properly.
What's the time?(지금 몇 시입니까?)

(4) 병명(病名)

병명은 흔히 무관사로 쓰인다.

anemia(빈혈), dysentery(이질), smallpox(천연두)

반면에 감기, 치통, 두통, 복통 등은 부정관사가 붙는다.

I have a cold/a fever/a toothache/a headache/a stomachache.

cold는 catch cold(감기가 들다)가 그렇듯이 하나의 숙어처럼 쓰일 때는 관사 없이 쓰이기도 하지만, bad 등의 수식을 받게 되면 부정관사와 함께 쓰인다.

catch (a) cold
catch a bad cold

(5) 운동명과 악기명

'축구를 하다'나 '야구를 하다'에서의 운동명은 관사 없이 쓰이지만, '피아노를 치다'나 '바이올린을 켜다'의 악기명 앞에는 정관사가 붙는다.

play football, play baseball
play the piano, play the violin

8.8 관사의 반복

(1) 다음처럼 한 사람을 두 명사가 설명하거나 두 형용사가 한 명사를 수식하는 경우 관사는 첫 명사나 형용사 앞에만 붙인다.

Maugham was a novelist and playwright. - 동일한 한 사람
a red and white rose - 붉고 흰 장미 한 송이
   cf. I met a novelist and a playwright.
      a red and a white rose

(2) 두 명사가 밀접하게 연결되어 한 짝을 만드는 경우에도 첫 명사 앞에만 관사를 붙인다.

a watch and chain(줄이 달린 시계), a horse and cart(마차를 단 말), a needle and thread(실을 꿴 바늘), a cup and saucer(받침 접시로 받친 찻잔)

유의 1. 그러나 위에서 설명했던 규칙이 절대적인 것은 아니다. 다음과 같은 경우 두 번째 명사 앞에 관사가 붙지 않은 것은 the가 반복되지 않아도 의미상 오해가 생기지 않기 때문이다.
      the English and German languages
2. 다음은 두 사람이 한 쌍임을 드러내기 위해서 첫째 명사에만 관사를 부가한 예이다.
   At this moment a gentleman and lady entered together.

3. 다음은 동일인을 나타내지만, 관사를 반복함으로써 '일인다역(一人多役)'의 뜻이
강조되어 있는 예이다.

> I am a Southerner and an American. I am a farmer, an engineer, a father
> and husband, a Christian, a politician and former governor, a planner, a
> businessman, a nuclear physicist, a naval officer, a canoeist, and, among
> other things, a lover of Bob Dylan's songs and Dylan Thomas's poetry.
>
> - *Why not the Best*, Jimmy Carter

8.9 관사의 위치

(1) how/as/too/so + 형용사 + 명사로 이루어진 구문에서 부정관사 a(n)는 형용사 다음에 위치한다.

> This is *too good* a chance to lose.
> This is *as good* a book as any.
> You don't know *how big* a mistake you have made.
> I cannot get ready in *so short* a time.

(2) what으로 시작하는 감탄문에서는 부정관사 a(n)는 what 바로 다음에 위치한다. such가 형용사 + 명사를 수식하는 경우에도 a(n)는 such 바로 다음에서 쓰인다.

> *What* a nice day!
> You cannot master English in *such* a short time.

(3) 부사 quite, rather 등과 같이 쓰이는 경우에, 부정관사 a(n)는 quite, rather의 앞에 위치하기도 하고, 뒤에 위치하기도 한다.

> It is *quite* a good picture.
> It was a *quite* useless meeting.
> He is *rather* an old man.
> He is a *rather* old man.

앞의 예문에서 관사 앞에 위치한 quite와 rather는 각각 명사구 a good picture, an old man을 수식하고, 관사 다음에 위치한 quite와 rather는 그 다음에 나오는 형용사 useless와 old를 수식한다.

8.10 관사와 한정사(限定詞)

8.10.1 한정사의 여러 가지

앞에서 살펴보았듯이 관사 a(n)와 the는 명사 앞에 부가됨으로써 명사를 한정하거나 특정화한다.

그런데 명사를 한정하거나 특정화하는 낱말로는 다음도 있다.

> some, any, no, each, every, either, neither, this/these, that/those,
> which(ever), whatever, enough, my, your, his, John's

이와 같은 낱말들은 관사도 포함해서 상호배타적인 특성을 갖는다. 한 명사 앞에 두 개를 동시에 부가할 수 없는 것이다.

> *a my book, *the either book, *neither the book, *every the book

이와 같은 특성을 공유하기 때문에, 이 낱말들은 관사도 포함해서 하나의 어류(語類)로 묶여서 '한정사(determiner)'란 이름으로 불린다.

> **해설** a book에 my를 부가하려는 경우, *a my book은 a book of mine으로 고쳐야 한다. *the either book은 either of the books로, *your which book은 which of your books로, *the each tree는 each of the trees로 고친다.

8.10.2 전치한정사와 후치한정사

바로 위에서 언급했듯이 이 한정사들은 상호배타적이라는 특성을 가지고 있다.

그런데 명사를 한정하는 기능을 가지면서도 위에서 예시한 한정사들과 함께 쓰이는 낱말들이 있다.

(a) all the girls, both those cars, half an hour,
    twice my salary, one-third the salary,
    Such a surprise! What a fine day!
(b) my three children, the first day, a few minutes

앞에서 예시했던 상호배타적인 한정사를 중심적인 것으로 간주한다면, 바로 위에 나오는 낱말들은 (a)에서는 중심적 한정사의 앞에서 쓰이고, (b)는 중심적 한정사의 다음에서 쓰이고 있다.

이와 같은 특성 때문에 (a)에 속하는 all, both, half, twice 등은 '전치한정사 (predeterminer)', (b)에 속하는 three, first, few 등은 '후치한정사(postdeterminer)'라 불린다.

Exercises

I. 다음 빈칸을 a(n), the, 또는 0(무관사)으로 메우시오.

1. To grow (a) corn, (b) farmers sow (c) seeds in (d) spring. That is (e) season when many trees are in (f) flowers.

2. (a) last week we performed (b) experiment to see how (c) rust forms on (d) metal. We dipped (e) pieces of (f) iron in (g) water and left them for (h) half (i) hour. Then we examined them under (j) microscope. After (k) few days, (l) rust had become quite thick.

3. (a) wild animals never kill for (b) sport. (c) man is (d) only animal to whom (e) torture and (f) death of his fellow-creatures is amusing.

4. (a) half (b) world cannot understand (c) pleasures of (d) other.

5. I want (a) information about (b) late developments in (c) cancer research.

6. Long before the birth of (a) Christopher Columbus (b) people in (c) Europe believed that (d) land of (e) plenty, with (f) perfect climate, lay to (g) west across (h) Atlantic Ocean.

7. (a) Aswan Dam hold back (b) flood waters of (c) Blue Nile and (d) Atbara.

8. Do (a) Japanese use (b) same kind of (c) writing as (d) Chinese?

9. (a) object of (b) government in (c) peace and (d) war is not (e) glory of (f) rulers or of (g) races but (h) happiness of (i) common man.

10. One day about (a) noon, (b) Robinson Crusoe was surprised to see (c) print of (d) man's naked foot on (e) shore. He could see it very clearly in (f) sand.

Chapter

09

대명사

Pronouns

Chapter 09

대명사

9.1 대명사의 분류

대명사는 흔히 다음과 같이 분류된다.

1) 인칭대명사(personal pronoun): I, you, he, she, it, we, they
2) 지시대명사(demonstrative pronoun): this, that, these, those
3) 부정대명사(indefinite pronoun): some, any, another, both, all, one
4) 의문대명사(interrogative pronoun): who, which, what
5) 관계대명사(relative pronoun): who, which, that, what (⟹ 15.1)

이 밖에 대명사에는 소유대명사(possessive pronoun), 재귀대명사(reflexive pronoun), 상호대명사(reciprocal pronoun)가 있다.

또한 명사를 수식하는 경우 지시대명사와 부정대명사는 관사 및 수사와 함께 '한정사'(⟹ 8.10)로 불리기도 한다.

9.2 인칭대명사

9.2.1 분류

인칭대명사는 다음과 같은 세 가지 인칭으로 분류된다.

		주격	소유격	목적격
1인칭	단수	I	my	me
	복수	we	our	us
2인칭	단수	you	your	you
	복수	you	your	you
3인칭	단수	he	his	him
		she	her	her
		it	its	it
	복수	they	their	them

1인칭은 화자(speaker)를 가리키며, 2인칭은 청자(hearer)를 가리키고, 3인칭은 1인칭과 2인칭 사이에서 화제가 되는 제3자를 가리킨다.

9.3　인칭대명사의 유의할 용법

9.3.1　포괄적 we 와 배타적 we

we는 화자인 I를 포함하는 1인칭 복수를 말한다.

그런데 we는 (a)처럼 상대방인 you를 포함하는 경우와 (b)처럼 you를 포함하지 않는 경우가 있다. 용법상 전자의 we를 '포괄적 we(inclusive we)'라고 부르고, 후자의 we를 '배타적 we(exclusive we)'라고 부른다.

(a) Shall we go and have a drink? - 포괄적

We must love one another.

(b) We're going for a drink. Would you like to come with us? - 배타적

참고　다음에서 (a)의 us는 '포괄적 we'에 속하고 (b)의 us는 '배타적 we'에 속한다.

(a) Let's go to the dance. - 포괄적

(b) Let us go to the dance. - 배타적

(b)의 Let us … 를 '우리로 하여금 … 하게 하라'로 해석하지 않고 '함께 … 하자'란 뜻으로 해석한다면 (b)의 us도 포괄적 we에 속한다. 하지만 격식성이 높은 경우를 제외하고는 ' … 을 하자'란 뜻의 Let us는 Let's … 로 나타낸다. 반면에 배타적 용법의 Let us는 Let's … 란

축약형을 만들지 못한다.

9.3.2 일반인을 나타내는 you, we, they

you, we, they는 특정인을 가리킬 뿐만 아니라 일반사람(people in general)을 가리키는 데도 쓰인다.

> You never know what may happen.
>
> (앞으로 무슨 일이 일어날지는 아무도 모른다.)
>
> We cannot learn English just by reading books about it.
>
> Do they speak English in Australia?

they는 you and I를 일반인에서 제외시키고 있는 점이 you나 we와 다르다. (일반인을 나타내는 one에 관해서는 ⇒ 9.11.7)

> **해설** 다음에서 (a)는 화자가 서울 사람인 경우에 알맞고, (b)는 청자가 서울에 사는 사람인 경우에 알맞다. (c)는 화자나 청자가 다 서울에 살지 않는 경우에 알맞다.
>
> (a) We have a great deal of snow in Seoul.
>
> (b) You have a great deal of snow in Seoul, don't you?
>
> (c) They have a great deal of snow in Seoul.
>
> 앞에서 언급했듯이 we는 you를 포함시키기도 하고 배제하기도 하는데, 일반인을 나타내는 경우에도 (a)의 we는 you가 배제되고 있고, 다음 (d)에서의 we는 you를 포함하고 있다.
>
> (d) Do we have the right to destroy the world in which we live?

9.3.3 he

일반사람을 나타내는 he는 문어체나 격언 등에서 한정적으로 쓰인다.

> He whom the gods love dies young.
>
> (신의 사랑을 받는 이는 오래 살지 못한다.)

9.3.4 Editorial we

필자가 자신을 표면에 내세우지 않으려는 배려에서 I 대신에 쓰이는 we를 editorial we라 부른다. editorial we는 필자가 자신과 독자를 묶어 we라고 부름으로써 자신에 대한 독자의 친밀감을 불러일으키려는 의도도 갖는다.

> As we have said above, this book deals with the history of language.

9.3.5) Paternal we

어버이가 그의 자식에게 또는 교사나 의사가 학생이나 환자에게 부담감을 주지 않으려고 you 대신 쓰는 we를 말한다.

> How are we(= you) feeling this morning?
> We(= You) have got to get up early, don't we?

9.3.6) Royal we

군주나 권력자에 의해서 공식적으로 I 대신에 쓰이는 we를 말한다.
Royal *we*는 고문체에 속하고 현대 영어에서는 쓰이지 않는다.

> 참고 화자가 2인칭이나 3인칭과 자신을 포함시켜 말할 때는, 순서상 2인칭이나 3인칭을 1인칭에 앞세우는 것이 예법에 맞는다.
> Why don't you and I go away for the weekend?
> The invitation was for Tracy and me.

9.4 인칭대명사의 격

(1) be동사 다음에 나오는 보어의 격으로는 높은 격식성이 요구되는 문맥이 아니라면 목적격이 쓰인다.

> What would you do if you were him?
>   cf. What would you do if you were he?
> A: Who's that?
> B: It's me.

(2) 다음과 같이 하나의 낱말이 만드는 생략문에서도 주격 대신에 목적격이 쓰인다.

> A: Who broke the window?
>
> B: Me.

[유의] 바로 위의 예문에 나오는 me는 I로 바꾸지 못한다. I를 사용하기 위해서는 I 다음에 동사가 수반되어야 한다.

> A: Who broke the window?
>
> B: I *did*.

다음과 같은 생략문에서도 not 다음에는 목적격이 쓰인다.

> A: Bob will lend you some money.
>
> B: No, not him. (= No. He will not lend me any money.)

(3) as, but(= except), than 다음에서도 격식체에서는 주격이 쓰이지만, 일상체에서는 목적격이 쓰인다.

She is as intelligent as $\begin{cases} \text{he.} & \text{- 격식체} \\ \text{him.} & \text{- 일상체} \end{cases}$

Bill can speak English more fluently than $\begin{cases} \text{I.} \\ \text{me.} \end{cases}$

A: Who could do a thing like that?

B: Nobody but/except $\begin{cases} \text{she.} \\ \text{her.} \end{cases}$

9.5 it의 유의할 용법

9.5.1 it이 가리키는 여러 가지 구조

it은 (a)와 (b)에서는 명사구를 가리키고, (c)와 (d)에서는 구와 절을 가리킨다.

(a) He took a stone and threw it.

(b) Look at that bird. It always comes to my window.

(c) A: I'm trying to get a taxi.

　　B: You won't find it easy.

(d) John did not come, as Mary had expected it.

9.5.2　사람을 가리키는 it

(1) 신원을 묻고 밝혀야 할 상황에서는 사람을 가리키는 데도 it이 쓰인다.

(a) There's somebody at the door. Go and see who it is.

(b) Who's there? Oh, it's you.

(2) 사람을 가리키는 대명사로는 this와 that도 있다. 사람을 가리키는 this/that과 it은 다음과 같은 차이가 있다.

1) 눈앞에 보이는 사람을 가리키며 소개하거나 신원을 묻고 밝힐 때는 this와 that이 쓰인다.

This is Mary.

That is my teacher.

사람을 나타내는 this/that은 목적어로는 쓰이지 않는다.

＊He is going to marry this/that.

2) it은 눈앞에 보이는 사람을 가리키며 신원을 묻는 질문에 대한 응답에서 this/that을 대신하기도 한다.

A: Who is that boy over there?

B: It's(= That's) my brother.

3) 남자인지 여자인지 알려져 있지 않거나 그 성의 구별이 중요하지 않은 갓난아이를 가리킬 때, he/she 대신에 it이 쓰인다.

Her baby's due next month. She hopes it will be a boy.

The baby next door kept me awake. It cried all night.

비인칭 it

'비인칭 it(impersonal it)'이란 날씨, 명암, 시간, 날짜, 거리 등을 나타낼 때 주어의 자리를 차지하는 it을 말한다.

It's raining.
It was already dark.
It is ten o'clock.
It is Monday.
It's my birthday tomorrow.
It is twenty miles from here to Seoul Station.

형식주어와 형식목적어

(1) 형식주어

다음 (a)와 (b)는 의미는 같다. 하지만 문장의 구조는 (a)보다 (b)가 바람직하다. 주어의 길이가 길고 구조가 복잡한 (a)는 end-weight의 원칙(⇒ 20.4)에 어긋나는 것이다. end-weight의 원칙에 따라 길이가 길고 구조가 복잡한 (a)의 주어를 문장의 뒷자리로 옮기면 빈자리가 생긴다. 영어에서는 하나의 문장이 완전한 문장이 되기 위해서는 주어가 반드시 필요하다. 그래서 그 빈자리를 it으로 메운 것이 (b)이다. 이와 같은 it을 '형식주어'라 부른다. (대조적으로 뒷부분으로 옮겨진 주어는 '진(眞)주어'라 불린다.)

(a) To book in advance is important.
(b) It is important to book in advance.

형식주어로서의 it은 다음과 같이 부정사구 뿐만 아니라 동명사구와 절도 대신한다.

It's my ambition to run a three-hour marathon.
It was nice seeing you.
It's too bad that you couldn't have been there.
It matters little to me where you may go.

(2) 형식목적어

다음에서 it은 목적어의 자리를 차지함으로써 end-weight의 원칙에 따라 뒷자리로 옮겨진 '진목적어'를 대신하고 있다. 이와 같은 it이 '형식목적어'이다.

> I found it difficult to talk to him about anything serious.
> George made it clear that he disagreed.
> I find it interesting talking to her.

유의　1. 형식목적어 it의 사용을 관점으로 삼는다면, 다음은 예외적인 구문에 속한다.
　　　After ten years' devotion he thought fit to discharge her without a pension.
　　　to discharge 이하가 진목적어에 해당하고 fit가 목적보어라면, thought 다음에는 형식목적어 it이 필요하다. 하지만 think fit/right/proper to … (떳떳하지 못한 일을 하고도 그것을 당연한 일처럼 여기다)는 하나의 숙어로 쓰임으로서, 형식목적어 it을 필요로 하지 않는다.

　　　2. see to it that … (= make sure that(… 가 되어 있는지를 확인하다)) 구문에서는 that 이하를 가리키는 형식목적어 it을 포함하는 to it을 생략할 수 있다.
　　　We'll see (to it) that all necessary precautions are taken.
　　　(필요한 예방 조치가 다 취해졌는지 확인하겠습니다.)

　　　3. assume이란 뜻으로 쓰일 때, take는 that절 앞에 it을 필요로 한다.
　　　I *take* it that you won't come tomorrow.

9.5.5 분열문에서(⇒ 17.1)

> It is you that are mistaken.

9.5.6 (관용적으로 쓰이는) 상황의 it

다음에 나오는 it은 그저 관용적으로 막연한 상황이나 형편을 나타낸다.

1) 주어의 자리에서

> How is it with him? (= How is he?)
> It is well with him. (= He is well.)

다음과 같은 예도 있다.

> It is all over with him. (그 친구는 이제 끝장이다.)
>
> As it happens, … (공교롭게도 …)
>
> As it is, there is no alternative but to yield.
>
> (상황이 그러하니, 항복할 수밖에 다른 도리가 없다.)

2) 목적어의 자리에서

> Fight it out! (최후까지 싸워라!)
>
> You can't help it. (별 도리가 없어.)
>
> How do you like it here? (이 곳이 마음에 듭니까?)

> **참고** 이 '상황의 it(situation it)'은 '부정의 it(indefinite it)'이란 명칭으로 불리기도 한다.

9.6 재귀대명사

9.6.1 형태

재귀대명사는 대명사 1, 2인칭의 소유격과 3인칭 목적격에 **self/selves**를 부가해서 만든다.

인칭	단수	복수
1인칭	myself	ourselves
2인칭	yourself	yourselves
3인칭	himself/herself/itself	themselves

9.6.2 용법

(1) 재귀용법(reflexive use): 주어와 목적어가 동일한 경우 목적어로 쓰인다.

> History repeats itself.
> I cut myself shaving. (면도를 하다가 얼굴을 베었다.)
> Talking to yourself is the first sign of madness.
> She knew him better than he knew himself.

바로 위의 예문에서 himself 대신에 him이 쓰였다면, 이 him은 주어인 he와는 다른 제3자를 가리킨다.

> He behaved himself.
> I expect you to behave * myself/* you/yourself.

위의 예문에서 yourself가 문법상 알맞은 것은 to behave의 의미상 주어가 you이기 때문이다.

behave oneself가 그러하듯이, 동사 + 재귀대명사가 하나의 숙어처럼 쓰이는 예로는 다음이 있다.

> He applied himself to his new job. (전념하다)
> You should avail yourself of every chance to improve your English. (이용하다)
> She busied herself cooking dinner. (··· 하는 데 분주하다)
> He refused to commit himself. (언질을 주다, ··· 을 약속하다)

위의 예문에 나오는 재귀대명사는 생략하지 못한다. 하지만 다음은 재귀대명사가 흔히 생략되는 예를 보여준다.

> How long will it take you to wash, shave and dress?
> That place looks like a nice place to hide.

재귀대명사는 동사의 목적어가 될 뿐 아니라, 동사구의 목적어가 되기도 하고 be 동사와 함께 일종의 숙어를 만들기도 한다.

> Take care of yourself.
> He is not quite himself these days.
> (그는 요즘 정신이 좀 나간 듯하다.)

(2) 강조용법: 주어 또는 목적어나 보어를 강조한다. (다음에서 재귀대명사는 밑줄 친 부분을 강조하고 있다.)

I offered to carry the parcel myself.

I spoke to President himself.

The girl was simplicity itself.

(3) 전치사 + 재귀대명사는 다음과 같은 숙어를 만든다.

The door opened of itself. (저절로)

I want to make it for myself. ((남의 도움 없이) 내 힘으로)

It is not good or bad in itself. (그 자체가, 본질적으로)

Between ourselves, I don't like to go. (우리끼리 이야기지만)

I went there by myself. (나홀로)

She was beside herself with rage. (제정신이 아닌)

9.6.3 재귀대명사가 쓰이지 않는 경우

about, behind, beside, in front of, on과 같은 공간 관계를 나타내는 전치사(구) 다음을 차지하는 목적어는 그 목적어가 주어와 동일인을 가리키는 경우에도 재귀대 명사를 쓰지 않는다.

He looked *about* him.

다음에 나오는 재귀대명사의 용법은 유의할 만하다.

(a) John ignored the oil on $\begin{cases} \text{him(= John).} \\ *\text{himself.} \end{cases}$

(b) John smeared the oil on $\begin{cases} *\text{him(= John).} \\ \text{himself.} \end{cases}$

(a)와 (b)에서 him이나 himself가 똑같이 John을 가리키는 경우, (a)에서는 him이 알맞고 (b)에서는 himself가 알맞은 것은 (a)에서의 on him이 the oil에 걸리는 형용 사구의 구실을 하고 있는 것과는 달리, (b)에서는 smeared the oil on이 의미상 타동 사와 비슷한 구실을 하고 himself가 목적어와 비슷한 구실을 하고 있기 때문이다.

다음에서는 him/himself를 다 쓸 수 있지만 의미가 다르다.

(c) John has many books about $\begin{cases} \text{him(= John).} \\ \text{himself.} \end{cases}$

(c)에서 books about him은 '남이 그에 대해서 쓴 책'을 뜻하고, books about himself는 'John이 자신에 관해서 쓴 책'을 뜻한다.

9.7 상호대명사

(1) 상호대명사는 '서로'란 뜻을 갖는 each other, one another를 가리킨다. each other는 일상체에서 흔히 쓰이고 one another는 격식체에서 흔히 쓰일 뿐, 두 어구 사이에 다른 차이는 없다.

John and Mary like each other/one another.
The four children are fond of each other/one another.

(2) 상호대명사는 속격을 만들 수 있고, 전치사의 목적어가 될 수 있다.

The students borrowed each other's books.
Their letters *to* each other were delivered by their common friend.

(3) 다음 (a)와 (b)는 의미가 같다. kissed가 술어동사로 쓰인 (a)에서 each other는 생략이 가능한 것이다.

(a) John and Mary kissed each other.
(b) John and Mary kissed.

하지만 다음 (c)의 each other는 생략할 수 없다.

(c) John and Mary hit each other.

kiss처럼 '서로 ⋯ 하다'란 뜻을 나타낼 때, each other를 생략해도 좋은 동사 또는 형용사로는 meet, quarrel, resemble, be similar, be identical이 있다.

fight도 each other는 생략할 수 있다.

> (d) John and Mary fought every day.

9.8 소유대명사

9.8.1 속격과 소유대명사

(1) 소유대명사는 다음 예문에 나오는 hers나 mine처럼 대명사의 속격 + 명사를 대신한 대명사를 말한다.

> This is her book. → This is hers.
> This is my watch. → This is mine.

(2) 소유대명사는 흔히 이중속격을 만든다. (⇒ 7.20)

> I met an old friend of mine.
> It was no fault of hers.

9.8.2 own의 용법

(1) 소유의 뜻은 흔히 own에 의해 강조된다.

> It was her own idea.
> I will not be dictated in my own house.

(2) 문맥상 own 다음에 오는 명사는 쉽게 짐작되는 경우 흔히 생략된다.

> They treated the child as if she were their own.

(3) 또한 대명사의 속격 + own은 이중속격에도 쓰인다.

She had always wanted a room of her own.
As they had no children of their own, they adopted an orphan.

(4) own은 소유의 뜻 대신에 '직접적인 행위'를 함축하기도 한다.

He cooks his own meal.
(그는 자기 식사를 자기가 직접 마련한다.)
Can't I choose my own wife?
(내 아내를 내가 직접 고를 수 없단 말입니까?)

9.9 지시대명사

9.9.1 this와 that

지시대명사는 this/these와 that/those를 가리킨다.
this와 that은 this picture나 that flower에서처럼 명사를 수식하는 경우에는 지시형용사(demonstrative adjective)로 불리며 한정사의 일종으로 다루어지기도 한다.
(⇒ 8.10)
(지시대명사와 지시형용사는 원칙적으로 그 용법이 동일하므로, 필요에 따라서는 지시형용사에 관한 사항도 아울러 언급하기로 한다.)

9.9.2 this와 that의 대조적 용법

this와 that의 용법을 대조적으로 살펴보면 다음과 같다.

(1) 공간적
공간적으로 this는 화자 쪽에 가까운 사람이나 사물을 가리키며, that은 화자 쪽에서 먼 사람이나 사물을 가리킨다.

This is my bike.

That is yours.

I wonder what this appliance is for.

What's that thing over there?

(2) 시간적

this morning은 '오늘 아침'을, that morning은 '(얼마 전의 어느 날) 아침'을 가리킨다.

this는 '가까운 미래'도 가리킨다. that은 대조적으로 '(가까운 또는 먼) 과거'를 가리킨다.

We're going to the opera tonight. This will be our first outing for months.

(우리는 오늘 밤에 **opera**를 보러 갈 거야. 오늘 밤의 외출은 몇 달 만에 처음이지.)

We went to the opera last night. That was our first outing for months.

(우리는 어젯밤에 **opera**를 보러 갔지. 어젯밤의 외출은 모처럼 몇 달 만에 처음이었어.)

(3) 심리적

this와는 대조적으로 공간적으로나 시간적으로 거리와 간격이 떨어져 있음을 나타내는 that은 심리적으로 화자의 상대방에 대한 혐오감이나 반감을 내비치기도 한다. 다음 예문에서 those는 은연중에 '그림인지 무언지 이상한 것들을 그리는 …'이란 화자의 현대 화가에 대한 반감이 반영되어 있다.

He's one of those modern painters!

this/these는 친근한 사람끼리 격식을 가리지 않고 이야기를 주고 받을 때, 화제에 올린 명사 앞에 붙기도 한다.

I was walking along the street when this girl came up to me, and …

위의 예문에서 girl 앞에 **this**가 붙어 있는 것은 **this girl**이 지금 눈앞에 보여서가 아니다. 이 **this**는 상대방에게는 신정보에 속하는 **girl** 앞에 **this**를 부가함으로써 화자의 마음속에만 존재하는 **girl**을 공동 관심사로 끌어 들이려는 화자의 심리를 반영한다.

(4) 기타 용법

앞에 나오는 두 명사구의 반복을 피하기 위해서 대조적으로 '전자'와 '후자'란 표현을 쓸 때, this/these는 '후자(the latter)'를 가리키고 that/those는 '전자(the former)'를 가리킨다.

> Dogs are more faithful animals than cats; these attach themselves to places, those to persons.
>
> (개는 고양이보다 더 충실한 동물이다. 후자인 고양이는 그가 사는 장소에 애착을 느끼지만, 전자인 개는 그를 기르는 사람에게 애착을 느낀다.)

다음에서 두 번째 문장을 they로 시작하면 they는 the generals를 가리키고, these로 시작하면 their plans를 가리킨다.

> The generals decided that it was time to put their plans into operation. They/These …

신호가 울려서 전화를 받을 때, '누구시지요?'에 해당하는 표현으로는 (a)와 (b)가 있다.

> (a) Who is this?
> (b) Who is that?

영국영어에서는 자기를 밝히는 데는 this를, 상대방이 누군지를 묻는 데는 that을 쓴다.

> Hello! This is Carter. Is that Mildred?

반면에 미국영어에서는 상대방을 묻는 데도 this가 쓰인다.

9.9.3 전방조응과 후방조응

(1) this와 that은 앞에 나왔던 절 또는 문장의 내용을 가리키는 전방조응적 용법을 갖는다. 그러나 앞으로 나올 절이나 문장을 미리 가리키는 후방조응적 용법은 this에 한한다. (⇒ 8.4.1(3))

> I heard Friday's meeting has been cancelled. If this/that is so, I will protest strongly.

Listen to this/∗that! They've cancelled Friday's meeting.

앞에 나온 내용을 가리키는 경우, 다음 예문에서의 that은 at과 더불어 '그것도, 그 것마저도'란 뜻의 숙어를 만든다.

He did not know Graham Greene, only Hemingway and very imperfectly at that.

(그는 Graham Greene이란 작가에 대해서는 전혀 몰랐다. Hemingway만은 알았는데, 알았다지 만 그것도 아주 조금 알았을 뿐이다.)

(2) that/those는 앞에 나온 명사의 반복을 피하기 위한 대명사로 쓰인다.

The climate of this country is like that(= the climate) of France.
Their lives were like the lives of animals and not like those(= the lives) of human beings.

9.9.4 기타 용법

(1) that/those는 격식체에서는 관계대명사의 선행사로 쓰일 수 있다. 관계대명사 의 선행사로 쓰이는 경우, that/those는 '사물'을 가리키는데, those에 한해서는 '사 람'도 가리킨다.

$$
\text{He admired}
\begin{cases}
\text{that which was expensive.} \\
∗\text{that who danced well.} \\
\text{those which were expensive.} \\
\text{those who danced well.}
\end{cases}
$$

사람을 가리키는 those는 독립적으로도 쓰인다.

Be kind to those around us.

(2) 일상체에서 this와 that은 부사의 구실도 한다.

Is he that tall? (그 정도로, 그만큼이나)
I know this much. (이 정도는, 이만큼은)

9.10 such

this, that 이외에 지시대명사로 쓰이기도 하는 낱말에 such가 있다.

> If you act like a child, you must be treated as such(= a child).
> We had predicted his victory, and such(= that) was the result.

9.11 부정대명사

부정대명사에는 다음이 있다.

> all, both, either, neither, each, some, any, none, one, other,
> another, anyone, someone, nobody, anybody, everybody,
> somebody, anything, everything, …

부정대명사의 주요 용법은 다음과 같다.

(부정대명사 가운데서 all, both, each, some, any, either, neither, another와 부정
대명사를 만드는 every-, no-는 한정사로도 쓰이므로, 필요하면 이 한정사적 용법도
아울러 다룬다.)

9.11.1 all

(1) 한정사로 쓰이는 all은 가산명사의 복수형은 물론, 불가산명사와도 함께 쓰이며
다음과 같은 구조의 명사구를 만든다.

all of를 잇는 명사는 반드시 정관사나 명사의 속격을 필요로 한다.

> all my friends, all of my friends,
> all books, all the books, all of the books, * all of books
> all whisky, all of my whisky, all of the whisky, * all of whisky

유의 다음에서 (a)와 (b)는 특정성(definiteness)에 차이가 있다.

(a) All children **like going to the zoo.** - 비특정적
　　All milk **contains calcium.**
(b) All the children **wanted to go to the zoo.** - 특정적
　　All the milk **has gone sour.**

(2) all은 부사의 구실도 한다.

They were all **broken.**
He has eaten it all**.**

(3) 전체부정과 부분부정(⟹ 16.4.12~13)

[참고] all과 비슷한 의미를 갖는 낱말에 whole이 있다. 그런데 all과 whole은 어순이나 어법상 다음과 같은 차이가 있다.
all the time ― the whole time
all (of) my life ― the whole of my life 또는 my whole life

(9.11.2) both, either, neither

(1) 두 사람이나 두 사물을 나타내는 **both**는 다음과 같은 구조의 명사구를 만든다.

both **of the windows,** both **the windows,** both **windows**

both는 부사로도 쓰인다. 부사로 쓰이는 경우 한 문장에서의 **both**는 다음과 같은 자리를 차지한다.

They were both **waiting for him.**
They both **came.**

(2) both가 the two를 뜻한다면, either는 '둘 가운데 어느 하나'를 가리키며, neither는 '둘 가운데 어느 하나도 … 아닌'이란 부정의 뜻을 나타낸다.

(a) **You may take** either **of these books.**
(b) Either **of these two roads will take you to Seoul.**
(c) **I sent cards to Mary and Lucy, but** neither **(of them) has/have replied.**
　　I doubt either **(of them) is/are coming.**

(c)에서 neither replied는 '두 사람 가운데 어느 하나도 답장을 보내오지 않았다'란 뜻이므로 결국 '두 사람이 다 답장을 보내오지 않았다'란 뜻이고, I doubt if either will come은 '두 사람 가운데 어느 한 사람이라도 과연 올 것인지 의심스럽다'란 뜻이므로 결국 '두 사람이 다 올 것인지 의심스럽다'는 뜻이 된다.

이런 의미가 작용해서 neither와 either는 격식체에서는 단수동사와 함께 쓰이지만 일상체에서는 복수동사와 함께 쓰인다.

(3) 전체부정과 부분부정(⇒ 16.4.12~13)

(**9.11.3**) every, each

(1) all과 달리 every와 each 다음에서는 가산명사의 단수형이 쓰인다.

> **every/each student**
>   cf. **all students**

all students가 '학생 전체'를 가리킨다면, **each student**는 '학생 하나하나를 개별적으로' 가리키고, **every student**는 '학생 하나하나를 염두에 둔 전체 학생'을 가리킨다.

(2) **every**는 셋 이상의 사람이나 사물을 전제로 하고, **each**는 둘 이상의 사람이나 사물을 전제로 한다.

> On **every/each** side of the square there were soldiers.
> On *every/each side of the street there were soldiers.

(3) **each**는 다음과 같이 부사적으로도 쓰인다.
주어에 걸리는 **each**는 주어 다음이나 문장의 끝자리를 차지한다.

> The plans each **have certain advantages and disadvantages**.
> The books **cost ten dollars** each.

목적어에 걸리는 **each**는 그 목적어 다음에 다른 어구가 이어지는 경우 목적어와 그 다른 어구 사이에서 쓰인다.

I have given them each **their tickets**.
She sent them each **a present**.

다음 (a)는 비문법적이다. 목적어 다음에 다른 어구가 이어져 있지 않기 때문이다.

(a) * She kissed them each.

(a)는 (b)나 (c)로 고쳐야 한다.

→ (b) She kissed them each on the forehead.
→ (c) She kissed each of them.

똑같은 이유로 (d)는 (e)로 바꾸어야 한다.

(d) * She wrote to them each.
→ (e) She wrote to each of them.

다만 간접목적어가 수사 + 명사로 구성된 직접목적어와 함께 쓰이는 경우, 간접목적어에 걸리는 **each**는 문장의 뒷자리를 차지할 수 있다.

My aunt gave us **five dollars** each.
I bought the girls **two ice creams** each.

(4) every와 each는 단수동사와 함께 쓰며, 대명사는 격식체에서는 **he**(또는 he/she)로 대체되지만, 일상체에서는 대명사로 **they**가 쓰인다.

(a) Every **good teacher studies** his/her **subject carefully**.
(b) When every **man has assembled, the master paid** them their **wages**.

(**9.11.4**) some, any

(1) **some**은 기본적으로 긍정문에서, **any**는 부정문과 의문문에서 쓰인다.

There are some/* any **letters for you**.
There are not * some/any **letters for you**.
Are there any **letters for me**?

(2) 그런데 기본적으로 any가 부정문과 의문문에서 쓰인다지만, any가 긍정문에서도 쓰이는 것이 사실이고, some이 부정문과 의문문에서 쓰이기도 한다.

다음은 의문문에서의 any와 some의 용법의 차이를 보여준다.

> (a) Did you go anywhere last night?
> (b) Did you go somewhere last night?

위의 예문에서 (a)는 상대방이 외출했는지의 여부를 전혀 모르는 상태에서 한 질문이고, (b)는 어디에 갔는지는 모르지만 상대방이 외출한 것은 알고 있고 따라서 상대방이 Yes라고 대답하리라는 것을 예상하고 한 질문이다.

즉 순수한 의문문에서는 any가 쓰이지만, 긍정적인 응답 등 어떤 '예상'이나 '기대'를 전제로 할 때는 의문문에서도 some이 쓰인다.

다음 (c)는 anything보다 something이 알맞아 보인다. 문맥상 '아빠가 무엇인가를 가져다 준 것이 틀림이 없다. 그러니까 기뻐하는 거겠지'라는 짐작을 전제로 한 질문이기 때문이다.

> (c) What are you so happy about? Did your dad bring you something/any-
>   thing?

한편 긍정문이면서도 다음 (d)～(e)에서 any가 쓰인 것은 (d)에서는 deny가, (e)에서는 without이 부정의 의미를 반영하기 때문이다.

> (d) He denied that there were any letters.
> (e) I can answer your question without any hesitation.

이와는 반대의 경우로, 부정문인데도 다음 (f)에서 some이 쓰인 것은 some이 not의 작용권 밖에 있기 때문이다. 즉 (f)는 (g)로 바꾸어 쓸 수 있는데, (g)는 not이 some에 걸리지 않음을 분명하게 보여준다.

> (f) Some boys haven't done their homework.
> ＝(g) There are some boys who haven't done their homework.

조건문인 다음 (h)와 (i)의 경우, (h)에서는 some이, (i)에서는 any가 알맞다.

> (h) If you eat any/some spinach, I'll give you ten dollars.
> (i) If you eat any/some candy, I'll whip you.

(문법적으로는 any, some을 다 쓸 수 있지만 상황상) (h)에서 some이 알맞은 것은 화자가 시금치를 먹는 것을 긍정적으로 여기며, 상대방이 시금치를 먹기를 바라기 때문이고, (i)에서 any가 알맞은 것은 캔디를 먹는 것을 부정적으로 여기고 상대방이 캔디를 먹지 않기를 바라기 때문이다.

의문문인 다음 (j)에서 some이 쓰인 것은 (j)가 형식상으로는 의문문이지만, 의미상으로는 (질문이 아닌) 요청을 나타내기 때문이다.

(j) Would someone open the door for me?

(3) any는 '개방조건(open condition)'을 전제로 하는 조건문에서도 쓰인다. 개방조건이란 실현이 될 수도 있고 안 될 수도 있으며 화자가 그 실현 여부에 대한 판단을 유보하고 있는 조건을 말한다.

If anyone calls, tell them to wait.
If you have any difficulty, ask for help.

다음에서 (a)와 (b)는 의미가 다르다. 개방조건을 전제로 하고 있는 (a)와 달리 누군가가 접근하리라는 것을 염두에 두고 한 말이 (b)이다.

(a) Don't shoot if you see anyone coming.
(b) Don't shoot if you see someone coming.

다음 (c)와 (d)의 차이는 무엇일까?

(c) If anyone gives you ten million dollars, what will you do?
(d) If someone gives you ten million dollars, what will you do?

anyone이 쓰인 (c)가 그저 막연한 가정에 불과하다면, (d)는 돈 줄 특정인을 염두에 둔 구체성을 띤 가정이다.

(4) some과 달리 any가 가리키는 수량은 특정한 제한이 없다. 그렇기 때문에 다음 긍정문에서의 any는 '최대한의'란 뜻의 해석이 가능하다.

He was given any help he needed.

(5) 다음 문장에서의 some은 '어떤', '누군지 모르지만'이란 뜻을 함축함으로써 화자의 경멸감이나 무관심을 반영한다.

> Some idiot has started this rumor.
> (어떤 바보 녀석이 이 소문을 퍼뜨렸어.)
> She's always having trouble with some man or other.
> (그녀는 늘 이 남자, 저 남자와 말썽을 일으킨다.)

(9.11.5) none

none은 '아무/하나도/조금도 … 지 않다'란 뜻을 나타내는 대명사로 쓰인다. 규범문법에 따르면 none이 주어로 쓰이는 경우 술어동사는 단수형을 써야 하지만, none of … 를 잇는 명사가 복수형 보통명사일 때는 복수형도 자유롭게 쓰인다.

> None of my friends lives/live nearby.
> None of the seats is/are taken.

유의 다음에 나오는 none은 부사이다.
> He has taken a couple of days off, but he is feeling none the better for it.
> (이틀 동안 휴가를 얻어 쉬었지만, 기분은 전혀 나아지지 않았다.)

(9.11.6) one

(1) a + 명사의 뜻을 나타내는 one
다음 (a)와 (b)에서 one은 '불특정 명사(= a + 명사)'를 대신한다.

> (a) I have lost my umbrella. I think I must buy one(= an umbrella).
> (b) He is a bachelor and at fifty now is likely to remain one(= a bachelor).
> (그는 독신이다. 그리고 이제 나이가 50이니 아마 계속 독신으로 지낼 것 같다.)

one과 대조적으로 다음 (c)에 나오는 it은 '특정적 명사'를 가리킨다.

> (c) I have lost my umbrella. I must find it(= the umbrella I lost).

그런데 a + 명사로 풀이할 수 있는 것으로 알 수 있듯이 one은 불가산명사를 대신하지 못한다.

불가산명사의 대용형으로는 **some**이 쓰인다.

> A: I'd like coffee.
> B: Then make some.
>> cf. I'd like a cup of coffee.
>> Then pour yourself one.

(2) 수식어 다음에서 쓰이는 one

다음 (d)~(f)처럼 one은 한정사 this, that, which와 형용사의 수식을 받기도 한다.

> (d) I don't like this pen. Can you show me *a better* one(= pen).
> (e) My new car goes faster than *my old* one(= car).
> (f) I've heard some strange stories in my time. But *this* one(= story) was perhaps *the strangest* one(= story) of all.

(3) 앞에 나오는 불특정명사의 복수형의 대명사로는 some과 ones가 있다.

> (g) A: Are there lions in those hills?
>> B: Yes, we saw some(= lions) on the way over.
> (h) Those shoes are too small. We must buy *some new* ones(= shoes).

즉 앞에 나오는 불특정명사의 복수형을 아무 수식어구 없이 대신하는 경우는 **some**이 쓰이고, 앞에 나온 명사의 복수형에 새로 형용사나 한정사를 부가하는 경우는 **ones**가 쓰인다.

앞에 나온 명사가 불가산명사인 경우는 형용사의 수식을 받아도 **one**은 쓰이지 않는다.

> I like red wine better than * white one/white (wine).

가산명사를 대신하는 경우, 앞에 나오는 형용사와 대조적으로 쓰인 형용사(또는 수사, 또는 소유격+own) 다음에서는 **one**이 흔히 생략된다.

> If you use the red pencil, I'll use the blue (one).
> He asked me a direct question, not an indirect.
> My left eye is better than my right.

격식체에서는 these/those 다음의 ones도 생략된다.

Do you prefer these roses or those?

(4) one은 후방조응적으로 쓰이는 경우도 있다. (⇒ 8.4.1(3))

Middle one(= window) **of the three windows was open.**

(**9.11.7**) 일반인을 가리키는 one

(1) 다음에서 one은 일반인(people in general)을 가리킨다.

One **never knows what may happen.**
One **should always have respect for** one's **parents.**

일반인을 나타내는 one은 일반인을 나타내는 you보다 격식성이 높다.
one의 소유격으로는 영국영어에서는 보통 one's가, 미국영어에서는 his가 쓰이는
데, 일상체에서는 his 대신에 your가 쓰이기도 한다.

One **should obey** one's/his/your **parents.**

one이 일반인을 나타낸다지만 다음은 비문법적이다. one이 화자를 포함하지는 않
기 때문이다.

* One **speaks English here.**
→ We **speak English here.**

(2) 한정적 수식어구를 수반하는 경우 one은 the sort of person who … 란 의미를
나타낸다.

She works like one *possessed.*
(그녀는 신들린 사람처럼 일을 한다.)
I'm not usually one *to be taken in easily*, **but this time I believed his story.**
(나는 보통은 쉽게 속임을 당하는 사람이 아니건만, 이번만은 그의 말을 믿고 말았다.)

정관사가 부가된 the one who … 는 the man who … 로 해석된다.

Are you the one(= the man) who handed out these pamphlets?

참고 one(s)는 loved, little, young 등 아주 한정된 형용사의 수식을 받아 일종의 관용구를 만든다.

the *little* ones(어린 것들)

the *young* one(어린 것)

Soldiers used the time to write letters to their *loved* ones at home. (애인들)

(9.11.8) one, another, the other, others, …

(1) one/the other: 두 개 중의 하나와 나머지 하나를 대조적으로 가리킨다.

She was holding the wheel with one hand and waving with the other hand.

(2) one/another/the third: 셋을 하나하나 열거할 때 쓰인다.

Here are three flowers. One is a lily, another is a rose and the third is a tulip.

another는 형태상 an + other(= one more of the same kind)로 분석할 수 있다.

Have another drink.

하지만 another는 다음과 같이 숫자+복수형을 수반하기도 하는데, 이런 문맥에서의 another는 '…만큼을 더'란 뜻을 나타낸다.

She lived another ten years.

(3) one/the others: 셋 이상인 것 가운데 하나와 두 개 이상인 나머지를 가리킨다.

There are five books. One is mine, the others(= all the rest) are his.

(4) some/the others: 두 개 이상의 것과 두 개 이상의 나머지를 가리킨다.

There are five books. Some of them are written in English and the others are in French.

(5) some/others: 많은 수의 사물을 막연히 몇 개씩 열거할 때 쓰인다.

Some of them are red and others (= some of the remaining ones) are brown.

(9.11.9) 부정대명사의 부분부정과 전체부정 (⇒ 16.4.12 ~ 13)

9.12 의문대명사

의문대명사에는 who(whose, whom), what, which가 있다. what, which, whose는 의문형용사로도 쓰인다.

(9.12.1) who와 what

   (a) Who is he?
   (b) What is he?

(a)는 흔히 이름이나 상대방과의 관계를 물을 때 쓰이며, (b)는 직업이나 신분을 물을 때 쓰인다. 다만 이와 같은 구별은 절대적인 것은 아니어서 문맥에 따라 융통성이 있다.

   (c) A: What's her husband?
      B: He's a movie director.
   (d) A: Who is her husband?
      B: He's Paul Jones, the famous art critic.
   (e) A: Who is he?
      B: A doctor. I don't know his name.

9.12.2 which와 what

(1) $\begin{Bmatrix} \text{Which} \\ \text{What} \end{Bmatrix}$ book do you like best?

which는 '일정수' 가운데서 '어느 것' 또는 '어느 누구'를 가리킬 때 쓰이고, what은 '부정수' 가운데서 '어느 것'을 가리킬 때 쓰인다.

which는 일정수를 전제로 하기 때문에, 흔히 다음과 같은 형식을 취한다.

　　Which conductor do you prefer, von Karajan or Stokovsky ?

(2) which는 of + 명사를 수반하기도 한다.

　　Which *of the girls* do you like best?

위에 나오는 which는 문맥에 따라 단수일 수도 있고 복수일 수도 있다.

9.12.3 who와 whom

일상체에서는 목적어 whom 대신에 보통 who가 쓰인다. 다만 전치사 다음에서는 whom이 알맞다.

　　Whom is he marrying? - 격식체
　　With whom? (누구하고요?)
　　Who are you looking for? - 일상체
　　Who with? (누구하고요?)

9.12.4 전치사와 의문대명사

의문대명사와 함께 쓰이는 전치사의 어순은 격식체와 일상체에 따라 다음과 같이 다르게 나타난다.

　　With what did he write it? - 격식체
　　What did he write it with? - 일상체

On which bed **did he sleep?** - 격식체

Which bed **did he sleep** on? - 일상체

9.13　대명사의 재음미

9.13.1　기능

대명사가 명사를 대신하는 이유는 무엇일까?

대명사가 명사를 대신하는 이유는 앞에 나온 명사의 반복을 피해서 말을 경제적으로 사용하기 위해서이다. 이와 같은 목적에 덧붙여 대명사의 사용은 두 문장을 밀접하게 연결시켜 주는 기능을 아울러 갖는다.

다음 **(a)**와 **(b)** 가운데서 두 문장이 좀 더 밀접하게 연결되어 있는 것은 **(b)**이다.

　(a) John got up at seven. John felt refreshed.

　(b) John got up at seven. He felt refreshed.

(a)는 **John**에 관한 두 문장이 아무 관계없이 배열되어 있는 것으로 못 볼 것도 없다. 하지만 **(b)**는 두 번째 문장의 주어인 **He**가 첫 문장에 나오는 **John**을 가리킴으로써 두 문장이 연결되어 있음을 드러내준다.

9.13.2　대명사가 가리키는 것

명칭상으로 대명사는 명사를 대신하는 품사를 가리킨다. 하지만 대부분의 경우 대명사는 다음 예가 보여주듯이 명사보다는 명사구를 대신한다.

　My mother got up at seven. She looked refreshed.

　(she = my mother)

그런가 하면 다음 예문에서의 **he**는 앞에 나온 명사구인 **old man**을 그대로 대신하지 않는다. He를 앞에 나온 명사구로 바꾸면 **an old man**이 아닌 **the old man**이 되어야 한다.

I met an old man on the street. He(= the old man) looked tired.

9.14 대명사화

9.14.1 순행대명사화와 역행대명사화

다음 (a)에서 she는 앞에 나온 my aunt를 가리킨다. 하지만 (b)에서의 she가 뒤에 나오는 my aunt를 가리키지는 않는다.

(a) My aunt saw us and she waved at us.
(b) She saw us, and my aunt waved at us.

그러나 다음 (c)와 (d)에서의 Bob과 he는 어느 쪽이 선행하건 동일인일 수가 있다.

(c) When Bob looked out the window, he(= Bob) saw that it was snowing.
(d) When he(= Bob) looked out the window, Bob saw that it was snowing.

(c)처럼 동일인(또는 동일물)인 두 명사 가운데 두 번째 명사를 대명사로 바꾸는 대명사화를 '순행대명사화(forward pronominalization)'라 하고, (d)처럼 첫 번째 명사를 대명사로 바꾸는 대명사화를 '역행대명사화(backward pronominalization)'라고 한다.

그런데 (d)의 경우는 역행대명사화가 가능하지만, (b)의 경우는 물론 다음 (e)도 역행대명사화는 불가능하다. He가 Bob을 가리킬 수 없는 것이다.

(e) He saw that it was snowing when Bob looked out the window. (He≠Bob)

9.14.2 역행대명사화의 조건

역행대명사화는 다음을 조건으로 한다.

즉, (주절과 종속절로 이루어진) 한 문장에 동일인이나 동일물을 나타내는 명사가 되풀이될 때, 앞에 나온 명사를 대명사로 바꾸기 위해서는 그 명사를 포함하는 절이 종속절(비정형절로 간주할 수 있는 부정사구와 동명사구 포함)이어야 한다.

위의 (b)나 (e)에서 역행대명사화를 할 수 없는 것은 주절에 나오는 명사를 대명사로 바꾸었기 때문이다. 한편 (d)에서 he가 Bob을 가리킬 수 있는 것은 he가 종속절에 나오기 때문이다.

다음에서도 역행대명사화는 (g)와 (h)에 한해서 가능하다. 대명사가 종속절에 들어 있기 때문이다.

> (g) If he feels good, Tom will go. (he = Tom)
>
> (h) For you to give him a present would please Tony. (him = Tony)
>
> (i) He will go if Tom feels good. (He ≠ Tom)
>
> (j) It would please him for you to give Tony a present. (him ≠ Tony)

위에서 설명했던 역행대명사화의 조건은 부정대명사 one과 동사구의 대용형인 do so의 사용에도 똑같이 적용된다.

> (k) If I see one, I will buy a hot dog. (one = a hot dog)
>
> (l) I will buy you one if I see a hot dog. (one ≠ a hot dog)
>
> (m) I will buy you a hot dog if I see one. (one = a hot dog)
>
> (n) After Henry did so, Bill touched the sword.
>
>   (did so = touched the sword)
>
> (o) Bill did so after Henry touched the sword.
>
>   (did so ≠ touched the sword)
>
> (p) Bill touched the sword after Henry did so.
>
>   (did so = touched the sword)

(9.14.3) 대명사화와 문맥

다음 (a)와 (b)는 그 자체는 아무 하자가 없다.

> (a) If John can, he will do it. (John = he) - 순행대명사화
>
> (b) If he can, John will do it. (he = John) - 역행대명사화

하지만 (c)처럼 A가 한 질문을 전제로 하는 문맥에서의 역행대명사화는 어색하다. who로 시작한 의문문의 응답으로는, he보다는 John으로 시작하는 것이 알맞다.

(c) A: Who will do this for me?

B: (?)If he can, John will do it.

→ If John can, he will do it.

다음은 순행대명사화가 어색한 경우이다. John이 주어인 문장에 이어서, 문장이 다시 John으로 시작되고 있기 때문이다.

(d) A: What will John do this Sunday?

B: (?) If John can, he will go to see a movie.

→ If he can, John will go to see a movie.

참고 역행대명사화의 예는 부사구에서도 발견된다.

In his memoirs, Winston Churchill tells us ….

Because of his ill health, Tony had to give up his job.

In her pink dress, Susan was like a princess.

Exercises

I. 앞에 나온 대명사가 뒤에 나오는 명사를 가리킬 수 있는 것을 고르시오.

1. Whoever helps her will be rewarded by this woman.
2. She will reward whoever helps that woman.
3. The possibility that she might not graduate didn't disturb Mary.
4. She wasn't disturbed by the possibility that Mary might not graduate.
5. Before he died, Hong was awarded a medal.
6. He was awarded a medal before Hong died.
7. Bill waxed it to make the car shine.
8. They were disturbed by your criticizing the Jackson's son.
9. For you to give him a present would please Tony.
10. It would please him for you to give Tony a present.

II. 보기에서 골라 빈칸을 완성하시오.

> any / anything / anywhere / everywhere / nothing / nowhere /
> some / somewhere / something

1. A: I can't find my pen _____. I've looked _____ for it.
   B: But it must be _____. Where haven't you looked?
   A: _____

2. A: I haven't read all of this book but I've read _____ of it.

   B: At least I know _____ about the subject.

3. I haven't read _____ of the last four chapters yet, so I know _____ about them, I'm afraid.

형용사

Adjectives

형용사

10.1 형용사의 특성과 분류

10.1.1 특성

형용사는 다음과 같은 특성을 갖는다.

(1) 명사를 수식한다.

　　a beautiful girl

(2) 주어나 목적어의 보어가 된다.

　　The girl was beautiful.
　　I will make you happy.

(3) very의 수식을 받을 수 있다.

　　She is *very* beautiful.

(4) 비교급과 최상급을 만든다.

　　happier, happiest
　　more beautiful, most beautiful

[유의] 그런데 형용사가 명사를 수식한다지만, 모든 형용사가 명사를 직접 수식할 수 있는 것은 아니고, 명사를 수식하는 모든 낱말이 형용사에 속하는 것도 아니다. tea room이나 boy friend에서 room과 friend를 수식하는 tea와 boy는 명사이고, the statement above

(위에서 언급한 진술)에서의 **above**는 부사이다. 또한 형용사는 주어나 목적어의 보어가 될 수 있다지만, 명사 역시 주어나 목적어의 보어가 될 수 있다. 또한 형용사는 **very**의 수식을 받고, 비교급과 최상급을 만들 수 있다지만, 부사 역시 **very**의 수식을 받고 비교급과 최상급을 만든다. 그런가 하면 형용사 가운데는 **very**의 수식을 받지 못하고 비교급과 최상급을 만들지 못하는 것도 있다.

10.1.2 분류

(1) 성상(性狀)형용사(qualifying adjective)

성상형용사는 명사를 직접 수식하거나 명사의 여러 특징이나 속성을 기술하는 데 쓰이는 낱말을 말한다. 대부분의 형용사가 이 성상형용사에 속한다.

> a tall **tree**
> She is kind.

(2) 그 밖에 명사를 한정하는 기능을 갖는 다음 낱말들이 전통적으로 형용사의 일종으로 분류되어 왔다.

1) 수, 양, 정도를 나타내는 수량형용사(quantitative adjective)

> some **water**, any **amount**, many **books**, much **money**,
> few **people**, little **space**

수사(numerals)인 (기수) one, two, three , (서수) first, second 및 single, double도 수량형용사에 속한다.

2) 소유형용사(possessive adjective): 대명사의 속격

> my **book**, your **brother**, his **wife**, their **house**, …

3) 지시형용사(demonstrative adjective): 명사를 한정하는 데 쓰이는 지시대명사와 (일부) 부정대명사

> this **book**, those **buildings**, either **side of the street**

4) 의문형용사(interrogative adjective): 명사를 한정하는 데 쓰이는 의문사

> Which **girl do you like best?**
> Whose **jacket is this?**

(3) 그 밖에 형용사는 다음과 같이 분류되기도 한다.

1) 단계형용사와 비단계형용사(⟹ 10.11)
2) 상태형용사와 활동형용사(⟹ 10.15)

10.2 한정적 용법과 서술적 용법

형용사에는 명사를 직접 수식하는 한정적 용법(attributive use)과 주격보어나 목적보어로 쓰이면서 명사를 간접적으로 수식하는 서술적 용법(predicative use)이 있다.

1) 한정적 용법

a charming **girl**, a white **rose**, a happy **child**

2) 서술적 용법

She was charming.
The rose is white.
I will make her happy.

대부분의 형용사는 이 두 용법에 모두 쓰인다. 하지만 형용사 가운데는 이 두 용법 가운데 한 용법에만 쓰이는 것이 있고, 두 용법에 다 쓰이지만 용법에 따라 의미가 달라지는 것이 있다.

10.3 한정적으로만 쓰이는 형용사

한정적으로만 쓰이는 형용사는 크게 다음 다섯 종류로 분류할 수 있다.

(1) 강의어(強意語, intensifier)

Jane is a mere **child**. (Jane은 애송이에 불과해.)
The man is an utter **fool**. (저 남자는 아주 바보야.)

Jane is very young이나 The man is extremely foolish에서 very나 extremely가 각각 young과 foolish의 뜻을 강조하듯이, mere나 utter는 각각 child와 fool이 함축하는 '어리다'란 뜻과 '어리석다'란 뜻을 강조한다. 이러한 강의어는 서술적으로는 쓰이지 않는다.

> * The child is mere.
> * The fool is utter.

이와 같은 강의어로는 다음도 있다.

> a big baby(= a very babyish man), a close friend, his entire salary,
> a perfect idiot, a real hero, a sheer fabrication, a total stranger

the real hero(진짜 영웅)를 * The hero is real이라 바꾸어 쓰지 못하는 것은 real이 강의어에 속하기 때문인데, an artificial flower와 대조가 되는 a real flower(생화)의 real은 The flower is real에서처럼 서술적으로 쓸 수 있다. a real flower의 real은 강의어가 아니다.

(2) 한정사와 비슷한 기능을 갖는 형용사

> a certain man, a former president, the late Dr. Brown
> the main street, the next day, a particular day
> the same soldier, the then government
> the right book for you to read, the very book I wanted

위에 제시한 형용사 가운데서 certain, late, particular, right 등은 서술적으로도 쓰이는데, 한정적으로 쓰이는 경우와는 의미가 다르다.

> (a) a certain man (어떤 …)
> I am certain that he will succeed. (확신하다)
> (b) the late Dr. Brown (고(故))
> Don't be late. (늦다)
> (c) on the particular day (특정한)
> He is very particular about his food. (까다롭다)

(3) 명사에서 파생한 형용사(denominal adjective)

the constitutional amendment(헌법개정)에서의 constitutional처럼 명사 constitution 에서 파생한 형용사를 말한다. the constitutional amendment는 의미상 amend the constitution을 명사화 한 것인데, *the amendment is constitutional이라고 바꾸어 쓰지는 못한다.

명사에서 파생한 한정적 형용사로는 다음과 같은 예를 들 수 있다.

> the dramatic criticism, suburban houses, the criminal law,
> an atomic scientist, a medical school

위에 나오는 criminal은 다음과 같이 서술적으로도 쓰이는데, 한정적으로 쓰이는 criminal이 1)~2)의 의미를 갖는다면, 서술적으로 쓰인 criminal은 2)의 의미만을 갖는다.

- (a) the criminal lawyer
  - 1) 형사사건 전문변호사
  - 2) 죄를 범한 변호사
- (b) The lawyer is criminal.
  - 2) 그 변호사는 범죄자이다.

유의 위의 (a)에 나오는 criminal lawyer는 그 의미가 1)인지 2)인지에 따라 그 강세형이 다음과 같이 다르다.
- 1) críminal lawyer
- 2) criminal láwyer

(4) (swim well과 상응하는) good swimmer

'그는 수영을 잘한다'는 (a) He swims well로도 표현되고 (b) He is a good swimmer 로도 표현되는데, the good swimmer를 the swimmer is good으로 바꾸어 쓰지는 못한다. the swimmer is good의 good은 '수영을 잘하는'이 아닌 '마음이 착한'이란 뜻만을 나타내기 때문이다. He smokes heavily도 He is a heavy smoker로 바꾸어 쓸수 있는데 the heavy smoker를 the smoker is heavy로 바꾸지는 못한다. The smoker is heavy에서의 heavy는 '체중이 무거운'을 뜻할 뿐, '골초'란 뜻을 나타내지 않는다.

good이나 heavy처럼 한정적으로만 쓰일 뿐, 똑같은 의미로 서술적으로는 쓰이지 못하는 형용사의 예를 추가하면 다음과 같다.

> a big eater(= someone who eats a lot)
> a clever liar(= someone who lies cleverly)
> a hard worker(= someone who works hard)

이 (4)에 속하는 형용사로 간주할 수도 있는 것에 'transferred epithet(전이(轉移)수식어)'가 있다.

전이수식어란 의미상의 연관성과 형식상 수식관계가 다른 형용사를 가리킨다.

> She extended a smiling right hand.

형식상으로는 smiling이 right hand를 수식하고 있지만 미소를 지은 것은 그녀이지 그녀의 오른손은 아니다. 이와 같은 smiling은 서술적으로 * her right hand is smiling 처럼 쓰이지 않는다.

이 전이수식어에 속하는 예를 추가해보자.

> The police officer waved a warning hand.
> He gave her a shy firm hug.
> She gave him a generous slice of meat.

(5) 기타

1) -ly로 끝나는 빈도를 나타내는 형용사

> a daily newspaper, his monthly visit, a weekly magazine

2) 재료를 나타내는 형용사

> earthen pottery, a wooden box, woolen socks

3) 방향과 장소를 나타내는 형용사

> the northern hemisphere, Western Europe, a polar bear, urban population

4) 기타

> the average number, contemporary novels, a spare tire

10.4 서술적으로만 쓰이는 형용사

서술적으로만 쓰이는 형용사는 다음 세 종류로 분류된다.

(1) a-로 시작하는 많은 형용사

ablaze	aflame	afloat	afraid	agape
aghast	ajar	alike	alive	alone
ashamed	asleep	astray	awake	aware

The boat remained afloat through the storm.
   cf. 물위에 떠 있는 배들: * afloat boats → floating boats
The baby was fast asleep.
   cf. 잠자고 있는 갓난아이: * the asleep baby → the sleeping baby

다만 a-로 시작하는 형용사 가운데서도 alert와 aloof는 한정적으로도 자유롭게 쓰인다.

an alert watchdog

(2) to 부정사구, that절, 전치사구를 수반하는 형용사
다음과 같은 형용사가 여기에 속한다.

able to … , afraid to … , glad to … , happy to … ,
averse to … , subject to … , fond of … ,
aware that … , conscious that …

[유의] 위에 제시한 형용사 가운데서 일례로 able은 한정적으로도 서술적으로도 쓰이지만 다음 (a), (b)의 able과 to 부정사구를 수반하는 (c)의 able 사이에는 의미상 차이가 있다. (c)와 같은 의미를 갖는 able은 한정적으로는 쓰이지 않는다.
   (a) an able man. (유능한)
   (b) He is able. (유능한)
   (c) He is able to speak three languages. (… 을 할 수 있는)

(3) 일시적인 건강상태와 관계가 있는 형용사

ill, well, unwell, pale, faint

The old man is ill/well/unwell.

I feel faint.

cf. * an ill man/* a well young man/* the faint patient

유의 ill과 sick

unwell이란 뜻으로, ill은 특히 영국영어에서 쓰인다. 미국영어에서는 ill과 sick이 모두 쓰이는데, 일상적으로는 sick이 쓰이고, ill은 격식체에서 쓰인다.

건강상태를 나타내는 ill은 서술적 용법에서만 쓰이지만, ill이 의미가 달라지면 한정적으로도 쓰인다.

ill manners, ill treatment, ill effects

(4) 한정적 용법과 서술적 용법이 형용사가 수식하는 명사에 따라 달라지는 경우도 있다.

예를 들어 The girl was sorry(= apologetic)는 가능하지만 * the sorry girl은 가능하지가 않다. 그렇다고 sorry에 한정적 용법이 없냐면 그것은 아니고, sorry가 pitiful, poor and shabby란 의미를 나타낼 때는 sight(광경)나 state(상태)를 수식해서 한정적으로 쓰인다.

George is an old friend of mine은 George has been a friend of mine for many years란 뜻인데, 이 문장에서 쓰인 old도 서술적으로는 쓰이지 않는다. That friend of mine is old의 old는 '나이가 많은'이란 뜻이지 '오랜'이란 뜻을 나타내지 않는 것이다. 반면에 new는 friend를 수식하는 경우에는 한정적으로만 쓰이지만, student를 수식하는 경우는 서술적으로도 쓰인다.

a new friend/* The friend is new.

a new student/The student is new.

참고 little과 small

다음과 같은 문맥에서의 little도 한정적으로만 쓰인다.

a small/little house

The house is small/* little.

10.5 전위수식과 후위수식

10.5.1 후위수식(postmodification)

명사를 수식하는 형용사는 **a tall boy**가 그렇듯이 명사의 앞에 위치하는 것이 보통이지만, 다음과 같은 경우에는 명사의 뒤에 위치한다.

(1) -body, -one, -thing으로 끝나는 복합명사를 수식하는 경우

Anybody young would have done better.
I'd like *someone* young.
There is *something* peculiar about him.
I have *nothing* particular to say.

(2) 둘 이상의 형용사가 대구(對句)적으로 쓰인 경우

a face pale and worn
stories both amusing and instructive
A man poor but contented is to be envied.

(3) 그 밖에 (라틴어와 프랑스어의 어법이 존속되어 온 결과) 관용적으로 쓰이는 다음과 같은 복합명사에서

the President elect(대통령 당선인)   China proper(중국 본토)
God Almighty(전지전능하신 하느님)   attorney general(검찰총장)
heir apparent(법정 추정 상속인)   notary public(공증인)
time immemorial(태고(太古))

10.5.2 전위수식(premodification)과 후위수식의 의미 차이

다음은 전위수식과 후위수식에 따라 형용사의 의미가 다른 예이다.

(1) (a) the members present(참석한 회원들)
  (b) the present members(현 회원들)
(2) (a) the issues involved(관련된 문제들)
  (b) involved patterns(복잡한 무늬)
(3) (a) the authorities concerned(관계 당국)
  (b) a concerned look(근심스런 표정)
(4) (a) the members absent(불참한 회원들)
  (b) an absent air(정신이 나간 멍한 모습)
(5) (a) stars visible
  (b) visible stars

전위냐 후위냐에 따라 의미 차이가 생기는 경우, 후위 수식의 형용사는 흔히 명사의 일시적 상태를 나타내고, 전위수식의 형용사는 명사의 영속적 성질을 나타낸다. 특히 위에 나온 (5)의 경우 (a)는 '현재 눈에 보이는 별'을 뜻하고, (b)는 '(현재 보이건 보이지 않건) 가시거리에 있는 별'을 뜻한다.

10.5.3 서술적 용법과 후위수식

앞에서 언급한 바, 한정적으로 쓰이지 않는 형용사도 명사의 후위수식은 흔히 가능하다.

(1) (a) *the ajar door
  (b) the door ajar
(2) (a) *alive people
  (b) people alive

다음과 같이 문장의 일부를 이루는 관계대명사+be동사는 흔히 생략된다.

the letter which is written in English
→ the letter written in English

관계대명사 + be동사가 생략되면 관계사절의 나머지 부분은 선행사를 후위수식하는 구조가 된다. 바로 앞에 제시한 (1) ~ (2)의 (b)도 그런 구조로 볼 수 있다.

10.5.4 부사와 전위수식

한편 서술적 용법만 갖는 형용사가 부사의 수식을 받으면 명사의 전위수식이 가능해지기도 한다.

> (1) (a) ＊the asleep child
>   (b) the half-asleep child
> (2) (a) ＊an ill person
>   (b) a seriously ill person

10.5.5 전위수식과 후위수식의 제약

(1) (형용사 + to 부정사구나 형용사 + 전치사)가 명사를 수식하는 경우, 형용사에 따라 전위수식과 후위수식에 다음과 같은 제약이 있다.

> 1. (a) a style impossible to imitate
>   → (b) an impossible style to imitate
> 2. (a) a book different from the book I bought
>   → (b) a different book from the book I bought
> 3. (a) the boy easiest to teach
>   → (b) the easiest boy to teach
> 4. (a) a man able to run fast
>   → (b) ＊an able man to run fast

1. ~ 3.에 쓰인 형용사들은 한정적 용법과 서술적 용법이 원래 다 가능한 형용사들이다. 이런 형용사들은 (a)와 (b)와 같은 구조를 다 만든다. 반면에 4.에 쓰인 able은 to 부정사구와 함께 서술적으로 쓰이는 경우와 한정적으로 쓰이는 경우, 그 의미가 다르다. 그렇기 때문에 to 부정사구와 함께 서술적으로 쓰이는 형용사를 자유롭게 명사 앞으로 옮기지를 못한다.

(2) 위의 3.과는 또 달리, 형용사가 **too, so**의 수식을 받은 다음의 경우, 이 형용사 구를 명사 앞으로 옮기지 못한다.

5. (a) boys too/so easy to teach

→ (b) * too/* so easy boys to teach

하지만 형용사가 수식하는 명사가 부정관사 + 명사의 구조일 때는 전위수식이 가능하다. 이는 **too/so** + 형용사가 명사를 전위수식하는 경우, 그 명사는 반드시 부정관사와 함께 쓰이기 때문이다. (⟹ 16.3.7)

6. (a) *a boy* too/so easy to teach

→ (b) too/so easy *a boy* to teach

10.6 전위수식 형용사의 순서

두 개 이상의 형용사가 명사를 전위수식하는 경우, 형용사의 순서는 대체적으로 다음과 같다.

(1) 한정사(a, the, my, his, this, that, …)

(2) 주관적 판단을 나타내는 형용사(poor, sweet, pretty, kind, …)

(3) 크기(big, little, large, small, …)

(4) 모양과 상태(round, square, oblong, chipped, worn, …)

(5) 나이(old, young, …)

(6) 색깔(pink, yellow, black, …)

(7) (고유명사로 나타내는) 원산지(French, Chinese, …)

(8) 재료(plastic, wooden, porcelain, …)

(9) 동명사 또는 명사로부터 파생한 형용사(writing, jogging, medical, …)

형용사가 명사를 수식하는 경우, 이론상으로는 위에서 언급한 아홉 가지의 형용사를 망라할 수 있고 동일한 종류의 형용사가 여럿 겹칠 수도 있겠지만, 실제로 명사를 수식하는 형용사의 수는 다음과 같이 많아야 3~4개를 넘지 않을 것이다.

a <u>daring</u> <u>young</u> man
1   2   5

a <u>small</u> <u>round</u> <u>oak</u> table
1   3   4   8

a <u>dirty</u> <u>old</u> <u>brown</u> car
1   2   5   6

a <u>large</u> <u>green</u> <u>Chinese</u> vase
1   3   6   7

a <u>charming</u> <u>French</u> <u>writing</u> desk
1   2   7   9

위의 예가 보여주듯이, 명사를 수식하는 형용사의 종류가 서로 다른 경우에는 형용사와 형용사를 (,)나 and로 연결하지 않는다.

an adventurous young man

　cf. * an adventurous and young man

그러나 종류가 동일한 형용사가 겹치는 경우는 (,)나 and가 필요하다.

a charming, attractive lady

a charming and attractive lady

　cf. * a charming attractive lady

서술적으로 쓰이는 경우에는, 복수의 형용사는 (,)와 and로 연결이 되어야 한다. 한편 순서에는 융통성이 있다.

He is intelligent, young and adventurous.

He is adventurous and young.

He is young and adventurous.

순서와 관련해서 언급한 전위수식의 형용사 가운데 한정사를 가리키는 1은 다음과 같은 세분화가 가능하다. (⟹ 8.10)

(1) 전치한정사
(2) 한정사
(3) 후치한정사

(1)	(2)	(3)	
all (of)	the	dozen	tall students
both (of)	John's	two	beautiful sisters

10.7 비교

형용사와 (일부) 부사는 그 정도의 차이를 어형의 변화로 나타낸다.

이와 같은 어형변화를 '비교'라고 한다. 비교는 그 어형과 비교의 정도에 따라 다음과 같이 분류된다.

원급(positive degree): He is as tall as my brother.

She is as beautiful as her sister.

비교급(comparative degree): He is taller than my brother.

She is more beautiful than my sister.

최상급(superlative degree): He is the tallest boy in our class.

She is the most beautiful girl in her class.

형용사의 비교급과 최상급은 어미에 -er, -est를 부가하거나 more, most를 형용사의 앞에 붙이는 방식으로 만드는 규칙적인 것과, 어형의 변화가 불규칙적인 것이 있다.

10.8 규칙변화

10.8.1 (원급에) -er, -est를 부가하는 경우

(1) 대부분의 단음절 형용사는 원급에 **-er, -est**를 부가해서 비교급과 최상급을 만든다.

원급	비교급	최상급
cheap	cheaper	cheapest
short	shorter	shortest

그 밖에 **-er, -est**를 부가하는 대표적 단음절 형용사에는 다음이 있다.

big, black, clean, fast, great, hard, high, low,
quick, small, thick, thin, wide, young

(2) 유의할 철자와 발음

1) 어미가 (강세를 받는) 단모음 + 단자음으로 이루어진 형용사는 마지막 글자를 겹친다.

big	bigger	biggest
fat	fatter	fattest
sad	sadder	saddest
thin	thinner	thinnest

2) 어미가 -e로 끝나는 형용사는 **-r, -st**만을 부가하고, -y로 끝나는 형용사는 **-y**를 -i로 바꾼 다음 **-er, -est**를 부가한다.

fine	finer	finest
easy	easier	easiest

3) long, strong, young은 -er, -est가 부가되면 -ng의 발음이 [ŋ]에서 [ŋg]으로 바뀐다.

long[lɔŋ] longer[lɔŋgə] longest[lɔŋgest]

유의 하지만 현재분사나 명사를 만드는 경우에는 -ng 다음에 모음이 오더라도 -ng의 발음이 바뀌지는 않는다.

longing[lɔŋiŋ] , singer[siŋə]

(3) 2음절 형용사 가운데(첫째 음절을 강하게 발음하고 둘째 음절을 약하게 발음하는) -y, -ow, -le, -er, -ure로 끝나는 다음과 같은 형용사도 -er, -est를 부가해서 비교급과 최상급을 만든다.

happy, easy, noisy, heavy
narrow, shallow
able, gentle, simple, noble, idle
clever, tender
mature, obscure

(10.8.2) more, most를 부가하는 경우

(1) 위에서 언급한 일부 2음절 형용사를 제외한 다음절 형용사와 현재분사나 과거분사에서 유래한 형용사는 more, most를 형용사 앞에 붙여 비교를 나타낸다.

honest	more honest	most honest
difficult	more difficult	most difficult
interesting	more interesting	most interesting
bored	more bored	most bored

유의 단 un-으로 시작하는 부정의 뜻을 갖는 unhappy, untidy는 -er, est를 붙여 비교를 나타낸다.

(2) 서술적으로만 쓰이는 다음과 같은 형용사도 more, most를 부가해서 비교를 나타낸다.

alive, aware, afraid, asleep, ajar, askew, content, …

10.8.3 비교와 관련된 유의사항

(1) 단음절이지만 like, real, right, wrong은 more, most를 사용해서 비교를 나타낸다.

like   more like   most like

real   more real   most real

She's more like her father than her mother.

(2) -er로 끝나는 낱말 가운데서 eager, proper는 -er, -est 대신 more, most를 부가해서 비교를 나타낸다.

＊eagerer/＊eagerest → more eager/most eager

(3) good-looking, well-known 등 복합형용사의 비교급과 최상급은 두 가지 방식이 다 쓰인다.

good looking   better-looking   best-looking

                more good-looking   most good-looking

well-known   better-known   best-known

                more well-known   most well-known

(4) 다음은 정상적으로는 safer를 써야할 것인데, more safe가 쓰인 예이다. 이와 같은 변칙은 more comfortable과 병행하는 형식을 취하려는 문체상의 배려의 결과이다.

Trains have become more comfortable and more safe.

그런데 위의 예문도 safe와 comfortable의 순서가 바뀌면 safer가 쓰인다.

Trains have become safer and more comfortable.

(5) 비교의 의미를 강조하고자 할 때, -er, -est 대신 more, most가 쓰이기도 한다. -er, -est는 강하게 발음할 수 없지만, more, most는 강하게 발음할 수 있기 때문이다.

My instructor told me to come up with a clearer thesis statement, but I don't see how I can make it more clear

(교수님은 나에게 논문 요지를 좀 더 명확하게 쓰라고 하지만, 나는 어떻게 하면 이보다 더 명확한 기술을 할 수 있을지 모르겠다.)

10.9 불규칙변화

(1) 불규칙변화로 비교를 나타내는 대표적 형용사는 다음과 같다.

원급	비교급	최상급
good	better	best
bad	worse	worst
ill	worse	worst
far	farther/further	farthest/furthest
many	more	most
little	less	least
old	older/elder	oldest/eldest
late	later/latter	latest/last

(2) 불규칙변화에 관련해서 유의할 사항에 다음이 있다.

1) farther, farthest와 further, furthest

far의 비교형에는 farther, farthest와 further, furthest의 두 가지가 있다.

farther, farthest는 주로 '거리'의 비교에 쓰이고, further, furthest는 '거리'와 '정도'의 비교에 똑같이 쓰인다.

Nothing could be further from the truth.
My house is farther/further from the station

유의 further는 위에서와 같은 비교구문 외에 다음과 같은 구문에서 자주 쓰인다.
Any further questions?
The school will be closed until further notice.
(차후 공고가 나올 때까지 휴교합니다.)

2) older와 elder

old는 친족관계를 나타내는 경우에 한해서 elder, eldest로 어형이 변한다. 단, 친족 사이의 장유(長幼)관계를 나타내는 데는 elder, eldest 말고 older, oldest도 쓸 수는 있다.

> My elder/older sister is a school teacher.
> His eldest/oldest son is a school teacher, too.

elder, eldest는 다음과 같은 비교구문에서 서술적으로는 쓰이지 않는다.

> John is older/* elder than Mary.

3) small과 little

'크기가 작은'이란 뜻을 나타내는 little은 비교급과 최상급이 없다.

> Ann is a little/small child.
> Ann is a smaller child.

4) less와 least

little의 비교급인 less는 흔히 fewer와 대조적으로 쓰인다.

> We have $\left\{ \begin{array}{l} \text{less furniture} \\ \text{fewer books} \end{array} \right\}$ than you have.

즉 less는 불가산명사를, fewer는 가산명사를 수식한다.
하지만 일상체에서는 fewer가 쓰여야 할 자리에 less가 쓰이기도 한다.

> less than 300 people

다음의 경우는 less가 알맞다. 14 years (old)가 '가산명사의 복수형'이라기보다 나이의 정도를 나타내기 때문이다.

> She's less than 14 years old.

백분율(percentage)은 fewer/less가 다 쓰인다.

> Fewer/Less than 30 percent of the students who took the test passed it.

fewer는 명사하고만 결합하지만 less는 다음과 같이 그 결합 범위가 넓다.

> to be less extravagant - 형용사
> to dance less gracefully - 부사
> to weigh less - 동사
> less money - 명사

less, least는 more, most와 대조를 이루는 비교구문도 만든다.

> This problem is more/less difficult than the previous one.

5) later, latest와 latter, last

late의 비교급과 최상급으로 쓰이는 later와 latest는 의미상 '시간'을, latter와 last는 '순서'를 나타낸다.

> The match has been postponed to a later date. (후일로)
> His latest novel proved to be a great success. (최근의)
> Total profit was $550 million in the latter half of 2015. (후반기에)
> I don't agree with that last comment. (마지막)

10.10 비교를 나타내는 기타 형식

라틴어에서 유래한 inferior와 superior는 '… 보다'를 나타내는 데 than 대신 to를 쓴다. 비교급처럼 보이지만 inferior와 superior는 원급이나 최상급을 따로 갖지 않는다.

> This is superior to(= better than) that.
> This is inferior to(= worse than) that.

비슷한 예에 다음이 있다.

> senior to = higher/older than (… 보다 신분이나 나이가 높거나 위인)
> junior to = lower/younger than (… 보다 신분이나 나이가 낮거나 아래인)
> prior to = earlier/more important than (… 시간이나 순서가 … 에 앞선)

> major = rather larger or greater (… 보다 수가 많거나 더 중요한)
>
> minor = rather smaller or less important (… 보다 수가 적거나 덜 중요한)

그 밖에 부사(또는 전치사)에서 파생한 것으로 비교를 나타내는 형용사에 다음이 있다.

> his upper lip (윗입술)
>
> outer garments (다른 옷 위에 겹쳐 입는 의복)

10.11 단계형용사와 비단계형용사

10.11.1 단계형용사

대부분의 형용사는 비교급과 최상급을 만들 수 있고, very, so, extremely, how 등의 강의어의 수식을 받을 수 있다. 이는 형용사가 '정도'를 비교할 수 있는 '폭'을 가지고 있기 때문이다. 이런 폭을 갖고 있는 형용사가 '단계형용사(gradable adjective)'이다.

> Tom is tall*er* than Mary.
>
> Susan is the *most* beautiful girl.
>
> The new car is *extremely* expensive.
>
> *How* charming!

10.11.2 비단계형용사

그런데 형용사 가운데는 비교급, 최상급을 만들지 못하고 very, so, extremely, how 등의 수식을 받지 못하는 형용사가 있다. 이와 같은 형용사가 비단계형용사 (nongradable adjective)이다.

다음과 같은 형용사가 비단계형용사에 속한다.

(1) A 아니면 B에 속하기 때문에 중간적 단계가 배제되어 있는 형용사

　　alive/dead, single/plural, single/married, Christian/non-Christian

또한 A, B, C 가운데 하나에 속하는 비단계형용사에는 initial, medial, final 등이 있다.

(2) 정도를 비교할 수 있는 폭을 갖지 않는 형용사

　　unique, perfect, infinite, identical

(3) 명사에서 파생한 형용사와 한정적으로만 쓰이는 형용사의 일부

　　civil rights, a dramatic critic, a social science
　　a main street, a real hero

[유의] 그런데 perfect 같은 형용사는 논리상으로는 정도를 비교할 폭을 갖지 않는 형용사지만, 그 뜻을 강조하기 위해서 마치 폭을 갖는 것처럼 비교급이나 최상급을 만드는 수가 있다.

　　This is the most perfect plan I can think of.

10.12　비교구문의 여러 가지

10.12.1　동등비교(comparison of equality) 구문

'A가 B와 동등하다'란 뜻을 나타내는 동등비교구문의 형식은 다음과 같다.

　　John is as strong as Bill.
　　Is it as good as you expected?

동등비교구문은 다음과 같은 특성을 갖는다.

(1) He is old는 '그는 나이가 많다'란 뜻이지만 He is as old as John은 '그는 John과 나이가 같다'란 뜻이지, '그가 나이가 많다'란 뜻을 나타내지는 않는다.

(2) 종속절에서는 원칙상 부정문을 사용할 수 없다.

   * He is as old as she is not.

그러므로 '내가 그를 좋아하지 않는 만큼 그녀도 그를 좋아하지 않는다'는 She likes him as little as I do이지, * She doesn't like him as much as I don't로 나타내지 않는다.

다만 다음과 같은 관용적 표현에 한해서 비교구문의 종속절에 부정형이 쓰인다.

When it snows, the trains are late $\begin{cases} \text{as often as not.} \\ \text{more often than not.} \end{cases}$

(3) as와 as의 중간에 쓰이는 형용사에 **very**를 부가하지 않는다.

   * John is as very strong as Bill.

(4) 다음과 같은 부사구의 수식을 받을 수 있다.

   She's *every bit* as beautiful as her sister.
   He's *just* as strong as ever.
   It took *three times* as long as I had expected.

(5) 종속절이 완전한 문장의 형식을 갖춘 다음 (a)는 비문법적이다.

   (a) * John is as strong as Bill is strong.
     → John is as strong as Bill (is).

다음 (b), (c)가 문법적인 것은 '정도의 동등성'을 강조하기 위해서 종속절에 주절에 나오는 형용사나 부사와 대조가 되는 다른 형용사나 부사가 쓰였기 때문이다.

   (b) The husband was as stupid as his wife was clever.
   (c) She sang as badly as he accompanied well.

(6) 문맥상 그 뜻이 분명한 경우에는 종속절 전체가 생략되는 수가 있다.

   Cold ones taste as good. (= Cold ones taste as good as hot ones.)

(7) 종속절의 주어에 해당하는 인칭대명사는 격식체에서는 주격이, 일상체에서는 목적격이 쓰인다.

He speaks English as well as she/her.

(8) as와 as의 중간에 형용사가 수식하는 부정관사 + 명사가 끼어들기도 한다.

I'm as good a cook as she is.
This was not as bad a result as they expected.

(9) 그 밖에 관용적으로 쓰이는 동등비교구문에 다음이 있다.

She is as beautiful as ever.
You can have as much as necessary.
That is as much as saying that I am a liar.
(그렇게 말하는 것은 내가 거짓말쟁이라고 말하는 것과 다를 바가 없다.)

(10) 다음은 비유적 동등비교구문의 예이다.

as cold as ice, as black as night, as hard as nails

(11) 부정문에서는 첫 번째 as 대신에 so가 쓰이기도 한다.

(a) Mary is not as/so tall as Jim.
(b) I have never seen anyone as/so happy as Sue.

유의 1. John is not … 이 John isn't … 로 축약된 문장에서는 so보다 as가 쓰인다.
John *isn't* as old as you.
2. half, nearly, nothing like … 등의 부사구의 수식을 받는 경우에도 as가 쓰인다.
You're not *half* as clever as you think you are.
She's *nothing like* as generous as she used to be.
3. not 다음에 다른 낱말이 끼어든 경우에도 그 다음에서는 as가 쓰인다.
John does not *speak* as well as Mark.
4. 두 번째 as가 이끄는 종속절이 생략된 경우에는 not 다음에서 so가 쓰인다.
He is not so strong.
5. 다음은 so + 형용사 대신에 such a + 형용사 + 명사가 쓰인 예이다.
Water is not such a good conductor as metal.

10.12.2 우월비교(comparison of superiority) 구문

'우월비교구문'은 다음과 같은 비교구문을 가리킨다.

He is taller than his father.

우월비교구문에 관해서 유의할 점은 다음과 같다.

(1) 일상체에서는 than 다음에 보통 목적격이 쓰인다.

He is taller than $\begin{cases} \text{I/she.} & - \text{격식체} \\ \text{me/her.} & - \text{일상체} \end{cases}$

(2) 다음에서 (a)는 'John이 Bill 보다 키가 크다'란 뜻을 나타낼 뿐, 반드시 'John이 키가 크다'란 뜻을 나타내지는 않는다. 반면에 (b)는 Mary도 Jane도 총명하다는 전제 하에서 'Mary가 Jane보다 더 총명하다'란 뜻을 나타낸다. (⟹ 10.14)

(a) John is taller than Bill.
(b) Mary is more intelligent than Jane.

(3) 우월비교구문의 주절과 종속절의 일부가 중복되는 경우, 종속절에서 주절과 중복되는 부분은 흔히 생략되거나 대용형으로 대체된다.

Jane enjoys the theater more than Susan enjoys the theater.

→ Jane enjoys the theater more than $\begin{cases} \text{Susan.} \\ \text{Susan enjoys it.} \\ \text{Susan does.} \end{cases}$

I wrote more letters to John than I wrote to Mary.

→ I wrote more letters to John than $\begin{cases} \text{to Mary.} \\ \text{I did to Mary.} \end{cases}$

종속절의 일부가 생략된 다음은 his children을 주격으로 볼 것인지, 목적격으로 볼 것인지에 따라 그 의미가 달라진다.

He loves his dog more than his children.

이렇게 의미가 이중적인 경우, **his children**을 (대명사로 바꿀 수 있는 문맥임을 전제로) 대명사로 바꾸면 그 의미가 분명해진다.

> (a) He loves his dog more than they.
> (b) He loves his dog more than them.

그렇기는 하지만, 일상체에서는 주격 대신에 목적격을 쓰기 때문에, (b)의 **them**은 역시 그 의미가 이중적이다. 그런 경우 이 의미의 이중성을 피하는 방법은 다음과 같다.

> (c) He loves his dog more than they do.
> (d) He loves his dog more than he does them.

(4) 다음 (e)와 (f)는 미묘한 차이가 있다. (e)는 그렇지 않지만 (f)는 John이 player 임을 전제로 한다.

> (e) a player taller than John
> (f) a taller player than John

(5) 형용사의 비교급은 다음과 같은 부사의 수식을 받을 수 있다.

That's much/* very better
> cf. That's very/* much good.
The job was much easier than I expected.

비교급을 수식하는 **much**는 다시 **so**나 **very**, 또는 **that**의 수식을 받을 수 있다.

$$\left\{ \begin{array}{l} \text{so/very} \\ \text{that} \end{array} \right\} \text{much easier}$$

그 밖에 비교급을 수식하는 부사(구)로는 다음이 있다.

$$\left\{ \begin{array}{l} \text{a lot} \\ \text{a} \left\{ \begin{array}{l} \text{great} \\ \text{good} \end{array} \right\} \text{deal} \\ \text{(by) far} \end{array} \right\} \left\{ \begin{array}{l} \text{shorter} \\ \text{more difficult} \\ \text{more complicated} \end{array} \right\}$$

그 밖에 비교급과 최상급의 의미를 강조하는 부사에는 다음이 있다.

He is the greatest writer ever. – 최상급＋명사 다음에서 쓰이며, '지금까지 존재한 … 가운데서 가장'이란 뜻을 나타낸다.

Tom is taller, but Joe is still **taller.** – '(양이나 정도가 많거나 큰 것을 비교의 대상으로 삼아) 그것보다도 양이나 정도가 더 많거나 더 큰'이란 뜻을 나타낸다.

This is my hardest job yet. – 앞에 나온 **ever** 또는 **still**과 비슷한 뜻을 나타내되, 문어체에서 쓰인다.

This flower is even **prettier than that.** – '(비교의 대상인 A도 아주 … 하지만) B는 더욱'이란 뜻을 나타낸다.

(6) 형용사(와 부사)의 비교급에 걸리는 부정어에 **no, not any**가 있다. **the**＋비교급 앞에서는 **none**이 쓰인다.

> No **fewer than** (＝ As many as) four people got killed on the road.
> I can't **stay** any **longer.** (＝ I can stay no longer.)
> He took some medicine, but he's none(＝ in no way) the better for it.

(7) 의문문의 경우도 흔히 비교급 앞에는 **any**가 부가된다. (이 (6), (7)에서 언급된 **any, none**은 부사이다.)

> Do you feel any(＝ in any way) better today?
> (오늘은 좀 기분이 나아졌어?)

(8) 의문사로 시작한 우월비교의 예로는 다음이 있다.

> Who **is John** taller **than**?
> How much taller **is she** than **John**?

(9) 배수(倍數)를 나타내는 표현으로는 다음 (a)와 (b)가 있다.

> (a) The dog can run *three times* as fast as **you.**
> (b) The dog can run *three times* faster than **you.**

〔유의〕 단 배수를 나타내는 **twice**와 **half**는 구문 (a)만이 쓰인다.

> The dog can run $\left\{ \begin{array}{l} \text{twice as fast as you.} \\ \text{* twice faster than you.} \end{array} \right.$

(10) 다음 문장에서는 than 이하가 생략되어 있다.

You can get there faster by car, but the train is more comfortable.

위의 문장에서 종속절인 than going by car가 생략되어 있는 것은 문맥상 비교의 대상이 되고 있는 than 이하가 분명하기 때문이다.

(10.12.3) no more … than 기타

(a) I'm no more tired than you are.
    (= I am not tired any more than you are.)

(a)는 '네가 피로하지 않은 것처럼 나도 피로하지 않다'란 뜻을 나타낸다. 그런데 종속절의 you are이 긍정형인데도 '네가 피로하지 않은 것처럼 … '으로 해석하는 이유는 무엇일까? 그것은 이 문장이 당초 you are not tired라는 사실을 전제로 만들어진 문장이기 때문이다.

즉 구문 A is no more B than C is D를 'C가 D가 아닌 것처럼 A는 B가 아니다'로 해석하는 것은 (A가 B가 아닌 것을 드러내기 위해서) 누구의 눈에도 C가 D가 아닌 것을 C is D로 나타냈기 때문이다.

단적인 예에 다음이 있다.

A whale is no more a fish than a horse is (a fish).

말이 물고기가 아닌 것은 너무나 분명하다. 그렇기에 a horse is a fish를 '말이 물고기가 아니다'로 해석하는 것이다.

반면에 A is not more B than C is D는 A is more B than C is D에 not이 부가된 부정문이다.

I am not more tired than you are.
((너도 피로하고 나도 피로하지만) 나는 너만큼 피로하지는 않다.)

no less … than과 not less … than은 no more … than과 not more … than의 관계와 같다.

Jane is no less beautiful than Mary.

(Mary가 미인인 것처럼 Jane도 미인이다.)

Jane is not less beautiful than Mary.

((Jane이나 Mary가 다 미인인데) Jane이 Mary에 뒤지지 않는다.)

다음 (a)와 (b)는 똑같이 '이 지역에 다섯 개의 수영장이 있다'란 뜻인데, (a)의 no more than은 only란 뜻을 함축하고, (b)의 no less than은 as many as란 뜻을 나타낸다.

(a) There are no more than five swimming pools in this area.

(b) There are no less than five swimming pools in this area.

10.12.4 최상급을 포함하는 비교구문

John is the cleverest of $\begin{cases} \text{them.} \\ \text{all the boys.} \end{cases}$

Of the three sisters, Mary is the most beautiful and Jane is the most beloved.

John is cleverer than they/them에서 John은 they속에 포함이 되지 않지만, John is the cleverest of them에서 John은 them에 포함이 된다.

비교급과 달리 최상급 앞에는 정관사가 붙는다. 이는 경우에 따라서는 겉으로 드러나지 않지만 최상급의 형용사 다음에 명사가 전제가 되고 있기 때문이다.

다음에서 (a)와 달리 (b)의 deepest 앞에 정관사가 붙지 않은 것은 이 문장이 '여러 호수 가운데서 …'란 뜻은 아니기 때문이다.

(a) Of these lakes, this one is the deepest.

(b) This lake is deepest at this point.

유사한 예에 다음이 있다.

John is the happiest boy in this class.

He is happiest when he was with his family gathered around him.

비교급 앞에도 정관사가 붙는 경우가 있다.

John is the cleverer of the two.

John is cleverer than Jane과 달리 위의 예문에서 cleverer 앞에 the가 붙은 것은 the cleverer 다음에 boy가 생략되어 있기 때문이다.

(10.12.5) 최상급의 형식과 의미

최상급이 나타내는 의미는 다음과 같이 비교급이나 원급으로 나타낼 수도 있다.

He is the tallest of all the students in his class.
→ He is taller than any other student(s) in his class.
→ No other student in his class is as tall as he.

유사한 예에 다음이 있다.

I'll never be happier.
(지금 이 순간보다 더 행복할 수는 없으리라.)
No two brothers could be more unlike in character.
(그 두 형제만큼 성격이 닮지 않은 형제도 없다.)
With nothing are we so generous as advice.
(충고만큼 우리가 남에게 너그럽게 베푸는 것도 없다.)
He was as thin as a man could be.
(그는 더 이상 마를 수 없을 만큼 몸이 말랐다.)
If you married him, I'd be as happy as can be.
(네가 그와 결혼한다면 나는 더 이상 기쁠 수가 없겠다.)

(10.12.6) the + 비교급, the + 비교급

두 개의 the + 비교급이 상관적으로 쓰이는 이 구문은 '… 하면 할수록 그만큼 더 …'란 뜻을 나타낸다.

The more we climb, the cooler it becomes.
The harder they worked, the hungrier they became.

the + 비교급 ···, the + 비교급 구문은 격언이나 관용적인 표현에서 (주어와) 동사가 생략된 형식이 흔히 쓰인다.

> The older the violin, the sweeter the music.
> The sooner, the better.

다음은 '그만큼 더'란 두 번째 the + 비교급만이 쓰인 예이다.

> He has faults, but we do not like him the less.
> He is none the happier for all his wealth.
> I was all the more upset because I had the impression that they were putting the blame on me.
> (그들이 잘못을 나의 탓으로 돌리고 있다는 인상을 받았기 때문에 나는 그만큼 더 당황했다.)

> 참고   the + 비교급 ···, the + 비교급 ··· 에서 '··· 하면 할수록'이란 뜻의 '정도(= to what extent)'를 나타내는 첫 번째 the는 관계부사의 구실을 하고, '그만큼 더'란 '정도(= to that extent)'를 나타내는 두 번째 the는 지시부사의 구실을 한다.

10.12.7) more proud than vain

> (a) She was prouder than he.
> (b) She was more proud than vain.
>   (그녀는 허영심이 많다기보다는 자존심이 강하다.)

she와 he를 비교한 (a)의 경우 proud의 비교급은 당연히 prouder가 쓰인다. 그런데 이 (a)와 달리, 동일인이 갖는 두 속성이나 성질이 비교되고 있는 (b)의 경우는 proud 앞에 more가 쓰인다.

다음과 같은 예를 추가할 수 있다.

> He was more angry than sad.
> She is more shy than unsocial.

다음 (c)와 (d)는 미묘한 차이가 있다.

> (c) Jane is more clever than pretty.
> (d) Jane is more clever than she is pretty.

(c)는 다음 (1)의 의미를, (d)는 (2)의 의미를 갖는다.

(1) (Jane을 평하자면) 그녀는 예쁘다기보다는 영리하다.
(2) Jane은 예쁘기도 하지만 그보다 영리하다.

다음 (e)도 (d)와 그 의미 구조가 동일하다.

(e) He is a better scholar than he is a teacher.

(10.12.8) more than happy

He is more than happy는 he is happy by the degree that is not adequately expressed by the word 'happy'란 뜻을 갖는다.
다음과 같은 예도 있다.

She was more than pretty; she was gorgeous.
I'm more than sad about it.

(10.12.9) than + 수사

다음 (a)와 (b)는 유사한 구조로 보이지만 구조가 다르다.

(a) He is taller than my brother.
(b) He is taller than six feet.

(a)의 경우 than이 이끄는 종속절은 그 일부가 생략되어 있다. 하지만 (b)의 than 다음의 six feet은 생략절이 아니다.
(b)는 다음과 같이 바꾸어 쓸 수도 있다.

(c) He is more than six feet tall.

than 다음에 수치가 쓰인 예로는 다음도 있다.

Bill is older than twenty years.
He slept longer than ten hours.
I never drive faster than 60 miles an hour.

as ··· as를 이용한 동등비교구문에서도 두 번째 as 다음에 수치가 쓰일 수 있다.

> He is as tall as six feet.
> He drove as fast as 60 miles an hour.

10.13 절대비교급과 절대최상급

(1) 절대비교급(absolute comparative)이란 than이 이끄는 구체적인 비교의 대상을 전제로 하지 않는 다음과 같은 비교급을 말한다.

> the younger generation
> the higher education
> the lower class
> the upper class

(2) 절대최상급(absolute superlative)이란 셋 이상의 구체적인 비교의 대상이 전제가 되지 않는 최상급을 말한다.
흔히 쓰이는 절대최상급으로는 most가 있다.

> It's most(= very) kind of you to say so.
> She's a most(= very) beautiful woman.

위의 예문에 나오는 most는 very란 뜻을 갖는다. 주관적인 평가를 나타내는 형용사와 같이 쓰일 뿐, 객관적인 평가를 나타내는 tall과 같은 형용사와는 함께 쓰이지 않는다.

> *He is most tall. → He is very tall.

the slightest difference(눈곱만큼의 차이)의 the slightest나 a best-seller의 best도 절대최상급이다.

10.14 How + 형용사로 시작하는 의문문

(a) A: How old are you?

B: I'm nineteen years old.

(b) A: How heavy are you?

B: I'm 60 kilos.

(c) A: How young is he?

B: He's nine years old.

(d) A: How wise/foolish is the boy?

B: He is very wise/foolish.

비슷해 보이지만 How + 형용사로 시작하는 위의 (a)~(d)는 문법상의 특성이 다음과 같이 다르다.

(a) How old … ?

1) old는 나이를 묻는 데 쓰일 뿐 '나이가 많다'란 뜻을 갖지 않는다.

2) 질문에 대한 응답에서 맨 끝에 old를 부가한다.

wide, long, deep, tall, high, thick이 How로 시작하는 의문문을 만들 때, 이 old와 문법적 특성을 공유한다.

(b) How heavy … ?

1) (old가 그렇듯이) heavy는 '무게'를 묻는 데 쓰일 뿐, '무겁다'란 뜻은 갖지 않는다.

2) (old와 달리) 질문에 대한 응답 맨 끝에 heavy를 부가하지는 않는다.

big, bright, large, fat, strong이 How로 시작하는 의문문을 만들 때, heavy와 문법적 특성을 공유한다.

(c) How young … ?

1) How young … ?으로 시작하는 의문문에서 쓰이는 young은 (old와 달리) '젊은, 어린'이란 뜻을 그대로 간직한다. 그러므로 How young is he?는 '그가 젊다'는 것을 일단 전제로 삼는다.

2) 질문에 대한 대답에서 맨 끝에 (young이 아닌) old를 부가한다.

위의 (a) ~ (b)에서 언급한 old 및 heavy와 문법적인 특성을 공유했던 형용사의 반대어인 narrow, short, low, shallow, thin 등과 small, dim, thin, weak 등이 본래의 의미를 그대로 간직하는 점에서 이 young의 문법적 특성을 공유한다.

(d) How wise/foolish … ?

1) (old나 heavy와 달리) wise나 intelligent 또는 foolish는 How로 시작하는 의문문에서 본래의 의미를 그대로 간직한다.

beautiful/ugly, happy/unhappy, rich/poor 등이 wise/foolish와 문법적 특성을 공유한다.

10.15 상태형용사와 활동형용사

앞에서 동사를 상태동사와 활동동사로 구분했듯이(⟹ 3.20), 형용사도 상태형용사(stative adjective)와 활동형용사(dynamic adjective)로 구분할 수 있다. 활동형용사는 활동동사와 똑같이 명령문과 진행형을 만들 수 있다.

(1) 상태형용사

* Be tall.
* He is being rich.

(2) 활동형용사

Be ambitious.
Don't be foolish.
He is being careful.

다음과 같은 형용사가 활동형용사에 속한다.

ambitious	brave	careless	cautious
cheerful	clever	cruel	faithful
foolish	frank	friendly	funny

generous	gentle	good	helpful
honest	jealous	kind	loyal
mischievous	nasty	nice	noisy
obstinate	polite	reasonable	reckless
rude	sensible	serious	shy
silly	stubborn	stupid	suspicious
timid	useful	vain	wicked
wise			

형용사 가운데는 상태형용사와 활동형용사를 겸하는 것도 많다.

다음 예문에서 (a)의 kind는 상태형용사로 '그녀는 (천성적으로) 친절하다'란 뜻이며, 진행형이 쓰인 (b)의 kind는 활동형용사로 '그녀가 (일시적으로… 에게) 친절을 베풀고 있다'란 뜻을 나타낸다.

(a) She is kind.
(b) She is being kind.

10.16 형용사가 만드는 유의할 구문

형용사는 개별 형용사의 특성에 따라 다음과 같은 세 가지 구문을 만들 수 있다.

1) 형용사 + 전치사구
2) 형용사 + to 부정사구
3) 형용사 + that절

10.16.1 전치사구를 수반하는 형용사

He is *fond* of her.

The timetable is *subject* to change.

(시간표는 사정에 따라 변경될 수 있음)

The town is *famous* for its hot springs.

I am *familiar* with the theory.

흔히 특정한 전치사를 수반하는 형용사의 예를 추가하면 다음과 같다.

> aware of, afraid of, short of, angry about/with/at, clever at/with, contrary to, opposite to, abundant in, …

유의 다음 빈칸에 알맞은 전치사는 무엇일까?
American football is very different ____ soccer.
영국영어에서는 from 이외에 to가 쓰이고, 미국영어에서는 from 이외에 than이 쓰인다. 위의 예문의 빈칸을 than으로 메우는 경우, than은 전치사이다.
영국영어에서는 different 다음에 전치사로 than을 쓰지 않지만, 접속사로는 영국영어에서도 than이 자유롭게 쓰인다.
The job was different than **I expected.**

(10.16.2) to 부정사를 수반하는 형용사

> (1) (a) It is important *for you* to take exercise every day.
>   (b) It is foolish *of him* to spend so much.

위에 예시한 (a)와 (b)는 그 구문이나 의미를 혼동하기 쉬운데, 다음과 같은 차이가 있다.

1) (a)는 (a')로 바꾸어 쓰지 못한다. 하지만 (b)는 (b')로 바꾸어 쓸 수 있다.

> (a) It is important for you to take exercise every day.
>   → (a') * You're important to take exercise every day.
> (b) It is foolish of him to spend so much.
>   → (b') He is foolish to spend so much.

(a)의 경우, (a')가 비문법적인 것은 (a)가 '매일 운동을 하는 것이 중요하다'는 뜻이지, '네가 중요하다'란 뜻은 아니기 때문이다.
한편 (b)를 (b')로 바꾸어 쓸 수 있는 것은 (b)가 '그렇게 많은 돈을 쓴 것이 어리석다'란 뜻과 더불어 '그렇게 많은 돈을 쓴 그가 어리석다'란 뜻도 아울러 나타내기 때문이다.
말을 바꾼다면 (b)는 to … 이하가 나타내는 행위를 근거로 (of 다음에 나오는) to 부정사구의 의미상의 주어를 평가할 때 쓰인다.

2) 다음과 같은 형용사가 (a)의 important와 통사상의 특성을 공유한다.

> appropriate, compulsory, crucial, desirable, essential, imperative, important, (un)necessary, obligatory, proper

(b)의 foolish와 통사상의 특성을 공유하는 형용사로는 다음이 있다.

> brave, careful, careless, clever, generous, good, foolish, kind, nice, polite, reasonable, rude, selfish, sensible, silly, stupid, wise, wrong

[유의] wise나 foolish 등은 It is … for … to … 의 구문을 만들기도 한다.
  (a) It is foolish for him to do so.
  (b) It is foolish of him to do so.
하지만 (a), (b)는 다음과 같이 구조가 다르다. for him은 to do so에 걸리며, of him은 It is foolish에 걸리는 것이다.
  (a') It is foolish/for him to do so.
  (b') It is foolish of him/to do so.
(a')는 (a'')로 바꾸어 쓸 수도 있지만 (b')를 (b'')로 바꾸어 쓰지 못한다.
  (a'') For him to do so is foolish.
  (b'') * Of him to do so is foolish.
(a)의 경우 for him은 to do so의 의미상의 주어를 나타낸다. 그와 대조적으로 (b)의 It is foolish of him은 He is foolish와 의미가 비슷하다. (b)의 경우 to do so의 의미상의 주어는 드러나 있지 않는 것이다. 하지만 to do so가 He is foolish란 평가의 근거가 되고 있으므로, he는 실질적으로 to do so의 의미상의 주어가 된다.

3) (a)가 나타내는 의미는 다음과 같이 it is … that … 구문으로 바꾸어 쓸 수도 있다. (⟹ 10.16.3)
하지만 (b)는 이 구문을 만들지 않는다.

  (a) It is important for you to take exercise every day.
    → It is important that you take exercise every day.
  (b) It is foolish of you to spend so much.
    → *It is foolish that you spend so much.

  (2) (a) I'm glad to hear it.
    I'm sorry to have kept you waiting.

1) 이 구문을 만드는 형용사는 주어의 감정 상태를 나타내며, 부정사는 그런 감정 상태나 감정 변화의 원인과 이유를 나타낸다.

다음 형용사가 이 구문을 만든다.

afraid, ashamed, glad, furious, happy, thankful, delighted, embarrassed, interested, puzzled, relieved, surprised, worried

2) 위에 예시한 형용사들은 that이 이끄는 종속절을 수반하는 구문을 만들 수 있다. (⟹ 10.16.3)

(b) I'm glad that nobody was hurt.
I'm so sorry that he should have failed again.

(a)의 경우 to 부정사구가 주어의 감정 상태나 감정변화의 원인이나 이유를 나타낸다면, (b)의 경우 that 이하는 감정 상태나 변화의 대상이 된 사실(또는 사실에 준하는 사항)을 나타낸다.

3) to 부정사구와 that절을 다 수반하는 형용사 가운데는 to 부정사의 의미상의 주어가 문장의 주어와 다른 경우, 형용사 + for ___ to 구문을 만드는 것도 있다.

Max is anxious to go.
Max is anxious for his son to pass the test.

eager, impatient, reluctant, willing 등이 이 anxious와 특성이 같다.

(3) (a) His English is difficult to understand.

1) (a)는 (a')로 바꾸어 쓸 수 있다. 하지만 (a'')나 (a''')는 비문법적이다.

(a') It is difficult to understand his English.
(a'') * It is difficult that I understand his English.
(a''') * I am difficult to understand his English.

다음과 같은 형용사가 difficult/easy와 특성을 공유한다.

convenient, hard, impossible, (un)pleasant

유의 다음은 문장의 주어가 to 부정사의 목적어가 되는 점에서 위의 (3) (a)와 유사하다.
(b) The food is ready to eat.

하지만 (a)와 달리 (b)를 (b')로 바꾸어 쓰지는 못한다.

   (b) The food is ready to eat.

     → (b') *It is ready to eat the food.

available, fit, free, sufficient 등이 만드는 부정사구문이 ready가 만드는 (b)와 특성이 같다.

(4) He is likely to come.

이 구문은 다음과 같이 It is … that … 구문을 사용하여 바꾸어 쓸 수 있다. 하지만 It is … for … to … 구문은 만들지 못한다.

likely 외에 sure, certain 등이 이 구문을 만든다.

   He is likely/certain to pass the test.

   → It is likely/certain that he will pass the test.

   → *It is likely/certain for him to pass the test.

앞으로 일어날 일에 관한 가능성이나 확실성에 대한 화자의 판단을 나타내는 이 구문은 특히 형용사가 certain이나 sure인 경우, 화자를 주어로 삼아 그 내용을 바꾸어 쓸 수도 있다.

   He is certain/sure to pass the test.

   → I am certain/sure that he will pass the test.

(10.16.3) 형용사 + that … 구문

(1) 형용사 + that … 구문은 동사의 경우와 똑같이 종속절의 술어동사의 형식에 따라 다음과 같이 분류된다. (⟹ 1.10)

1) 직설법이 사용되는 형용사

   I am sure that he will come.

   It is true that he is a billionaire.

이 구문을 만드는 형용사의 예로는 다음이 있다.

   사람을 나타내는 명사를 주어로 하는 것: aware, certain, confident, sure

   형식주어 it을 주어로 하는 것: apparent, certain, clear, evident, (un)likely, obvious, (im)possible, well-known

2) 동사의 원형이 사용되는 형용사

I am insistent that he be frank.
It is necessary that he arrive tomorrow.

종속절에서 술어동사로 동사의 원형(영국영어에서는 should + 동사의 원형)을 필요로 하는
형용사는 주어가 내세우는 '주장', '의지', '요구', '명령', '권유' 등을 나타낸다.
이 구문을 만드는 형용사로는 다음이 있다.

사람을 나타내는 명사를 주어로 하는 것: anxious, eager, insistent, willing
형식주어 it을 주어로 하는 것: appropriate, desirable, essential, imperative,
important, necessary, obligatory, preferable, proper, vital

형식주어 it을 주어로 하는 바로 위의 형용사들은 It is … for … to … 의 구문도 만
든다.

It is necessary that he arrive tomorrow.
→ It is necessary for him to arrive tomorrow.

3) 직설법 또는 should + 원형동사를 필요로 하는 형용사

I'm sorry that he did not turn up.
It is surprising that he should have failed the test.

화자가 그의 감정(놀라움, 의외로움, 실망, 다행스러움, …)을 의도적으로 반영하려는 경우,
that이 이끄는 종속절에서 술어동사 앞에 should가 붙는다.
다음과 같은 형용사가 이 구문을 만든다.

사람을 나타내는 명사를 주어로 하는 것: afraid, angry, glad, grateful, happy, sorry,
sad, thankful, annoyed, astonished, depressed, frightened, horrified,
irritated, pleased, shocked, upset
형식주어 it을 주어로 하는 것: curious, disastrous, dreadful, extraordinary,
fortunate, odd, sad, depressing, disappointing, embarrassing, frightening,
irritating, shocking

여기에서 특히 유의하여야 할 형용사가 (im)possible이다. 앞서 언급한 바 difficult/easy류에 속하는 형용사는 It is … for … to 구문을 만들되 It is … that …의 구문을 만들지 못한다. 반면에 true류에 속하는 형용사는 it is … that … 의 구문을 만들지만, It is … for … to 의 구문을 만들지 못한다. 그런데 이와 같이 서로 어긋나는 형용사의 특성을 설명하면서 예시한 형용사 가운데 (im)possible이 양쪽에 들어가 있는 것이다. 이는 (im)possible에 두 가지 의미가 있기 때문이다.

(im)possble은 한편으로는 '사실상의 가능성'을 나타내며, 또 한편으로는 '이론상의 가능성'을 나타낸다.

사실상의 가능성을 나타내는 (im)possible은 true류에 속하고, 이론상의 가능성을 나타내는 (im)possible은 difficult/easy류에 속한다. 편의상 전자의 (im)possible을 (im)possible[1]로, 후자의 (im)possible을 (im)possible[2]로 구별해보자.

possible을 이용해서 다음 (a)를 풀어쓴다면 (a')는 가능하지만 (a")는 비문법적 이다. (⟹ 4.5(2))

> (a) A friend may betray you.
>
> > (어떤 친구가 너를 배반할지도 모른다.)
> >
> > → (a') It is possible[1] that a friend will betray you.
> >
> > → (a") * It is possible[2] for a friend to betray you.

한편 다음 (b)는 (b')로는 바꾸어 쓰지 못하지만 (b")로 바꾸어 쓸 수가 있다.

> (b) A friend can betray you.
>
> > (친구란 상대방을 배반할 수 있는 그런 존재다.)
> >
> > → (b') * It is possible[1] that a friend will betray you.
> >
> > → (b") It is possible[2] for a friend to betray you.

10.17 형용사와 명사

10.17.1 the + 형용사, 기타

(1) the + 형용사는 총칭적으로 '…한 사람들'이란 뜻을 나타낸다.

the rich, the miserable, the dead, the poor, the old, the young, the underprivileged, the wounded, …

이와 같은 형용사는 부사(구)의 수식을 받기도 한다.

the really intelligent(정말 총명한 사람들)
the extremely ambitious(야심이 엄청나게 큰 사람들)
the poor in spirit (마음이 가난한 자들)

해설 1. people을 부가해서 풀어쓰면 the는 탈락한다.
the rich → rich people

2. 복수의 형용사가 대조적으로 사용될 때는 흔히 관사 없이도 '…한 사람들'이란 뜻을 나타낸다.
young and old
royal and noble(왕족과 귀족)
rich and poor
good and bad

3. 형용사 가운데는 '…하는 사람들'이란 뜻을 나타내는 데 있어 'the' 대신에 다른 명사를 필요로 하는 것도 있다.
* the little → little ones
* the happy → happy ones
* the foreign → foreign people

4. the + 형용사는 문맥에 따라서는 단수를 나타내기도 하고, 추상명사의 구실을 하기도 한다.
the deceased(고인), the accused(피고), the bereaved(유족),
the evil(= that which is evil), the good, the supernatural,
the unknown, the inevitable

(2) 형용사가 명사로 쓰이는 특수한 예로는 다음도 있다.

> the white of an egg(계란의 흰자위)
> the thick of the forest(깊은 숲속)
> the deep(바다), the blue(하늘)

(10.17.2) silk vs. silken

a wooden bed은 a bed made of wood란 뜻이고, a woolen coat는 a coat made of wool이란 뜻이다. 그런데 wooden이나 woolen과는 달리 다음에 나오는 명사＋-en 이 만드는 형용사는 비유적인 의미로 쓰이며, '… 으로 만든'이란 뜻을 나타내기 위해 서는 명사가 쓰인다.

> silken skin(비단 같은 피부)/a silk dress(비단으로 만든 옷)
> golden hair(금발)/a gold ring(금반지)
> a leaden sky(납덩이처럼 흐린 하늘)/a lead water-pipe(납으로 만든 수도관)

10.18 형용사와 부사

다음에서 (a)의 slow는 형용사지만 (b)의 slow는 부사이다. (⟹ 11.4.3)

(a) You're so slow. Hurry up!
(b) Drive slow.

그 밖에 부사로도 자유롭게 쓰이는 일상적인 형용사에 다음이 있다.

형용사
She wears a long dress, reaching down to her feet.
She was born in the early 2000s.
We were late for the train.
This is the fast train to New York.

부사

Stay as long as you like.

He returned early.

The bus arrived five minutes late.

The population is growing fast.

10 Exercises

Ⅰ. 다음을 관계대명사와 be동사가 생략된 형식으로 바꾸어 쓰시오.

1. Will all students who are interested write their names on this list?
2. I don't wish to know the names of the people who were involved.
3. All the women who were present looked up in alarm.
4. We should call the doctor who is nearest.
5. We must find the doctor who is concerned.
6. What are the best seats which are available?
7. I have a problem that is much more complicated.
8. I have a problem which is much more complicated than that.
9. The road that is best to take is the A 40.
10. The people who are most difficult to understand are often members of one's own family.

II. 다음 형용사를 보기와 같이 분류하여 기호로 답하시오.

> A. 한정적 용법에만 쓰인다
> B. 서술적 용법에만 쓰인다
> C. 두 용법에 다 쓰인다

1. a true scholar
2. the chief reason
3. afraid of mice
4. utter stupidity
5. my entire salary
6. very unwell
7. pure water
8. the principal cause
9. my old grandfather
10. a faint impression

III. 다음에서 비문법적인 문장을 고르시오.

1. She is prouder than vain.
2. My dog can run two times as fast as your dog.
3. It is more likely that he will not come.
4. I am anxious for you to pass the test.
5. You are important to obey his orders.

부사

Adverbs

Chapter 11

부사

11.1 기능과 분류

부사는 그 기능이 아주 다양하다. 여기서는 부사를 일단 다음 네 가지로 분류하여, 주요 부사의 용법을 살핀다.[1]

A. 술어동사를 수식하는 부사

Fred carefully brushed his teeth.

B. 명사, 형용사, 다른 부사 또는 문장을 수식하는 부사

She is a really intelligent child.

Even her husband did not like Mary.

C. 문장의 내용에 대한 <화자>의 입장을 설명하는 부사

Fortunately, he won the first prize.

Frankly, I don't like the idea.

D. 절과 절을 연결하는 기능을 갖는 부사

Susan refused to speak to Jim. Jim, however, was friendly to her.

---

1) 부사는 기능이 다양하기 때문에 그 분류와 세분한 부사에 붙인 명칭이 학자에 따라 차이가 있다. 세분된 부사의 용법과 부사에 붙인 명칭의 사용에 있어, 이 책이 크게 참고한 것은 Quirk et al.(1985)이다.

11.2 부사의 위치

11.2.1 위치의 구분

한 문장에서 부사가 차지하는 위치는 크게 다음 셋으로 나눌 수 있다.

(1) 문장의 첫머리(initial position)

　　Frankly, he did not say anything.

(2) 문장의 중간(medial position)
이 자리는 다시 다음과 같이 구분된다.

1) 주어와 술어동사 사이

　　I often visit him.

2) be동사와 보어 사이 또는 조동사와 술어동사 사이

　　He is certainly great.
　　George has probably read the book.
　　George will have completely read the book by tomorrow.

(3) 문장의 끝자리(final position): 흔히 문장의 끝자리와 일치하지만, 엄밀히 말하면 자동사나 주격보어 또는 목적어나 목적보어 다음 자리를 가리킨다.

　　He drank the poison calmly.

11.2.2 개별부사와 위치

부사(구) 가운데는 다음과 같이 위에서 설명한 세 자리를 모두 차지할 수 있는 것이 있다. (다음부터는 편의상 첫 자리를 I, 중간 자리를 M, 끝자리를 F로 표시하기로 한다.)

Sometimes he takes a walk.

He sometimes takes a walk.

He takes a walk sometimes.

그런데 sometimes와 똑같이 빈도부사(⟹ 11.5.3)에 속하면서도 seldom은 보통 M 을 차지하며, very의 수식을 받는 경우에 한해서 F를 차지한다. seldom은 I는 차지하지 못한다. seldom이 I를 차지하기 위해서는 도치구문을 만들어야 한다.

He seldom takes a walk.

→ * He takes a walk seldom.

→ He takes a walk very seldom.

* Seldom he takes a walk.

→ Seldom does he take a walk.

I, M, F 가운데 두 자리를 차지할 수 있는 부사와 한 자리만을 차지하는 부사의 예로는 다음이 있다.

very much

(a) * Very much I like skiing.

(b) I very much like skiing.

(c) I like skiing very much.

frugally

(a) * Frugally they live.

(b) * They frugally live.

(c) They live frugally.

바로 위의 (c)처럼 술부가 하나의 낱말로 이루어지고 있는 경우, 이 단일동사를 수식하는 부사는 F를 차지하기 마련이다.

11.2.3 부사의 위치에 관한 유의사항

(1) 부사는 술어동사와 목적어 사이에 끼지 못한다.

* They recovered yesterday the stolen goods.

다만 다음에서 부사구가 술어동사와 목적어 사이에 낀 것은 목적어가 부사구보다 길이가 길어 **end-weight**의 원칙이 적용되었기 때문이다. (⟹ 20.4)

> Never put off until tomorrow what you can do today.

대체적으로 목적어가 긴 경우 부사(구)는 동사의 앞자리를 차지한다.

> She carefully picked up all the bits of broken glass.
> He angrily denied that he had stolen the document.

(2) 전치사 수반 동사와 함께 쓰이는 부사는 전치사의 바로 앞에 위치할 수도 있고, 전치사의 목적어 다음에 위치할 수도 있다.

> He looked suspiciously at me.
> He looked at me suspiciously.

그러나 전치사의 목적어가 절을 이루고 있는 경우는 부사는 전치사의 앞에 위치한다.

> He looked suspiciously at everyone who got off the plane.

(3) 특히 그 위치의 융통성과 제약이 미묘한 부사에 well, much, long이 있다. 양태부사인 well은 play 등의 활동동사를 수식할 때는 F를 차지하고, know, remember 등 상태동사를 수식할 때는 F뿐만 아니라 M도 차지한다.

> He plays chess well.
> * He well plays chess.
> He remembers you well.
> He well remembers you.

그러면서도 believe를 수식할 때는 M만을 차지한다.

> I can well believe it.
> * I can believe it well.

유의 활동동사를 수식하는 well과 상태동사를 수식하는 well은 의미가 다르다. play well의 well은 '잘하다'란 뜻을 나타내는 양태부사(⟹ 11.5.4)지만, well believe it의 well은 believe의 뜻을 강조하는 강의부사(⟹ 11.6.5)로 '충분히 믿을 수 있다'란 뜻을 나타낸다.

한편 강의부사인 **much**는 의문문이나 부정문에서는 F를 차지하지만, 긍정문에서 F를 차지하기 위해서는 그 앞에 **very**가 필요하다. **very**를 수반하지 않는 경우, 술어동사인 **like**를 수식하는 **much**의 통상적인 위치는 M이다.

> **Do you like him** much?/I **don't like him** much.
> *I **like him** much.
> I **like him** *very* much./I (very) much **like him.**

흔히 형용사로 쓰이는 **long**은 부사로 쓰일 때, 의문문과 부정문에서는 F를 차지한다.

> **He didn't stay** long.
> **Did he stay** long?

긍정문의 경우는 (a)보다는 (b)가 자연스럽다.

> (a) **He stayed** long.
> → (b) **He stayed** for a long time.

하지만 긍정문에서도 **long**이 **too**의 수식을 받거나 비교급으로 쓰일 때는 F를 차지한다.

> **He stayed** too long.
> **He stayed** longer.

long은 다음과 같이 태도나 생각 등과 관련이 있는 동사와 결합할 때는 긍정문에도 쓰이는데, 그런 경우는 M을 차지한다.

> I **have** long **admired his style of writing.**
> I **have** long **thought of retiring at the age of 55.**

11.3 부사의 종류와 위치

부사는 흔히 동일한 어형이 두 가지 이상의 기능을 갖는다. 이와 같은 기능과 그에 따른 의미의 차이는 다음과 같이 그 위치에 드러난다.

(1) 양태부사와 관점부사

    (a) The expedition was planned scientifically.

       (그 탐험은 과학적으로 계획되었다.)

    (b) Scientifically, the expedition was planned.

       (과학적인 관점에서 그 탐험은 계획되었다.)

(a)의 scientifically는 How was the expedition planned?라는 질문의 답이 될 수 있는 술어동사에 걸리는 양태부사이고, (b)의 scientifically는 from a scientific point of view로 풀이할 수 있는 관점부사(⟹ 11.6.1)이다. (b)의 scientifically 를 F로 옮기기 위해서는 그 앞에 (,)가 필요하다.

    Scientifically, the expedition was planned.

    → The expedition was planned, scientifically.

(2) 양태부사와 문장부사

    (a) George answered the question foolishly.

       (George는 그 질문에 어리석게 답했다.)

    (b) Foolishly, George answered the question.

       (어리석게도 George는 그 질문에 답했다.)

(a)의 foolishly는 answered the question에 걸리는 양태부사지만, (b)의 foolishly 는 'George가 그 질문에 답을 하지 말았어야 했는데 어리석게도 답을 했다'는 뜻으로 George가 한 행동에 대한 화자의 주관적인 판단을 반영하는 문장부사(⟹ 11.7)이다.

다음이 논리적으로 모순이 되지 않는 것도 wisely는 화자의 주관을 반영하는 문장부사이고, foolishly는 술어동사에 걸리는 양태부사이기 때문이다.

    Wisely, he answered the question foolishly.

(3) 양태부사, 빈도부사, 문장부사

    (a) Answer the next question generally, not in detail.

       (다음 질문에 대략적인 답을 하시오. 상세히 하지 말고.)

    (b) He generally answered the questions in too much detail.

       (그는 늘 질문에 너무나 자세하게 답을 한다.)

   (c) Generally, I think you have done well.

      (대체적으로 말해서, 나는 당신이 잘했다고 생각합니다.)

F를 차지한 (a)의 generally는 술부동사를 수식하는 양태부사이고, M을 차지한 (b)의 generally는 빈도부사이다. I를 차지한 (c)의 generally는 generally speaking으로 풀이할 수 있는 문장부사이다(⇒ 11.7).

(4) 양태부사와 강의부사

   (a) The barber cut your hair badly.

      (그 이발사가 네 머리를 엉망으로 깎았구나.)

   (b) Your hair needs cutting badly.

      (이발 좀 해야겠어.)

(a)의 badly는 양태부사이며, (b)의 badly는 very much의 뜻을 갖는 강의부사이다. 양태부사와 달리 강의부사로 쓰이는 badly는 M으로 자리를 옮길 수 있다.

   (a) The barber cut your hair badly.

     → *The barber badly cut your hair.

   (b) Your hair needs cutting badly.

     → Your hair badly needs cutting.

다만 양태부사로 쓰이는 badly도 수동태 구문에서는 과거분사의 앞이나 뒤에 자유롭게 위치할 수 있다.

The house was { built badly. / badly built. }

(5) 양태부사, 강의부사, 주어지향부사 ①

   (a) He spoke bitterly(= in a bitter way) about their attitude.

      (그는 그들의 태도를 신랄하게 비판했다.)

   (b) He bitterly(= very much) regretted their departure.

      (그는 그들의 떠남을 몹시 서운해 했다.)

   (c) Bitterly, he buried his child.

      (비통한 마음으로 그는 그의 자식을 땅에 묻었다.)

(a)의 bitterly는 양태부사이고, (b)의 bitterly는 강의부사이다. 한편 (c)의 bitterly는 주어에 걸리는 주어지향부사(⇒ 11.6.3)이다. (c)는 다음과 같이 풀어 쓸 수 있다.

(c') He was bitter when he buried his child.

(6) 양태부사, 강의부사, 주어지향부사 ②

(a) The guard tormented the prisoner painfully.
(그 교도관은 죄수를 아주 모질게 괴롭혔다.)

(b) She was painfully shy at the age of 16.
(그녀는 16세 소녀 때, 몹시 수줍음을 탔다.)

(c) Painfully, the miners have stood by their loyalty and gone against their own conference.
(마음이 아팠으나, 광부들은 광주(鑛主)에 대한 의리를 지켜 그들이 스스로 한 결의를 저버렸다.)

(a)의 painfully는 tormented에 걸리는 양태부사로 in a painful manner로 풀어 쓸 수 있고, (b)의 painfully는 shy에 걸리는 강의부사로 very와 뜻이 같다. (c)의 painfully는 주어인 the miners에 걸리는 주어지향부사로, (c)는 다음과 같은 의미를 함축한다.

(c') To have stood by their loyalty and to have gone against their conference was painful to the miners.

shy를 수식하는 painfully가 예가 되듯이, 대체적으로 형용사를 수식하는 부사는 그 부사가 갖는 본래의 의미에 very란 의미가 덧붙여진다.

Americans are curiously uncertain about this war.
The island is unbelievably beautiful.
The test was surprisingly easy.

(7) 양태부사, 강의부사, 문장부사

(a) He signed the document personally.
(그는 직접 서류에 서명을 했다.)

(b) I personally have never been to New York.

(나 자신은 New York에 간 적이 없다.)

(c) Personally, I don't approve of the plan.

(개인적인 의견을 말한다면, 나는 그 계획에 찬동하지 않는다.)

(a)의 personally는 양태부사이고, (b)의 personally는 I를 강조하는 강의부사이며, (c)의 personally는 문장부사이다. (a)~(c)는 각각 다음과 같이 풀어 쓸 수 있다.

(a') I signed the document in person.

(b') I myself have never been to New York.

(c') Personally speaking, I don't approve of the plan.

(8) 강의부사와 문장부사

(a) A: Is the water hot?
    B: Not really.

(b) A: Did you take my newspaper?
    B: Really not.

(a)의 Not really는 The water is not really hot의 생략문으로 really는 hot을 수식하는 강의부사이고, (b)의 Really not은 Really, I did not take your newspaper의 생략문으로 really는 문장부사이다.

11.4 부사의 형태

11.4.1 -ly로 끝나는 부사

(1) 많은 부사는 형용사에 -ly를 부가해서 만든다.

brief-briefly, immediate-immediately, adequate-adequately

그런데 logically나 radically는 logical이나 radical에 -ly를 부가해서 만든 부사지만, basically나 tragically는 basic과 tragic에 -ally를 부가해서 만든 부사이다. -ic로 끝나

는 형용사에 -ly만을 부가해서 만든 부사로는 publicly가 있다. 부사 economically와 대응하는 형용사로는 economic과 economical이 있다.

(2) 경우에 따라서는 분사나 명사에 -ly를 부가해서 부사가 만들어지기도 한다.

   1) 분사 + -ly: admittedly, allegedly, surprisingly, amazingly
   2) 명사 + -ly: purposely, hourly, monthly

   유의 -ly로 끝나는 낱말 가운데는 부사 아닌 형용사로만 쓰이는 것이 있고, 형용사와 부사를 겸하는 것이 있다.
   1) 형용사로만 쓰이는 것
      costly, cowardly, deadly, friendly, (un)likely, lonely, silly
      Buying new furniture is too costly.
      She gave me a friendly smile.
      She lives alone and often feels lonely.
   2) 형용사와 부사를 겸하는 것
      daily, weekly, monthly, early
      Daily newspapers are published daily.
      I took an early train.
      I got up early.

(11.4.2) late와 lately 기타

late는 동일한 어형이 형용사로도 쓰이고 부사로도 쓰인다. lately는 late에 -ly가 부가되어 만들어진 부사이다. 부사 late와 부사 lately는 그 의미나 기능이 다음과 같이 다르다.

   Lately, he didn't sit up late.
   (요즈음에는 그는 밤늦게까지 잠자리에 들지 않는 일은 없었다.)

late와 lately처럼 -ly 없이 부사로 쓰이는 한편 -ly를 부가해서 또 하나의 부사가 만들어지는 경우, 이 두 부사의 의미나 기능이 다른 예를 추가해보면 다음과 같다.

   hard - hardly, high - highly, just - justly, most - mostly,
   near - nearly, short - shortly, direct - directly, wide - widely

(1) He hardly worked hard.

(2) (a) The kite flew high.

    (b) He was highly sensitive about his weakness.

(3) (a) Open your mouth wide.

    (b) He is widely known.

(4) (a) The next flight doesn't go direct to Rome; it goes by way of Paris.

    (b) Answer me directly.

(1) ~ (4)의 경우, high, wide, direct가 대체적으로 시각적이거나 구체적인 의미를 나타낸다면, -ly가 부가된 highly, widely, directly는 전자의 의미가 비유적이거나 추상적인 의미로 바뀌어 있다.

11.4.3 slow와 slowly 기타

(a) John usually walks slow.

(b) John usually walks slowly.

slow는 주로 형용사로 쓰이지만 (a)가 보여주듯이 부사로도 쓰인다.

부사로 쓰이는 slow와 slowly는 용법상 다음과 같은 차이가 있다.

(1) slow는 slowly에 비해서 상대적으로 일상체에 속한다.

(2) slow는 특히 go, walk, drive 등 이동동사와 함께 쓰이지만 slowly에는 그런 제약이 없다.

Drive { slow. / slowly. }

He was eating { * slow. / slowly. }

(3) 부사로 쓰이는 slow는 slowly와 달리 주어 다음의 자리에 위치하지 않는다.

He { * slow / slowly } drove around the corner.

(4) slow는 동명사구를 만들지 못한다.

$\left\{ \begin{array}{l} * \text{John's driving slow} \\ \text{John's driving slowly} \end{array} \right\}$ annoyed everyone.

단 slow는 분사와 결합해서 다음과 같은 복합어를 만든다.

slow-moving car, slow-cooked food

(5) slow는 분열문을 만들지 못한다.

It was slowly/* slow that he drove around the corner.

slow 말고도 주로 형용사로 쓰이지만, 특정한 문맥이나 표현에서 관용적으로, 또는 격식성을 낮춘 일상체에서 부사로 쓰이는 것에는 다음도 있다.

He always talks big. (큰소리치다)

Take it easy! (= Relax.)

We won the election fair and square (= fairly and squarely).

(정정당당하게)

That suits me fine. (잘 어울리다)

Don't talk so loud.

That was real nice.

What am I doing wrong?

A: Can I borrow your pen?

B: Sure.

11.5 술어동사를 수식하는 부사

11.5.1 공간부사

(1) 공간부사란 장소와 위치, 방향, 출발점과 도착점 등을 나타내는 부사를 말한다.

I met him at the stadium.
You'll find him where he always is.
He was running towards her.
He came to London from Rome.

이 부사들 가운데서 방향이나 출발점과 도착점을 나타내는 부사는 술어동사와 함께 완전한 문장을 만드는 데 필수적이다. 말을 바꾸자면 다음 문장은 부사(구) 없이는 완전한 문장이 되지 못한다.

He was thrown overboard.
He came out of a nightclub.

반면에 장소를 나타내는 부사(구)는 술어동사에 따라 수의적인 경우와 필수적인 경우로 나뉜다.

I met him in the park. - 수의적
He lives in New York. - 필수적

(2) 어순

1) 한 문장에 위치를 나타내는 부사(구)가 겹치는 경우에는 범위가 넓은 쪽이 뒷자리를 차지한다.

Many people eat in restaurants in London.

2) 이 두 부사(구) 가운데서 I로 옮길 수 있는 것은 범위가 넓은 쪽이다.

In London, many people eat in restaurants.
* In restaurants, many people eat in London.

3) 방향을 나타내는 부사(구)가 겹치는 경우에는 '이동'이 이루어진 순서에 따른다.

He ran from his home down the hill over the bridge to the village.

4) 부사와 부사구가 겹치는 경우는 부사가 부사구에 앞선다.

The plane flew west over the city.

[유의] 다음과 같은 어순의 차이도 유의할 만하다.
He came to London from Rome.
He went from Rome to London.

come이 술어동사로 쓰인 경우, 도착점보다 출발점이 뒤에 나오는 것은 도착점보다 출발점의 정보가치가 크기 때문이다. go의 경우는 도착점이 출발점 다음에 오는데 이는 go가 도착점 지향적이어서 도착점의 정보가치가 출발점의 정보가치보다 크기 때문이다.

(11.5.2) 시간부사

(1) 시간부사란 시점(時點), 기간 및 상대적 시간 등을 나타내는 부사를 말한다.

I was in New York last year.
Can you stay over the weekend?
Take three pills twice a day.
I met him before.

(2) 어순

1) 한 문장에 시간부사가 둘 이상 나타나는 경우에는 시간 폭이 넓은 부사(구)가 뒷자리를 차지한다.

I'll see you at nine on Monday.
I arrived at New York at six o'clock in the morning on the twenty fifth of June, 1999.

2) 그러나 상대적으로 길이가 긴 부사구는 (end-weight의 원칙에 따라) 문장의 뒷자리를 차지한다.

He got drunk tonight within a very short time.

그런데 1)과 2)의 원칙이 서로 충돌하는 경우, 문맥에 따라서는 다음과 같이 **(a)**와 **(b)**의 두 어순이 다 허용된다.

(a) He died <u>at half past two</u> <u>yesterday</u>.

(b) He died <u>yesterday</u> <u>at half past two</u>.

3) 두 부사(구) 가운데 문장의 첫머리로 옮길 수 있는 것은 시간 폭이 넓은 쪽이다.

I'll see you <u>at nine</u> <u>on Monday</u>.

→ On Monday I'll see you at nine.

→ *At nine, I'll see you on Monday.

4) 종류가 다른 시간부사가 겹치는 경우의 순서는 다음과 같다. 즉 기간을 나타내는 부사가 먼저 쓰이고 시간을 나타내는 부사는 끝자리를 차지한다.

I was there <u>for a short while</u> <u>every day</u> <u>last year</u>.
　　　　　　　　(기간)　　　　　(빈도)　　　(시간)

(3) 시간부사의 유의점

1) after, before, since
after, before, since는 흔히 전치사 또는 접속사로 쓰이는데, 다음에서는 시간부사로 쓰이고 있다.

I have never seen him so unhappy before.

We had oysters for supper. Shortly after, I began to feel ill.

I long since gave up smoking.

2) presently
presently는 영국영어에서는 'not now, later, in a minute'라는 뜻으로 쓰이는데, 미국영어에서는 at present라는 뜻으로 쓰인다.

He'll be down presently. - 영국영어

(그 분은 곧 내려올 것입니다.)

A: Mummy, can I have an ice cream?

B: Presently(= later), dear.

They are presently(= at present) in London. - 미국영어

3) already와 yet

already는 긍정문에서, yet은 대조적으로 부정문과 의문문에서 쓰인다.

> I have already taken my breakfast. - 긍정문
> I have not taken my breakfast yet. - 부정문
> Have you taken your breakfast yet? - 의문문

already가 의문문에서 쓰이는 경우는 yet과 already는 다음과 같은 점이 다르다.

> (a) Have you taken your breakfast yet?
> (b) Have you taken your breakfast already?

(a)는 상대방이 아침식사를 했는지의 여부를 전혀 모르는 경우에 쓰이고, (b)는 상대방이 아침식사를 '벌써' 한 것을 알고 물을 때 쓰인다.

yet은 부정문이나 의문문에서 already와 대조적으로 쓰이지만, '아직도, 여전히'란 뜻을 함축할 때는 긍정문에서도 쓰인다.

> There's plenty of time yet.
> = There's still plenty of time.

긍정문인 다음에서의 yet은 '나는 그를 아직 만나지 못했다. 앞으로 만나야 한다'란 뜻을 함축한다.

> I have yet to meet him.

11.5.3) 빈도부사

(1) 빈도부사는 의미상 How often … ?의 답이 되는 다음과 같은 어구를 가리킨다.

> always, ever, frequently, often, never, rarely, seldom, usually, sometimes, hardly, once, twice, again, monthly, several times a week

이 가운데 하나의 낱말로 이루어지는 빈도부사는 보통 M의 자리를 차지한다.

> I have often seen him.
> She is always happy.
> Do you ever go skiing?

(2) scarcely, hardly, seldom, never 등이 문장의 첫 자리를 차지하는 경우는 도치 구문이 되어야 한다.

> We have never/seldom/rarely seen such a spectacle as this.
> → Never/Seldom/Rarely have we seen such a spectacle as this.

(3) 일정한 빈도를 나타내는 다음 부사(구)는 F의 자리를 차지한다.

> Committee meetings take place weekly.
> Come here twice a week.

그 밖에 다음 부사(구)도 F를 차지한다.

> I went there on several occasions.
> We play cards now and then/off and on.

반대로 상례(常例)를 뜻하는 다음 부사(구)는 원칙상 I의 자리를 차지한다.

> As a rule, it's very quiet here during the day.
> As usual, nobody asked anything at the end of the lecture.

(11.5.4) 양태부사

(1) 양태부사는 넓은 의미에서의 '어떻게'란 관점에서 술어동사를 수식하는 부사 (구)를 말한다.

> She looked at him coldly.
> They treated the patient surgically(= by means of surgery).
> The window was broken with a stone.
> He was killed by a terrorist.

(2) 어순
양태부사는 주로 F의 자리를 차지한다.

> *He badly treated his friends.
> → He treated his friends badly.

＊They frugally live.
→ They live frugally.

(3) 유의할 용법
다음 부사(구)나 부사절은 일상체에서 괄호 안의 전치사를 생략할 수 있다.

She cooks chicken (in) the way I like.
He travelled to Washington (by) first class.
He sent it (by) air mail.

11.6 명사, 형용사, 다른 부사 또는 문장을 수식하는 부사

11.6.1 관점부사

어순상 관점부사는 보통 I를 차지하고, 관점부사와 주절 사이에 (,)가 부가된다.
다음에 제시한 예는 구조상으로는 구와 절에 속하지만, 그 의미나 용법이 관점부사
와 같다. (⟹ 11.3(1))

Looked at politically, it was not an easy problem.
As far as mathematics is concerned, he did not know anything.

11.6.2 격식부사

(1) 격식부사는 다음과 같이 표현을 정중하게 하거나 격식에 맞도록 하기 위해서
공식적으로 쓰이는 부사를 가리킨다.

He kindly offered us a ride.
We cordially invite you to our party.

(2) 다음에서 (a)의 kindly는 격식부사이고, (b)의 kindly는 양태부사이다.

(a) He kindly talked to the old man. - 격식부사
(b) He talked to the old man kindly. - 양태부사

(b)는 의미상 How did he talk to the old man?의 답이 될 수 있는 문장이고, How did he talk to the old man?의 답이라면 kindly 없이는 완전한 문장이 되지 못한다.

(a)는 What did he do to the old man?의 답이 될 수 있는 문장으로 kindly는 주어인 he를 높여 주고 표현을 정중하게 하는 데 도움이 되지만, kindly가 없어도 완전한 문장을 만드는 데는 지장이 없다.

11.6.3 주어지향부사

(1) 다음 (a)와 (b) 사이에는 미묘한 의미 차이가 있다.

(a) John seduced Mary intentionally.
(b) John intentionally seduced Mary.

(a)와 (b)가 다 'John이 의도적으로 Mary를 유혹했다'는 뜻이지만, 좀 더 자세히 따지자면 (a)의 intentionally는 seduced Mary에 걸리는 양태부사로 'Mary를 유혹한 행위가 의도적이었다'는 뜻을 나타낸다. 반면에 (b)의 intentionally는 John에 걸리는 주어지향부사로 'John이 의도적으로 …'란 뜻을 나타낸다.

어순상 주어지향부사는 주어에 선행하기도 하고, 주어 바로 다음 자리를 차지하기도 한다.

(2) 위의 예문의 경우 (a)와 (b)는 의미의 차이가 반드시 분명히 드러나지 않지만, 다음 (c)와 (d)의 경우는 그 의미 차이가 분명하다.

(c) Mary was seduced intentionally by John.
(d) Mary intentionally was seduced by John.

(c)는 (a)의 수동형이지만 (d)가 (a)나 (b)의 수동형이 되지는 않는다. Mary 바로 다음을 잇는 intentionally가 Mary에 걸리는 주어지향부사이기 때문이다. (d)는 'Mary가 의도적으로 John의 유혹에 넘어갔다'란 뜻을 나타낸다.

(3) 주어지향부사를 포함하는 다음 (e), (f)는 (e'), (f')로 풀어 쓸 수 있다.

    (e) Bitterly, he buried his wife.

      → (e') He was bitter when he buried his wife.

    (f) He deliberately misled us.

      → (f') He was being deliberate when he misled us.

11.6.4 강조부사

강조부사는 하나의 문장이 전달하려는 의미를 강조하는 데 쓰이는 부사를 말한다.

    I honestly don't know what he wanted.

    I just can't understand it.

    I simply don't believe it.

강조부사는 단답형 응답으로도 자주 쓰인다.

    A: Are you willing to help me?

    B: Certainly.

      Sure(ly).

11.6.5 강의부사(확대부사와 완화부사)

(강조부사가 하나의 문장이 전달하려는 의미를 강조한다면) 강의부사는 동사, 형용사, 부사 등 한 문장의 여러 구성요소가 나타내는 정도를 강조한다.

    They greatly admired him.

    I fully appreciate your problem.

    It's very foolish to do so.

강의부사는 동사, 형용사, 부사 등이 나타내는 의미의 정도가 아주 높음을 나타내는 '확대부사(amplifier)'와 정도가 아주 높지는 않음을 나타내는 '완화부사(downtoner)'로 구분된다.

(1) 확대부사

확대부사의 유의할 만한 용법으로는 다음이 있다.

1) very와 much

very는 형용사와 다른 부사를 수식하고 (very) much는 동사를 수식한다.

It's very foolish to smoke.

She's a clever girl, and has learned the new work very quickly.

I like it very much.

> 유의 형용사는 very의 수식을 받지만, 형용사의 비교급은 much의 수식을 받는다.
> too 다음에 형용사가 이어지는 경우에도 형용사는 much나 far 또는 rather, only 등의 수식을 받는다.
>
>   This book is much/＊very too difficult for me.

2) 서술적 용법으로 쓰이고 a-로 시작하는 다음 형용사는 very나 much가 아닌 다른 강의어의 수식을 받는다.

wide awake, fast asleep

alone은 very much나 all의 수식을 받는다.

She's very much/all alone.

3) need나 want는 강의부사로 badly의 수식을 받는다.

How successful you are depends on how badly you want to succeed.
Your hair needs cutting badly.

miss도 badly의 수식을 받는다.

Ann was missing him badly.

그러나 badly는 need나 want와는 함께 쓰이지만, agree나 forget과는 함께 쓰이지 않는다. agree와는 entirely가, forget과는 completely가 쓰인다. admire/enjoy는 greatly의 수식을 받는다.

> badly + need/want
>
> entirely + agree
>
> completely + forget
>
> greatly + admire/enjoy

deeply는 감정을 나타내는 hate, dislike, admire, love, value, regret 등과 함께 쓰이는데, 그러면서도 like, favor, prefer와는 함께 쓰이지 않는다.

> deeply + hate/dislike/admire/love/value/regret/* like/* favor/* prefer

다음 (a)와 (b)에서의 wounded는 의미상 차이가 있다.

> (a) They *wounded* him deeply.
> (b) They *wounded* him badly.

(a)의 wounded는 '마음에 상처를 주었다'란 뜻이고, (b)의 wounded는 '육체적으로 부상을 입혔다'란 뜻이다. (a)의 wound를 '마음에 상처를 주다'로 해석하는 것은 deeply가 감정을 나타내는 동사와 함께 쓰이는 강의부사이기 때문이다.

4) really와 부정문

really가 부정문에서 사용되는 경우에는 really의 위치에 따라 의미상 차이가 생긴다.

> (a) I really don't like her.
>
> (나는 정말 그녀가 싫다.)
>
> (b) I don't really like her.
>
> (나는 그녀가 정말 좋은 것은 아니다.)

(2) 완화부사

완화부사에는 quite, rather, fairly, pretty, scarcely, hardly 등이 있는데, 유의할 용법을 간추리면 다음과 같다.

1) quite

quite는 completely, perfectly란 의미를 나타내는 경우와 more or less, to some degree란 의미를 나타내는 경우가 있다. 전자의 quite는 확대부사에 속하고 후자의

quite는 완화부사에 속한다.

A: 확대부사로 쓰이는 quite

quite는 full/empty, right/wrong, all right, certain, sure 등과 함께 쓰이는 경우, perfect, amazing, horrible, extraordinary 등을 수식하는 경우 또는 understand, appreciate, believe, forget, realize, recognize 등과 함께 쓰이는 경우 completely/perfectly란 뜻을 나타낸다.

> The bottle was quite(= completely) empty/full.
> You're quite(= 100%) right/wrong.
> It's quite(= very) extraordinary; I can't understand it at all.
> I quite understand.

B: 완화부사로 쓰이는 quite

위에서 설명한 경우를 제외한 단계형용사(⇒ 10.11)나 동사, 또는 명사와 함께 쓰일 때 quite는 그 형용사나 동사가 나타내는 의미와 강도를 <어느 정도>로 완화해서 평가하는 기능을 갖는다.

> His house was quite(= rather) small.
> She quite enjoys her job, but she's looking for a new one.
> It was quite a meal, but not worth 30 dollars.
> I quite like John, but not enough to marry him.

해설 단적으로 quite는 정도나 강도가 높은 형용사 등을 수식할 때는 그 정도나 강도를 더욱 강조하는 의미를 나타내고, 얼마만큼의 정도를 전제로 하는 형용사 등과 함께 쓰이는 경우는 그 <얼마만큼>을 드러내고 확인하는 의미를 나타낸다. 다음에서 tired와 exhausted는 다같이 '피로하다'란 뜻을 나타내지만 tired에 비해서 exhausted는 강도가 높다. (a)의 quite는 확대부사로 해석이 되고, (b)의 quite는 완화부사로 해석이 된다.

> (a) I'm quite exhausted. (피로해 죽을 지경이야.)
> (b) I'm quite tired. (꽤 피곤해.)

2) just

just도 quite처럼 상반되어 보이는 두 기능과 의미를 갖는다.

> (a) That's just amazing. - 확대부사
>   (놀라울 따름이다.)

That's just what I wanted.

(그것이야말로 바로 내가 원했던 거야.)

(b) I just dropped by to say hello. - 완화부사

(그저 인사나 할까 해서 들렀지.)

Just sit down, please.

(좀 앉아요.)

3) rather, fairly

rather와 fairly는 똑같이 '상당히, 꽤'란 뜻을 나타내는데, rather와 달리 fairly는 긍정적 의미를 갖는 형용사나 부사하고만 결합한다.

$$I'm\ feeling \begin{Bmatrix} rather \\ * fairly \end{Bmatrix} \begin{matrix} unwell. \\ depressed. \end{matrix}$$

$$I've\ done \begin{Bmatrix} rather \\ * fairly \end{Bmatrix} badly\ in\ my\ exam.$$

Tom is fairly clever, but Peter is rather stupid.

He is fairly rich, but she is rather poor.

rather는 긍정적인 의미를 나타내는 형용사나 부사하고도 결합하는데, 그런 경우 fairly나 quite보다 very에 가깝다.

rather와 비슷한 강도를 갖는 완화부사에는 pretty가 있는데, pretty는 일상체에서 흔히 쓰인다. 한편 영국영어에서 애용하는 quite는 fairly보다 강도가 높다. 그러므로 완화부사의 '정도'는 다음과 같은 순위를 설정해 볼 수 있다.

not nice > fairly nice > quite nice > pretty nice > rather nice > very nice

구체적인 예를 들어보자.

(a) A: How was the film?

B: Fairly good. Not the best one I've seen this year.

(b) A: How was the film?

B: Quite good. You ought to see it.

(c) A: How was the film?

B: Rather good. I was surprised.

4) not very

    (a) The food is very expensive.

    (b) The food is not very expensive.

  (b)는 직역하면 '그 음식은 아주 비싸지는 않다'가 되는데, 그렇다고 '아주 비싸지는 않고 조금 비싸다'란 뜻은 아니다. (b)는 '그 음식은 꽤 싸다'란 뜻으로, '그 음식이 비싸다'는 말은 <어느 쪽인가 하면 사실이 아니다>란 뜻을 함축한다. 다음 (c)는 '그녀가 노래를 잘 부르지 못한다'란 뜻의 완곡한 표현이다.

    (c) She's not very good at singing.

 (3) 의문문과 ever

 의문문을 만드는 who, what, when, where, why, how와 함께 쓰이는 ever는 의문문이 나타내는 '의문'의 뜻에 화자의 '놀람', '경탄', '노여움' 등의 감정을 가미시키는 기능을 갖는다.

    How ever did he escape?

    Who ever is that strange girl with Roger?

    What ever do you think you're doing?

일상체에서는 ever 대신에 on earth가 쓰이기도 한다.

    How on earth did you manage to get the car started?

(4) 부정문과 강의부사

1) 부정문에서 쓰이는 강의부사로는 at all, in the least, by any means 등이 있다.

    I didn't understand anything at all.

    I don't like him in the least.

    We were not surprised at the news by any means.

일상체에서는 a bit, a thing도 쓰인다.

    I don't like him a bit.

    He didn't give me a thing(= anything at all).

2) at all은 의문문이나 조건문에서 쓰이는 경우, '의문'이나 '조건'의 뜻을 강조한다.

> Do you know how to play poker at all?
> (포커를 조금이라도 할 줄 아나?)
> He'll come before dinner, if he comes at all.
> (그가 혹시라도 온다면, …)

at all은 if가 이끄는 조건절을 강조하는 관용적인 표현의 일부로도 쓰인다.

> It should be done, if at all, at once.
> (만일 그 일을 (안 한다면 몰라도) 꼭 해야 한다면 당장 해야 한다.)

11.6.6 초점부사

(1) 분류
초점부사는 다음과 같이 분류된다.

> 제한적: merely, only
> 부가적: also, even, too, as well

(2) even

> (a) John even bought her a new house.

위의 예문 (a)는 even의 초점이 어디에 있느냐에 따라 다음 다섯 가지의 해석 가운데 하나를 나타낸다.

> (1) John까지도 그녀에게 새 집을 사주었다.
> (2) John은 그녀에게 새 집을 사주기까지 했다.
> (3) John은 그녀에게까지 새 집을 사주었다.
> (4) John은 그녀에게 집, 그것도 새 집까지 사주었다.
> (5) John은 그녀에게 (새) 집까지 사주었다.

특히 말(spoken form)에 있어서는 이 (1)~(5)의 의미 차이는 다음과 같은 강세의 차이로 드러난다.

(1') Jóhn even bought her a new house.

(2') John even bóught her a new house.

(3') John even bought hér a new house.

(4') John even bought her a néw house.

(5') John even bought her a new hóuse.

even은 초점이 되는 어구의 앞자리에 위치하기도 한다.

(1") Even John bought her a new house.

(2") John even bought her a new house.

(3") John bought even her a new house.

(4") John bought her even a new house.

(5") John bought her even a new house.

(3) only와 also

위에서 **even**과 관련해서 설명했던 사항은 원칙적으로 **only**에도 해당된다. 즉 **only**는 흔히 주어 다음의 자리를 차지한다. 또한 동사, 형용사, 부사에 걸리는 경우는 그 어구의 앞자리에 위치할 수 있다.

명사(구)에 걸리는 경우만은 **even**과 달리 그 명사(구)의 앞이나 뒤에 자유롭게 위치한다.

다음 예문에서 **only**는 문맥에 따라 색으로 표시된 어구에 걸릴 수 있다.

I only kissed her.

I only like people who like me.

The bus only runs on Monday.

I've only been to Jeju once.

Only you could do a thing like that.

I believe only half of what he said.

He lends the car to me only.

also 역시 흔히 주어 다음 자리를 차지하며 강세의 위치에 따라 의미 차이가 생긴다.

John also bought her a new house.

다만 also는 even이나 only와 달리 문장의 첫머리에서는 쓰이지 않는다.

> **참고** 간혹 also가 문장의 처음에 쓰이는 경우가 있는데, 이런 경우 also는 초점부사가 아니라 'moreover(게다가)'란 의미를 갖는 접속부사이다. 그리고 also 다음에는 (,)가 붙는다.
> Also, there are several other factors to consider.

(4) too와 as well

also와 비슷한 의미를 갖는 초점부사에는 too와 as well이 있는데, too와 as well은 보통 문장의 끝자리를 차지한다. 따라서 다음 예문은 문맥에 따라서 세 가지 의미로 해석할 수 있다.

말(spoken form)에서는 이 의미 차이는 강세의 차이로 나타난다.

> John teaches skiing too/as well.
> 1) Jóhn teaches skiing too/as well. (= John도 스키를 가르친다.)
> 2) John téaches skiing too/as well. (= John은 스키를 가르치기도 한다.)
> 3) John teaches skíing too/as well. (= John은 스키도 가르친다.)

주어를 초점으로 삼는 경우, too는 as well과 달리 주어 다음에 위치할 수도 있다. 다만 이런 경우 too의 앞뒤에는 (,)가 필요하다. 그리고 이와 같은 어순의 too는 격식체에서 쓰인다.

> John, too, teaches skiing.

> **유의** 부정문에서 too/as well은 either로 바뀐다.
> (a) Her mother's coming too/as well.
> (b) Her mother's not coming either.

too/as well이나 either는 똑같이 '… 도'란 뜻을 나타내는데, 그 용법의 차이는 다음과 같이 공식화할 수 있다.

> (a) 긍정문 + 긍정문 다음에서는 too
> You can have A and you can have B too.
> (b) 부정문 + 부정문 다음에서는 either
> You can't have A and you can't have B either.
> (c)는 어떨까?
> (c) 긍정문 + 부정문
> You can have A but you can't have B ___.

(c)의 빈칸에는 too가 알맞다. (c)는 'A를 가질 수는 있지만 B까지 가질 수는 없다'란 뜻을 나타낸다.

11.7 문장부사

문장부사는 문장 전체에 걸리는 부사를 말한다. 다음과 같이 구분된다.

　1) 문체부사
　2) 내용부사

11.7.1 문체부사

　문체부사는 화자의 입장에서 해당 문장이 어떤 표현 방식으로 말하여졌고, 어떤 관점에서 말하여졌는지를 부연적으로 설명해주는 부사를 말한다.

　Frankly, I was bored.
　In short, I say 'No!'
　There were twelve people present, to be precise.
　Personally, I find the music too arid.
　그 밖에 honestly, seriously, truly, confidentially, privately, approximately, briefly, broadly, generally, roughly, figuratively, literally, metaphorically가 문체부사로 쓰인다.

11.7.2 내용부사

　내용부사는 화자의 입장에서 해당 문장의 내용에 대한 확실성의 정도와 주관적인 가치평가를 나타내는 부사를 말한다.

　(1) 확실성의 정도를 나타내는 문장부사로는 다음이 있다.

　1) 아주 확실하다는 뜻을 나타내는 것: certainly, definitely, indeed, surely, undeniably, undoubtedly, unquestionably
　2) 100% 확실하지는 않지만 … 이란 뜻을 나타내는 것: likely, maybe, perhaps, possibly, presumably, supposedly

3) 객관적으로 판단해서 … 란 뜻을 나타내는 것: evidently, clearly, obviously, apparently, plainly

4) 사실을 판단의 근거로 했을 때 … 란 뜻을 나타내는 것: actually, really

5) 확실성 여부를 이론적으로 판단할 때란 뜻을 나타내는 것: theoretically, superficially, ideally, essentially, basically, fundamentally

6) 확실 여부의 판단의 근거가 화자가 아닌 제3자에 있다는 뜻을 나타내는 것: reportedly, supposedly, admittedly, allegedly

(2) 가치평가를 나타내는 문장부사는 주어지향적인지의 여부에 따라 다음 (a)와 (b)로 구분된다.

> (a) Foolishly, the prisoner answered the questions.
>
> (어리석게도 그 포로는 여러 질문에 답을 했다.)
>
> (b) She surprisingly passed the test.
>
> (그녀는 놀랍게도 시험에 합격했다.)

위의 예문에서 (a)의 foolishly는 주어지향적이다. '어리석게도 그 포로는 질문에 답했다'란 뜻으로 그 포로가 어리석었다란 뜻을 함축하는 것이다. 반면에 (b)는 '그녀가 시험에 합격한 것이 놀라웠다'란 뜻이지 '그녀가 놀라웠다'란 뜻은 아니다.

주어지향적인 문장부사의 예로는 다음을 추가할 수 있다.

> wisely, cleverly, wrongly, justly, …

다음은 해당 문장의 내용에 대한 화자의 평가를 반영하는 부사의 예이다.

> surprisingly, fortunately, naturally, regrettably, strangely, …

11.8　접속부사

접속부사는 두 문장을 연결하는 기능을 갖는다.

> They thought he wasn't coming, so they left without him.
> They thought he wasn't coming; therefore they left without him.

11.8.1 의미

접속부사는 다음과 같은 의미를 나타낸다.

1) 열거(괄호 안은 유사한 의미로 쓰이는 그 밖의 부사(구))

I must help him for the following reasons. First, he is my friend. Second, he is in desperate need.
(firstly, secondly, lastly, in the first place, on the one hand, for one thing, to begin with, …)

2) 부언(附言)

He's dirty, and what's more, he smells.
(furthermore, moreover, in addition, above all)

3) 요약

He lost his watch, his car broke down, and he got a letter of complaint from a customer; all in all, he had a bad day.
(therefore, then, thus, in conclusion, to conclude, to sum up, …)

4) 예시와 재언(再言)

He needs some assistance — for example, a secretary.
(in other words, that is to say, …)

5) 결과

She arrived late, gave answers in an offhand manner, and of course displeased the interviewing panel.
(accordingly, consequently, as a consequence, as a result, so)

6) 추론

A: Give my regards to John.
B: Then you're not coming with me?
  (in other words, in that case)

7) 대조

We've got no coffee. Would you like tea instead?
(on the other hand, conversely, on the contrary, by contrast, in comparison)

8) 양보

Yet, I have heard so much about him that I feel I know him well already.
(anyhow, anyway, besides, however, nevertheless, still, notwithstanding,
at any rate, at all events, in spite of that, after all)

9) 화제의 전환

I want to tell you about my trip, but, by the way, how is your mother?
(incidentally, now, meantime)

Exercises

Ⅰ. 다음 밑줄 친 부사(구)의 종류를 보기에서 골라, 기호로 답하시오.

(a) 시간부사　　(b) 공간부사　　(c) 양태부사　　(d) 빈도부사
(e) 초점부사　　(f) 주어지향부사　(g) 격식부사　　(h) 관점부사
(i) 강조부사　　(j) 강의부사　　(k) 완화부사　　(l) 내용부사
(m) 접속부사

1. <u>Politically</u>, it is urgent that the government should act more effectively on aid to developing countries.
2. He is doing it <u>simply</u> for your benift.
3. I <u>simply</u> don't believe it.
4. He was walking <u>slowly</u>.
5. He <u>quickly</u> liked the city.
6. He <u>almost</u> resigned, but in fact he didn't.
7. <u>Undoubtedly</u>, she rejected his offer.
8. <u>As usual</u>, nobody asked anything at the end of the lecture.
9. Though he is poor, <u>yet</u> he is satisfied with his situation.
10. John <u>resentfully</u> left the place.

12

전치사
Prepositions

Chapter 12

전치사

12.1 전치사의 기능

a book on the table이나 go to school의 on과 to처럼 명사 앞에 위치하여 그 명사와 다른 어구와의 관계를 밝혀주는 낱말이 전치사이다.

전치사 다음을 잇는 명사는 전치사의 목적어가 된다. 전치사＋명사는 전치사구를 만든다. 전치사구는 문맥에 따라 형용사구의 구실도 하고 부사구의 구실도 한다.

She doesn't want to marry a man without money. ‒ 형용사구

For all his wealth, he's not happy. ‒ 부사구

다음처럼 전치사구는 일부 형용사 다음에서도 흔히 쓰인다. (⇒ 10.16.1)

I am afraid of dogs.

> 참고 예외적으로 전치사구가 주어의 구실을 하는 경우가 있다.
> Between eight and nine will suit me.
> (저는 8시부터 9시 사이가 좋아요.)

12.2 전치사의 목적어

전치사의 목적어가 되는 것은 기본적으로는 명사지만, 그 밖에 다음과 같은 여러 구조가 전치사 다음 자리를 차지한다.

(1) 명사구

I am glad *of* your success.

(2) 대명사

I am proud *of* you.

(3) 동명사구

He went away *without* saying good-bye.

(4) 절

Men differ from brutes *in* that they can think and talk.
I know nothing about him *except* that he lives next door.

위의 예가 보여주듯이 that이 이끄는 절을 수반하는 전치사는 in, except에 한한다. 반면에 의문사가 이끄는 절 앞에는 여러 전치사가 올 수 있다.

Think *of* what you can do.
Your success will depend *on* what you do and how you do it.
He walked slowly *toward* where she was standing.
He gave a vivid picture *of* what the sea looked like from a great height.
(그는 아주 높은 곳에서는 바다가 어떻게 보이는지를 아주 생생하게 묘사했다.)

유의 1. but은 대체적으로 접속사로 쓰이지만, 다음 (a), (b)에 나오는 but은 전치사이다.
    (a) You can come any day *but* Monday.
    (b) Nobody said anything *but* me.
    다음 (c)에 나오는 but은 (a), (b)에서 쓰인 but과 똑같이 "… 을 제외하고"란 의미를 갖는다. 이와 같은 공통된 의미를 근거로, (c)의 but을 (a), (b)와 똑같은 전치사로 간주한다면, 부정사구가 전치사 but의 목적어가 되는 셈이다. (⇒ 12.12)
    (c) What can we do *but* sit and wait?

  2. 전치사는 다음과 같이 형용사와 결합해서 숙어처럼 쓰이기도 한다. 전치사 다음에서 쓰이기 때문에 이와 같은 형용사는 (형용사에서 유래한) 명사로 설명되기도 한다.
    in short(한마디로), before long(오래지 않아), for long(오랫동안),
    in particular(특히), …

다음과 같은 예도 있다.

Things went from bad to worse.

He was given up for dead.

(사람들은 죽은 것으로 치고 그를 포기했다.)

3. 전치사는 다음과 같이 관용적으로 시간부사나 장소부사와 함께 쓰이기도 한다.

since then, till recently, for always, from here, from abroad

12.3 형태상의 분류

12.3.1 단일전치사와 복합전치사

대부분의 전치사는 다음과 같이 하나의 낱말로 되어 있다. 이와 같은 전치사가 '단일전치사'이다.

at, by, for, in, of, over, to

그러나 다음과 같이 복수의 낱말이 결합해서 전치사를 만들기도 한다. 이와 같은 전치사가 '복합전치사(complex preposition 또는 phrasal preposition)'이다.

according to, as for, because of, by means of, by way of,
for the sake of, in addition to, in spite of, in place of,
on account of, out of, owing to

12.3.2 이중전치사

단독으로 쓰이는 전치사가 다른 전치사와 겹쳐서 쓰이는 경우, 이를 '이중전치사(double preposition)'라 한다. 이중전치사는 특히 from이나 till에 의해서 만들어진다.

from under the hill, from behind the curtain
till after dark, until before the sunset

(12.3.3) 분사형 전치사

분사형 전치사로는 다음이 있다.

> including me, regarding your recent inquiry,
> concerning your letter, excepting the last one,
> barring John and Jane, notwithstanding the storm

in spite of의 뜻을 갖는 notwithstanding은 격식체에서 흔히 쓰이는데, 예외적으로 목적어 다음에 위치하기도 한다.

> Notwithstanding the storm, we went on.
> We went on, the storm notwithstanding.

(12.3.4) 기타

특수한 전치사로 다음을 들 수 있다.

> four plus three, eight minus two, 60 miles per hour

라틴어에서 어원을 찾을 수 있는 것으로는 다음이 있다.

> via Paris, peace versus war

> 참고   versus는 v. 또는 vs.가 약어로 쓰인다.

12.4   전치사의 용법 — 의미를 중심으로

(개별 전치사의 용법 설명은 일단 권위 있는 영영사전에 맡기고) 이 책에서 전치사의 용법 설명은 의미에 초점을 맞추어, 유사한 전치사들의 용법을 비교·대조하는 방식을 택한다.

12.5 장소와 위치

12.5.1 at, on, in

1) at: He was standing at the corner of the street.
2) on: The dog was lying on the ground.
3) in: Mother was in the kitchen.

1) ~ 3)에서 at은 '하나의 점으로 인식된 장소'를 목적어로 삼으며, on은 '선이나 면으로 인식된 장소'를, in은 '여러 선 또는 면에 의하여 에워싸인 공간으로 인식된 장소'를 목적어로 삼는다.

다음 예문에서 똑같은 the window를 목적어로 삼으면서도 (a)에서 on이 사용된 것은 the window를 하나의 평면으로 인식했기 때문이고, (b)에서 in이 사용된 것은 the window를 틀속의 공간으로 인식했기 때문이다.

(a) The frost made patterns on the window.
(b) A face appeared in the window.

다음 (c)와 (d)도 비슷하다.

(c) The players were practicing on the field.
(d) The cows were grazing in the field.

즉, (c)에서의 the field는 운동연습을 하는 '평면'으로, (d)에서의 the field는 '울타리로 에워싸인 공간'으로 인식되어 있다.

다음 (e)와 (f)의 차이는 무엇일까?

(e) We sat on the grass.
(f) We sat in the grass.

(e)에서 on이 '평면'을 전제로 한다면, 대조적으로 (f)의 in은 '입체적인 공간'을 전제로 한다. 그러므로 (e)의 풀밭은 풀이 짧았을 것이고, (f)의 풀밭은 풀이 몸을 감출만큼 길었을 것이다.

다음 (g)와 (h)의 차이는 무엇일까?

> (g) Robinson Crusoe was marooned on an island.
> (h) He was born in Cuba.

(g)에서 on은 an island가 아주 작은 섬임을 암시한다. 반면에 (h)의 in은 Cuba가 상대적으로 큰 섬이라는 것과, 눈에 보이지 않는 국경선으로 에워싸인 하나의 국가임도 드러내준다.

> 유의 at이 '하나의 점으로 인식된 장소'를 목적어로 삼는다지만, 이 경우의 '하나의 점'이란 상대적인 개념이다. 실제에 있어 at의 목적어가 되는 장소는 글자 그대로 하나의 작은 점으로부터 Los Angeles와 같은 넓고 큰 도시에 이르기까지 다양할 수 있다.
> He came to the airport to meet me at Los Angeles.
> 위의 예문에서 Los Angeles 앞에 at이 쓰인 것은 지도상에 나타나는 하나의 지점으로 Los Angeles를 인식했기 때문이다.

다음 (i)와 (j)의 on은 서로 의미가 다르다.

> (i) a boat on the river
> (j) the town on the river

(i)와 달리 (j)의 on은 '근접'이란 뜻을 갖는다. 다음 (k)와 (l)의 on도 역시 의미가 다르다.

> (k) a picture on the wall
> (l) He sat on the wall.

(k)가 '벽에 걸려있는 그림'이란 뜻이라면, (l)의 on은 on top of란 뜻을 나타낸다. '그는 재학중이다'란 뜻을 나타낼 때, 미국영어와 영국영어는 전치사의 선택이 다르다.

> He's $\begin{cases} \text{in school. (Am.E.)} \\ \text{at school. (Br.E.)} \end{cases}$

대체적으로는 건물을 나타내는 명사를 목적어로 삼는 경우, '(건물) 안에'란 뜻을 나타낼 때는 in이 쓰이고, 건물 자체보다 그 기능에 초점을 두는 경우에는 at이 쓰인다.

He went into the Institute five minutes ago. So he must be in the Institute now.

He teaches at the Institute.

다음 at은 '어떤 활동에 종사 중'이란 뜻을 함축한다.

She was at the washing machine.

At 8, we were at table.

(8시에 우리는 식사 중이었다.)

a baby at the breast

(젖을 빨고 있는 아기)

다음과 같은 집단 활동에 참여하고 있다는 뜻에도 at이 쓰인다.

He is at the meeting/the concert/a party.

유의 동일한 지명이 목적어로 쓰이면서도 다음과 같이 전치사의 선택이 다를 수 있는 것은 문맥에 따라 그 지명에 대한 관점이 다르기 때문이다.

(a) I live in Seoul.

(b) The plane will refuel at Seoul on its way from Tokyo to Hong Kong.

(a)에서의 Seoul은 거주 지역을 나타내며 (b)에서의 Seoul은 Tokyo와 Hong Kong을 잇는 항로의 한 지점을 나타낸다.

한편 다음 (c)는 서울이란 도시에 도착했다란 뜻이고, (d)는 서울역이나 터미널에 도착했다는 뜻이다.

(c) I arrived in Seoul.

(d) I arrived at Seoul.

(12.5.2) 상대적인 위치: above, over; below, under

We flew above the clouds.

The lamp hung over the table.

The sun has sunk below the horizon.

The box is under the table.

above와 over는 똑같이 higher than … 이란 뜻을 나타내는데, 흔히 다음과 같은 차이가 있다.

A is above B. = A is higher than B.

A is over B. = A is directly above B.

below와 under의 관계는 above와 over의 관계와 비슷하다. 즉 below와 under는 똑같이 in a lower place than … 이란 뜻으로 쓰이기도 하고, 다음과 같은 차이를 드러내기도 한다.

A is below B. = A is lower than B.

A is under B. = A is directly below B.

그러므로 다음 (a)는 가령 the kitchen이 1층에 있다면 the bedroom은 2층에 있다는 뜻을 나타내고, (b)는 the kitchen 바로 위에 the bedroom이 위치하고 있으리라는 짐작을 가능하게 한다.

(a) The bedroom is above the kitchen.

　(= The kitchen is below the bedroom.)

(b) The bedroom is over the kitchen.

　(= The kitchen is under the bedroom.)

유의 이와 같이 over는 두 대상의 수직적인 위치관계를 나타내는데, 그 밖에 대상이 거리 상 근접해 있음을 나타내기도 한다. 그렇기 때문에 다음 (a)의 빈칸에는 above보다 over가 알맞고, (b)에는 above가 알맞다.

(a) The doctor was leaning _____ the body when we arrived.

(b) The castle stands on a hill _____ the valley.

under는 두 대상의 수직적인 위치관계 말고도, 두 대상이 접촉되어 있는 경우에 쓰인다. 반면에 below는 두 대상이 떨어져 있을 때만 쓰인다.

She put the letter $\left\{ \begin{array}{l} \text{under} \\ *\,\text{below} \end{array} \right\}$ the pillow.

그 밖에 상하의 위치관계를 나타내는 전치사로는 on (the) top of, underneath, beneath 등이 있다. 이 가운데 on (the) top of와 underneath는 두 대상이 접촉되어 있는 경우에 쓰인다.

I put my suitcase on top of his.

The letter was pushed underneath the door.

above/below와 over/under는 사물의 상대적인 위치관계를 나타내는 외에, 다음과 같이 온도 기타의 높낮이나 상하관계를 나타낸다.

1) above/below: '온도'나 '해발', '지적수준' 등

> The temperature is three degrees above zero.
> The summit of Everest is more than 8000 meters above sea level.
> She's well above average in intelligence.
> The standard of his work is well below the average of his class.

2) over/under: '연령'이나 '속도' 등

> You have to be over 18 to see this movie.
> It is forbidden to sell cigarettes to children under 16.
> The police said she was driving at over 120 mph.
> over/under에는 more than … /less than … 이란 의미도 있다.
> There were over 100,000 people at the funeral.

12.5.3 앞뒤의 상대적인 위치: before, in front of, behind, after

> She stood before him.
> A car parked in front of the building.
> The sun disappeared behind the clouds.
> She closed the door after her.

앞뒤의 위치와 관련이 있는 전치사로는 그 밖에 ahead of, at the back of, in back of 등이 있다.

부사로 쓰이는 ahead는 흔히 '(전방으로의) 이동'이란 뜻을 함축한다.

> He ran ahead.
> The way ahead was blocked by fallen trees.

유의 다음 문장에서 전치사로 쓰인 ahead of는 '그뿐만 아니라 나도 그와 똑같은 방향으로 걷고 있었다'는 뜻을 함축한다.

> A young man was walking ahead of me.

12.5.4 근접: by, beside, near (to), close to

He was standing by the window.
Let me sit beside the driver.
Don't go too near the edge of the cliff.
The church is close to the shop.

close to는 near (to)보다 더 가까운 위치를 가리킨다.
by는 원래 at the side of란 뜻을 갖기 때문에, 다음 (a)와 (b)는 의미가 다를 수 있다.

(a) We live by the sea.
(b) We live near the sea.

'가깝다'는 뜻은 상대적이어서, (b)는 가령 바다에서 5km 떨어진 곳에서 사는 경우에도 해당이 되지만, (a)는 바다가 보일 정도로 가까운 거리를 나타낸다.

12.5.5 방위와 관련된 위치: on, to

(a) He sat on the left of me.
(b) He sat to the left of me.

on과 to는 좌·우나 동·서·남·북 등의 방위와 관련된 위치를 나타낼 때 쓰인다. 위의 예문에서 (a)는 '그는 바로 나의 왼편에 앉아 있었다'란 뜻이고, (b)는 그저 '그는 나의 왼편에 앉아 있었다'는 뜻으로 그와 나 사이에는 여러 사람이 끼어 있었다는 뜻을 배제하지 않는다.

on과 to가 이와 같은 차이를 갖고 있기 때문에, 다음 (c)의 빈칸에는 마땅히 on이 알맞고, (d)의 빈칸에는 to가 알맞다.

(c) Canada lies _____ the north of the United States.
(d) Jeju Island lies _____ the south of the Korean peninsula.

(12.5.6) between, among

He was standing between Mr. A and Mr. B.
I was among the crowd.

흔히 학교문법에서는 **between**은 두 대상 사이의 위치를 나타내고, **among**은 셋 이상의 대상 사이의 위치를 나타내는 것으로 설명하지만, 이 설명이 반드시 옳지는 않다. 셋 이상이 대상이 되는 경우에도 이 대상이 서로 독립되어 있거나 그 수가 분명할 때는 **between**이 쓰인다.

Switzerland is between France, Italy, Austria and Germany.

셋 이상의 대상이 서로 분리 · 독립되어 있지 않거나 그 수가 분명하지 않을 때는 **among**이 쓰인다.

She was standing among many journalists.
He found a little house hidden among the trees.
He was happy to be among friends again.

동사 **divide**는 그 다음에 **between/among**을 수반하는데, **and**로 연결되는 단수명사가 뒤따르는 경우는 **between**을 쓰고, 복수명사가 뒤따르는 경우는 **between/among**이 다 쓰인다.

He divided his property between his wife, his daughter and his sister.
He divided his money between/among his five sons.

(12.5.7) across, along

(a) He lives across the street.
(b) He lives across Seoul.

위의 예문에서 (a)와 (b)의 **across**의 의미는 미묘한 차이가 있다. (a)의 **across the street**은 '길 건너편'이란 뜻이고, (b)의 **across Seoul**은 '(이쪽과는) 반대편의 서울(= on the other side of)'이란 뜻을 나타낸다.

along도 '… 을 따라서'란 뜻 이외에 상태동사 다음에서는 **on the other end**란 뜻을 나타낼 수 있다.

> He walked along the car tracks to Henry's eating place.
> His office is along the corridor.
> (그의 사무실은 복도의 끝에 있다.)

(12.5.8) 이동의 방향: to, onto, into

> Tom fell on/onto the floor.
> Tom dived in/into the water

on과 in은 일상체에서 쓰인다.

to, onto, into의 반대어는 각각 (away) from, off, out of이다.

> A cool wind blew from the sea.
> He jumped off the fence.
> Move out of this house.

12.6 시간

(12.6.1) at, on, in

때를 나타내는 경우 at, on, in은 각각 다음과 같은 목적어를 수반한다.

1) at: (시계가 가리키는) 시간

> at ten o'clock, at 6:30

2) on: 날짜

> on Monday, on the following day, on New Year's Day

3) in: 월, 년, 세기

    in August, in 1997, in the eighteenth century

'오전에', '오후에', '저녁에' 등의 표현은 in을 사용하여 in the morning, in the afternoon, in the evening으로 나타내는데, 특정한 날을 전제로 하는 경우는 on이 쓰인다. noon과 night 앞에는 at이 쓰인다.

    on Monday morning, on the following evening
    at noon, at night

한편 Christmas 등 축제일과 관련해서는 전치사의 용법이 다음과 같이 달라진다.

    at Christmas(Christmas 휴가 기간에)
    on Christmas Eve(Christmas 이브에)
    on Christmas Day(Christmas 날에)

[유의] '주말에'란 뜻을 영국영어에서는 at the weekend라고 하는데, 미국영어에서는 on the weekend라고 한다.

(12.6.2) 기간: for, during, in

    I stayed there for two months.
    I stayed there during the summer.

'기간'을 나타내는 for와 during은 용법상 다음과 같은 차이가 있다.

(1) for는 How long … ?으로 시작하는 질문의 답이 되는 어구(즉 three days, two hours 등)를 목적어로 삼으며, during은 When … ?의 답이 되는 어구(즉 Christmas, the summer, 1981, childhood 등)를 수반한다.

(2) during + 목적어는 다음 (a)처럼 through the whole course of의 뜻을 나타낼 수 있고, (b)처럼 at some point in the course of의 뜻을 나타내기도 한다.

    (a) He swam every day during the summer.
        We're open from 10 o'clock until 6 o'clock during the week.

(b) He came in during the night.

Only two trains left during the morning.

(3) for 다음에도 during처럼 Christmas, the summer 등이 올 수 있다.

I rented the house for the summer.

다만 위의 예문에 나오는 for는 all through the summer란 '기간'과 더불어 '여름을 보내기 위해서'란 '목적'의 뜻을 함축한다.

(4) for the summer가 all through the summer를 뜻한다면, in the summer는 at some time during the summer를 뜻한다.

I went to New York in the summer.

> 유의 기간을 나타내는 전치사의 용법으로 계속을 나타내는 현재완료의 부정형의 경우, 미국영어와 영국영어 사이에는 다음과 같은 차이가 있다.
>
> I haven't seen her $\begin{cases} \text{for a long time. – Br.E.} \\ \text{for years.} \end{cases}$
>
> I haven't seen her $\begin{cases} \text{in a long time. – Am.E.} \\ \text{in years.} \end{cases}$

(12.6.3) 기한과 계속: by, till

우리말로는 똑같이 '… 까지'로 표현되지만, by는 목적어가 가리키는 시점까지의 '기한'을 나타내고, till은 '계속'을 나타낸다.

A: Can you repair my watch by Tuesday?

B: No, I'll need to keep it until Saturday.

by는 not later than 등으로 풀어 쓸 수도 있다.

You can borrow my camera, but I must have it back by five o'clock (= at or before five, but not after five).

till의 용법에 관해서 다음은 유의할 만하다.

다음 (a)와 (b)에서의 시간관계는 분명하다.

(a) I'll wait till 5.

(b) He was here until last week.

그러나 till 다음에 a calendar time이 쓰인 다음 (c)와 (d)의 시간관계는 반드시 분명하지가 않다.

(c) You can keep the book till Friday.

(d) I'll stay here until Christmas.

(c)에서 화자가 책을 돌려주기를 원하는 날짜는 금요일일까? 토요일일까?

(d)에서 화자는 Christmas 전날까지 머물겠다는 것일까? 아니면 Christmas 날까지 머물겠다는 것일까?

실상 (c)와 (d)에서 till이 나타내는 시간은 문맥에 따라 결정될 문제로, 위에서 언급한 두 가지 해석이 다 가능하다.

그러므로 다음 (e)와 (f)에서 상식상 (e)의 Sunday는 till에 포함이 될 법하고, (f)의 Tuesday는 till에 포함이 되지 않을 법하다. 일요일에는 관습상 흔히 가게 문을 닫지만(일요일이나 월요일까지는 문을 닫아도) 화요일에는 문을 여는 것이 정상이기 때문이다.

(e) The shop will be closed till Sunday.

(f) The shop will be closed till Tuesday.

그런 점에서 가령 '월요일부터 금요일까지'란 표현으로 미국영어에서 흔히 쓰이는 (g)는 (h)와는 달리 그 시간관계가 분명하다.

(g) from Monday through Friday

(h) from Monday till Friday

till과 until은 의미상으로는 차이가 없다. 다만 till은 일상체에서 흔히 쓰이고 until은 일상체와 격식체에서 모두 쓰인다.

(12.6.4) 과정과 완료: for, in

(a) He worked for two hours.

(b) He finished his homework in two hours.

위의 예문에서 (a)의 for two hours는 단순한 '기간(동안)'을 나타내지만, (b)의 in two hours는 어떠한 일을 '끝마치는 데 들었던 시간'을 나타낸다. 그러므로 다만 '과정'을 나타낼 뿐인 (a)의 worked는 in two hours와는 같이 쓰일 수 없으며, (b)의 finished는 '완료'를 나타내기 때문에 for two hours와는 같이 쓰이지 않는다.

He worked $\left\{ \begin{array}{l} \text{for} \\ *\text{in} \end{array} \right\}$ two hours.

He finished his homework $\left\{ \begin{array}{l} *\text{for} \\ \text{in} \end{array} \right\}$ two hours.

다음 (c)와 (d)는 의미가 다르다. (c)는 '두 시간 동안 문제를 풀었다'는 뜻으로, '문제가 다 풀렸다'란 뜻은 아니다. 반면에 (d)는 '두 시간 걸려서 문제를 풀었다'란 뜻으로 문제는 다 풀린 것이다.

    (c) He solved the problems for two hours.
    (d) He solved the problems in two hours.

다음도 (e)와 (f)는 의미가 다르다.

    (e) He climbed the mountain for two hours.
        (그는 두 시간 동안 산을 올라갔다.)
    (f) He climbed the mountain in two hours.
        (그는 두 시간 걸려서 정상에 올랐다.)

work나 finish와는 달리 climb이 for two hours나 in two hours와 다 같이 쓰일 수 있는 것은 climb이 '과정'을 나타내기도 하고 '완료'를 나타낼 수도 있기 때문이다.

　유의　(c)와 (d)에서 solved가 in뿐만 아니라 for와도 같이 쓰인 것은 solve가 '과정'과 '완료'란 두 의미를 다 가지고 있기 때문이 아니라, 목적어가 복수이기 때문이다. 목적어가 the problems이고 보니, solved the problems for two hours는 '두 시간 동안 여러 문제를 풀었다'는 뜻이어서, 문제 가운데는 풀린 문제도 있고, 아직 안 풀린 문제도 있다는 뜻으로 해석이 된다. 반면에 solved the problems in two hours는 '두 시간 걸려서 그 여러 가지 문제를 풀었다'는 뜻이어서, 여러 문제가 다 풀린 것이다.

12.7 주제: about, on, of

'… 에 관해서'란 뜻으로 가장 흔히 쓰이는 전치사는 **about**과 **on**이다.

(a) a book about computers

(b) a book on computers

on은 **about**에 비해서 상대적으로 그 내용이나 기술방법이 전문적이고 체계적일 때 쓰인다. 그러므로 (a)의 **a book**은 대중을 상대로 한 **computer**의 해설서를 가리킬 테고, (b)의 **a book**은 **computer**에 관한 전문적인 서적을 가리킨다.

다음 동사나 명사는 그 내용의 전문성이나 기술방법의 체계성 여부에 따라 **about**과 **on** 가운데서 하나가 선택된다.

speak about/on

write about/on

argue about/on

preach about/on

lecture about/on

a talk about/on

그러나 다음 동사나 명사 다음에서는 **about**이 쓰인다. 동사나 명사 자체가 의미상 전문적이거나 체계적인 것과는 거리가 있기 때문이다.

chat about, gossip about, quarrel about

find out about

a story about, a novel about

ignorance about

the fact about

tell, speak, talk 다음에는 **of**도 쓰이는데, '… 에 관해서'란 뜻을 나타내는 **of**는 격식체에서 많이 쓰인다.

think 역시 그 다음에 **of**와 **about**을 수반할 수 있는데 **think of**와 **think about**은 의미가 다르다.

think of가 괄호 안과 같은 여러 의미를 갖는 데 반해서 **think about**은 다만 (a)의

think of와 의미가 비슷하다.

> (a) What do you think of/about his offer? (= have as an opinion about)
> (b) We're thinking of/* about going to France for our holidays.
>   (= considering seriously)
> (c) Think of/* about your poor mother! (= take into account)
> (d) I can't think of/* about it. (= remember)

그 밖에 '… 에 관해서'란 뜻의 전치사로는 격식체에서 쓰이는 concerning, regarding, with reference to 등이 있다.

12.8 재료: from, of, out of, with

> Beer is made from hops.
> Paper is made from wood pulp.
> This table is made of mahogany.
> The plastic of which this dish was made is made from chemicals.

위의 예가 보여주듯이 원료를 나타낼 때는 from, 재료를 나타낼 때는 of를 쓴다. 일상체에서는 from이나 of 대신에 out of가 쓰인다.

> This dress is made of/out of silk.
> Cider is made from/out of apples.

with는 사용된 여러 원료나 재료 가운데 하나를 나타낸다.

> This cake is made with lots of eggs.

12.9 직업, 직장과 소속: at, of, to, in, for, with, on

직장이나 소속을 나타내는 말로, 우리말에서는 그저 '…의'로 나타나는 뜻이 영어에서는 여러 전치사로 나타난다.

학교, 병원, 연구소 등 앞에는 '…에 근무하는/다니는'이란 뜻으로 **at**이 쓰이고, '장(長)'을 나타낼 때는 **of**가 쓰인다.

(a) He is a science teacher at K High School.

I am a student at Y University.

Dr. Kim is a consultant psychiatrist at the clinic.

(b) He is Principal of K High School.

Who is Commander of the Eighth U.S. Army?

대체적으로 비서와 사장, 전속 부관과 장군, 개인교수와 학생의 사이처럼 1:1의 관계를 갖는 직책에는 **to**가 쓰인다. 한편 친족관계를 나타내는 데는 **of**와 **to**가 모두 쓰인다.

(c) a secretary to our dean

a tutor to our son

a military advisor to the king

(d) the wife of the late Home Secretary

a mistress to the king

다음은 전치사로 in, for, with, on이 쓰이는 예이다.

(e) He is a janitor in our apartment.

She is a bookkeeper for the company.

Mr. Kim is an accountant with the firm.

He was one of the best dressed detectives on the force.

위의 예문이 보여주듯이 **in**은 '…안에 살면서 근무하는'이란 뜻을 반영하고 있고, **for**나 **with**에는 '…을 위해서, …와 더불어'란 뜻이 반영되어 있다. **on**은 '…에 몸을 담은'이란 뜻을 나타낸다.

전치사 of와 to는 다음 (f)와 (g)에서도 의미 차이가 드러나 있다.

> (f) the door of the room
> (g) the door to the room

(f)는 the door를 '방의 일부'로 본 관점을 취한 표현이고, (g)는 '방으로 통하는'이란 관점을 취한 표현이다. 그런데 가령 'sedan의 뒷문'은 the backdoor of the sedan이지, *the backdoor to the sedan이라고는 하지 않는다. 반면에 '성공의 문'은 a gate to success이지 *a gate of success라고는 하지 않는다. 이는 '성공의 문'이 '성공의 일부'는 아니기 때문이다.

12.10 목표, 방향: at, to, for

(1) 다음 예문에서 (a)는 '나를 향해서 (나를 맞히기 위해서) 공을 던졌다'란 뜻을, (b)는 '나한테(내가 공을 받도록) 공을 던졌다'란 뜻을 나타낸다.

> (a) He threw the ball at me.
> (b) He threw the ball to me.

부연하자면 (a)의 at은 shoot at((…을 향해서) 총을 쏘다)의 at과 똑같이 '표적'을 나타내고 (b)의 to는 give A to B의 to와 똑같이 '(수여의) 목표'를 나타낸다.

다음 (c)와 (d)의 의미 차이도 비슷하다.

> (c) He shouted at me.
> (d) He shouted to me.

(c)는 '(성이 나서) 나에게 고함을 쳤다'는 뜻이고 (d)는 '내가 들을 수 있도록 큰소리로 말했다'란 뜻이다.

(2) 이동의 방향을 나타내는 전치사로 흔히 대립을 이루는 것은 to와 for이다.

> (e) He dashed to the door.
> (f) He dashed for the door.

to가 쓰인 (e)가 '그가 문까지 이르렀다'는 뜻을 내포하는 데 반해서 (f)는 '그저 문을 향해서 돌진했다'란 뜻만을 나타낸다.

교통기관의 목적지로는 **for**와 **to**가 다 쓰인다.

> the eight o'clock train for Busan
> the next plane to Hong Kong

12.11 수단, 도구: by, with

(1) (a) The window was broken by a ball.
　　(b) The window was broken with a ball.

위의 예문에서 (a)와 (b)는 다음과 같이 함축된 의미가 다르다.

(a)는 화자가 공을 던진 행위자가 누구인지를 전혀 모르거나 행위자의 존재를 배제한 상황에서 쓰이고, **(b)**는 표면에 드러나 있지는 않지만 행위자가 누구인지를 알고 있거나 행위자의 존재를 전제로 한 상황에서 쓰인다.

다음 **(c)**와 **(d)**에서 **(c)**가 비문법적인 것은 행위자가 명시되고 있는 상황에서 도구를 나타내는 데 **by**가 쓰였기 때문이다.

(c) * The window was broken by a ball by the boy.
(d) The window was broken with a ball by the boy.

(2) fire, flood, heat, cold, wind, earthquake, volcano 등 자연현상이 도구(원인)의 구실을 하는 수동태에서는 자연현상 앞에 보통 **by**가 쓰인다.

$$\text{The village was destroyed by}\begin{cases}\text{flood.}\\\text{fire.}\\\text{earthquake.}\end{cases}$$

(3) 신체의 일부가 도구의 구실을 하는 경우에는 with가 쓰인다.

He caught the ball with his left hand.
We see with the eyes.

유의   1. 한편 '교통사고로 (죽는다)'는 in a traffic accident이고, '찬물로 (세수하다)'는 (wash) in cold water이다.
    2. 다음 (a)와 (b)에서의 with는 의미가 다르다. 즉 (a)의 with는 '재료의 일부'를, (b)의 with는 '도구'를 나타낸다.
      (a) He built the house with bricks.
      (b) They destroyed the house with bricks.

(4) 다음 by는 '수단' 또는 '방법'을 나타낸다.

The money will be paid by check.
We heard from them by phone.
I always go by bus.
They were making a living by selling souvenirs to the tourists.

12.12   제외: except, except for, but

(1) except와 except for

1) 많은 경우 except와 except for는 (a)처럼 똑같이 쓰일 수 있다. 하지만 (b)에서는 except for만을 써야 한다.

  (a) No one was in the bus except (for) an old woman.
  (b) The bus was empty except for an old woman.

(a)와 (b)의 차이는 무엇일까?

(a)의 경우 except (for) an old woman은 주어인 no one에 걸린다. except (for) an old woman이 주어인 no one에 걸리는 것은 (a)를 (c)로 바꿀 수 있는 것으로 알 수 있다.

(a) No one was in the bus except (for) an old woman.

→ (c) No one except (for) an old woman was in the bus.

반면에 (b)의 except for an old woman은 주절 전체에 걸리지 주어인 the bus에 걸리지 않는다. (b)를 (d)처럼 바꾸어 쓸 수는 없는 것이다. 하지만 주절 전체에 걸리기 때문에 except for를 문장의 첫 자리로는 옮길 수 있다.

(b) The bus was empty except for an old woman.

→ (d) * The bus except for an old woman was empty.

→ (e) Except for an old woman, the bus was empty.

except, except for가 똑같이 쓰이는 예문을 추가하면 다음과 같다.

He ate everything except (for) the beans.

Nobody came except (for) John and Mary.

다음은 except for만이 쓰이는 예문이다.

Your composition is good except for a few spelling mistakes.

The house is in perfect condition except for a few scratches on one of the doors.

(방문 하나에 난 긁힌 자국을 제외하고는 …)

except for에는 but for란 의미도 있다.

She would leave her husband except for the children.

(어린 자식들만 없다면, …)

2) except는 그 다음에 부사구나 동사구를 수반하기도 한다.

The store is open every day from 9:00 to 5:00 except *on Sundays*.

He does nothing except *watch television*.

3) except는 that절을 수반하기도 한다(단 except that … 의 that은 생략되기도 하며, that의 생략을 전제로 except (that)은 접속사로 간주되기도 한다). except for가 that절을 수반하기 위해서는 that절 앞에 for의 목적어가 되는 the fact가 부가되어야 한다.

I know nothing about him $\begin{cases} \text{except (that) he lives next door.} \\ \text{except for the fact that he lives next door.} \end{cases}$

(2) but

but은 all, everybody, everything, nothing, nobody 등의 어구 다음에서 쓰인다.

(a) Everyone was tired but me.

(b) Everyone but me was tired.

(c) Nothing but a miracle can save him.

> **참고** 1. 위의 예문에 나오는 but은 전치사니까, 그 다음을 잇는 대명사에는 목적격이 쓰인다. 하지만 격식성이 높은 문장에서 특히 but이 주어의 일부를 이루는 (b)의 경우 me 대신 I가 쓰이기도 하고, 주어의 일부를 이루는 but 다음의 대명사는 주격을 써야 한다는 규범론(規範論)적인 주장도 있다.
>
> 2. 실상 but은 전치사로 쓰이기보다 접속사로 많이 쓰이는데, 비슷한 구문으로 보이지만, 다음 (d)의 but은 전치사이고, (e)의 but은 접속사이다. not John이 John did not have a good time의 대용형인 것이다.
>
>   (d) Everyone had a good time but John. - 전치사
>
>   (e) Everyone had a good time but not John. - 접속사
>
> 3. 위의 (c)가 그렇지만 but은 nothing과 결합해서 only란 뜻을 나타내는 관용구를 만든다. 이 nothing but은 보통 그 다음에 명사(구)를 수반하는데, 명사구를 수반하는 경우의 but은 전치사지만, nothing but은 다음과 같이 원형동사를 수반하기도 한다.
>
>   (f) She did nothing but *cry*.
>
>   but은 nothing but 말고도 all but, but for, 또는 cannot/can't (help) but 같은 관용구를 만든다.
>
>   (g) He all but(= nearly) strangled me.
>
>   (h) But for your timely warning, we would have been unaware of the danger.
>
>   (당신의 시기적절한 경고가 없었다면 우리는 그 위험을 알아차리지 못했을 것이다.)
>
>   (i) I cannot/can't (help) but admire his courage.
>
>   (f)의 경우, but의 품사를 판정하는 일은 쉬운 일이 아니다. 그리고 (f)~(i)에 나오는 but의 품사가 무엇이냐에 관해서는 학자들 사이에서도 의견이 다르다. (f)~(i)에서의 but은 품사를 따지지 말고, 그저 관용구로 이해하는 것이 영어 학습에 생산적일 것이다.

12.13 자극(감정변화의 원인과 대상): at, about, by, over, with

자극(감정변화의 원인이나 대상)을 목적어로 삼는 전치사는 감정을 나타내는 과거분사 또는 형용사에 따라 여러 가지로 다르다. (⟹ 6.7)

> **참고** *OALD*에는 angry, pleased, … 등의 항목에 이와 같은 형용사와 전치사의 결합관계가 다음과 같은 방식으로 기술되어 있다.
>
> angry with/at *sb* (사람)
> angry at/about *sth* (사건, 원인 등)
> delighted by/at/with *sth*
> pleased with *sb/sth*

angry와 관련된 예문에는 다음이 있다.

Don't be angry with me.
He felt angry at the injustice of the situation.
He was angry at/with her for staying out so late.
Patients are angry at the increase in the cost of medicines.
She's still angry about/over the way she's been treated.

12.14 대가: at, for

물건을 사거나 팔고, 돈을 받거나 지불하는 대가는 **at**과 **for**로 나타낸다. **at**은 '(높고 낮은 또는 비싸고 싼) 정도'를 기본 의미로 삼으며, **for**는 주고받는 '교환'을 기본 의미로 삼는다.

Strawberries sell at a high price in January.
I bought ten pencils at 20 cents each.
Your house ought to sell for at least 40,000 dollars.
I bought this book for 15 dollars.

12.15 양보: in spite of, despite, with all, for all

I admire him in spite of his faults.
He came to the meeting despite his serious illness.
With all her faults, he still likes her.
For all the improvement you've made in the past year, you might as well give up singing.
(지난해 많이 나아지기는 했으나, 노래는 포기하는 것이 좋겠다.)
Notwithstanding their inexperience, the team won the game.

despite는 격식체에서, for all과 with all은 일상체에서 흔히 쓰인다.
notwithstanding은 법률용어로 애용된다.

12.16 대항: against, with

We will fight against the enemy.
Britain fought with the U.S. in the War of Independence.

fight against가 '(일방적으로 대항해서) 싸우다'란 뜻이라면, fight with는 '(A와 B가) 서로 싸우다'란 뜻을 나타낸다. 이와 같은 차이는 다음과 같은 동사와의 결합관계에도 잘 드러나 있다.

rebel against
revolt against
argue with
quarrel with

against가 갖는 '(일방적으로) … 에 대항해서'란 뜻은 다음과 같은 문맥에도 나타나 있다.

We sailed against the wind.

the fight against poverty(빈곤퇴치 투쟁)

fight with에는 'A와 B가 서로 싸우다'란 뜻 이외에 '…에 대해서 A와 B가 손을 맞잡고 싸우다'란 뜻도 있다.

12.17 원인, 이유: for, with, from, through, because of, owing to, on account of

She wept for/with joy when she heard the child was safe.

His face was red with anger.

My wife was in bed with influenza.

For several reasons, I'd rather not meet him.

The accident happened through her own carelessness.

He wasn't ill; he stayed in bed from laziness.

I can't walk because of my broken leg.

Owing to bad weather, the football game had been cancelled.

The game was postponed on account of rain.

'기뻐서', '슬퍼서' 등 감정상의 원인과 이유를 나타내는 전치사로는 흔히 **for**와 **with**가 쓰인다.

cry for joy

dance with joy

'추워서', '허기가 져서' 등 생리상의 원인과 이유를 나타내는 전치사로는 **with**와 **from**이 흔히 쓰이는데, **with**는 동시성을 반영하고 **from**은 어떤 결과를 가져오게 한 원인을 반영한다.

shudder $\begin{Bmatrix} \text{with} \\ \text{from} \end{Bmatrix}$ cold

동사 die 다음에는 문맥에 따라 여러 전치사가 올 수 있다. die of 다음에는 흔히 병명이 오고, die from 다음에는 overwork, a wound 등이 오는데, die of가 die from 의 뜻으로 쓰이기도 한다.

He died $\begin{cases} \text{of cancer.} \\ \text{from a wound.} \\ \text{in an accident.} \\ \text{by drowning.} \end{cases}$

on account of는 특히 격식체에서 쓰인다.

12.18 비교 · 비유: with, to

'A를 B와 비교한다'는 뜻으로는 compare A with B가 쓰인다. compare A to B는 'A를 B에 비유한다'란 뜻으로도 쓰이고 compare A with B의 뜻도 갖는다.

I compared my answer with his.

Shakespeare compared the world $\left\{ \begin{array}{l} \text{to} \\ *\text{with} \end{array} \right\}$ a stage.

12.19 전치사의 비유적 의미

(1) 다음에서 (a)의 beyond가 글자 그대로 '(… 한 지점의) 저쪽, (… 를) 넘어서'를 뜻한다면 (b)에서의 beyond는 그러한 뜻이 비유적으로 쓰여 추상적 의미로 바뀌고 있다.

(a) What lies beyond the mountain?

(b) After 25 years the town has changed beyond all recognition.
They're paying 200 million won for such a small apartment. It's beyond belief.

이와 같이 '장소', '위치', '방향' 등을 나타내는 전치사는 흔히 비유적으로 쓰인다.

다음과 같은 예를 추가할 수 있다.

You're in danger.

He is in difficulties.

He is out of a job.

He is above suspicion.

(그에게는 전혀 혐의가 없다.)

His behavior is above reproach.

(그가 취한 행동은 탓할 바가 없다.)

He considers such jobs beneath him.

(그는 그와 같은 일자리는 그의 신분에 걸맞지 않는다고 생각한다.)

They thought she had married beneath her.

(그들은 그녀가 그녀보다 격이 낮은 남자와 결혼했다고 생각했다.)

I am past caring what he does.

(나는 이제는 그가 하는 일에 관심이 없다.)

The sick man's condition is past hope.

(환자의 병세는 이제 가망이 없다.)

We're through the worst.

(이제 최악의 고비는 넘겼다.)

She came through the ordeal.

(그녀는 끝까지 시련을 견뎌 냈다.)

(2) 다음과 같은 전치사의 용법은 흔히 '상태'를 나타내는 것으로 설명이 되는데, 이 '상태'란 역시 장소를 나타내는 전치사의 비유적 내지 확대 용법으로 봄직하다.

1) at

The storm was at its worst.

(폭풍우는 한참 맹위를 떨치고 있었다.)

Switzerland remained at peace during the war.

at은 특히 다음과 같이 특정한 명사와 함께 숙어를 만든다.

> at war(전쟁 중인), at odds(··· 와 사이가 나쁜), at a loss(어찌 할 바를 모르는),
> at rest(휴식 중인, 마음이 놓이는, 고이 잠든), at one's disposal(··· 의 뜻에 달려 있는),
> at a stop(정지한 상태인), be at a disadvantage(불리한 입장인)

2) in

> Mary who came in despair went away in hope.
> The injured girl was in a daze after the accident.
> His phone is in use.
> You should keep your desk in order.

3) on

> The miners have been out on strike for several weeks now.
> The house was on fire.
> The ten-dollar hat is on sale for five.
> (10달러짜리 모자가 지금 5달러로 값싸게 팔리고 있다.)
> He is home on leave.
> (그는 지금 휴가를 얻어 집에 와 있다.)
> The guard is on duty now.
> (경비원은 현재 근무 중이다.)

4) under

> The subway is under construction.
> The subject is under discussion.

12.20 동사/형용사 + 전치사 구문과 명사 + 전치사 구문

(1) 대체적으로 동사/형용사 + 전치사의 구조가 명사 + 전치사의 구조와 유기적인 관계를 가질 때 이 두 구조에 쓰이는 전치사는 동일하다. (⟹ 2.15.4)

1) (a) We cannot be certain of success.
   (b) There is no certainty of success.
2) (a) He was keenly interested in English grammar.
   (b) He had a keen interest in English grammar.
3) (a) May I congratulate you on your appointment?
   (b) Please accept my congratulations on your appointment.
4) (a) We cannot complain about the food.
   (b) We have no complaint about the food.

(2) 그러나 다음과 같이 동사/형용사를 잇는 전치사와 명사를 잇는 전치사가 다른 경우가 있다.

5) (a) He was very proud of his new house.
   (b) She prided herself on her ability to speak three languages.
   (c) They take great pride in their daughter, who is a famous pianist.
6) (a) We hope for peace.
   (b) Is there any hope of peace?
7) (a) We sympathize with you.
       It's hard to sympathize with her political opinions.
       (그녀의 정치적 의견에 공감하기란 어렵다.)
       Do you have sympathy with this viewpoint?
       (당신은 이 견해에 동의합니까?)
   (b) Out of sympathy for the homeless children he gave them shelter for the night.
       (집 없는 어린아이들에 대한 동정심에서 그는 그들에게 하룻밤 잠자리를 마련해 주었다.)

유의 '동의, 공감'이란 뜻을 나타내는 sympathy와 sympathize 다음에서는 with가 쓰이고, '동정'이란 뜻을 나타내는 sympathy 다음에서는 for가 쓰인다.

(3) 다음은 전치사를 필요로 하지 않은 **(a)** 동사＋목적어 구문과 이 구문과 대응하는 **(b)** 명사＋전치사＋목적어 구문의 차이를 보여준다.

    8) (a) Answer my question.

       (b) Find an answer to it.

    9) (a) I dislike him.

       (b) my dislike of him

   10) (a) I like that.

      (b) my liking for him

   11) (a) Everyone fears illness.

      (b) our fear of illness

   12) (a) He influenced us.

      (b) He had an influence on/over us.

12.21 전치사의 생략

(1) 전치사의 목적어가 흔히 last, next, this, that, some, every 등의 수식을 받을 때, '시간'을 나타내는 전치사는 생략된다.

I saw him last Monday.

I'll mention it next time I see him.

Plums are more plentiful this year.

Every summer she returns to her childhood home.

그러나 next나 last가 명사 뒤에 놓이는 경우는 전치사가 필요하다.

We shall meet in May next.

We met in June last.

(2) 다음처럼 (a) to 부정사＋전치사와 달리 (b) to 부정사＋목적어 다음의 전치사는 일상체에서 흔히 생략된다.

> (a) I need a chair to sit on.
> (b) I have no money to buy the book (with).

(3) 다음과 같은 구문에서는 in이 보통 생략된다. (⇒ 2.21 유의)

> She had trouble (in) catching a taxi.
> I had some difficulty (in) understanding him.
> Mother was busy (in) cooking.
> He spent his time (in) enjoying himself.
> He was not long (in) coming back. (그는 곧 돌아왔다.)

12.22 전치사의 수반 여부와 의미 차이

동사에 따라서는 목적어를 바로 수반하는 구문과 동사와 목적어 사이에 전치사를 필요로 하는 구문을 둘 다 만들 수 있는 것이 있다.

예를 들어 shoot이 그렇다.

> (a) He shot his wife and then in a fit of remorse shot himself.
> (b) Shoot at him.

위의 예문에서 (a)의 shoot＋목적어는 '… 을 쏘아 죽이다'란 뜻이고, (b)의 shoot at ＋목적어는 '… 을 향해서 총을 쏘다'란 뜻을 나타낸다.

즉 (a)의 타동사＋목적어 구문은 동사가 목적어에 좀 더 직접적인 영향을 끼칠 수 있고, 그만큼 동사와 목적어의 관계가 밀접한 문맥에서 쓰인다. 한편 (b)처럼 동사와 목적어 사이에 전치사가 끼어들면, 목적어에 미치는 동사의 영향력이 약해지고, 동사와 목적어의 관계도 그만큼 멀다.

부연하자면 다음 (c)와 (d)에서 (d) 다음에는 but missed him을 부가할 수 있지만 (c)는 그렇지 못하다.

(c) She shot him, but * *missed* him.

(d) She shot at him, but *missed* him.

똑같이 kicked the ball은 '공을 찼다'는 뜻이지만, kicked at the ball은 '공을 차려고 했지만 제대로 공을 맞히지를 못했다'는 뜻을 함축한다.

전치사의 유무에 따라 미묘한 의미 차이가 생기는 예로는 다음이 있다.

(e) She was the first woman to swim the Channel.

(f) Let's swim across the river.

직접목적어를 수반하는 (e)가 의미의 초점을 '결과(해협을 횡단했다)'에 두고 있다면 (f)는 의미의 초점이 '과정(이쪽에서 저쪽까지 강을 건너서)'에 있다.

다음 동사들이 (괄호 안의 전치사의 유무에 따라) (e)와 (f) 사이의 의미 차이와 비슷한 의미 차이를 드러낸다.

cross (over) a street, jump (over) a fence, turn (round) a corner,

pass (by) a house, climb (up) a mountain

그 밖의 전치사의 유무에 따라 의미가 달라지는 예로는 다음이 있다.

escape **death/punishment** (… 을) 모면하다

escape from **prison** (… 에서) 도망치다

suffer **defeat/insult** (… 을) 당하다

suffer from **mental illness** (… 에) 시달리다

12.23 전치사와 다른 품사

12.23.1 전치사와 부사

전치사 가운데는 본래의 뜻을 그대로 지니면서 목적어가 탈락함으로써 부사로 바뀌는 것들이 있다.

A car drove past the door. - 전치사
A car drove past. - 부사
Get off the bus. - 전치사
Get off. - 부사

다음에서도 괄호 안의 어구가 탈락되는 경우 전치사나 전치사의 일부는 부사가
된다.

Come along (with me).
They moved out (of the house).
They dragged the car along (the road).
They moved the furniture out (of the house).

다음에서는 over를 전치사로 보는 경우와 부사로 보는 경우, 각각 괄호 안의 해석
처럼 문장의 의미가 달라진다.

(a) He looked over the shoulder. - 전치사
    (그는 어깨너머로 돌아보았다.)
(b) He looked over the shoulder. - 부사
    (그는 어깨의 이상 유무를 살펴보았다.)

다음에서는 (c)의 up은 전치사이고, (d)의 up은 부사이다.

(c) He ran up the hill.
(d) They ran up the national flag in honor of the victory.
    (그들은 승리를 축하하여 국기를 게양했다.)

12.23.2 전치사와 형용사

다음 예문에 나오는 like와 near는 전치사이다. 명사구인 a dog와 the fire를 각각
목적어로 삼고 있기 때문이다.

He died in the street like a dog.
Bring your chair near the fire.

그러나 like와 near는 비교급을 만들 수 있는 점에서 다른 전치사와 다르다.

He looks more like his mother than his father.

Bring your chair nearer the fire.

한편 다음에 나오는 like와 near는 형용사이다. (관사 다음에서) 명사를 직접 수식하거나 어순상 형용사가 차지하는 자리를 차지하고 있기 때문이다.

I'll come and see you in the near future.

Pick an apple from the nearer tree.

Spring is near.

Like father, like son.

(비슷한 아버지에 비슷한 아들(부전자전))

전치사와 형용사로 공히 쓰이는 낱말에는 opposite도 있다.

the houses opposite ours - 전치사

(우리 집과 마주 보고 있는 집들)

He took the opposite point of view. - 형용사

(그는 반대되는 주장을 폈다.)

전치사로 쓰이는 near나 opposite은 그 다음에 또 다른 전치사 to를 수반하기도 한다.

She came near being drowned.

(그녀는 익사할 뻔했다.)

We found him near to death.

(그는 빈사 상태였다.)

The bathroom was located opposite my room.

I sat opposite to him during the meal.

다음에 나오는 near와 opposite은 부사이다.

She took a step nearer.

There's a newly married couple living opposite.

12.23.3 전치사와 접속사

(1) 다음에서 (a)의 **before**는 전치사지만 (b)의 **before**는 접속사이다.

    (a) I met him the day before yesterday. - 전치사
    (b) It may be many years before we meet again. - 접속사

before처럼 전치사와 접속사를 겸하는 낱말로는 그 밖에 **after, as, for, except, than, till, since** 등이 있다.

(2) **but**은 대표적인 접속사의 하나이지만, 다음에서는 전치사로 쓰이고 있다.
(⟹ 12.12)

    Who but George would do such a thing?

12.24 전치사의 후치

전치사는 그 목적어가 되는 어구 앞에 놓이는 것이 원칙이지만 다음과 같은 경우에는 문장의 끝자리에 놓이기도 한다.

1) *wh* - 의문문

    Which house is he staying at?
    What are you talking about?
    A: Here is a letter for you.
    B: Who (is it) from?

2) 관계절

    This is the house I am staying at.
    This is the book I talked about the other day.
    What I am convinced of is this: love conquers all.

3) 감탄문

What a mess he got into!
(그가 그런 곤경에 빠지다니!)

4) 수동문

The baby was well taken care of.

5) 부정사구문

He's impossible to work with.
(← It is impossible to work with him.)

유의 다음은 두 가지 의미를 갖는다.
    What is she crying for?
1) 그녀는 왜 울고 있니?
2) 그녀는 무엇을 달라고 울고 있지?
2)의 뜻을 갖는 경우, What is she crying for?는 For what is she crying?으로 바꾸어 쓸 수 있다. 하지만 What … for?가 why?의 의미로 쓰인 1)의 경우는 For what으로 바꾸어 쓰지 못한다.

Exercises

I. 빈칸에 알맞은 전치사를 써넣으시오.

1. Handle _____ care.
2. The two countries were once _____ war, but now _____ peace.
3. When it comes _____ fishing, nobody can beat John.
4. Are you crying _____ joy or _____ sorrow?
5. The fire started _____ the explosion.
6. He was fainting _____ hunger.
7. _____ Monday morning, John arrived, _____ usual, at 9 A.M. Thompson went out _____ his shirtsleeves to invite him _____ the house.
8. "What are you doing here _____ this time of the night?" His words were pleasant enough, but Mary thought that he looked _____ her _____ suspicion.
9. The door that led through _____ the bar was firmly closed, though a reassuring murmur of voices came from _____ it. There was nothing to be afraid _____, she told herself firmly, and _____ any case she was perfectly _____ liberty to turn back.
10. _____ recent years research _____ infant development has shown the standard a child is likely to reach, _____ the range of his inherited abilities, is largely determined _____ the first three years _____ life.

접속사
Conjunctions

Chapter 13

접속사

13.1 접속사의 기능과 종류

13.1.1 기능

접속사는 낱말과 낱말, 구와 구, 절과 절을 연결하는 기능을 갖는다.

13.1.2 종류

(1) 낱말과 낱말, 구와 구, 절과 절을 대등하게 연결하는 접속사를 '등위접속사(coordinate conjunction)'라 하며, 주절(main clause)과 종속절(subordinate clause)을 연결하는 접속사를 '종속접속사(subordinate conjunction)'라고 한다.

  (a) 등위접속사 : and, but, or …
  (b) 종속접속사 : because, if, when, since, that …

(2) 형태를 기준으로 한다면 접속사는 다음과 같이 분류된다.

(a) 단일접속사(simple conjunction): 단일어로 이루어진 접속사

  and, but, or, if, than, that …

(b) 군접속사(group conjunction): 두 개 이상의 낱말이 합쳐서 이루어진 접속사

  as if, as soon as, in order that, the moment …

(c) 상관접속사(correlative conjunction): 다른 어구를 사이에 두고 분리되어 나타나지만 서로 연관관계를 갖는 접속사

> both ··· and, either ··· or, neither ··· nor, not only ··· but also, no sooner ··· than, scarcely ··· before, hardly ··· when

13.2 and

13.2.1 기본용법

and는 낱말과 낱말, 구와 구, 절과 절을 연결한다.

> We were <u>cold</u> and <u>hungry</u>.
> He <u>has quarrelled with the chairman</u> and <u>has resigned</u>.

A와 B의 '둘 다'란 뜻을 강조할 때는 상관접속사인 both A and B가 쓰인다.

> She is both intelligent and beautiful.
> He can speak both English and French.

13.2.2 A and B의 여러 가지 의미

> Bread and butter is fattening.
> Slow and steady wins the race.
> Early to bed and early to rise makes a man healthy.

해설 위에서는 A and B가 주어인데도 술어동사로는 단수가 쓰이고 있다. 이는 bread and butter가 '버터를 바른 빵'을 가리키지, bread와 butter란 두 개의 물체를 따로 가리키지 않기 때문이다. slow and steady 역시 '서두르지 않으면서 꾸준한 행동이나 동작'을 가리키고, early to bed and early to rise도 '일찍 자고 일찍 일어나는 하나의 생활습관'을 가리킨다.

his wife and child

old and new furniture

old men and women

his wife and child는 his wife + child가 아니라 his wife + his child의 뜻을 갖는다. old and new furniture는 old furniture + new furniture의 해석만이 가능하다.

반면에 old men and women은 old men + old women으로 해석하는 것이 자연스럽지만, old men + women의 해석을 배제하지 않는다.

13.2.3 문(文)접속과 구(句)접속

다음 (a)와 (b)는 뜻이 같다. 다시 말해서 (a)는 (b)를 줄인 생략문으로 간주할 수 있다.

(a) Tom and Mary are busy.

= (b) Tom is busy and Mary is busy.

그러나 (c)는 (d)로 바꾸어 쓰지 못한다. 굳이 바꾸어 쓴다면 (c)는 (e)가 되어야 한다.

(c) Your problem and mine are similar.

→ (d) * Your problem is similar and mine is similar.

→ (e) Your problem is similar to mine, and mine is similar to your problem.

다음 (f)는 1)과 2)의 두 가지 뜻으로 해석할 수 있다.

(f) Peter and Susan went to London last week.

1) Peter went to London last week and Susan went to London last week.

2) Peter went to London with Susan last week.

1)은 Peter와 Susan이 '따로' 갔다는 뜻이고 2)는 '함께' 갔다는 뜻인데, 이 1)과 2)의 차이는 흔히 '문접속(sentential conjunction)'과 '구접속(phrasal conjunction)'의 차이로 설명된다.

정리하자면 (a)의 and나 1)과 같은 의미를 나타낼 때의 (f)의 and는 의미상(문장과 문장을 연결하는) 문접속의 기능을 가지며 (c)의 and나 2)와 같은 의미를 가질 때의 (f)의 and는 (어구와 어구를 접속하는) 구접속의 기능을 갖는다.

다음 (e)와 (f)의 경우, (e)의 and는 문접속으로, (f)의 and는 구접속으로 해석하는 것이 자연스럽다.

> (e) Both John and Mary are married.
> (f) John and Mary got married.

13.2.4 문장과 문장을 연결하는 and

and는 다음과 같은 경우 문장과 문장을 연결한다(편의상 첫 문장을 A, 두 번째 문장을 B로 표시한다).

(1) A와 B가 시간상 연속해서 일어날 때

> She washed the dishes and she dried them.

(2) B가 A의 결과이거나 A가 B의 이유를 나타낼 때

> She was sick and took some medicine.

(3) A와 B가 대조를 이룰 때

> Robert was secretive and David was candid.

(4) B가 A를 부연 설명할 때

> They disliked John and that's not surprising.

(5) A가 B에 대해서 양보적 의미를 가질 때

> He tried hard and he failed.

바로 위의 예문의 and는 and yet이나 but으로 바꿀 수 있다.

13.2.5 and가 만드는 특수구문

Move a muscle, and I'll shoot you.
(= If you move a muscle, I'll shoot you.)
Watch the seed, and they will grow.
Another half hour, and all the doors would be closed.
(30분만 더 지나면 모든 문이 닫힐 것이다.)
A little more capital, and they would have succeeded.
(자본이 조금만 더 있었으면, 그들은 성공했을 것이다.)

명령문과 명사구 다음에서 **and**는 명령문 또는 명사구와 함께 '… 하면'이란 조건이나 가정의 뜻을 나타낸다.

13.3 but

13.3.1 기본용법

but은 서로 대조가 되는 두 요소를 연결하는 기능을 갖는다.

The situation looked desperate, but they didn't give up hope.
The warm but windy weather will continue for several more days.

다음에서 (a)는 '가난하면 행복할 수가 없다'란 견해가 전제가 되어 있고, (b)는 '부자는 행복하지 않다'란 견해가 전제가 되고 있다.

(a) John is poor, but he is happy.
(b) John is rich, but he is happy.

13.3.2 but이 만드는 여러 가지 구문

but은 흔히 절과 절을 연결하지만, 다음 구문에서는 낱말과 낱말, 또는 구와 구를 연결하고 있다.

1) not A but B

It is not I but you who are to blame.
They want not your pity but your help.

2) not only A but also B

Not only the money but also three valuable paintings were stolen.
She's not only a professional artist but also a first-rate teacher.

유의 not only A but also B의 구문에서 흔히 also는 생략된다.

13.3.3 종속접속사로 쓰이는 but

but은 기본적으로 등위접속사지만 다음 예문의 but that은 종속접속사이다.

1) I don't deny/doubt but that he's telling the truth.

deny/doubt but that의 but that은 that으로 바꾸어 쓸 수 있다.

2) It never rains but it pours.
(억수로 쏟아지는 일 없이는 비가 오지 않는다. — 즉 비가 왔다하면 억수로 쏟아진다.)

2)의 but은 without the result that … 로 풀이할 수 있다.
유사한 예에 다음이 있다. 부정문이 선행하는 이 구문은 고문체나 격식체에 속
한다.

Justice was never done but someone complained.
(일찍이 재판이란 아무리 공정해도 누군가는 불만을 토로하기 마련인 것.)

13.3.4 다른 품사 구실을 하는 but

but은 접속사 아닌 다른 품사 구실을 하기도 한다.
1) 전치사(⇒ 12.12)
2) 부사

다음 예문에 나오는 but은 부사이다. 일상체에서는 but 대신에 only나 mere를 사용하는 것이 자연스럽다.

He is still but(= only) a child.

3) 의사관계대명사(⇒ 15.9.2)

There is no man but feels(= no man who does not feel) pity for starving children.

> 참고
> but은 다음과 같이 쓰이기도 한다.
> A: I was going to do so, but …
> B: No buts. Just do so. (('그렇지만' 어쩌구) 이유를 대지 말고 하라는 대로 해.)
> 위의 예문에 나오는 but은 품사를 따지자면 명사이며, 복수형으로 쓰인다.

13.4 or

13.4.1 기본 용법

or는 두 요소(또는 둘 이상의 요소) 가운데서 하나를 택일하는 의미를 갖는다.

Would you prefer coffee or tea?
Are you coming or not?

13.4.2 or를 포함하는 상관접속사

1) either A or B
양자택일의 대상이 되는 A나 B를 더욱 드러낸다.

You must be able to speak either English or Japanese.
I left it either on the table or in the drawer.

유의 both … and와는 달리 either … or는 문장과 문장을 연결할 수도 있다.

Either you'll leave the house or I will call the police.

2) neither A nor B

either A or B의 부정형으로 쓰인다.

He was neither drunk nor mad.

He can speak neither English nor Japanese.

13.4.3) or가 만드는 특수구문

명령문 + and가 ' … 하라. 그러면'이란 뜻인 데 반해서 명령문 + or는 ' … 하라. 그렇지 않으면'이란 뜻을 나타낸다.

Wear your coat, or you'll be cold.

Work hard, or you will fail.

13.4.4) or의 또 하나의 의미

다음 A or B 구문에서의 or는 (A와 B 가운데 하나를 택일한다는 뜻이 아닌) '바꾸어 말한다면'이란 뜻을 갖는다.

a kilo or two pounds

(1킬로 그러니까 말을 바꾸면 2파운드)

acrophobia, or fear of great heights

(고소공포증 다시 말해서 높은 곳에 오르면 무서움을 느끼는 증세)

13.4.5) and/or가 만드는 부정문

다음 (a)를 부정문으로 고치려면 (b)처럼 and를 or로 바꿔야 한다. not, never 다음에서 or는 and … not의 뜻을 나타내는 것이다. and를 그대로 두고 (a)를 부정문으로 바꾸면 (c)가 된다. 그러니까 (b)와 (c)는 의미가 같다. 하지만 (b), (c)와 (d)는 의미가 다르다. (d)는 첫 절과 두 번째 절 가운데 한 절만을 부정하는 의미를 갖는 것이다.

(a) He smokes and drinks.

(b) He doesn't smoke or drink(= He neither smokes nor drinks.)

(c) He doesn't smoke, and (he) doesn't drink.

(d) He doesn't smoke, or (he) doesn't drink.

(13.4.6) nor

nor는 neither ⋯ nor의 형식으로 상관접속사로 쓰이는 이외에, 다음과 같은 문맥에서 쓰인다.

(1) not과 함께

She didn't call him that day, nor the next day.

위의 예문에 나오는 nor는 or로 바꾸어 쓸 수도 있지만 전자가 후자보다 의미가 강하다.

(2) (부정문을 잇는) 도치구문에서 조동사와 함께

He can't see, nor can he hear.

= He can't see, and neither can he hear.

= He can't see, and he can't hear either.

> 유의 nor는 다음과 같이 쓰이기도 한다. 접속사 and 다음에서 쓰인 이 nor는 부사이다.
> She does not like them and nor does Jeff.
> (⋯, and Jeff doesn't like them either.)

(13.4.7) and와 or가 만드는 생략구문

and와 or의 경우는 원칙상 (a)는 (b)로 바꾸어 쓴다.

(a) John will sing and dance and play.

→ (b) John will sing, dance and play.

(a) John might go by bus or call a taxi or walk.
→ (b) John might go by bus, call a taxi or walk.

13.5 for

for는 이유를 나타낸다. 격식체에서 쓰이며 사용빈도가 낮다.

We listened eagerly, for he brought news of our family.
We must start early, for we have a long way to go.

'이유'를 나타내는 for와 '이유'를 나타내는 because는 다음과 같은 차이가 있다.

1) Because와 달리 for는 문장의 앞자리를 차지하지 못한다.

Because
* For } he loved her, he married her.

2) 다음과 같은 문맥에서는 for만이 쓰일 수 있다.

It's morning, { for / * because } birds are singing.

위의 예문에서 because가 쓰이지 못하는 것은 새가 지저귀는 것이 아침이 오는 이유나 원인이 되는 것은 아니기 때문이다. 위의 예문에서 화자는 새가 지저귀는 것을 나름대로 아침이 왔다는 판단의 근거로 삼고 있을 뿐이다. 이런 경우는 for가 쓰인다.

의미상으로 because절이 주절과 좀 더 밀접하게 연결되어 있다면, for절은 일단 문장이 끝난 다음 '추가적인 설명'을 덧붙이는 기능을 갖는다. 흔히 여러 문맥에서 because와 for가 똑같이 쓰이는 것은 어떤 이유나 원인과 화자 나름대로의 판단이나 설명의 기준이 맞았기 때문이다.

똑같이 '이유'를 나타내지만 위의 1)에 드러난 통사상 특성과 2)에 드러난 의미상 특성의 차이 때문에 흔히 for는 등위접속사에 속하는 것으로, because는 종속접속사에 속하는 것으로 설명된다.

13.6 명사절을 이끄는 종속접속사

13.6.1 that

(1) that은 다음과 같은 명사절을 이끈다.

주어

That she should forget me so quickly was a rather shock.

It was a rather shock that she should forget me so quickly.

목적어

I regret that she worries about it.

I hope that you will have a wonderful time.

보어

My assumption is that interest rates will fall soon.

(나의 짐작으로는 이자율은 곧 내릴 겁니다.)

The trouble is that we are short of money.

전치사의 목적어

This suit is quite satisfactory except that the sleeve is a little too long.

Men differ from beasts in that they can think and speak.

동격

The fact that she was a foreigner made it difficult for her to get a job.

유의 전치사 가운데 in과 except만이 that이 이끄는 명사절을 목적어로 삼을 수 있다.

(2) 목적어를 이끄는 that은 일상체에서는 흔히 생략된다.

I told him (that) he was wrong.

I know (that) you're honest.

유의 that은 일상적으로 자주 쓰이는 동사인 say, think, know 등 다음에서는 흔히 생략되지만 (상대적으로 일상적이라고 할 수 없는) reply, shout 등 다음에서는 생략되지 않는다.

John replied that he was feeling better.
She shouted that she was busy.

that의 생략은 that이 이끄는 절의 내용 여하에도 달려 있다. 그 내용이 상대적으로 중대하거나 정보가치가 높을수록 that은 생략되지 않는다.

He promised that he would lend me two million dollars.
He promised (that) he'd buy me an ice cream.

(3) 그 밖에 that은 glad, happy 등 서술형용사 다음을 잇는 절을 이끈다. (⇒ 10.16.3)

We are glad/happy that you are able to join us.

13.6.2 whether, if

(1) whether와 if는 흔히 서로 바꾸어 쓸 수 있다.

I am not sure whether/if I'll be able to come.
Tell me whether/if you're interested or not.

(2) whether/if는 의문문(yes/no question)의 화법을 전환할 때 흔히 쓰인다. (⇒ 19.4)

(3) 이 두 접속사 사이에는 통사상 다음과 같은 차이가 있다.
1) whether에 한해서 or not이 바로 그 뒤를 이을 수가 있다.

He asked if/whether I knew Bill or not.
He asked whether or not/*if or not I knew Bill.

2) whether가 이끄는 절만이 전치사의 목적어가 될 수 있다.

There was a big argument about whether/*if we should accept their offer.
We haven't settled the question of whether/*if we'll go back today.

3) whether는 if보다 격식체에서 선호된다. 그러므로 know, tell ask 등의 일상동사와 달리 discuss 등의 동사 다음에서는 whether가 자연스럽다.

Let's discuss whether we should accept their offer.

(4) 한편 whether와 that은 다음과 같은 차이가 있다.

다음에서 **(a)**는 'John이 동의를 한 사실'을 아는지 묻고 있고, **(b)**는 'John이 동의했 는지의 여부'를 묻고 있다.

    (a) Do you know that John has agreed?

    (b) Do you know whether John has agreed?

술어동사 doubt은 that절과 whether절을 다 수반할 수 있다. 하지만 don't doubt 다음에는 that절만 올 수 있다.

    (c) I doubt that/whether John will agree.

    (d) I don't doubt that/* whether John will agree.

13.7   부사절을 이끄는 종속접속사

13.7.1   시간

(1) when

시간을 나타내는 대표적인 접속사가 **when**이다. **when**이 이끄는 종속절은 주절과 의 상대적인 시간 관계가 선행적일 수도, 후행적일 수도 있고 동시적일 수도 있다.

    (a) When she came, he had already left. - 주절이 선행

    (b) When she knocked, he let her in. - 종속절이 선행

        When they ate, they went to sleep.

다음 (c)는 1)이나 2)의 두 해석이 가능하다.

    (c) When she sang, she sat down.

      1) 그녀는 노래를 다 부르고 나서 앉았다.

      2) 그녀는 앉아서 노래를 불렀다.

그러므로 1)의 뜻을 분명히 하기 위해서는 (c)는 (d)로 바꾸어 쓰는 것이 바람직하다.

> (d) When she had sung, she sat down.

다음 (e)와 (f)의 의미도 다르다.

> (e) I always felt miserable when I had visited her.
> (f) I always felt miserable when I visited her.

(e)는 '그녀를 방문하고 난 다음에는 비참했다'는 뜻이고 (f)는 '기분이 비참했을 때 그녀를 방문했다'는 해석이 가능하다.

다음 (g)는 앞에서 언급했던 when과는 그 용법이 다르다. (g)는 1)보다는 2)로 해석하는 것이 자연스럽다.

> (g) Yesterday evening I was sitting in the living room, watching TV, when suddenly a police officer came in.
>
> 1) 어제 저녁 경찰관이 문을 열고 들어왔을 때, 나는 거실에서 텔레비전을 보고 있었다.
>
> 2) 어제 저녁 내가 거실에서 텔레비전을 보고 있는데, 갑자기 경찰관이 문을 열고 들어왔다.

(g)의 해석으로 1)보다 2)가 자연스러운 것은 (g)에서는 (when이 이끄는 부사절이 주절의 배경을 설명하는 대신에) 주절이 사건의 배경을 제공해주는 구실을 하고, 이야기의 초점이 when 이하에 있기 때문이다.[1]

(2) while, as

while과 as가 이끄는 부사절은 주절과 시간이 동시적인데, 다만 while은 부사절의 시간 폭이 상대적으로 넓다.

> While she was cooking, I was reading the paper.
> Strike while the iron is hot.
> Did anyone call while I was away?

(3) as soon as, hardly … when, scarcely … before, no sooner … than

이 상관접속사들은 주절과 종속절의 동시성을 강조하는 데 목적이 있는데, as soon

---

1) 이와 같은 부사절을 Declerk(1991: 151)은 narrative when-clause(이야기체의 when절)라고 부르고 있다.

as를 제외하고는 보통 도치구문으로 나타난다. (⟹ 3.15(2))

'… 하자마자'란 뜻은 다음과 같이 명사구가 만드는 군접속사에 의해서 표현되기도 한다.

I knew who it was the moment he spoke.
The instant he comes, let me know.

(4) before, after
다음 (a)에서는 시간상으로 주절이 종속절에 앞선다.

(a) Brush your teeth before you go to bed.

그러면서도 before가 이끄는 종속절에 대과거를 나타내는 과거완료가 쓰이는 수가 있다. 이와 같은 과거완료는 '…가 끝나기도 전에'란 뜻을 강조한다.

(b) Before we had walked ten miles, he complained of sore feet.

다음 (c)와 (d)는 의미가 다르다.

(c) John read the letter before I had read it.
(d) John read the letter before I read it.

(c)는 '내가 편지를 읽기 전에 John이 그 편지를 읽었다'란 뜻으로 '내가 그 편지를 읽었는지'의 여부는 분명치가 않다. 반면에 (d)는 '나도 그 편지를 읽었다'란 뜻을 내포한다. John died before Mary died가 'Mary도 죽었다'는 뜻을 내포하듯이.

한편 (e)는 가정법과거완료의 주절의 형식인 would + have + pp.가 '그는 은퇴하기 전에 죽었다(즉 그는 은퇴를 하지 못했다)'란 뜻을 분명히 해주고 있다.

(e) He died before he would have retired.

(5) until/till
until과 till은 의미는 같다. 다만 일상체에서는 until보다 till이 많이 쓰인다.

Wait until/till the rain stops.
Until she spoke, I hadn't realized she was a foreigner.

(6) since

‧ since는 '과거의 어떤 시점부터 지금까지'란 뜻을 나타내기 때문에 since절에서 과거시제가 쓰이는 경우 주절은 계속을 나타내는 현재완료형이 쓰인다. 다만 주절에서 it이 주어로 쓰이고 시간의 길이를 나타내는 어구가 보어가 되는 경우는 주절에 현재완료형보다는 현재시제가 자주 쓰인다.

> I have been unhappy since you went away.
> It's ten years since I met him.

한편 It's ten years … 등으로 시작하는 문장에서 since 다음에는 보통 과거시제가 쓰이지만 완료형이 쓰이는 경우도 있다.

> (a) It's ten years since I met him.
> (b) It's ten years since I have met him.

(a)와 (b)는 뜻이 같지만, 굳이 차이를 찾자면 (a)는 I met him ten years ago라는 뜻을 함축하고, (b)는 I haven't met him for ten years라는 뜻을 함축한다.

(since 다음에 완료형이 쓰이는 그 밖의 용법에 관해서는 ⇒ 3.14)

13.7.2) 이유, 원인

(1) '이유'를 나타내는 대표적인 접속사로는 because, as, since가 있다.

> You're thin because you don't eat enough.
> As it's raining again, we'll have to stay at home.
> Since we live near the sea, we often go swimming.

(2) 위에서 예를 든 종속절이 주절에 대한 '직접적'인 이유와 원인(direct reason and cause)을 나타낸다면, 다음 예문의 종속절은 '간접적'인 이유와 원인(indirect reason and cause)을 나타낸다.

> Since you seem to know them, why don't you introduce me to them?
> (= Since you seem to know them, I ask you …)
> As you're in charge, where are the files on the new project?
> (= As you're in charge, I'm asking you …)

(3) 다음 예문의 빈칸은 because만이 차지할 수 있다.

A: Why don't you open the door?
B: _____ I've brought the wrong key.

B의 빈칸에 as, since가 쓰이지 못하는 것은, as, since에 의해서 유도되는 이유절의 내용은 청자도 이미 알고 있는 구정보에 속하여야 하기 때문이다. B의 I've brought the wrong key란 내용은 청자에게는 신정보에 속한다. 말을 바꾸면 신정보에 속하는 이유절은 because에 의하여 유도되어야 한다.

영어에서는 어순상 구정보에 속하는 요소일수록 상대적으로 문장의 앞자리를 차지하는 원칙이 있다. (⇒ 20.1) as, since가 이끄는 절이 흔히 주절에 앞서는 것도 as, since가 이끄는 이유절이 구정보에 속하기 때문이다.

As Jane was the eldest, she looked after the others.
Since we live near the sea, we enjoy a healthy climate.

as, since가 이끄는 이유절은 분열문의 초점도 되지 못한다. 구정보에 속하는 내용이라면 굳이 강조를 받을 필요가 없는 것이다.

It is $\left\{ \begin{array}{l} \text{because} \\ \text{* as} \\ \text{* since} \end{array} \right\}$ he loved her that he married her.

그런데 because가 이끄는 종속절은 흔히 신정보에 속하지만, 구정보일 수도 있다. 즉 다음 예문에서 (a)는 Why is Peter in hospital?를 전제로 하는 문장으로 청자에게 because 이하는 신정보에 속한다. 반면에 (b)는 일례로 Where is Peter? They say he had an accident란 질문을 전제로 한 문장으로, 종속절이 주절에 앞선 까닭은 '그가 사고를 당했다'란 사실이 청자에게도 구정보에 속하기 때문이다.

(a) Peter is in hospital because he had an accident.
(b) Because he had an accident, Peter is in hospital.

(4) 그 밖에 '주변적 상황'이 이유가 되는 접속사로 다음이 있다.

Now (that) he is over seventy, he is going to retire.
Take your umbrella with you in case it rains(= because it may rain).

The evidence is invalid in that it was obtained through illegal means.

> **해설** 1. 그 밖에 조건을 나타내는 as long as나 정도를 나타내는 inasmuch as를 문맥에 따라서는 이유를 나타내는 접속사로 해석할 수 있다.
>
> As long as you're here, we might as well discuss your problems.
>
> 2. now that의 that은 일상체에서는 생략되기도 한다.
>
> now that은 '이유'를 나타내는 동시에 '…한 이상 이제'란 시간적 의미가 부가되어 있다.

(5) 이유를 나타내는 종속절은 다음과 같은 도치구문도 만든다.

Writing hurriedly as she was, she didn't notice the spelling errors.
Tired as they were, they went to bed as soon as they came back.

13.7.3 목적

(1) so that, in order that, that … may

They wrote the notices in several languages so that foreign tourists could understand them.
We send them monthly reports in order that they may have information about the progress.

위에 예시한 바와 같이 목적을 나타내는 절에서 술어동사 앞에 조동사가 부가되는 것은 이 종속절이 사실절이 아니기 때문이다. 부가되는 조동사로는 can/could 외에 may/might, will/would, should가 있다. 이 조동사 가운데 가장 일상적이며 사용빈도가 높은 것은 can/could이다.

> **유의** 1. in order that은 상대적으로 so that … can(will, may)보다 격식성이 높다.
> 2. that … may/might는 격식체에서 쓰인다.
>
> They died that we might live.
>
> 3. 목적을 나타내는 so that … can에서 that은 생략되기도 한다.
>
> Please turn out the light so I can sleep.
>
> 그러나 that의 생략은 의미의 혼동을 가져올 수도 있다.
>
> 다음 (a)와 (b)에서 (a)는 that을 전제로 '목적'으로 해석이 되지만, that이 빠진 (b)는 '결과'로 해석이 되기 때문이다.

(a) He took my shoes so that I couldn't leave the house.

    = He took my shoes to prevent my leaving.

(b) He took my shoes(,) so I couldn't leave the house

    = He took my shoes; therefore I wasn't able to leave the house.

(2) (부정적 목적을 나타내는) in case, lest, for fear that

I wrote down her address in case I should forget it.

Lest you should think I'm not telling the truth, I have brought two wit-nesses with me.

(혹시 당신이 내가 진실을 말하지 않는다고 생각할지도 몰라서 나는 증인을 두 사람 데리고 왔소.)

They kept watch for fear that robbers might come.

유의 in case, lest, for fear that은 '혹시 …할지도 모르니까 (… 에 대비해서, …치 못하도록)'이란 뜻을 갖는데, 특히 lest와 for fear that은 격식체에 속하고 사용빈도가 낮다. 일상체에서는 이러한 뜻은 목적을 나타내는 so that … (may) 등을 부정형으로 바꾸어 나타낸다.

  Take care lest you should catch the measles.

  (= so that you may not catch the measles)

lest가 이끄는 종속절의 술어동사는 흔히 should와 함께 쓰이는데, 그렇다고 should가 절대적인 것은 아니다. (⇒ 4.11)

13.7.4 결과

(1) so/such … that

It was so cold (that) we stopped playing.

He spoke with such a clear voice that we understood every word he said.

so/such … that 구문은 도치구문을 만들기도 한다.

  So terrible was the storm that whole roofs were ripped off.

  Such a good teacher is he, his classes are always full.

(2) so (that)

> Nothing more was heard of him, so that people thought he was dead.
> It was quite windy, so (that) we had to button our coats.

so that이 두 종속절을 이끄는 경우, (a)처럼 '목적'을 나타내는 so that은 반복할 수 있지만 (b)처럼 '결과'를 나타내는 so that은 반복할 수 없다.

> (a) He saved money so that he could buy a house and so that he would have enough money for his old age.
> (b) He saved money, so that he was able to buy a house and * so that he had enough money for his old age.
> → He saved money, so that he was able to buy a house and he had enough money for his old age.

13.7.5 조건

(1) if
'조건'을 나타내는 가장 일반적인 접속사는 if이다.

> If you put down the baby, she'll scream.
> If you want some more, you should ask me.

'조건'을 나타낸다지만, 다음 (a)와 (b)에서의 조건절은 용법이 다르다.

> (a) If it's fine tomorrow, we'll go to the zoo.
> (b) She's too far considerate, if I may say so.

(a)는 '우리가 동물원에 가고 안 가고는 내일의 날씨에 달려 있다'란 뜻을 반영하지만, (b)에서 종속절이 '그녀가 아주 자상한 사람'이라는 전제 조건의 구실을 하고 있지는 않다.
(a)와 달리 (b)는 다음과 같이 풀어 쓸 수 있다.

> (c) I'm telling you, if I may, that she's too far considerate.

(a)의 종속절이 주절의 실현 여부에 대한 '직접조건(direct condition)'이 되고 있다면,

(b)의 조건절은 '간접조건(indirect condition)'을 나타낸다.

(2) unless와 if … not
unless는 '부정조건'을 나타낸다.

> Unless you put on your overcoat, you'll catch a cold.
> He'll accept the job unless the salary's too low.

unless는 흔히 if … not으로 풀어 쓸 수 있다.

> Unless you put on your overcoat, …
> → If you do not put on your overcoat, …
> … , unless the salary's too low.
> → … , if the salary's not too low.

하지만 unless와 if … not 사이에는 다음과 같은 차이가 있다.

1) if … not이 이끄는 종속절에는 (의문문이나 부정문에서 쓰이는) 비단정형이 사용되지만, unless가 이끄는 절에서는 (긍정문에 나오는) 단정형이 쓰인다. (⟹ 16.4.3)

> Let's close the meeting $\begin{cases} \text{if you don't have any questions.} \\ \text{unless you have some questions.} \end{cases}$

2) if … not이 이끄는 종속절과 unless가 이끄는 종속절 다음에 관계절이 이어지는 경우, 관계대명사의 선행사는 서로 다르다.

> (a) I will leave unless Bill phones soon, in which case I won't leave.

예문 (a)에서 in which case의 선행사가 되는 것은 앞에 나온 Bill phones이다. 그러므로 (a)를 (b)처럼 풀어쓰지는 못한다. (b)에서의 in which case의 선행사는 Bill doesn't phone soon이다. 그런데 in which case의 선행사가 Bill doesn't phone soon이고 보면, 주절과 종속절은 서로 앞뒤가 맞지 않는 비논리적인 문장이 되어버린다.

> (b) *I will leave if Bill doesn't phone soon, in which case I won't leave.

3) unless는 가정법에서 쓰지 않는다.

4) 다음 (c)는 if not을 unless로 바꾸어 쓸 수 있다.

> (c) I'll be back tomorrow if there's not a plane strike.
> → I'll be back tomorrow unless there's a plane strike.

하지만 (d)는 unless가 쓰일 수 없다.

> (d) I'll be surprised if he doesn't have an accident.
> → I'll be surprised * unless he has an accident.

(c)와 (d)는 어떠한 차이가 있는 것일까?

'그가 사고를 내지 않으면 나는 놀랄거야'란 뜻을 갖는 (d)는 <그가 사고를 내지 않음이 내가 놀라워할 주된 원인/이유가 된다>란 뜻을 함축한다. 하지만 '파업이 생기지 않으면 내일 돌아가리라'란 뜻인 (c)의 경우 <파업이 생기지 않음이 내일 내가 돌아가는 주된 원인/이유는 아니다.>

즉 조건절에서 부정문으로 나타나는 사항이 주절이 나타내는 사항의 주된 원인/이유가 되는 경우는 if … not을 써야지, unless는 쓰지 않는다.

(3) 기타

그 밖에 '조건'을 나타내는 접속사로는 다음이 있다.

> assuming (that), given (that), in case, on condition that, provided (that), providing (that), suppose (that), supposing (that)
> Given (that) she is interested in children, teaching is the right career for her.
> (그녀가 어린아이에 관심이 있다는 점을 고려한다면, 그녀에게는 교직이 알맞다.)
> Let me know in case you're coming.
> I will agree to go provided that my expenses are paid.
> Suppose(= If) it rains, what shall we do?
> Supposing it rains, shall we still go to the zoo?

또한 as/so long as나 once가 '조건'을 나타내는 데 쓰이기도 한다.

> She may go as long as he goes with her.
> Once you show any fear, he will attack you.

13.7.6 가정

(1) 가정을 나타내는 데도 가장 흔히 쓰이는 접속사는 if이다.

(2) **Suppose (that)/Supposing (that)**도 가정을 나타낸다. (⇒ 1.10(4), 5.6(5))

Suppose you won one million won, what would you do with it?

suppose는 주절을 수반하지 않은 채 쓰이기도 한다. 이런 경우 겉으로 드러나지 않는 주절은 what would happen?의 의미로 해석된다.

Suppose a lion should come out of the forest?
(혹시 숲 속에서 사자가 튀어나온다면 어떻게 하지?)

13.7.7 양보

(1) although, though

(Al)though he was angry, he listened to me patiently.
He went out though it was a bit late.

although와 **though**는 의미가 같다. 다만 일상적인 상황에서는 **though**가 더 자주 쓰인다. **though**는 문장의 끝에서 쓰이기도 한다. 문장의 끝에서 쓰이는 경우 though의 품사는 부사가 된다.

A: Nice day.
B: Yes, a bit cold, though.

(2) even though, even if

Even though he could not swim, he jumped into the water.
Even if you don't like him, you can still be polite.

even though와 **even if**는 흔히 의미가 같은 것으로 설명되지만, 용법상 다음과 같은 차이가 있다.

Even though(= Though) it was raining, we had to go out.
Even if(= No matter if) we could afford it, we wouldn't go abroad for our vacation.

즉 even though 다음에 오는 절은 사실을 전제로 하지만 even if 다음에 오는 절은 가정이어도 무방하다. 그렇기 때문에 다음 (a)에는 though가 알맞고 (b)에는 if가 알맞다.

(a) Even ＿＿ Seoul is a very old city, it doesn't have many old buildings.
(b) Even ＿＿ he wins ten million dollars, he won't be happy.

(even을 수반하지 않고) though가 단독으로 양보절을 이끌 듯이, if도 단독으로 양보절을 이끌기도 한다.

It's possible if (it's) difficult. (어려울지는 몰라도 가능하기는 하다.)

(3) while, whereas, when

While he has many friends, he is often lonely.
Whereas he wants to live in an apartment, she would rather live in a house.
She paid when she could have entered free.
(무료로 입장할 수 있었는데도 그녀는 입장료를 지불했다.)

while과 whereas는 서로 대조를 이루는 두 절을 연결하는 데 쓰인다. whereas는 특히 격식체에서 선호된다.

(4) as

양보절을 이끄는 as는 다음과 같이 도치구문에서만 쓰인다. 이런 도치구문에서는 as 대신에 though가 쓰이기도 한다.

Late as it was(= Though it was late), we decided to visit him.
Young though he is, he holds a responsible position in the firm.
Try as I might(= However hard I tried), I could not lift the stone.
Change your mind as you will(= Even though you change your mind), you will gain no additional support.

도치구문을 만드는 양보절이 명사로 시작할 때, 명사 앞에는 관사를 부가하지 않는다.

> Although he was a child, ⋯
> → Child as he was, ⋯

(5) no matter what/who/when/where/how;
whatever/whoever/whenever/wherever/however

> No matter what I say to them, I can't keep them quiet.
> (= Whatever I say to them, ⋯)
> Don't let them in, no matter who they are.
> (= ⋯, whoever they are.)
> No matter how much advice you give him, he does just what he wants.
> (= However much advice you give him, ⋯)

양보절을 이끄는 no matter 다음에서 whether or not이 쓰이는 경우 no matter는 생략되기도 한다.

> No matter whether you like it or not, you've got to do it.
> → Whether you like it or not, ⋯

no matter나 however가 이끄는 양보절이 '가정'을 나타내는 경우, 동사 앞에는 may가 부가된다.

> However frightened/No matter how frightened you *may* be, you must remain outwardly calm.
> (혹시 속으로는 크게 놀라더라도 겉으로는 태연한 체하시오.)

13.7.8 양태

(1) as

> Do as you please. (하고 싶은 대로 해.)
> Treat others as you wish them to treat you.
> (남에게 대접받고 싶으면 대접받고 싶은 대로 남을 대접하시오.)

Nobody knows her as I do.
Two is to four as eight is to sixteen.
(2 : 4 = 8 : 16)

일상체에서는 특히 미국영어에서 like가 as를 대신하기도 한다.

Nobody loves you like I do.

(2) as if/as though

You talk as if you knew a great deal about this.
She behaved as though she were my mother.

as if/as though가 이끄는 종속절은 흔히 사실과 반대되는 하나의 가정을 전제로 하기 때문에, 가정법이 쓰이지만, 사실을 반영하는 경우는 직설법이 쓰인다. as if/as though 다음의 과거완료는 주절이 나타내는 시간보다 종속절이 나타내는 시간이 앞섰을 때 쓰인다. (⟹ 5.4(7))

Everything looked strange to John as though he had not seen it before.

13.7.9 비교구문을 만드는 as, than(⟹ 10.12)

13.7.10 (정도와 범위를 나타내는) as/so far as, as/so long as

I'll help you as far as I can.
As/So far as I am concerned, you can do what you like.
As long as we live, our heart never stops beating.

13.8 종속접속사와 무동사절

다음과 같은 접속사가 이끄는 종속절은 문맥이 분명한 경우 주어와 be동사를 생략할 수 있다. 이와 같이 주어와 be동사를 생략한 절을 '무동사절(verbless clause)'이라고 한다. (⟹ 14.3.3)

(1) as soon as, once, till, until, when, whenever, while

> The spinach is delicious when eaten raw.
> She couldn't go out until allowed to do so.
> Once seen, the painting will never be forgotten.
> When in difficulty, consult the manual.

(2) even though, though

> Even though given every opportunity, he could not make himself recognized.
> Though well over eighty, he can walk faster than I can.

(3) if, unless

> The grass will grow more quickly if watered regularly.
> Unless otherwise instructed, you must be on duty next Sunday.

(4) (no matter) whether … or …

> No matter whether right or wrong, I think I should agree with him.
> Whether trained or not, she does a good job.

whether … or가 만드는 생략구문은 or 이하가 부정의 형식을 취하는 경우, whether 자체가 생략되기도 한다.

> I have to go to work, rain or no rain.
> (= … , whether or not there is rain.)

유의　다음 (b)는 겉으로는 (a)와 유사한 생략구문처럼 보인다.

(a) The spinach is delicious when eaten raw.

(b) They washed their hands before eating.

그런데 (a)의 when eaten raw는 주어와 be동사를 보충해서 when it is eaten raw란 완전한 절로 복원할 수 있지만, (b)의 before eating은 before they eat의 변형이지 before they were eating의 생략절은 아니다. 말을 바꾼다면, (b)의 before는 전치사이고 eating은 동명사이다.

13.9 　의사등위접속사

의사등위접속사(quasi-coordinator)에는 다음과 같은 비교구문을 만드는 관용구가 포함된다.

　　as well as, as much as, rather than, more than

위의 어구들은 절과 절을 연결하는 기능은 갖지 않지만 다음 예문에서처럼 절의 여러 구성요소와 구성요소를 연결해 준다.

He publishes as well as prints his own books.

The speech was addressed to the employers as much as to the strikers.

He is to be pitied rather than to be disliked.

그 밖에 의사등위접속사로 간주될 수 있는 것으로는 still/much less, let alone 등이 있다.

I do not say that he is careless, still/much less that he is dishonest.

It takes too much time, let alone money.

참고　접속사와 구두점

1. 종속절이 주절을 앞서는 경우, 종속절과 주절 사이에는 (,)가 필요하다. 하지만 주절이 종속절을 앞서는 문맥에서는 의미의 혼동이 없는 한 (,)는 없어도 무방하다.

If you are ever in London, come and see us.

Come and see us if you are ever in London.

As we grow older, our memory becomes less active.

Our memory becomes less active as we grow older.

2. **and, but** 등이 두 절을 연결하는 경우는, 두 절의 길이가 상대적으로 길 때는 (,)가 필요하다. 하지만 두 절이 상대적으로 짧은 경우는 (,)가 없어도 무방하다.

Mary must have been in love with him, and Lucy must have been in love with him, too.

She was poor but she was honest.

13

Exercises

I. 밑줄 친 등위접속사의 용법을 익히시오.

1. Whisky <u>and</u> soda is my favorite drink.
2. Say you have been lying <u>and</u> you will be forgiven.
3. One step farther <u>and</u> he is a dead man.
4. Not Roger <u>but</u> his brother offered his help.
5. Smell is much more important than sight in the lives of dogs, and this is true <u>not only</u> of dogs <u>but</u> of most mammals.
6. Never a month passes <u>but</u> she writes to her old parents.
7. He majored in geology, <u>or</u> the science of the earth's crust.
8. Eat up your dinner, <u>or</u> you'll never grow up to be a strong man.
9. <u>Neither</u> you, <u>nor</u> I, <u>nor</u> anyone else knows the answer.
10. <u>Either</u> the egg <u>or</u> the chicken comes first.

II. 이유를 나타내는 종속접속사 because와 for의 용법상의 차이를 설명
하시오.

Ⅲ. 다음 밑줄 친 절에서 양보절을 고르시오.

Whoever travels will find there's no place like home, wherever he may go; however humble it may be, there will be a yearning in his heart whenever he thinks of it.

Ⅳ. 다음 낱말이 전치사, 접속사, 부사로 쓰이는 예문을 각각 하나씩 쓰시오.

(a) before
(b) after

구와 절
Phrases and Clauses

Chapter 14

구와 절

14.1 구(句)

14.1.1 구의 정의

둘 이상의 낱말이 모여서 명사, 형용사, 부사 등 하나의 품사의 구실을 하는 어구를
'구(phrase)'라 한다.

14.1.2 명사구

명사구란 주어, 목적어의 구실을 함으로써, 명사의 기능을 대신하는 구를 말한다.

It is important for him to understand this. - 주어
I promised never to tell another lie. - 목적어
His hobby is to collect old coins. - 보어

14.1.3 형용사구

형용사구란 명사를 수식하는 형용사의 기능을 대신하는 구를 말한다.

The girl with red hair **is very pretty.**
This is the way to do it.

(14.1.4) 부사구

부사구란 형용사나 동사를 수식하는 부사처럼 시간·장소·이유·목적·결과·정도·가정·양보 등을 나타내는 구를 말한다.

> **He went to school** at the age of six. - 시간
> **We are sorry** to hear the news. - 이유
> **They went to London** to see the sights. - 목적
> **He won't be so foolish** as to reject the offer. - 정도
> Left alone, **she might have lost her way.** - 가정

14.2 절(節)

주어와 술어동사를 갖추고 있으면서 문장의 일부를 이루며 명사, 형용사, 부사 등과 유사한 기능을 갖는 문장 요소를 '절(clause)'이라 한다.

(14.2.1) 명사절

> That he is honest **goes without saying.** - 주어
> **What I want to say is** money isn't everything. - 보어
> **Ask him** what he wants. - 목적어

(14.2.1) 형용사절

> **A man** who makes promises too readily **cannot be relied on.**
> **This is the very answer** that satisfies us all.
> **Here is the book** you have been looking for.
> **This is the village** where I was born.

14.2.3 부사절

The moment(= As soon as) he had seen her, **he jumped up and ran after her.** - 시간

You can go wherever you want to. - 장소

Our plane didn't fly because it rained heavily. - 이유

A language lives so long as there are people who speak it. - 조건

14.2.4 삽입절

삽입절은 주절의 중간이나 끝머리에 삽입되어 주절을 부연, 설명하는 구실을 하는 절을 말한다.

The chances are, I shall say, **ninety percent in your favor.**
(자네가 유리한 확률이 90%라고 나는 말하겠네.)

He failed again, I am afraid.

14.2.5 동격절

that이 이끄는 절은 the fact, the idea, the question, the belief 등의 명사 다음에서 동격절을 만든다.

The fact that he has not told the truth **pained her.**

14.3 구와 절의 전환

하나의 의미는 흔히 구나 절로 똑같이 나타낼 수 있다.

14.3.1 명사구와 명사절

I don't know how to tell him the bad news.
→ I don't know how I can tell him the bad news.
He will never admit having done it.
→ He will never admit that he has done it.

14.3.2 형용사구와 형용사절

He gave me a book with a torn cover.
→ He gave me a book whose cover was torn.
I have letters to write.
→ I have letters that I must write.

14.3.3 부사구와 부사절

He ran away at the sight of the police officer.
→ When he saw the police officer, he ran away.
For all his wealth, he is not happy.
→ Although he is wealthy, he is not happy.
In case of rain, the picnic will be cancelled.
→ If it rains, the picnic will be cancelled.
He won't be so foolish as to reject the offer.
→ He won't be so foolish that he will reject the offer.

참고 전통적으로 절은 주어와 동사를 갖춘 문장의 일부를 가리켜왔다. 하지만 최근의 일부 문법서들은 절을 다음과 같이 분류하기도 한다. (Quirk et al. 1985: 992-997)
(a) 정형절(finite clause): 주어와 동사가 인칭과 시제에 따라 변하는 절
   I knew that he was honest.
(b) 비정형절(non-finite clause): (주어와) 정형동사 대신 부정사와 분사가 쓰인 절
   The best thing would be (for you) to tell everybody.
   Leaving the room, he tripped over the mat.

The discussion completed, **the chairman adjourned the meeting for half an hour.**
전통적으로 이 **(b)**의 청색으로 된 부분은 구(phrase)로 기술되어 왔는데, '비정형절'의 설정은 이 구조를 주어와 동사로 이루어진 구조 내지 의미의 '변형'으로 분석한 데 근거를 둔다.
(c) 무동사절(verbless clause): 주어와 동사가 생략된 절(⟹ 13.8)

The spinach is delicious when eaten raw.

When in difficulty, **consult the manual.**

If cold, **children should stay home.**

I. 다음 밑줄 친 구가 무슨 구인지를 보기의 기호로 답하시오.

명사구: A   형용사구: B   부사구: C

1. <u>Day in and day out</u> they are arguing about the same subjects.
2. <u>From here to the nearest post office</u> is a mile.
3. Everything in his office is <u>in good order</u>.
4. John was bad <u>at mathematics</u>.
5. He will never admit <u>having stolen the book</u>.

II. 다음 밑줄 친 절이 무슨 절인지 보기의 기호로 답하시오.

명사절: A   형용사절: B   부사절: C   동격절: D

1. The crucial point is <u>whether our resistance is justified or not in the eyes of the public</u>.
2. One thing to remember <u>when we raise goldfish</u> is to guard them from cats.
3. God alone knows <u>where the future lies</u>.
4. It was the thing <u>that he had longed for</u>.
5. The life of every man may be likened to a diary <u>in which he means to write one story, and writes another</u>.

관계절
Relative Clauses

Chapter 15

관계절

15.1 관계대명사

15.1.1 기능

다음에서 (b)의 the girl을 who로 바꾸어 (a)와 (b)를 하나의 문장으로 합치면 (c)가 된다.

(a) The girl is my sister.
(b) The girl is standing in the corner.
(c) The girl who is standing in the corner is my sister.

관계대명사란 이 (c)의 who처럼 한편으로는 앞에 나온 the girl을 대신하고 또 한편으로는 두 문장을 연결하는 기능을 갖는 대명사를 말한다. who가 앞에 나온 the girl을 가리키므로 the girl은 관계대명사 who의 '선행사(antecedent)'로 불린다.

15.1.2 종류와 격

관계대명사는 그 용법과 선행사의 특성과 격에 따라 다음과 같은 형태로 나타난다.

용법	제한적		비제한적	
선행사	사람	사물, 동물	사람	사물, 동물
주격	who that	which that	who	which
소유격	whose	whose of which	whose	whose of which
목적격	whom/who that ∅	which that ∅	whom (who)	which

주격

    (a) the boy who/that is playing the piano

    (b) the table which/that stands in the corner

소유격

    (c) I met a girl whose hair came down to her waist.

(d) the dog
- whose tail is long
- of which the tail is long
- the tail of which is long

목적격

    (e) the boy whom/who/that/∅ we met

    (f) the table which/that/∅ we bought

전치사의 목적어

(g) the boys
- with whom he grew up
- who(m) he grew up with
- that he grew up with
- ∅ he grew up with

(h) the table
- under which the baby crawled
- which the baby crawled under
- that the baby crawled under
- ∅ the baby crawled under

※ (∅는 (여기서는) 관계대명사의 생략표시)

15.1.3 형태와 격식성

위에 제시한 예가 보여주듯이 전치사가 대명사 앞에 위치하는 경우를 제외하고는 관계대명사의 목적격은 생략할 수 있다.

다음 (a)~(c)와 (d)~(f)에서는 각각 (a)와 (d)가 격식성이 가장 높고, (c)와 (f)가 가장 낮다. who와 that 가운데에서는 후자가 격식성이 상대적으로 낮다.

    (a) the man whom I met

    (b) the man who/that I met

    (c) the man I met

(d) the man from whom I bought it

(e) the man who/that I bought it from

(f) the man I bought it from

15.2 제한적 용법과 비제한적 용법

관계대명사에는 '제한적(restrictive) 용법'과 '비제한적(nonrestrictive) 용법'이 있다. 다음에서 (a)는 제한적 용법의 예가 되고 (b)는 비제한적 용법의 예가 된다.

(a) Tom's brother who lives in New York is a doctor.

   (New York에 사는 Tom의 형은 의사이다.)

(b) Tom's brother, who lives in New York, is a doctor.

   (Tom의 형은 New York에 사는데 의사이다.)

(a)는 'New York에 사는'으로 Tom의 형을 제한하고 있다. 그러므로 Tom에게는 New York 아닌 다른 곳에서 살고 있는 형이 또 있을 수 있다. (b)는 'Tom의 형은 의사이다'란 문장에 '그런데 그는 New York에 산다'란 문장이 삽입된 문장으로, Tom에게는 다른 형이 없다.

(b)처럼 관계대명사가 비제한적 용법으로 쓰이는 경우는 관계대명사 앞에 (,)가 필요하며, 관계절이 문장의 중간에 끼어있는 경우는 문장의 앞뒤를 (,)로 묶는다.

제한적 용법의 관계대명사가 이끄는 관계절은 종속절을 이끌고, 비제한적 용법의 관계대명사가 이끄는 절은 삽입절을 이루거나, 앞에 나오는 절과 등위절을 만든다. 예를 추가해보자.

제한적

Children who learn easily should start school as early as possible.

(학습 속도가 빠른 어린이들은 가능한 한 일찍 학교교육을 시작하여야 한다.)

비제한적

Children, <u>who</u> learn easily, should start school as early as possible.
(어린이들은 학습 속도가 빠르므로 가능한 한 일찍 학교교육을 시작하여야 한다.)

(1) who와 which는 제한적 용법과 비제한적 용법에 똑같이 쓰이지만, that은 제한적 용법으로만 쓰인다.

This is the song which/that I like very much.
She is a woman who(m)/that I have never seen before.
Heath Robinson, who/*that died in 1944, was a graphic artist.

(2) 비제한적으로 쓰이는 which는 다음과 같이 선행한 문장 전체나 선행한 문장의 보어를 선행사로 삼을 수 있다.

The decision was postponed, which was exactly what he expected.
He is rich, which I am not.
They called him a coward, which he was not.

다음 (a)는 (b)로 풀어 쓸 수 있다. 이는 비제한적 관계절이 선행절과 등위절을 이루는 증거가 된다.

(a) Bill came late, which bothered Susan.
→ (b) Bill came late, and that bothered Susan.

위의 예처럼 비제한적 관계절로 문장이 끝나는 경우 (즉 비제한적 관계절이 삽입절이 아닌 경우), 이와 같은 관계절의 용법을 제한적 용법과 대조시켜 관계대명사의 '계속적 용법(continuous use)'이라 부른다.

(3) 비제한적 관계절을 이끄는 which는 한정사를 겸하기도 한다.

He may be late, in which case we ought to wait for him.

(4) 고유명사는 제한적 용법의 선행사가 될 수 없다.

*John who knows the way has offered to guide us.
→ John, who knows the way, has offered to guide us.

고유명사가 제한적 용법의 선행사가 되지 못하는 것은 '길을 아는 John'과 '길을 모르는 John'이 따로 있지는 않기 때문이다.

다음과 같은 예도 있다.

> * New York which we visited last spring was exciting.
> → New York, which we visited last spring, was exciting.
> cf. The city which we visited last spring was exciting.

고유명사가 아니더라도 다음에서 my aunt가 단 한 사람이라면, my aunt는 제한적 용법의 선행사가 되지 못한다.

> My aunt, who lives in New York, is coming to see us.

똑같은 논리로 다음 (a)는 (b)나 (c)로 고쳐야 한다.

> (a) * My house which I bought last year has a lovely garden.
> → (b) The house which I bought last year has a lovely garden.
> → (c) My house, which I bought last year, has a lovely garden.

추상명사도 제한적 용법의 선행사가 되지 못한다.

> * He lacked courage which is necessary in a really brave soldier.
> → He lacked courage, which …

(5) anyone, everyone, no one이 선행사가 되는 경우에는 제한적 관계절만을 수반한다.

> * Anyone, who doesn't agree with me, is no friend of mine.
> → Anyone who does not agree with me is no friend of mine.

(6) 앞에서 언급했듯이, 사람이 선행사인 경우, 일상체에서는 제한적 용법의 관계대명사의 목적격으로 whom 대신에 who가 흔히 쓰인다. 하지만 비제한적 용법의 경우는 who보다 whom이 쓰인다.

> The actress whom/who I interviewed was loquacious.
> In that year he met Rachel, whom he was later to marry.

15.3 that의 특별 용법

(1) that은 사람, 동물, 사물 등을 모두 선행사로 삼을 수 있다. 특히 선행사가 다음과 같은 어구의 수식을 받을 때는 who나 which보다 that이 더 많이 쓰인다.

1) (특정성을 나타내는) only, the first, the last, the same
2) (전부나 무(無)를 의미하는) all, any, every, no
3) little, few, much, (형용사로 쓰이는) very
4) who로 시작하는 의문문

> Don't you know anything that concerns you interests me?
> She was not quite certain that Edward who wrote to her was the same Edward that she had known.
> The enemy was in occupation of this very ground that we stand upon.
> Who that has worked with you as long as I have does not know the tenderness of your heart?

(2) 사람과 (사람 외의) 사물이나 동물이 함께 선행사가 되는 경우에도 관계대명사는 that이 쓰인다.

> the people and their thought that had so long occupied me
> an old man and a dog that liked each other

(3) 관계절이 제한적 용법에 속하고, 선행사가 이 관계절의 주격보어나 목적보어가 되는 경우 관계대명사로는 that이 쓰인다. (이 that은 생략할 수 있다.)

> She's not the brilliant dancer that/* who she used to be.
> She's not the cheerful woman that/* who she was before she married.
> He was not the fool that/* who you thought him.

유의 관계절이 비제한적 용법에 속하고, 선행사가 이 관계절의 보어가 되는 경우는 관계대명사로 which가 쓰인다.
> They accused him of being a traitor, which/* who he was.
> (그들은 그를 배반자로 고발을 했는데, 그는 실제로 배반자였다.)
> She looked like a fashion model, which she really was.

다음은 관계절의 보어가 형용사이고, 형용사가 선행사가 된 예이다.

> He accused me of being sneaky, which I am not.
> She was rich, which unfortunately I was not.

(4) 관계대명사 that 앞에서는 전치사를 쓸 수 없다.

> * the house in that he lives
> → the house that he lives in
> → the house in which he lives

(5) 관계대명사 that의 선행사가 time(또는 the day 등 그에 준하는 어구)인 경우, 문장의 뒷자리를 차지하는 전치사는 일상체에서는 생략해도 좋다.

> This is <u>the time</u> (that) he normally arrives (at).
> Monday was <u>the day</u> (that) he left (on).

유의 선행사가 place인 경우 문장의 뒷자리를 차지하는 전치사의 생략 여부에 관해서는 문법서에 따라 약간의 차이가 있다.
> (?) That's <u>the place</u> she works.
> → That's <u>the place</u> she works at.
> — Quirk et al. (1985:1255)
> You remember <u>the place</u> we had lunch (at)?
> — Swan (1997:438)

그러나 '시간'을 나타내는 명사가 선행사가 되는 경우라도, 관계대명사로 which 를 쓰면 전치사가 필요하다. 그리고 이런 경우 전치사는 보통 관계대명사 앞에 위치한다.

> This is the time at which he normally arrives.
> Monday was the day on which he left.

(6) '이유'나 '방법'을 나타내는 reason, way가 선행사가 되는 경우에도 관계대명사 로 that이 쓰였거나 관계대명사가 생략된 경우는 전치사를 쓰지 않아도 된다.

> This is the reason (that) he came.
> This is the way (that) he did it.
> cf. This is the way in which he did it.

(7) there is/are 구문이 제한적 관계사절을 만드는 경우 관계대명사는 생략된다.

Every man there was **on the life raft died.**
The number of dead trees there are **in the forest is alarming.**

It's the only one there is **in the wardrobe.**

15.4 what

(1) what은 선행사를 겸하는 관계대명사로, **the thing(s) which**의 뜻을 갖는다.

I gave her just what she needed.

(2) what은 다음과 같이 관계형용사로도 쓰인다.

I gave what money(= all the money) I had.
I gave him what help(= any help that) I could.

15.5 복합관계대명사

(1) what, who, which는 -ever와 결합해서 복합관계대명사를 만든다.

Whoever(= Anyone who) comes will be welcome.
You may invite whoever(= anyone who) wants to come.
I will help you in whatever way(= any way that) I can.

(2) whoever가 anyone who의 뜻을 나타낸다면, anyone whom의 뜻을 나타내는 것이 whomever이다. 그렇기는 하지만 높은 격식성이 필요한 경우가 아니라면 whomever 대신에 whoever가 쓰인다.

Give it whomever/whoever you meet first on the way.

(3) 복합관계대명사는 양보절을 이끌기도 한다.

Whoever said so, it is not true. (누가 그렇게 말했건, …)
The result will be unsatisfactory whichever side wins. (어느 편이 이기더라도, …)
She looks charming whatever she wears. (무엇을 입더라도, …)

15.6 선행사로 쓰이는 that/those

지시대명사인 that과 those는 관계대명사의 선행사가 될 수 있다.

that which … (하는 것)
those that/which (… 하는 것들)
those who … (하는 사람들)
Those who followed him went with him.

유의 those who가 ' … 하는 사람들'을 나타낸다 해서 ' … 하는 사람'을 that who로 나타
내지는 않는다. 격언 등에서는 ' … 하는 사람'을 he/she who … 로 나타내는 수가 있기는
하다. (⟹ 9.3.3) 하지만 흔히는 ' … 하는 사람'은 whoever, anyone who … , the one who
… 로 나타낸다.

15.7 제한적 관계절과 미래표현

주절이 미래를 나타내는 데도 부사절에서 현재시제가 쓰이는 시제의 규칙(⟹
3.2(8))은 제한적 관계절에도 그대로 적용된다.

I will give you anything you ask for.
The man who marries my daughter will need to be tough.

15.8 관계대명사와 부정사구

관계대명사는 절 대신 부정사구를 수반할 수 있다. (⟹ 2.4.4(2))

> We moved to the country so that children would have a garden in which to play.
> He was unhappy unless he had neighbors with whom to talk.

하지만 다음은 비문법적이다. 부정사구를 수반하는 관계대명사는 전치사 다음에서만 쓰이기 때문이다.

> *I cannot think of anybody whom to invite.

15.9 의사관계대명사: as, but

15.9.1 as

선행사 앞에 same이나 such가 붙는 경우, 또는 앞에 나오는 so, as와 상관적으로 쓰일 때, as는 관계대명사와 유사한 구실을 한다.

(1) 제한적 용법

> We use the same book as you do.
> As many men as came were caught.
> (온 사람들은 전부 체포되었다.)
> I'm not such a perfect fool as you thought me.
> (나는 당신이 생각하는 만큼 그런 바보는 아니야.)

(2) 비제한적 용법
비제한적 용법으로 쓰이는 as는 다음 (a)처럼 앞에 나오는 (밑줄 친) 절이 선행사가 되기도 하고 (b)처럼 그 뒤를 잇는 절이 선행사가 되기도 한다.

(a) <u>He is a foreigner</u>, as is evident from his accent.
(b) As was the custom with him, <u>he went out for a walk after dinner</u>.

15.9.2 but

관계대명사의 구실을 하는 **but**은 부정문 다음에서 쓰이며, **but**이 이끄는 종속절은 긍정문의 형식을 취하고 있지만, 부정의 뜻으로 해석이 된다.

There is no one of us but wishes to help you.
(당신을 돕기를 원하지 않는…)
There were few but would risk all for such a prize.
(이와 같은 보상을 위해서라면 모든 것을 걸지 않을…)

다음도 **but** 이하는 역시 부정의 뜻으로 해석이 된다. Who was there … ?가 겉으로 드러난 부정문은 아니지만 '… 하는 사람이 있었겠는가?'란 뜻이 결국 '… 하는 사람은 없었다'란 부정의 뜻을 나타내기 때문이다.

Who was there but shed tears at the sight?
(그 광경을 보고 누가 눈물을 흘리지 않았겠는가?)

15.10 관계부사

15.10.1 종류

(1) 관계부사에는 다음이 있다.

(기본적으로 의문사로 쓰이는) where, when, why, (how)
(관계대명사로도 쓰이는) that

그 밖에 다음과 같은 어구가 복합관계부사란 이름으로 불린다.

whenever, wherever, however

(2) 관계대명사가 두 문장을 연결하는 접속사와 명사를 겸한다면, 관계부사는 다음과 같이 두 문장을 연결하는 접속사와 부사구를 겸한 기능을 갖는다.

This is the office. + He works at the office.
→ This is the office where(= at which) he works.

(3) 관계부사 가운데서 where, when, why는 관계대명사처럼 선행사와 함께 쓰이고, where와 when은 제한적 용법과 비제한적 용법을 갖는다.

(15.10.2) 용법

(1) where
place, country, city, office, house, building, park, river 등 장소와 관련이 있는 명사가 선행사가 된다.
(a) 제한적 용법

Do you remember the place where(= at which) we first met?
There are cases where(= in which) honesty does not pay.

(b) 비제한적 용법

I went into the room, where a man was asleep on the floor.
Busan, where I was born, is the second largest city in Korea.

(2) when
time, year, week, day 등 시간과 관련이 있는 명사가 선행사로 쓰인다.
(a) 제한적 용법

Do you remember the day when(= on which) we first met?
June is the month when(= in which) we have a lot of rain.
The day will come when(= on which) we can make a trip to the moon.

(b) 비제한적 용법

We had better put off the trip until next week, when the weather will be better.

(3) why

why는 reason만을 선행사로 삼으며, 비제한적 용법을 갖지 않는다.

Is there any reason why you can't do so?
There are many reasons why you must learn English.

(15.10.3) 선행사의 생략

관계부사 where, when, why는 선행사가 각각 '장소', '시간', '이유'를 나타내는 place, time(또는 day), reason일 때, 선행사 없이 쓰이기도 한다.

This is (the place) where the car accident occurred.
Saturday is (the day) when I am free.
That's (the reason) why I did it.

(15.10.4) 관계부사의 생략

한편 선행사가 place, time, reason일 때는 일상체에서는 관계부사가 생략되기도 한다.

We need a place we can stay for a few days.
Come and see us any time you're in town.
The reason the dog is bad-tempered is that he is hungry.

유의 관계부사가 생략되는 것은 선행사가 place, time, reason일 때이므로, 다음에서 (a) 는 문법적이지만 (b)는 비문법적이다.

(a) We need a place we can stay for a few days.
(b) *We need a house we can stay for a few days.

→ (c) We need a house $\begin{cases} \text{where we can stay} \\ \text{we can stay at} \end{cases}$ for a few days.

15.10.5 how

how는 선행사 없이 쓰인다.

> Tell us how(= the way in which) the accident happened.
> How you deal with the matter is none of my business.

유의 how가 관계부사냐 아니냐에 관해서는 양론이 있다. how와 대표적인 관계부사의 하나인 where의 유사점과 차이점을 비교해보자.

1. This is the place   (a) *where* he is staying.
                       (b) *at which* he was staying.
   That was the way (a) **how* they treated me.
                    (b) *in which* they treated me.
2. This is *the place* he is staying.
   That was *the way* they treated me.
3. This is *where* he is staying.
   That was *how* they treated me.

(1.a)의 경우 where는 문법적이지만 how는 그렇지가 못하다. how는 선행사 없이 쓰여야 하기 때문이다. (1.b)나 (2), (3)에서는 where와 how의 쓰임새가 유사하다.
how가 관계부사로 설명되는 것은 이런 유사점 때문이다. 한편 (3)의 경우는 where와 how를 관계부사로 보지 않고 where와 how …이하를 '<u>의문사</u>가 이끄는 명사절'로 기술할 수 있다. how를 관계부사로 보지 않는 편이 오늘날의 추세이다.

15.10.6 that

that은 when, where, why를 대신한다.

> He left Seoul on the day that(= when) she died.
> That's the place that(= where) I bought my computer.
> Tell me the reason that(= why) he is angry.

that은 the way 다음에서도 쓰인다.

> This is the way that he did it.

유의 '그녀가 도착한 날'은 관계대명사와 관계부사를 이용해서 다음과 같이 나타낼 수 있다.

관계대명사가 쓰인 경우

    (a) the day on which she arrived

    (b) the day which she arrived on

    (c) the day that she arrived on

    (d) the day she arrived on – 관계대명사가 생략된 경우

관계부사가 쓰인 경우

    (e) the day when she arrived

    (f) the day that she arrived

    (g) the day she arrived – 관계부사가 생략된 경우

15.11 복합관계부사

(1) 관계부사인 when, where, how에 -ever를 부가해서 만든 whenever, wherever, however를 말한다.

whenever와 wherever는 다음의 괄호 안의 어구로 풀어 쓸 수 있다.

> Come and see me whenever(= any time when) you like.
>
> You must go wherever(= any place where) he tells you to go.

(2) whenever, wherever, however는 다음과 같은 양보절을 만들기도 한다.

> Whenever(= No matter when) you go to Paris, you'll find the city fascinating.
>
> Wherever(= No matter where) he is, he never forgets you.
>
> However(= No matter how) fast you drive, you cannot get there before it is dark.

유의 다음과 같은 낱말도 복합관계부사란 이름으로 불린다. 이 낱말들은 격식성이 아주 높다: whereat, whereby, wherein, whereof, whereon, whence, whither

> They have introduced a new system whereby(= by which) all employees must undergo regular training.

15.12 그 밖에 유의할 용법

(1) 격식성이 아주 낮은 일상체(very informal style)에서는 **there is/are** ⋯ 로 시작하는 존재문에서 주격 관계대명사가 생략되는 수가 있다.

There's a table *stands* **in the corner.**

(2) committee, jury 등 집합명사가 선행사가 되는 경우, 이 집합명사가 하나의 단위(기관 또는 집합체)를 나타낼 때는 관계대명사는 which(+단수동사)가 쓰이고, 그 구성원을 개별적으로 나타낼 때는 who(+복수동사)가 쓰인다.

the committee who was **responsible for this decision**
the committee who were **responsible for this decision**

(3) 제한적 용법의 관계절로, 관계절이 겹치는 특수한 구문에 다음이 있다.

Can you mention anyone that we know who is as talented as he?
(우리가 아는 사람으로 그만큼 재주가 있는 사람)

위의 예문의 관계절의 구조는 다음과 같다.

<u>anyone</u> <u>that we know</u>
(선행사)　　(관계절 1)
<u>anyone that we know</u> <u>who is as talented as he</u>
　　　(선행사)　　　　　　　　(관계절 2)

위와 같은 '이중제한적' 관계절의 예로는 다음도 있다.

Is there any thing you want that you have not?

(4) 부정대명사 또는 한정사인 all, only, some, any, two, three, both, several, enough, many, few 등은 곧잘 of which, of whom과 결합해서 명사구를 만든다.

The couple have four children, all of whom **are studying music.**
We've tested three hundred types of boats, none of which **is completely waterproof.**

(5) 특히 영국영어에서 비제한적 용법의 관계부사 when은 전치사 before, by, since 등과 함께 쓰이기도 한다.

He will graduate next year, by when he will be twenty one.
I moved into London in 2015, before when I had lived in the country.

where는 제한적 용법으로 쓰이는 경우에도 다음과 같이 흔히 쓰인다.

This is the place from where the shot was fired.

15

Exercises

Ⅰ. 밑줄 친 부분이 문법에 맞는지를 판단하고 필요하면 잘못된 부분을 고 치시오.

1. She is not <u>the cheerful woman she was before she married</u>.
2. She is the perfect accountant <u>who her predecessor was not</u>.
3. 'Apocalypse' was <u>the first war film he saw that really shocked him</u>.
4. <u>He who hesitates</u> is lost.
5. <u>What little money he has</u>, he spends on drink.
6. He imagines himself to be an artist, <u>that he was not</u>.
7. <u>The manner which he spoke in</u> was shocking.
8. This is the woman <u>whom Ann said would show us the way</u>.
9. Joan dances <u>with whoever asks her to dance</u>.
10. They say swimming is <u>the healthiest sport there is</u>.

의문문 · 명령문 ·
감탄문 · 부정문

Chapter 16

의문문 · 명령문 · 감탄문 · 부정문

16.1 의문문

16.1.1 *yes/no* question

yes/no question은 다음처럼 그 답이 Yes나 No로 시작하는 의문문을 말한다.

   1. Can you speak English?

그런데 *yes/no* question 가운데는 Yes를 미리 예상한 의문문이 있다.

   2. (a) Has she finished eating yet?
      (b) Has she finished eating already?

   (a)는 '그녀가 식사를 끝마쳤는지'의 여부를 전혀 모르는 상태에서 질문을 한 순수한 의문문이지만, (b)는 '그녀가 이미 식사를 끝마쳤음'을 알고 '벌써 먹었느냐'고 묻거나 '그녀가 이미 식사를 끝마쳤으리라' 짐작하고 묻는 의문문이다.

16.1.2 *wh-* question

   (1) 다음 3.에서 (b)는 (a)의 his former teacher를 who로 바꾼 *wh-* question이다.

   3. (a) He met his former teacher.
      → (b) Who(m) did he meet?

   (b)가 보여주듯이 who의 목적격으로 격식체에서는 whom이 쓰이지만 일상체에서는 who가 쓰인다.
   격식성에 따라 형식이 달라지는 예로는 다음도 있다.

4. (a) On which bed **did he sleep?** - 격식체

　　(b) Which bed **did he sleep** on? - 일상체

5. (a) With whom?(← **With whom did you go?**) - 격식체

　　(b) Who with?(← **Who did you go with?**) - 일상체

두 가지 형식의 의문문이 가능한 예로는 다음도 있다.

6. **They measured the height of** the pyramid.

the pyramid를 what으로 바꾼 '그들은 무엇의 높이를 측정했느냐'란 뜻의 Wh-question으로는 (a)와 (b)가 가능하다.

→ (a) What **did they measure** the height of?

→ (b) The height of what **did they measure?**

(2) 수여동사가 술어동사로 쓰인 7.의 경우 Mary를 who로 바꾸면 격식성에 따라 (a)나 (b)의 *wh*-question이 가능하다. (거꾸로 말하자면 7.은 주어를 I로 대체하면 (a)와 (b)의 답이 된다.)

7. **You gave the present to** Mary.

→ (a) To whom **did you give the present?**

　　(b) Who(m) **did you give the present** to?

7.과 관련된 *wh*-question으로는 (c)도 있다.

(c) What **did you give** Mary?

하지만 (c)는 7.의 the present를 what으로 바꾼 의문문은 아니다. (c)는 8.의 the present를 what으로 바꾼 의문문이다. (그러니까 you를 I로 대체하면 8.이 (c)의 답이 된다.)

8. **You gave Mary** the present.

(16.1.3) 한국어 구문과의 유의할 만한 차이

영어와 한국어의 *wh*-question 사이에서 발견할 수 있는 다음과 같은 차이는 유의

할 만하다.

(1) 한국어와 달리 영어에서는 and로 연결되는 두 명사구의 하나만을 바꾸어 의문사를 만들 수 없으며, 또한 동일한 의문사를 and로 연결시킨 의문문을 만들지 못한다.

> 9. (a) 너는 책과 무엇을 샀니?
>   (b) * Book and what did you buy?
> 10. (a) 누구와 누구가 왔니?
>   (b) * Who and who came?

영어에서도 의문사가 다른 경우는 의문사를 겹칠 수 있다.

> 11. When and where were you born?

11.은 12.의 생략형으로 볼 수 있다.

> 12. When were you born and where were you born?

한 문장에서 두 개 이상의 다른 의문사가 쓰이는 경우 영어에서는 보통 한 의문사만이 문장의 첫 자리를 차지하고 나머지는 긍정문과 대응하는 자리를 차지한다.

> 13. Who said what to whom?

(2) 영어에서는 관계절의 일부를 의문사로 바꾼 의문문을 만들지 못한다.

> 14. (a) John이 서울역에서 산 복권이 일등으로 뽑혔다.
>   → John이 어디에서 산 복권이 일등으로 뽑혔니?
>   (b) The lottery John bought at Seoul Station won the first prize.
>   → _____

한국어에서는 (a)의 '서울역에서'를 자유롭게 '어디에서'로 바꾼 의문문을 만들 수 있지만, 영어에서는 관계절의 일부인 at Seoul Station을 where로 바꾸어 문장의 앞자리로 이동시킨 *wh*-question은 만들지 못하는 것이다. *wh*-question을 만들기 위해서는 (a)의 뜻을 살리되 다음과 같이 의문사가 될 부분을 주절로 옮겨야 한다.

15. Where did John buy the lottery that won the first prize?

(John은 일등으로 뽑힌 복권을 어디에서 샀니?)

영어에서는 한국어와 달리 조건절의 일부를 의문사로 바꾼 의문문도 만들지 못한다.

16. (a) John을 이기면 상을 주마.

→ 누구를 이기면 상을 줘요?

(b) I'll give you a prize if you beat John.

→ _____

16.에서도 *wh*-question을 만들기 위해서는 (a)의 뜻을 살리되 다음과 같이 의문 사가 될 부분을 주절로 옮겨야 한다.

17. Who must I beat for a prize?

(상을 받으려면 누구를 이겨야 해요?)

(3) 한국어의 '어떻게, (또는) 얼마나'와 '무엇'이 영어의 how 및 what과 대응하지 않는 경우가 있다.

18. (a) 서울의 인구는 얼마나 됩니까?

(b) What is the population of Seoul?

19. (a) 그 사람을 어떻게 생각해요?

(b) What do you think about him?

20. (a) 오늘은 날씨가 어때요?

(b) What is the weather like today?

21. (a) 그 사람은 어떻게 생겼어요?/어떤 사람인가요?

(b) What is he like?

(4) '순번'과 관계되는 표현도 한국어와 영어는 차이가 있다. 한국어에서는 순번을 나타내는 '첫째', '둘째'를 '몇 째'로 바꾸어 자유롭게 의문문을 만들 수 있다. 하지만 영어에서는 '몇째'란 뜻은 풀어서 표현하여야 한다.

22. (a) Lincoln 대통령은 몇 대 대통령입니까?

(b) How many presidents were there before Lincoln?

/Where does Lincoln stand in the list of American presidents?

23. (a) 왼쪽에서 몇 번째에 아버님이 계시죠?
    (b) Where is your father from the left?
24. (a) 몇 번째 서랍 말씀이죠?
    (b) Which drawer is it?

16.1.4) Echo Question

Echo question은 echo라는 말이 나타내는 것과 같이 상대방이 한 말을 그대로 되풀이하되 다만 확실히 듣지 못했거나 그 뜻이 분명하지 않은 낱말만을 의문사로 바꾼 의문문이다. 따라서 echo question은 상대방이 다시 질문을 되풀이하거나 보충설명을 해주기를 바라는 목적을 갖는다.

25. "Do you like wax?" Sybil asked.
    "Do I like what?" asked the young man.

echo question은 상대방이 한 말이 믿기지 않는 화자의 심리를 반영하기도 한다. 26.에서 my boss는 상대방의 말을 알아듣지 못한 것이 아니다.

26. I said, "I am quitting."
    "You're doing what!" my boss demanded, his voice harsh.

16.1.5) 부가의문문

부가의문문(tag question)의 대표적인 형식은 다음과 같다.

27. (a) He has come, hasn't he?
    (b) He hasn't come, has he?

부가의문문은 일상체에서 흔히 쓰이는데, falling intonation으로 발음되는 경우, 상대방의 동의를 구하려는 의미와 의도를 나타내며 rising intonation으로 발음되면 순수한 의문의 뜻을 나타낸다.
사용빈도가 높지는 않지만 다음과 같은 형식의 부가의문문도 있다.

28. Mary is pretty, is she?

28.과 같은 부가의문문의 기능은 첫째 반어적(ironic)인 데 있다.

즉 28.은 Mary가 예쁘다고 생각하지 않는 화자가 상대방이 그렇게 말하니까 Mary is pretty라고 따라 말했다가 is she?를 부가해서 '과연 그럴까?'라고 반문하는 듯한 심리를 반영한다.

또한 주절과 형식이 동일한 부가의문문은 상대방이 한 말을 되받아서 상대방의 생각이나 주장을 확인하려는 의도를 갖는 경우도 있고, 미처 몰랐던 사실에 대한 화자 자신의 놀라움이나 관심을 다짐하려는 경우도 있다.

29. So you're going to become a doctor, are you? That's splendid.

16.1.6) 간접의문문

간접의문문이란 의문문의 어순이나 형식을 제대로 따르지 않은 다음과 같은 종속 절을 가리킨다.

30. I wonder what he saw.

그런데 이와 같은 간접의문문도 주절이 일종의 삽입절로 격하되어 문장의 중간이나 끝으로 옮겨지면 완전한 의문문으로 바뀌게 된다.

31. I wonder what he saw.
   → What did he see, I wonder?

32. Do you know why he did it?
   → Why did he do it, do you know?

33. May I ask whether he is really responsible?
   → Is he, may I ask, really responsible?

직접화법을 간접화법으로 바꾸면 '직접의문문'은 다음과 같이 간접의문문으로 바뀐다. (⟹ 19.4)

34. "Do you know me?" he asked.
   → He asked if/whether I knew him.

16.2 명령문

16.2.1 형식과 의미

(1) 형식: 주어를 생략하고 동사의 원형으로 시작한다.

의미: 문맥에 따라 명령, 지시, 의뢰, 부탁, 권유 등을 나타낸다.

Open the door.

Be quiet!

(2) '금지'의 뜻을 나타내는 (부정) 명령문은 동사의 원형 앞에 Don't/Do not을 부가한다. 이 부정의 뜻을 나타내는 Don't/Do not은 be동사 앞에서도 똑같이 쓰인다.

Don't open the door.

Don't be angry.

참고 금지를 뜻하는 명령문은 Don't/Do not 대신에 Never가 쓰이기도 한다. never는 흔히 Never mind!와 같은 관용구적인 표현에서도 쓰이지만, 흔히 '(특정한 경우가 아닌) 언제나… 하지 말라'란 뜻을 나타낸다.

Never tell a lie.

16.2.2 명령문의 강조

명령문의 강조는 동사의 원형 앞에 Do를 부가해서 나타낸다.

Do sit down!

Do try not to make noise any more, boys!

Do forgive me. I didn't mean to interrupt.

명령문에 부가한 Do는 명령문이 전달하려는 뜻을 강조하는데 문맥에 따라 정중함이나 강경함 또는 다급함 등을 나타내며, be동사 앞에서도 쓰인다.

Do be careful.

16.2.3 명령문과 부가의문문

1. (a) Will/Won't you have a piece of cake?
   (b) Have a piece of cake, will/won't you?
2. (a) Will/Won't you come inside?
   (b) Come inside, will/won't you?
3. (a) Will you lend me your pen for a minute?
   (b) Lend me your pen for a minute, will you?
4. (a) Will you sit down?
   (b) Sit down, will you?

1.~4.는 동일한 의미를 (a)의 Will/Won't you … 로 시작하는 의문문과 (b)의 명령문＋부가의문문이란 두 가지 형식으로 나타낼 수 있음을 보여준다. 의미상으로는 1.은 '제의'를, 2.는 '권유'를, 3.은 '부탁'을, 4.는 '명령'을 나타낸다.

4.가 그러하듯이 Will you … ?가 흔히 '명령'을 나타내기 때문에 이 '명령'과 혼동이 되지 않도록 '정중한 부탁·의뢰'는 Will you … 에 please나 kindly를 부가하거나 Will을 Would로 바꾸어 나타낸다.

5. Will/Would you please/kindly open the window?

명령문 다음의 부가의문문으로는 can you?나 can't you? 또는 could you?가 쓰이기도 한다.

6. Get me some cigarettes, can you?
   Be quiet, can't you?

한편 부정명령문 다음에는 긍정형 부가의문문만이 쓰인다.

7. Don't close the door, will/*won't you?

> **참고** 명령문을 잇는 부가의문문은 화자의 말을 상대방이 이행해주기를 확인하려는 기능을 갖는데, would는 will보다 표현이 정중하고 상대방에게 부담감을 주지 않으려는 배려를 반영한다.
> 부가의문문이라지만, 다음과 같이 부가문 끝에 물음표(?) 대신 느낌표(!)가 붙는 경우가 있다.
> Hurry up, will you!
> 이와 같은 부가문은 화자의 조급함을 반영한다.

16.2.4 You로 시작하는 명령문

명령문에는 주어 You가 나타나는 경우가 있다.

8. (a) You take your hands off me!
   (b) You be quiet.

(a)와 (b)에서처럼 You로 시작하는 명령문은 정중하지 못하고, 강압적인 태도를 나타내기도 한다. 경우에 따라서는 화자의 노여움 등을 반영하기도 하며, please와는 같이 쓰이지 않는다.

(c) * Please, you go at once.

명령문 Go at once의 부정형은 Don't go at once인데, You go at once의 부정형은 Don't you go at once이다. 명령문 Don't you … 는 Do not … 보다 비난이나 경고의 뜻이 강하다.

9. Don't you swear at your parents again!

명령문은 명령의 대상을 분명히 하여야 할 상황에서는 You 이외의 다른 (대)명사도 주어로 삼을 수 있다.

10. Mary come here; the rest of you stay where you are.
    Somebody answer the phone!
    Nobody move!
    Relax, everybody.

위의 예문의 부가의문문의 주어로는 역시 You가 사용된다.

11. Somebody open the window, will/won't you?

유의 Someone이 주어인 명령문의 부정형은 다음과 같다.
      Someone open the door.
    → Don't anyone open the door./ No one open the door.

(16.2.5) 특수구문

명령문을 포함하는 특수구문으로는 다음이 있다.

12. (a) Tell another lie, and you'll have to leave school.

　　 (거짓말을 한 번만 더 하면 너는 학교를 그만둬야 해.)

위의 (a)와 같은 명령문은 '거짓말을 하라'는 명령의 뜻이 아니어서 '의사명령문'이라 불리기도 한다. 의사명령문은 문맥에 따라 여러 가지 의미를 갖는다. (a)는 '경고'의 뜻을 나타내는데, 다음 (b)는 화자의 '희망'을, (c)는 '단순한 가정'을 나타낸다.

(b) Clean up my room, and I'll give you a dollar.

(c) Let a man be once a beggar, and he will be a beggar for life.

　　 (사람이 한 번 거지가 되면, 그는 평생 거지 신세를 면하지 못한다.)

명령문에서 사용되는 동사는 상대방이 본인의 의지에 따라 행동을 통제할 수 있는 활동동사이어야 한다. (⟹ 3.20)

13. Learn the language.

　　 * Know the language.

그러나 의사명령문에서는 자기통제가 불가능한 동사도 사용할 수 있고, yourself 외의 재귀대명사도 목적어로 쓰일 수 있다. (Kill yourself는 가능하지만 * Kill myself 가 불가능하듯, 명령문에서 목적어가 될 수 있는 재귀대명사는 yourself에 한한다.)

14. Own a piece of property, and you get taxed unmercifully.

　　 (땅이라도 좀 소유하게 되면 사정없는 과세 대상이 될 걸.)

15. Buy myself a few pretty clothes, and you act like you'd been robbed.

　　 (내가 예쁜 옷이라도 좀 사면, 당신은 마치 강도라도 만난 것같이 구는군요.)

수동적 의미를 갖는 명령문은 보통 get으로 시작한다.

16. Get vaccinated as soon as you can.

특수한 명령문으로 군대에서 쓰이는 구령이 있다.

    17. About face!(뒤로 돌아!)

       Right face!(우향우!)

위의 예문에서 about과 right는 방향부사이고 face는 동사이다. 이 방향부사＋동사는 '구령'에 한해서만 용인되는 어순이다.

（16.2.6） '명령' 표현의 여러 가지

(1) 우리는 가령 taxi를 잡았을 때 '… 로 갑시다'란 표현을 쓴다. 이 경우 '… 합시다'는 완곡한 명령을 나타낸다.

영어에서도 Let's … 는 '완곡한 명령'을 나타낼 수 있다.

다음은 의사가 나이 어린 환자에게 하는 말로, (a)는 (a')의 뜻을 완곡하게 나타낸다.

    18. (a) Let's have a look at your tongue.

      = (a') Stick out your tongue.

Let's의 부정형으로는 다음 (b)와 (c)가 있다.

    (b) Let's not get angry.

    (c) Don't let's get angry.

위의 예문에서 (b)는 (c)보다 상대적으로 격식성이 높다.

Let's로 시작하는 문장의 부가의문문으로는 shall we?가 쓰인다.

    (d) Let's work hard, shall we?

(2) '제안' 또는 '완곡한 명령'을 나타내는 데 쓰이는 표현으로는 Why don't you … ? 도 있다.

    19. (a) Why don't you turn off the light?

19. (a)는 (b)나 (c)의 형식을 취하기도 한다.

    (b) Turn off the light, why don't you?

    (c) Why not turn off the light?

(c)의 Why not … ?이 어떤 행동을 유도하려는 뜻을 갖는다면 Why로 시작하는 다음 (d)는 어떤 행동을 막으려는 의도를 갖는다.

(d) Why paint your house purple?

해설 완곡한 명령이나 제안의 뜻을 나타내는 why don't you … ?와 의문의 뜻을 갖는 why don't you … ?는 어떻게 구별할 수 있을까? 단적으로 '명령'의 뜻을 나타내는 why don't you … ?는 why를 for what reason으로 바꾸지 못한다. 다시 말하면 Why don't you … 를 For what reason으로 바꾼 아래의 예문은 순수한 의문문일 뿐 명령의 힘은 없다.
For what reason don't you turn off the light?

16.3 감탄문

16.3.1 How로 시작하는 감탄문

How는 다음과 같은 어순의 감탄문(exclamatory sentences)을 만든다.

1. (a) How pretty she is!
   How interesting a story he told!
   (b) How eagerly he learns English!
   How surprisingly well she dances!
   (c) How he snores! (코 고는 소리 한번 요란하군!)
   How I hate to meet the man!

위의 예문에서 how는 (a)에서는 형용사를, (b)에서는 부사를, (c)에서는 동사를 수식한다.

16.3.2 What으로 시작하는 감탄문

What이 만드는 감탄문의 어순은 다음과 같다.

2. (a) What a beauty she is!
   (b) What a beautiful place Venice is!

해설 위의 예문에서 what은 (a)와 (b)에서 각각 명사를 수식하고 있다. 다시 말해서 how 는 명사를 직접 수식하지 못하며 what은 부사·동사·형용사를 수식하지 못한다. 그러므로 how는 흔히 감탄부사, what은 감탄형용사로 불린다.

16.3.3 How, What으로 시작하는 감탄문의 제약

형용사와 관사의 어순이 다르기는 하지만, how와 what은 다음 예가 보여주듯이 의미가 비슷한 감탄문을 만들 수 있다. (이 두 예문 가운데 사용빈도가 높은 것은 what으로 시작하는 감탄문이다).

3. How beautiful a doll she has!
4. What a beautiful doll she has!

그런데 how가 명사와 관련을 갖는 경우 그 명사의 앞에는 반드시 형용사와 부정 관사가 선행되어야 하며, 이때 부정관사 대신에 정관사를 쓰거나 명사가 복수형이 되어서는 안 된다. 그리고 부정관사를 수반하여야 하기 때문에 부정관사 다음에는 가산 명사가 오기 마련이다.

5. * How beautiful the doll she has!
6. * How beautiful dolls she has!

한편 what은 명사 앞에 정관사를 붙일 수 없는 점에서는 그 용법이 how와 같지만, 복수명사는 수반할 수 있다.

7. * What the beautiful doll she has!
8. What beautiful dolls she has!

how는 다만 many와 few 등의 수량사를 수반하는 경우에 한해서 복수명사와 함께 쓰일 수 있다.

9. How many dolls she has!
10. How few people smoke these days!

또한 how는 much와 little 등을 수반하는 경우에 한해서 불가산명사와 함께 쓰일 수 있다.

11. How little milk is left!

감탄문을 만드는 how는 형용사·부사·동사를 수식하기는 하지만 how 다음을 잇는 낱말은 정도의 폭을 갖는 단계적(gradable)인 낱말에 한한다. (⟹ 10.11)

특히 how가 수식하는 동사는 대체적으로 hate, admire, appreciate, love, prefer, regret 등 감정 표현과 관계있는 것들이며, kick, hit, kill 등이 how의 수식을 받아 감탄문을 만들지는 못한다.

12. * How Tom killed the cat!

16.3.4 What + a + 명사 구문

13. (a) What a beauty she is!
   (b) What a present he had given the girl!

(a)와 (b)에서 what은 각각 a beauty와 a present에 걸린다. 그런데 a beauty는 '미인'이라는 뜻이어서 beautiful이라는 속성을 전제로 하기 때문에 (a)는 '아름답다'라는 뜻을 강조한 감탄문으로 해석이 된다. 그러나 (b)의 a present는 반드시 '좋다'는 속성이 전제가 되고 있지는 않다. 그러므로 (a)는 How beautiful she is!로 고쳐 쓸 수 있는 데 반하여 (b)는 문맥에 따라 다음 두 가지 의미 가운데 하나로 해석하여야 한다.

(c) What a good present he had given the girl!
(d) What a bad present he had given the girl!

> **해설** 다음 예문은 어떨까?
> What a genius he is!
> A genius는 bright라는 속성을 지니고 있기 때문에 What a genius he is!는 He is a very bright man이라는 뜻과 통한다.
> 반면에 다음의 경우에는 그는 좋은 선생일 수도 있고 고약한 선생일 수도 있다.
> What a teacher he is!

16.3.5 감탄문과 의문문

겉으로 유사해 보이는 감탄문과 의문문은 어순상 다음과 같은 차이가 있다.

의문문에서 조동사가 주어 앞으로 나오는 것과는 달리 감탄문은 조동사를 필요로 하지 않는다.

14. (a) How well $\begin{cases} \text{she danced!} \\ *\text{ did she dance!} \end{cases}$ - 감탄문

(b) How well did she dance? - 의문문

의문문에서는 **any**가 쓰이는 경우에도 감탄문에서는 **some**이 쓰인다.

15. (a) How earnestly he saved some/* any money! - 감탄문

(b) How did he save any money? - 의문문

What으로 시작하는 감탄문에는 What 다음에 부정관사 'a(n)'을 필요로 하지만 의문문에서는 What 다음에 부정관사가 오지 않는다.

16. (a) What a book he has written! - 감탄문

(b) What book has he written? - 의문문

감탄문에서는 부사에 의하여 형용사가 강조될 수 있지만 의문문은 그렇지 못하다.

17. (a) How exceedingly subtle she is! - 감탄문

(b) How $\begin{cases} *\text{ exceedingly subtle} \\ \text{subtle} \end{cases}$ is she? - 의문문

그러나 한편 의문문의 형식을 취한 감탄문이 있다.

18. Hasn't she grown! (많이 컸구나!)

Wasn't it a marvelous concert! (아주 멋진 연주회였어!)

이와 같은 '감탄의문문(exclamatory question)'은 rising intonation으로 발음되는 정상적인 의문문과는 달리 falling intonation으로 발음된다. 또한 의미상 화자의 강한 감정을 나타내는 동시에, 특히 부정의문문의 형식을 취한 감탄문은 상대방의 동의를 청하는 기능도 지닌다.

(16.3.6) 감탄문과 생략

How, What으로 시작하는 감탄문은 주어와 동사가 생략되는 경우도 흔하다.

19. Strawberries! How lovely!(= How lovely they are!)

What an idiot!(= What an idiot he is!)

What lovely flowers!

Miss Kim arm in arm with Mr. Peabody — how astonishing a sight!

16.3.7 So와 Such

문장의 일부를 강조하는 so와 such는 그 통사상 특성이 각각 감탄부사인 how와 감탄형용사인 what과 비슷하다.

즉 so는 how와 똑같이 부사, 서술용법의 형용사, 동사를 수식하며, 형용사 + 부정관사 + 명사의 앞자리를 차지한다.

20. He learns French so eagerly. (부사)

His manners are so delightful. (서술 용법의 형용사)

Why did you hate meeting her so? (동사)

He told so funny a story. (한정용법의 형용사)

또한 so는 how와 마찬가지로 so + 형용사 + 정관사 + 명사, so + 형용사 + 복수명사의 구문을 만들지 못한다. 다만 형용사가 many, few 등의 수량사인 경우에 한하여 복수명사를 수반할 수 있다.

21. * He told so funny the story.

* He told so funny stories.

He told so many stories.

Such는 what처럼 부정관사 + 명사를 수식한다. 또한 so와 달리 복수명사를 수반할 수 있지만 many + 복수명사를 수반할 수 없다.

22. He is such a genius.

* John is such the stupid man.

He told such funny stories.

* He told such many stories.

16.4 │ 부정문

부정문과 초점

부정문이라지만 다음 1.에서 부정되고 있는 것은 무엇일까?

    1. John didn't love Mary.

  실상 1.은 John이 부정의 초점이 될 수도 있고, love나 Mary가 부정의 초점이 될 수도 있다. 그리고 부정의 초점을 어디에 두느냐에 따라 그 의미가 다음처럼 달라진다. (다음에서 대문자로 된 낱말은 부정의 초점을 나타낸다)

    2. (a) JOHN didn't love Mary.
         = Someone loved Mary, but it was not John.
      (b) John didn't LOVE Mary.
         = John only liked or hated Mary.
      (c) John didn't love MARY.
         = John loved someone, but it was not Mary.

1.은 다음 (d)와 같은 의미도 갖는다.

    (d) It is not true that John loved Mary.

no와 not

  부정문에서 가장 많이 쓰이는 부정어는 no와 not이다. no와 not은 용법상 어떠한 차이가 있는 것일까? 통사상으로는 no는 그 다음 명사에 걸리는 한정사이고, not은 동사에 걸리는 부사이다.
  Swan(1997: 375)에 의하면 다음 3. ~ 4.에서 (a)보다는 (b)가 부정의 의미가 상대적으로 더 강하다.

    3. (a) He is not a fool.
      (b) He is no fool.

4. (a) There was not an answer.

(b) There was no answer.

참고 '거미는 곤충이 아니다'를 영어로 옮기면 (b)보다 (a)가 알맞다. '거미가 곤충이 아닌 것'은 (상식에 속한) 과학상의 사실로, 굳이 부정의 뜻을 강조할 필요가 없는 것이다.

(a) A spider is not an insect.

(b) A spider is no insect.

16.4.3 단정형과 비단정형

다음 5.의 경우 (a)의 빈칸에는 some이 알맞고 (b)의 빈칸에는 any가 알맞다.

5. (a) I have _____ money.

(b) I don't have _____ money.

다음 6.에서는 (a)에는 already가 알맞고 (b)의 빈칸에는 yet이 알맞다.

6. (a) I have written the letter _____.

(b) I haven't written the letter _____.

이와 같이 긍정문에서 쓰이는 some, already, … 와 부정문에서 쓰이는 any, yet, … 를 대조시켜 그 특성을 기술할 때, 전자를 '단정형(斷定形, assertive form)'이라 부르고 후자를 '비단정형(非斷定形, non-assertive form)'이라 부른다. 단정형과 비단정형의 대조를 보여주는 예를 좀 더 들어보자. ((a): 단정형, (b): 비단정형)

7. (a) I was speaking to someone.

(b) I wasn't speaking to anyone.

8. (a) I saw him somewhere.

(b) I didn't see him anywhere.

9. (a) She was somehow surprised.

(b) She wasn't in any way surprised.

10. (a) John is coming, too.

(b) John isn't coming, either.

11. (a) I like her a great deal.

(b) I don't like her much.

12. (a) He's still there.

    (b) He isn't there any longer.

다음의 13. ~ 15.에서도 (a)와 (b)는 단정형과 비단정형의 대조를 보여준다.

13. (a) I believe she can speak some other languages.

    (b) I doubt if she can speak any other languages.

14. (a) John was eager to read something about the war.

    (b) John was reluctant to read anything about the war.

15. (a) I'm for something like that.

    (b) I'm against anything like that.

7. ~ 12.의 경우와는 달리 13. ~ 15.의 경우, (b)가 긍정문의 형식을 취하고 있음에도 비단정형이 쓰이고 있는 것은 (b)의 술어동사가 다음과 같이 부정의 뜻을 내포하기 때문이다.

doubt = not believe

reluctant = not eager

be against = be not for

그런데 같은 비단정형에 속하면서도 neither(not … either)는 any(또는 any가 만드는 복합어)와는 그 특성이 다르다.

13. ~ 15.가 보여주듯이 any는 부정문이라는 '형식'뿐만 아니라 긍정문이 함축하는 부정의 '의미'에 따라서 사용되기도 하는데, neither(not … either)는 겉으로 드러난 '형식'을 근거로 삼는다.

다음은 형식이나 의미가 모두 긍정을 나타내므로 비단정형인 anyone의 사용은 당연히 비문법적이다.

16. *I think that anyone came.

다음은 형식상으로는 긍정문이지만 의미상으로는 doubt이 부정의 뜻을 내포하고 있어 anyone이 쓰인 예이다.

17. I doubt that anyone came.

다음 18.에 anyone과 neither가 쓰이고 있는 것은 첫 번째 절이 부정문이기 때문이다.

> 18. I don't think that anyone came, and neither does John.
>   (나는 누가 왔다고는 생각하지 않으며 John도 역시 그렇게 생각하지 않는다.)

그런데 다음 19.에서는 anyone은 쓰일 수 있지만 neither는 쓰이지 못한다.

> 19. I doubt that anyone came, and *neither does John.

Neither는 다음과 같이 so로 바꾸어야 한다. 첫 번째 절이 형식상으로는 긍정문이기 때문이다.

> 20. I doubt that anyone came, and so does John.

똑같은 이유로 21.에서도 비단정형인 anything의 사용은 문법적이지만 either는 쓰지 못한다.

> 21. I would dislike saying anything like that, too/*either.

16.4.4) 가정법에 있어서의 단정형과 비단정형

단정형은 긍정문에서 사용되고 비단정형은 부정문에서 사용되지만, 가정법의 조건절에서는 이와 반대의 형식이 쓰인다. 22.에서 부정문에 단정형인 already가 쓰인 것은 이 조건절이 We already won이란 뜻이기 때문이고, 23.에서 긍정문에 yet이 쓰인 것은 이 조건절이 Lucy did not speak to Jim yet의 뜻을 내포하기 때문이다.

> 22. If we hadn't already won, no one would have supported us.
> 23. If Lucy had spoken to Jim yet, Mary would have been very angry.

[유의] any와 같은 비단정형은 직설법에서도 (특히 확실성이 분명치 않은 조건의 경우) 흔히 사용된다.

> If you have any trouble, let me know.

16.4.5 이중부정과 단정형

다음 부정문에서 단정형이 사용되고 있는 것은 부정어인 **not**과 **refuse, against**에 내포되어 있는 부정의 뜻이 겹쳐져서 문장 전체가 의미상 긍정을 나타내기 때문이다.

> He doesn't refuse some.
>
> I'm not against something like that.

해설 위의 예문과 다음을 비교해 보면 이중부정과 비단정형의 관계가 더욱 분명히 드러난다.

> I don't mind some wine, but I do mind any hard liquor.
>
> (나는 포도주 정도는 괜찮지만 독주는 사양하겠습니다.)

16.4.6 부정어와 어순

> 24. Someone once gave John something.
>
>   Something was once given to John by someone.

24.와 관련된 부정형으로는 다음 25.의 (a) ~ (e)가 있다.

> 25. (a) No one ever gave John anything.
>
>   (b) Never did anyone give John anything.
>
>   (c) Nothing was ever given to John by anyone.
>
>   (d) John was never/not given anything by anyone.
>
>   (e) John was given nothing by anyone.

그러나 (f)는 비문법적이다.

> (f) *John was given anything by no one.

(f)가 비문법적인 것은 **anything**이나 **anyone**이 어순상 부정어(no, not, never, nothing 등)를 앞서지 못하기 때문이다.

해설 다음에서도 (e)는 위와 똑같은 이유 때문에 비문법적이다.

> (a) I told no one anything.
>
> (b) I told nothing to anyone.
>
> (c) I did not tell anyone anything.

(d) I did not tell anything to anyone.

(e) *I told anyone nothing.

그러나 관계절 등의 후위수식을 받을 때에는 any, anyone이 not 앞에 올 수 있다.

(f) Anyone who does that isn't honest.

16.4.7 부정어의 어순과 도치구문

다음 26.에서 (a)의 nothing을 강조한 구문이 (b)이다. 그런데 nothing이 문장의 첫머리에 오게 되면, 조동사 역시 주어 앞으로 그 자리를 옮겨 도치구문을 만들어야 한다.

26. (a) I could find nothing.

→ (b) Nothing *could* I find.

27.의 (b)도 역시 도치구문이다.

27. (a) He did not hesitate for more than five minutes.

→ (b) Not for more than five minutes *did* he hesitate.

부정어구가 문장의 첫머리로 이동함으로써 만들어지는 도치구문의 예를 추가해 보면 다음과 같다.

28. Never *shall* I forget your kindness.

Not a word *did* he say.

Not until many years later *did* the whole truth become known.

Little *does* she realize the danger she is in.

Seldom *have* we seen such a spectacle as this!

그러나 다음의 not long ago는 어순이 바뀌어도 도치구문을 만들지 않는다.

29. There was a rainstorm not long ago.

→ *Not long ago was there a rainstorm.

→ Not long ago there was a rainstorm.

이는 not long ago라는 부사구가 '얼마 전'이라는 뜻을 나타내는 하나의 숙어로, 주부와 술부를 구성하는 there was a rainstorm에 의미상 아무런 영향도 미치지 않기 때문이다. 말을 바꾸자면, 위의 예문은 부정문이 아니라 긍정문이다.

16.4.8 부정어의 상승변형(上昇變形)

(1) 영어에서는 다음 30.~31.의 (a)가 나타내는 뜻은 보통 (b)로 표현된다.

    30. (a) I think he is not honest.
       → (b) I don't think he is honest.
    31. (a) I believe that you two haven't met.
       → (b) I don't believe that you two have met.

이와 같이 종속절의 부정어를 주절로 옮기는 문법규칙을 '부정어의 상승변형(NEG-raising)'이라고 한다.

(2) 상승변형이 적용되는 동사로는 suppose, believe, imagine, expect 등이 있다. 이 동사들은 의미상 대체적으로 '짐작'이나 '추측'을 나타내는 일상용어인데, 격식체에서 쓰이는 assume, presume, surmise 등은 똑같이 '추측'을 나타내지만 상승변형이 적용되지 않는다.

(3) 다음 32.의 (a)에 부가의문문을 부가하면 (b)가 된다.

    32. (a) John left.
       (b) John left, didn't he?

33.의 부가의문문은 무엇일까?

    33. I don't think the Yankees will win.

33.의 부가의문문은 다음과 같다.

$$34. \text{ I don't think the Yankees will win,} \begin{cases} * \text{do I} \\ * \text{won't they} \\ \text{will they} \end{cases}?$$

33.의 부가의문문이 will they?인 것은 33.이 I think the Yankees will not win에서 not이 상승한 문장인 데다가, 상대방에게 동의를 구하거나 질문하고 있는 초점이 I think에 있지 않고 the Yankees will not win에 있기 때문이다.

(16.4.9) 그 밖의 부가의문문

그 밖에 부정표현의 부가의문문에 관련된 문법사항으로 유의할 만한 것에는 다음이 있다.

(1) 주절에 scarcely, hardly 또는 no one 등의 부정어가 포함되어 있는 경우, 부가의문문은 긍정형을 취한다.

> 35. He can hardly afford it, can he?
>   No one can afford it, can he?

(2) 다음은 주절이 부정의 의미를 지녔을 뿐 형식상으로는 긍정문이어서, 부가의문문은 부정형을 취한다.

> 36. He is unhappy, isn't he?
>   She is unable to do it, isn't she?

(16.4.10) 부정어의 작용범위

(1) 다음에서 37.과 38.은 각각 괄호 안의 문장으로 풀어 쓸 수 있다. definitely가 37.에서는 not의 작용범위를 벗어나 있고, 38.에서는 작용범위 안에 있는 것이다. 대체적으로 not의 작용범위는 not 다음을 잇는 부분과 일치한다.

> 37. He definitely didn't speak to her.
>   (= It was definite that he did not speak to her.)
> 38. He didn't definitely speak to her.
>   (= It was not definite that he spoke to her.)

(2) not의 작용범위가 not 다음에 이어지는 부분과 일치한다지만, not이 그 다음을 잇는 어느 부분까지를 작용범위로 포함시키느냐에 따라서 문장의 의미는 다음과 같이 달라진다.

39. (a) I wasn't listening all the time.

   (b) I wasn't listening all the time.

39.의 경우, (a)처럼 all the time이 not의 작용범위를 벗어나면 '나는 처음부터 끝까지 귀를 기울이지 않았다'라는 뜻을 나타내며, 흔히 전체부정이라고 일컬어진다. 반면에, (b)처럼 all the time이 not의 작용범위에 포함되면 '나는 처음부터 끝까지 귀를 기울인 것은 아니다'라는 뜻을 나타내며, 흔히 부분부정이라고 일컬어진다.

다음도 부사구가 not의 작용범위에 포함되느냐의 여부에 따라 그 의미가 달라지는 예이다.

40. (a) John didn't sleep until midnight.
     (자정까지는 잠을 자지 않았다.)

   (b) John didn't sleep until midnight.
     (자정까지 계속 잠을 잔 것은 아니었다.)

41. (a) John hasn't been here for a month.
     (John은 한 달 동안 이 곳에 오지 않았다.)

   (b) John hasn't been here for a month.
     (John이 이 곳에 온 지 한 달이 되지 않았다.)

42. (a) I did not marry her because she was rich.
     (그녀가 돈이 많았기 때문에 나는 그녀와 결혼하지 않았다.)

   (b) I didn't marry her because she was rich.
     (그녀가 돈이 많았기 때문에 내가 그녀와 결혼한 것은 아니었다.)

다음 43. 역시 not의 작용범위에 따라 의미가 달라지는 예이다.

(a)는 many가 not을 선행함으로써 not의 작용범위를 벗어나 있고 (b)에서의 many는 not의 작용범위 안에 들어가 있다.

43. (a) Many of the arrows didn't hit the target.
     (표적을 맞히지 못한 화살이 많았다.)

   (b) Not many of the arrows hit the target.
     (많은 화살이 표적을 맞히지 못했다.)

16.4.11 어구(語句)부정과 문(文)부정

앞에서 든 예를 다시 한 번 인용해 보자.

> 44. **Not** many of the arrows hit the target.
> 45. **Many of the arrows didn**'t hit the target.

44.~45.의 구조를 살펴보면 **44.**의 **not**은 그 다음에 이어지는 문장 전체에 영향을 미치고 있는 반면, **45.**는 **not**이 주어인 **many**까지는 영향을 미치지 않고 있다. 그런 점에서 **44.**는 '문(文)부정' 구문으로, **45.**는 '어구(語句)부정' 구문으로 설명할 수 있다.

문부정과 어구부정의 예를 추가해보자.

> 46. (a) <u>No news</u> is good news. - 어구부정
> (무소식이 희소식이다.)
>
> (b) <u>No news is good news</u>. - 문부정
> (소식치고 좋은 소식은 없다.)
>
> 47. (a) <u>Nothing</u> agrees with me more than oysters. - 어구부정
> (굴을 먹는 것보다는 아무것도 먹지 않는 것이 나에게 맞는다.)
>
> (b) <u>Nothing agrees with me more than oysters</u>. - 문부정
> (굴보다 내 구미에 맞는 것은 없다.)

다음 **48.~50.**은 어구부정의 예이다.

> 48. I was <u>not a little</u>(= much) surprised at the news.
> 49. <u>Not long</u> ago it rained.
> 50. To <u>no purpose</u> he beat his wife.
> (공연히 그는 아내에게 손찌검을 했다.)

50.에서 No는 he beat his wife에 의미상 아무런 영향도 미치지 않는다. 그렇기 때문에 이 문장은 도치구문을 만들지도 않는다.

그러나 다음의 **no**는 문부정이지 어구부정이 아니다.

> 51. I saw <u>no body</u>.
> (= I didn't see anybody.)

16.4.12 부분부정

대체적으로는 all, both, every, each, whole, entire 등 전체성을 나타내는 대명사·형용사 또는 always, altogether, entirely, wholly, necessarily, completely, absolutely, quite 등의 부사가 부정어와 결합하면, '전부가 (반드시) …하지는 않는다'는 뜻의 부분부정(partial negation)을 나타낸다.

52. All mammals are animals, but not all animals are mammals.
He couldn't solve all of the problems.
The rich are not always happy.
I don't know both of them.
Not every man can be a poet.
I cannot quite agree with you.
Crime doesn't necessarily pay.
(부정한 일이 반드시 그만한 소득이 생기는 것은 아니다.)

해설 1. 위의 예가 부분부정을 나타내는 까닭은 위에서 예거한 대명사·형용사 또는 부사가 not의 범위에 포함되기 때문이다. 그렇기 때문에 necessarily가 not을 선행한 다음 예문은 앞에 나왔던 예문과는 의미가 다르다.
Crime necessarily doesn't pay.
(부정한 일은 필연적으로 수지가 맞지 않기 마련이다.)

2. not … all은 위에 예가 나오듯이 부분부정을 나타내지만 문맥에 따라서는 다음 (c)처럼 전체부정을 나타내기도 한다.
all … not도 흔히는 부분부정을 나타낸다.
All that glitters is not gold.
하지만 문맥에 따라서는 역시 전체부정을 나타낼 수 있다.
(a) All boys are not tough and all girls are not gentle.
(b) All the money in the world won't make me happy.
(a)는 현실적으로 남자아이 가운데도 억센 아이가 있고 그렇지 않은 아이가 있으며 여자아이 가운데도 성품이 부드러운 아이와 그렇지 않은 아이가 있는 것을 고려한다면, 부분부정으로 해석하는 것이 마땅하지만, (b)는 '(깊은 절망감을 나타내는 문맥에서) 이 세상의 돈이 전부 내 것이라 해도 나는 행복하지 못해'라는 뜻의 전체부정으로 볼 수 있다. 흔히는 (b)는 not을 all에 선행시켜 (c)와 같이 나타낸다.
(c) Not all the money in the world will make me happy.

16.4.13 전체부정

전체부정(total negation)은 부정어와 any, either, anybody, anyone, anything을 결합해서 나타내거나 none, no one, neither, nobody, nothing으로 나타낸다.

> 53. I don't know any of them.
> I know none of them.
> I didn't see either of the teachers.
> I saw neither of the teachers.

16.4.14 그 밖의 유의할 사항

(1) 부정문과 some

> 54. I haven't read some of the books.

54.는 부정문임에도 불구하고 not 다음에 단정형인 some이 쓰이고 있다. 이는 some이 not의 작용범위를 벗어나 있기 때문이다. 즉 54.는 55.의 뜻을 갖는 것이다. (⟹ 9.11.4)

> 55. There are some of the books I haven't read.

(2) too와 either

다음 56. 역시 부정문이면서 단정형인 too가 사용된 예이다.

> 56. I gave him a necktie last year;
> I can't give him a necktie this year $\begin{cases} \text{too.} \\ \text{* either.} \end{cases}$

56.에 too가 사용된 것은 56.이 57.과 같은 뜻을 갖기 때문이다.

> 57. That I can give him a necktie this year too is not the case.

either가 쓰이지 못하는 형식상의 이유로 not … either는 선행한 부정문을 전제로 하여야 하는데, 56.은 앞선 문장이 긍정문이다. (⟹ 11.6.6)

16.4.15 또 하나의 이중부정

하나의 문장에 두 개의 부정어가 쓰임으로써, 만들어지는 이중부정 구문에 다음이 있다.

58. I've never **seen** nothing like it.
I told her not to say nothing (to nobody).

두 개의 부정어가 쓰였기 때문에 논리적으로는 **58.**은 긍정적 의미로 해석되어야 하지만, 실제로 **58.**은 **59.**와 같은 의미를 나타낸다.

59. I've never **seen** anything like it.
I told her not to say anything to anybody.

표준영어(보통 신문, 교과서, 라디오의 뉴스 프로, 교실에서의 강의 등에서 쓰이는 영어)의 신봉자들은 **58.**이 **59.**와 같은 의미를 나타내는 이상, 문법적으로 올바른 영어를 사용하기 위해서는 **58.**은 **59.**로 고쳐 써야 한다고 주장한다. 하지만 **58.**과 **59.**의 차이를 일종의 사회 방언의 차이로 간주하고, **58.**과 같은 이중부정구문의 사용을 문법적으로 옹호하는 측도 있다.

16

Exercises

I. 다음 (a)와 (b)의 차이를 설명하시오.

(a) Mary is pretty, isn't she?
(b) Mary is pretty, is she?

II. 명령문과 '명령'이라는 화행(話行, speech act)의 차이를 설명하시오.

III. 감탄문을 만드는 How와 What의 통사상의 차이를 설명하시오.

IV. 다음에서 문법상 빈칸에 맞는 것을 고르시오.

1. In no time _____ routed the enemy.
   (a) they had
   (b) had they

2. Not much later _____ .
   (a) they arrived
   (b) did they arrive

3. John was unhappy, and _____ was Mary.
   (a) neither   (b) so

4. He found something interesting not long ago, and _____ did she.
   (a) neither   (b) so

5. Not until yesterday _____ his mind.
   (a) he changed   (b) did he change

6. Nowhere _____ seen the results more clearly than in Europe.
   (a) we have   (b) have we

V. 다음 문장의 의미 차이를 설명하시오.

   (a) In not many years will Christmas fall on Sunday.
   (b) In not many years, Christmas will fall on Sunday.

분열문과 생략구문

Chapter 17

분열문과 생략구문

17.1 강조구문

한 문장의 일부 요소의 의미를 강조하는 데 쓰이는 대표적인 문법형식이 분열문과 의사분열문이다.

17.2 분열문

17.2.1 분열문과 초점

분열문(分裂文, cleft sentence)이란 It is … that의 문형을 이용한 강조구문을 말한다. 다음에서 (a)를 It is … that의 구문을 이용해서 (b)로 바꾸면 John이 강조된다.

1. (a) John broke the window.
   → (b) It was John that broke the window.

It is … that의 구문에서 It is 다음에 오는 요소, 즉 강조를 받는 요소는 '초점(focus)' 이라 불리고, that 이하를 잇는 부분은 '전제(presupposition)'라 불린다.

다음 문장에서 밑줄 친 (a) ~ (d)는 모두 분열문의 초점이 될 수 있다.

2. John wore his best suit to the dance last night.
   　(a)　　　　 (b)　　　 (c)　　　 (d)
   → (a) It was John that wore his best suit to the dance last night.
   → (b) It was his best suit that John wore to the dance last night.

→ (c) It **was** to the dance that John wore his best suit last night.

→ (d) It **was** last night that John wore his best suit to the dance.

17.2.2 초점이 될 수 없는 요소

분열문에서 다음은 초점이 되지 못한다.

(1) (be동사 다음에 오는) 주격보어

Bill is happy. → * It is happy that Bill is.

단 술어동사가 be동사가 아닌 다음 (a)의 주격보어나 (b)의 목적보어는 분열문의 초점이 될 수 있다.

(a) He eventually became a doctor.

→ It **was** a doctor that he eventually became.

(b) We've painted the kitchen dark green.

→ It's dark green that we've painted the kitchen.

(2) 술어동사

I love you. → * It is love that I you.

17.2.3 분열문의 유의사항

(1) 사람이나 사물이 초점이 되는 경우, that 대신 각각 who나 which가 쓰일 수도 있다.

3. It was my mother $\left\{ \begin{array}{c} \text{who} \\ \text{that} \end{array} \right\}$ threw an egg at the man.

It was that very fact which convinced me.
(나에게 확신을 준 것은 바로 그 사실이었다.)

(2) 다음 (a)와 (b)는 격식성에 차이가 있다.

4. I told the police.

→ (a) It's I $\begin{Bmatrix} \text{who} \\ \text{that} \end{Bmatrix}$ told the police. - 격식체

→ (b) It's me that told the police. - 일상체

다음 5.에서는 전치사 + 명사구가 초점의 자리를 차지한 (a)가 격식체에, (b)가 일상체에 속한다.

5. (a) It was to the dance that John wore his best suit last night.
   (b) It was the dance that John wore his best suit to last night.

(3) 일상체에서 that은 흔히 생략된다.

6. It's this watch I said I would let you have.
   (내가 너에게 주겠다고 말한 것은 이 시계야.)

(4) 분열문은 특히 말(spoken English)보다는 글(written English)에서 요긴하게 쓰인다. 말의 경우에는 강조하고자 하는 요소를 강하게 발음함으로써 강조의 목적을 이룰 수도 있기 때문이다.

(5) 간혹 분열문의 주어로 It 대신 that이나 those가 쓰이기도 한다.

7. That was a fire bomb they let off last night.

(6) 분열문은 의문문의 형식으로도 자주 쓰인다.

8. Was it for this that we suffered and toiled?
   (우리가 고생하고 애쓴 것이 바로 이것 때문이었단 말인가?)
   Where exactly was it that you met him?

(7) 분열문에서 주어인 It 다음에 오는 be동사의 시제는 대체적으로 이 분열문의 모체가 된 단문의 술어동사의 시제와 일치한다.

9. (a) John broke the window.
   → (b) It was John that broke the window.

17.3 　의사분열문

17.3.1 　형식

의사분열문(擬似分裂文, pseudo-cleft sentence)은 What … is의 문형을 이용한 강조구문을 말한다.

What … is 구문에서는 what 다음에 '전제'가 되는 부분이 오고, is 다음에 강조를 받는 '초점'이 이어진다. 다음에 나오는 의사분열문에서는 명사구 the ball이 강조가 되었는데, what으로 시작되는 이 구문에서 사람을 가리키는 John은 초점이 되지 못한다.

1. John kicked the ball.
   → (a) What John kicked was the ball.
   → (b) * What kicked the ball was John.

의사분열문에서 what이 이끄는 '전제'는 보통 문장의 첫머리를 차지하지만 문장의 뒷부분에 위치하기도 한다.

2. Freedom of speech is crucial.
   → (a) What is crucial is freedom of speech.
   → (b) Freedom of speech is what is crucial.

17.3.2 　유의할 사항

다음 예문의 의사분열문인 (a)와 (b)를 살펴보자.

3. They'll send an investigation committee.
   → (a) What they'll send is an investigation committee.
   → (b) What they'll do is to send an investigation committee.

(a)는 초점이 an investigation committee에 있고, (b)는 send an investigation committee에 초점을 둔 분열문이다. (b)는 의사분열문이 (조동사를 제외한) 동사구도 초점으로 삼을 수 있음을 보여주는데, is 다음에는 명사(구)가 오는 것이 원칙이므로

send 앞에 **to**를 부가해서 명사적 용법의 부정사구를 만들었고, **what they'll** 다음에는 **do**가 부가되어 있다.

유사한 예를 추가해 보면 다음과 같다.

    4. **He wants** you to try.

      → What he wants **is** for **you** to **try.**

> 유의   의사분열문에서 초점이 될 수 있는 동사(구)는 활동동사에 한한다. (⟹ 3.20)

17.4   생략구문

17.4.1 생략의 요건

다음 1.과 2.에서의 생략문인 **Yes, he is**는 서로 의미가 다르다.

    1. A: Is he Korean?
       B: Yes, he is.
    2. A: Is he kind?
       B: Yes, he is.

그런데 누구나 1.의 **Yes, he is**는 **Yes, he is Korean**으로 이해할 것이며 2.의 **Yes, he is**는 **Yes, he is kind**로 이해할 것이다. 생략문은 이와 같이 생략된 요소가 분명하여야 한다. 다시 말해서 생략문을 완전한 문장으로 복원하라면, 누구나 동일한 문장을 만들어 낼 수 있어야 한다. 생략문은 이와 같은 복원가능성(recoverability)을 요건으로 삼는다.

17.4.2 생략의 기능

생략은 두 문장의 연결성을 드러내 주는 기능을 갖는다.

    3. A: Are you a student?
       B: (a) Yes, I am a student.
          (b) Yes, I am.

Are you a student?에 대한 자연스러운 응답이 되는 것은 (a)라기보다는 (b)이다. (a)의 (Yes,) I am a student는 Are you a student?라는 질문을 전제로 하지 않더라도 뜻이 통하는 완전한 문장으로, 그만큼 앞에 나온 Are you a student?와의 연결성이 약하다. 그러나 (b)의 Yes, I am은 Are you a student?를 전제로 하는 경우에만 구체적인 의미를 갖게 된다. 그만큼 Yes, I am은 앞문장과의 연관이 밀접한 것이다.

17.4.3 생략의 제약

생략에는 어떠한 제약이 있을까? 유의할 만한 예에 다음이 있다.

(1) 다음 4.는 (a)처럼 두 번째 나오는 주어를 대용형으로 바꿀 수도 있고 (b)처럼 생략할 수도 있다.

> 4. Peter ate the fruit and Peter drank the beer.
>   → (a) Peter ate the fruit and he drank the beer.
>   → (b) Peter ate the fruit and drank the beer.
>   전제절   생략절

하지만 두 절이 or, but, and로 연결되는 경우와는 달리 although, while, because, for, yet, so that 등으로 연결되는 경우에는 둘째 절의 주어(+조동사)는 생략할 수 없다.

> 5. Jack was looking well although he had slept little.

> 유의 다만 구어적인 표현에서는 다음과 같은 예외가 인정된다.
> They didn't like it, yet (they) said nothing.
> They were tired, so (they) left early.
> They went home, then (they) went straight to bed.

(2) 6. A: Has John taken the medicine?
        B: Yes, John has taken the medicine.

6.에서 A의 질문을 그대로 따라 말한 B의 응답은 다음과 같이 대용표현을 쓰거나 그 일부를 생략할 수 있다.

> 7. Yes, John has taken the medicine.
>   → (a) Yes, he has taken it.

    → (b) Yes, he has done.

    → (c) Yes, he has.

그러나 다음은 비문법적이다.

    → (d) * Yes, he has taken.

    → (e) * Yes, he.

즉 목적어만을 생략하거나 주어만을 남겨 놓는 생략문은 생략규칙에 어긋나는 것이다. 그런데 술어동사로 take가 쓰인 경우와 lose가 쓰인 경우는 생략의 제약이 좀 다르다.

  8. A: Will they lose the game?

     B: Yes, I think they will lose the game.

8.의 A의 질문에 대한 B의 응답은 9.와 같은 대용과 생략이 가능하다.

  9. Yes, I think they will lose the game.

    → Yes, I think they will lose it.

    → Yes, I think they will lose.

    → Yes, I think they will.

    → Yes, I think so.

해설 7.의 경우 목적어만을 생략한 He has taken이 비문법적인 데 반하여, 9.의 They will lose the game은 목적어 the game만을 생략해도 문법에 맞는다. the game이 생략되면 lose가 타동사에서 자동사로 전용되기 때문이다. (⇒ 1.2)

(3) 다음 10.의 and 이하는 (a)나 (b)처럼 쓸 수 있지만, (c)는 비문법적이다.

  10. Mary must have been in love with him, and Lucy must have been in love with him, too.

    → (a) Mary must have been in love with him, and Lucy must have been, too.

    → (b) _____ and Lucy must have, too.

    → (c) _____ and Lucy * must, too.

(c)가 비문법적인 것은 Lucy must, too에서의 must가 '의무'의 뜻으로 해석될 수 있기 때문이다.

(4) B의 He might 다음에는 A에 나왔던 come이 생략되어 있다.

> 11. A: Is John going to come?
> B: He might.

그러나 생략절에서 생략되는 동사가 전제절의 동사와 어형이 반드시 동일한 것은 아니다.

> 12. Tom saw his parents last week, but he hasn't since.
> 13. Peter is complaining about the treatment, but John won't.

12. ~ 13.에서 전제가 된 동사는 saw와 complainng인데 생략된 동사는 seen과 complain이다. 그렇기는 하지만 첫째 절과 둘째 절의 태(voice)가 다른 경우에는, 둘째 절의 동사의 생략은 불가능하다.

> 14. John has observed many of the enemy's soldiers but hasn't been observed by them.
> → John has observed many of the enemy's soldiers but * hasn't been (→ hasn't been observed) by them.

(5) 두 절의 목적어가 동일한 경우에는 첫째 절의 목적어가 생략된다.

> 15. John likes Mary and Peter hates Mary.
> → (a) * John likes Mary and Peter hates.
> → (b) John likes, and Peter hates, Mary.

두 절의 보어가 동일한 경우에는, 둘째 절의 술어동사가 be동사라면 두 절의 보어 가운데 어느 것이든 한쪽을 생략할 수 있다.

> 16. Bob seemed angry, and George certainly was angry.
> → (a) Bob seemed angry, and George certainly was.
> → (b) Bob seemed, and George certainly was, angry.

그러나 둘째 절의 술어동사가 **be**동사가 아닌 경우에는 반드시 첫째 절의 보어가 생략되어야 한다.

17. George was angry, and Bob certainly seemed angry.
   → (a) *George was angry, and Bob certainly seemed.
   → (b) George was, and Bob certainly seemed, angry.

(6) 15. ~ 17.의 (b)는 두 번째 절이 (,)로 묶여 있어, 그 다음에 나오는 목적어나 보어가 두 절에 똑같이 걸린다는 것이 분명하다. 다음의 경우 18.과 19.는 이 (,)의 유무 때문에 의미가 다르다.

18. Mary spoke, and John answered, rudely.
   (= Mary spoke rudely and John answered rudely.)
19. Mary spoke and John answered rudely.
   (≠ Mary spoke rudely and John answered rudely.)

Exercises

Ⅰ. 다음 두 강조구문(분열문)의 구조상의 차이를 설명하시오.

1. It is … that
2. What … is

Ⅱ. 다음에서 생략할 수 있는 부분을 생략해서 문장을 다시 쓰시오.

1. Chinese food has to be served in small pieces, it has to be picked up little by little with chopsticks, and it has to be eaten slowly.

2. The Koreans eat their food with chopsticks, the Europeans eat their food with knives and forks.

3. A young animal has to decide which of the things around it are to be eaten and which of the things around it are to be avoided.

4. The young animal is protected from danger by its parents, or is protected from danger by some mechanism built into its nervous system from the start.

5. Your experience and my experience are equally useful.

18

일치

Agreement

일치

18.1 주어와 술어동사

18.1.1 수와 인칭

술어동사는 원칙상 주어의 수 및 인칭과 일치한다.

He and I are/＊am good friends.
He speaks/＊speak fluent English.

18.1.2 주어의 형식

주어가 다음과 같은 형식을 취하는 경우, 술어동사는 **A**와 일치한다.
A as well as B
A with B
Not only B but also A
Not B but A
Either B or A/Neither B nor A

The books as well as all the furniture are for sale.
All the furniture as well as the books is for sale.
The purse, with all its contents, was found.
Not only the father but also his sons are very fond of liquor.
Not only his sons but also the father is very fond of liquor.
Neither you nor he is responsible for it.

유의 주어가 A with B인 경우 원칙적으로 술어동사는 A와 일치하여야 하는데 다음에서 be동사가 복수형으로 쓰인 것은 with가 ('… 와 함께'란 뜻이라기보다) and의 의미로 쓰였기 때문이다.

The father with his son and daughter were killed in the accident.

18.2 주어와 술어동사와 대명사

18.2.1 부정대명사: everything, something, anything, nothing, everyone, someone, anyone, no one (none), each

위와 같은 부정대명사가 주어가 되는 경우 동사는 단수형을 쓴다.

Everything is as it used to be.

Everybody over eighteen now has a vote.

(18세 이상은 이제 투표권이 있다.)

Is anything the matter with you?

Each has his own merits and demerits.

(누구나 장점과 단점은 있기 마련.)

everyone, someone, anyone이 주어가 되는 경우, 동사는 단수형이 쓰이지만, 대명 사로는 복수형이 쓰인다.

Someone has left their bag behind.

종래 everyone, someone, anyone, … 의 대명사로는 다음 (a)나 (b)처럼 he가 쓰여 왔다.

(a) Everybody has his dream.

(b) Ask anyone. He will tell you.

그런데 주어가 여성인 경우 he는 맞지 않는다. 그래서 he 대신에 he or she가 쓰이 기도 하는데, he or she는 아무래도 거추장스럽다. they는 이와 같은 거추장스러움을 덜어준다.

If anyone calls, **take** their **name and address.**
Nobody was **late,** were they?

18.2.2 either, neither

앞에 나왔듯이 either B or A나 neither B nor A가 주어가 되는 경우 술어동사의
단·복수형은 A를 따른다. 하지만 이와 같은 규칙은 규범문법에 근거를 둔 규칙으로,
일상체에서는 다음 빈칸에 have가 쓰이기도 한다. neither A nor B가 의미상으로는
A와 B를 다 부정하는 셈이어서, 주어를 복수로 간주한 결과이다.

Neither he nor his wife _____ arrived.

LDCE (1987)에는 다음과 같은 용례가 보인다.

If either David or Janet come, they **will want a drink.** - 일상체
If either David or Janet comes, he or she **will want a drink.** - 격식체

18.2.3 집합명사

The jury was to choose its chairman. But the jury were **divided in** their
opinions.

해설 위의 예문에서 첫째의 **the jury**는 하나의 집합체인 '배심원단'을 뜻한다. 따라서 술
어동사는 **was**가 쓰였다. 두 번째의 **the jury**는 배심원 한 사람 한 사람을 전제로 하고 있어,
술어동사로 **were**가 쓰였다.

그 밖의 집합명사의 예는 (⇒ 7.4)

18.2.4 shoes, socks, glasses, trousers, …

으레 복수형으로 쓰이는 위의 명사들은 술어동사도 복수형이 쓰인다. (⇒ 7.11(5))
'한 쌍', '한 켤레' … 를 나타내기 위해서 이 명사들은 흔히 a pair of … 와 함께 쓰
인다. a pair of가 붙으면 술어동사는 단수형으로 바뀐다.

A new pair of glasses is needed. My glasses are ill-fitted.

그런데 **a pair of** … 의 대명사로는 it/they가 다 쓰인다.

I like this/＊these pair. How much is it/are they?

참고 명사 가운데는 barracks, means, series, species, works 등 단·복수형이 동일한 것이 있다. 이와 같은 명사가 주어가 되면 술어동사의 형식은 문맥에 따라 결정된다. (⟹ 7.13)

All possible means were tried, but no better means was found than that.

(**18.2.5**) -s로 끝나는 여러 명사

다음과 같은 낱말들은 -s로 끝났을 뿐, 동사는 단수형이 쓰인다. (⟹ 7.11)

news, billiards; (병명) measles, mumps; (학문명) linguistics, mathematics, ethics, statistics, politics, (국명) the United States of America, the Netherlands, the Philippines, (서명) *Gulliver's Travels*

(**18.2.6**) more than one

More than one has made the same mistake.

more than one은 분명히 복수이다. 그런데도 술어동사로 has가 쓰인 것은 has가 이른바 the principle of proximity(근접의 법칙)에 따라 가까운 one을 일치의 근거로 삼았기 때문이다. 다음도 이 근접의 법칙을 따른 일치의 예가 된다.

One and a half *years* have passed since we last met.
A year and *a half* has passed.

참고 바로 위에 나온 예문의 경우, one and a half 다음에는 복수명사인 years가 뒤따르고 술어동사로는 복수형인 have가 쓰였는데, 이와는 대조적으로 의미는 같으면서 a year and a half 다음에서는 단수동사 has가 쓰이고 있다.

관용적으로 1 + a half + 명사(복수)와 같은 명사구에서는 '1'은 one으로 나타내고, 1 + 명사(단수) + a half와 같은 명사구에서 '1'은 'a'로 나타낸다.

one and a half hours/an hour and a half
one and a half miles/a mile and a half

18.2.7 a number of + 복수명사

From London there come a number of interesting rumors.
A number of students were present at the meeting.

A number of는 '얼마만큼의(some, several)' 라는 뜻을 나타내므로 a number of + 복수명사가 주어가 되면 원칙상 술어동사는 복수형이 쓰인다.
반면에 정관사로 시작하는 the number of의 the number는 '수'를 뜻하므로 술어동사는 단수형이 알맞다.

The number of students present was very large.

18.2.8 A and B가 만드는 단일체 또는 단일개념 (⟹ 13.2.2)

This gin and tonic isn't very strong, is it?
Curry and rice is my usual lunch.
What's the use and object of building it?

18.2.9 일정한 액수나 분량

Ten dollars is all I have.
Twenty miles is a long way to walk.
Ten years is a long time.
Ninety miles an hour is much too fast.

18.2.10 기타

(1) 다음과 같은 셈을 나타내는 표현에서는 단·복수형이 다 쓰인다.

Two and two is/are four
Three times two is/are six.

(2) (문어체에서 쓰이는) many a + 명사

Many a man has made the same mistake.

(3) There로 시작하는 존재문

There's two patients in the waiting room. - 일상체
There are two patients in the waiting room. - 격식체

해설 There로 시작하는 존재문은 특히 일상체의 경우 주어가 복수인 경우에도 동사는
흔히 단수형이 쓰인다. 다만 (There is보다는) 축약형인 There's가 선호된다.
또한 There is A and B나 Where is A and B?와 같은 구문은 A 하나만을 의식하고 말을
시작했다가 도중에 B를 추가한 데서 생긴 구문으로 분석할 수도 있다.
 Where is Tom and John?
 (Tom은 어디 있니? 그리고 또 John은?)

(4) who

의문문에서 주어로 쓰이는 who는 복수가 전제가 되는 경우에도 동사는 단수형이
쓰인다.

 A: Who is coming?
 B: Phil, Lucy and Shareena are coming.
  Who was at the party?

단 질문의 답으로 두 사람 이상이 보어가 되는 문맥에서는 술어동사가 복수형을
취한다.

 A: Who are your closest friends?
 B: My closest friends are Phil, Lucy and Shareena.

(5) which

문맥에 따라 동사는 단수형과 복수형이 다 쓰인다.

 (여러 개를 가리키며) Which is/are yours?
 This one is mine.
 All of them are mine.

18.3 시제의 일치

18.3.1 주절의 시제와 종속절의 시제

다음 (a)의 says를 (b)처럼 said로 바꾸면, 종속절의 술어동사의 시제 역시 '현재'는 '과거'로 바뀌어야 한다.

　　(a) He says that he doesn't feel well.
　→ (b) He said that he didn't feel well.

예를 추가해 보자.

주절의 시제		종속절의 시제
현재	He thinks that it will rain.	현재
→ 과거	He thought that it would rain.	→ 과거
현재	I work so hard that I am always tired.	현재
→ 과거	I worked so hard that I was always tired.	→ 과거
현재	He sees that he has made a mistake.	현재완료
→ 과거	He saw that he had made a mistake.	→ 과거완료
현재완료	He has done all that is necessary.	현재
→ 과거완료	He had done all that was necessary.	→ 과거

18.3.2 '시제의 일치' 원칙의 예외

다음과 같은 경우는 이 시제의 일치 원칙의 적용을 받지 않는다.

(1) 종속절이 일반적인 진리를 나타낼 때

　His theory showed that the earth is round.
　The old man had no idea what twice two is.
　I told him that air is gas.

(2) 종속절이 과거나 현재나 변함이 없는 습관이나 성질 또는 사실을 나타낼 때

> I told him that the morning train leaves at nine.
> She asked me when the shop closes.
> He said that he takes a walk every morning.
> Last year my father bought me this book I am now reading.

해설   1) I'm looking forward to the year 2015.
        2) I'm looking forward to the year 2030.

위의 예문 1)~2)를 He said를 주절로 삼아 간접화법으로 바꾸었을 때의 상황을 생각해보자. 문맥으로 보아서 He가 1)을 말한 것은 2015년 이전이고, 2)를 말한 것은 2030년 이전이다. 한편 화자가 He가 말한 1)과 2)를 He said로 시작한 간접화법으로 바꾸어 제3자에게 전달했을 때의 시점은 '현재'이다. 이 '현재'가 2015년은 지났지만 2030년은 미래에 속하는 시점이라면 다음 3)~6)에서 4)는 비문법적이지만 나머지는 문법에 맞는다.

> 3) He said he was looking forward to the year 2015.
> 4) *He said he's (= he is) looking forward to the year 2015.
> 5) He said he was looking forward to the year 2030.
> 6) He said he's (= he is) looking forward to the year 2030.

유의   이 '시제의 일치' 원칙이 적용되지 않는 술어동사로는 say 이외에 tell, regret, forget, report, show, discover 등이 있다. 반면에 think, know, believe, hope, wish 등이 술어동사로 쓰이는 경우는 '시제의 일치' 원칙의 예외가 적용되지 않는다.

> *I thought/knew you don't like it.
> → I thought/knew you didn't like it.

(3) 과거와 현재를 대조시킨 비교구문에서

> He was better off than he is now.
> (그는 과거에는 지금보다 잘 살았다.)
> When I was your age, I studied harder than you are studying now.

(4) 역사상의 사실
역사상의 사실은 주절의 시제와 관계없이 과거시제로 나타낸다.

> He says, "Columbus discovered America in 1492."
> → He said that Columbus $\left\{ \begin{array}{l} \text{discovered} \\ \text{*had discovered} \end{array} \right\}$ America in 1492.

(5) 가정법

종속절에 나오는 가정법의 형식은 주절의 시제에 따라 변하지 않는다.

I wish/wished I were a bird.

I think/thought if he were a little wiser, he would not do so.

I think/thought if you had come earlier, you could have met her.

18

Exercises

Ⅰ. 다음 괄호 안에서 알맞은 것을 고르시오.

1. The patient with two nurses (has/have) arrived.
2. A number of cars (is/are) parking here. The number of cars parking here (is/are) increasing every year.
3. Action, not words, (is/are) needed now.
4. Ten years (is/are) a long time to wait.
5. Many a man (has/have) tried. All (has/have) given it up.
6. Nine-tenths of the miseries of mankind (comes/come) from idleness.
7. The news (has/have) arrived that the ship sank with all her crew on board.
8. The rest of the island (is/are) full of ruins.
9. Three of us will go; the rest (is/are) to stay at home.
10. About two-thirds of the floor (was/were) carpeted.

Ⅱ. 다음 술어동사를 과거시제로 바꾼 다음 문장 전체를 다시 쓰시오.

1. I <u>don't</u> think you understand why I can't do so.
2. I <u>am</u> sure she will be waiting for us.
3. I <u>wish</u> I had time to rest.
4. It <u>seems</u> that she has left her book in the car.
5. It <u>looks</u> as if it might rain.

화법

Narration

Chapter 19

화법

19.1 직접화법과 간접화법

19.1.1 화법

화법이란 A가 한 말을 B가 C에게 전달할 때의 방식을 말한다.

A가 한 말을 듣고 그 말을 C에게 전할 때, B는 A가 한 말을 (경우에 따라서는 어조까지 흉내 내며) 그대로 반복해서 전하기도 하고, 내용 중심으로 전하기도 한다. A가 한 말을 인칭이나 시제 기타 요소를 살려 그대로 반복해서 전하는 방식이 직접화법(direct narration)이고, 내용 위주로 전하는 방식이 간접화법(indirect narration)이다.

> He said, "I have lost my umbrella." - 직접화법
> He said that he had lost his umbrella. - 간접화법

19.2 화법의 기본형식과 용법

(1) 직접화법은 전달동사 다음에 쉼표(,)를 찍고 전달되는 부분은 인용부호 (" ")로 묶는다. 간접화법에서는 전달동사 다음에 쉼표(,) 대신 접속사 that을 쓰는데, 이 that은 흔히 생략되기도 한다.

(2) 직접화법은 다음과 같은 경우에 쓰인다.
1) 남이 한 말을 꼭 그대로 인용할 필요가 있을 때
2) 남이 한 말을 극적인 효과를 곁들여 전달하고자 할 때
3) 소설 등에서의 대화

(3) 간접화법은 다음과 같은 경우에 쓰인다.

1) A가 한 말의 내용을 제3자에게 전할 때(일상적으로는 직접화법보다 간접화법이 많이 쓰인다.)

2) 아직도 진행 중인 A와 B의 대화내용을 C에게 알려줄 때

3) 편지 등을 읽으며 그 내용을 남에게 알려줄 때

19.3 화법의 전환

직접화법을 간접화법으로 전환하면, 관점이 직접화법의 화자로부터 간접화법의 화자로 바뀌므로, 피전달문은 인칭대명사·시제·부사·지시대명사 등이 바뀌어야 하고, 문장 전체의 형식이 달라지기도 한다.

19.3.1 인칭대명사

다음에서 (a)는 직접화법을, (b)는 간접화법을 나타낸다.

1. (a) He said, "I have lost my umbrella."
   (b) He said that he had lost his umbrella.
2. (a) He said to me, "May I come to see you tomorrow?"
   (b) He asked me if he might come to see me the next day.
3. (a) She said, "We are thinking of selling the house."
   (b) She said that they were thinking of selling the house.

19.3.2 시제

(1) 주어 + said를 주절로 삼는 경우 직접화법의 시제가 간접화법에서는 원칙적으로 다음과 같이 바뀐다.

직접화법	→	간접화법
현재		과거
현재진행형		과거진행형

현재완료·과거완료	과거완료
과거	과거완료(경우에 따라 과거)

4. "I'm waiting for Ahn," he said.

→ He said he was waiting for Ann.

5. Jane said, "I have not done my homework yet."

→ Jane said she had not done her homework yet.

6. He said, "Ann will be in Paris on Monday."

→ He said Ann would be in Paris on Monday.

⟨유의⟩ 다음 (a)의 will/shall은 특히 미국영어의 경우 (b)에서는 would로 나타낸다. 영국영어에서도 should가 쓰이는 것은 격식성이 요구되는 문맥에 한한다.

(a) "I $\begin{Bmatrix} shall \\ will \end{Bmatrix}$ be 21 tomorrow," said Bill.

→ (b) Bill said he would be 21 the following day.

(2) 위에 나오는 5.와 달리 다음 7.의 간접화법은 (a)도 좋고 (b)도 좋다. 과거완료가 쓰였건 과거가 쓰였건 의미상의 오해가 생기지는 않을 것이기 때문이다.

7. He said, "Ann arrived on Monday."

→ (a) He said Ann had arrived on Monday.

→ (b) He said Ann arrived on Monday.

대체적으로 과거/과거진행형을 포함하는 부사절은 직접화법이나 간접화법에서 동일형이 쓰인다.

8. He said, "When we were living/lived in Paris, … ."

→ He said that when they were living/lived in Paris, … .

(3) 다음 9.에서 직접화법의 decided가 간접화법에서 had decided로 바뀌었는데도 두 화법에서 was가 똑같이 쓰이고 있는 것은 화법에 나오는 '집'의 위치가 시간에 따라 변하는 것은 아니기 때문이다.

9. She said, "I decided not to buy the house because it was on a main road."

→ She said that she had decided not to buy the house because it was on a main road.

(4) 직접화법에서, 주어 + wish, It is time …, 주어 + would rather/sooner 다음을 잇는 종속절에서 쓰이는 과거형이나, would, should, could, might, used to, must, need not 등은 간접화법에서 그대로 쓰인다.

> 10. "We wish we didn't have to take exams," said the children.
>   → The children said they wished they didn't have to take exams.
> 11. Mother said, "I would rather you didn't smoke."
>   → Mother said that she would rather I didn't smoke.
> 12. "I should/would like to take some photographs," said Mrs. Pitt.
>   → Mrs. Pitt said that she should/would like to take some photographs.
> 13. She said, "I must tell you about a dream I had last night."
>   → She said that she must tell me about a dream she had had the previous night.

가정법과거에 쓰이는 과거형은 상황에 따라 다음 (a)와 (b)가 가능하다.

> 14. I said, "If I had a car, I could lend it to you."
>   → (a) I told him that if I had a car, I could lend it to him.
>   - (화자에게 차가 없는) 직접화법과 상황이 동일한 경우
>   → (b) I told him that if I had had a car, I could have lent it to him.
>   - 현재의 화자는 차를 가지고 있을 수 있다.

(19.3.3) 부사(구)·지시대명사(형용사)·기타

직접화법에 나오는 부사(구)는 원칙적으로 다음과 같이 바뀐다.

직접화법 →	간접화법
today	that day
yesterday	the day before
the day before yesterday	two days before
tomorrow	the next day/the following day
the day after tomorrow	in two days' time
next week/year	the following week/year
last week/year	the previous week/year
a year ago	a year before

15. "I saw her the day before yesterday," he said.

   → He said he'd seen her two days before.

16. "I'll do it tomorrow," he promised.

   → He promised that he would do it the next day.

이미 언급했듯이 화법전환에 있어서 이와 같이 부사(구) 등이 바뀌는 것은 시간·장소에 대한 화자의 관점이 달라지기 때문이므로 이 화자의 관점은 논리적으로 생각하여야 한다.

다음 17.에서 두 화법에 똑같이 **today**가 쓰인 것은 직접화법의 내용이 같은 날에 전달되고 있기 때문이다.

17. At breakfast this morning he said, "I'll be very busy today."

   → At breakfast this morning he said that he would be very busy today.

그러므로 다음 18.의 직접화법이 월요일에 일어났고 그 내용의 전달이 화요일에 일어났다면 **the day after tomorrow**는 **tomorrow**로 바뀌어야 한다.

18. Jack said to Tom, "I'm leaving the day after tomorrow."

   → Jack said to Tom he was leaving tomorrow.

또한 직접화법의 **this**나 **here**가 간접화법에서는 **that**이나 **there**로 바뀐다고 하지만 이 경우도 똑같은 논리적인 고려가 필요하다.

19. He showed me two bullets. "I found these embedded in the panelling," he said.

(그는 나에게 두 개의 총알을 내보이면서 "이 총알들이 벽의 장식 판자에 박혀 있는 것을 찾아냈어."라고 말했다.)

   → He showed me two bullets. He said he had found them embedded in the panelling.

19.4 의문문과 화법의 전환

20. He said, "Where is she going?"
    → He asked where she was going.
21. "Do you know Bill?" he asked.
    → He asked if/whether I knew Bill.
22. "Shall I bring you some tea?" she said.
    → She offered to bring me some tea.
23. "Shall we meet at the theater?" he said.
    → He suggested meeting at the theater.

의미상 22.의 shall은 '제의'를, 23.의 shall은 '제안'을 나타낸다. 이와 같은 의미를 반영하여 간접화법은 22.에서는 asked 대신 offered가, 23.에서는 suggested가 쓰였다. will을 포함하는 의문문의 전환도 그 요령은 비슷하다.

24. He said, "Will you be there tomorrow?"
    → He asked if I would be there the next day.
25. He said, "Will you help me, please?"
    → He asked me to help him.
26. He said, "Will you have a drink?"
    → He offered me a drink.
27. He said, "Will you have lunch with me tomorrow?"
    → He invited me to have lunch with him the following day.

19.5 명령문과 화법의 전환

28. He said, "Lie down, Tom."
    → He told/ordered Tom to lie down.

피전달문이 형식상 명령문일 때, 간접화법의 술어동사로는 명령문이 나타내는 의미에 따라 tell, advise, beg, command, encourage, entreat, forbid, implore, invite, order, recommend, remind, request, urge, warn 등이 쓰인다.

29. "Please, don't take any risks," said his wife.
    → His wife begged/implored him not to take any risks.
30. "Do not forget to mail the letter," said his mother.
    → His mother reminded him to mail the letter.

다음은 명령문이 간접화법에서 be + to 부정사를 포함하는 that절로 바뀐 예이다.

31. He says, "Meet me at the station."
    → He says that I am to meet him at the station.

다음은 명령문이 Let으로 시작하는 경우이다.

32. He said, "Let's not say anything about it."
    → He suggested not saying anything about it.

또한 명령문에서는 동사의 주어가 명시되어 있지 않으므로 간접화법에서는 상황에 알맞은 해당 동사의 의미상의 주어가 보충되어야 한다.

33. He said, "Go away."
    → He told me(her, them, us, the children, ⋯) to go away.

19.6 감탄문 기타와 화법의 전환

34. He said, "What a cold day it is!"
    → He said { that it was a very cold day. / what a cold day it was.
35. He said, "Thank you."
    → He thanked me.
36. He said, "Liar!"
    → He called me a liar.

37. "May you succeed!" he said to me.

    → He wished my success.

직접화법에서 쓰이는 **say**는 피전달문의 내용에 따라 cry out with joy, exclaim bitterly, cry out with sigh 등으로 바뀌기도 한다.

19.7 중문(重文)과 화법의 전환

피전달문이 중문(and나 but으로 연결되어 있는 두 개의 절)으로 되어 있는 직접화법을 간접화법으로 전환하는 경우에는 두 번째 절 앞에 접속사 **that**이 필요하다.

38. Jane said to me, "Mr. Pitt arrived here yesterday, and his recital will be given tomorrow."

    → Jane told me that Mr. Pitt had arrived there the previous day and that his recital would be given the next day.

39. He said, "I met her last night, but I haven't seen her since."

    → He said that he had met her the night before, but that he had not seen her since.

다음 40.의 간접화법에서 두 번째 종속절 앞에 **that**이 없어도 이 문장이 문법적인 것은 38.~39.와 달리 두 번째 종속절의 주어가 생략이 되어 있어, will not … 이 I am tired와 연결되어 있는 것이 분명하기 때문이다.

40. She said, "I am tired but will not stop to rest."

    → She said that she was tired but would not stop to rest.

피전달문의 두 번째 절이 **for**나 **so**로 연결되어 있는 경우에도 두 번째 **that**은 반복할 필요가 없다. **that**이 없어도 의미상의 차이가 생기지 않는 것이다.

41. He said, "I am thirsty, for the sun is hot."

    → He said that he was thirsty, for the sun was hot.

다음은 피전달문의 첫 문장은 '동의'를 나타내고, 두 번째 문장은 '상대방의 의견을 묻고 있는' 경우의 예이다.

42. He said to me, "Yes, I'll go with you. When shall we start?"

   → He agreed to go with me and asked when we should start.

19.8 혼합화법과 묘출화법

19.8.1 혼합화법(mixed narration)

혼합화법은 인칭과 시제는 간접화법의 방식을 따르고 어순은 직접화법에 준한 표현을 가리키며, 피전달문이 특히 의문문일 때 흔히 쓰인다.

Then she thought what else would she buy. She wanted to buy something really nice.

The girl came over to him to ask was his dinner not properly cooked.

He said would she kindly go away and leave him alone.

19.8.2 묘출화법(represented narration)

묘출화법은 간접화법이 전달동사 없이 독립된 문장으로 쓰였을 때의 표현방식을 말한다. 독립된 문장으로 나타나기 때문에 어순은 직접화법의 피전달문과 비슷하나 인칭과 시제표현은 간접화법의 규칙을 따르고 있다. 이 묘출화법은 소설 등에서 주인공의 심리를 사실적으로 묘사하기 위해서 쓰이는 하나의 수법이다.

He stared at her in speechless amazement. How could she come back so soon?

19 Exercises

I. 다음 화법을 바꾸시오.

1. "I enjoyed my trip to Europe a great deal," said my friend.
2. "Where," thought I, "can I get a book on this subject?"
3. "Don't make such a noise," the mother said to the children.
4. "I have just received an urgent message," he said. "I must go home at once."
5. "I respect you, but I don't love you," she said to him.
6. My roommate suggested that we go out for lunch.
7. I told him not to wait if I was late.
8. He told me that when he got back he would give me the money he had borrowed from me the day before.

II. 다음에 나오는 묘출화법의 문장에 밑줄을 치시오.

As she gazed, she saw somebody, a man, leave the road, step along the paddock as if he was coming straight towards her. Her heart beat. Who was it? Who could it be? It couldn't be a burglar, for he was smoking and he strolled lightly. Her heart leapt.

어순

- 구정보와 신정보, 주제와 제술, 기타 -

Chapter 20

어순

20.1 구정보와 신정보

다음 1.을 보자. John에 제1 강세가 주어진 (a)는 의미상 Who washed the car yes-terday?라는 질문에 대한 답이거나 그와 같은 의문을 전제로 한 문장으로 볼 수 있다.

   1. (a) JOHN washed the car yesterday.

Who washed the car yesterday?라는 질문을 일단 전제로 할 때, 이 (a)와 다음의 (b) 사이에는 의미상 아무런 차이가 없다.

     (b) JOHN.

청자도 '누군가가 어제 세차를 했다'는 사실은 이미 알고 있는 것이다. 다시 말해서 청자에게 1.의 (a)에서 John은 신정보가 되고 washed the car yesterday는 구정보에 속한다.

다음 2.와 3.은 각각 괄호 안과 같은 질문이나 의문을 전제로 하며, 제일 강세가 주어진 부분이 신정보가 되고 나머지 부분이 구정보에 속한다.

   2. John WAshed the car yesterday.
     (What did John do with the car yesterday?)
   3. John washed the car YESterday.
     (When did John wash the car?)

그런데 다음 4.는 어떨까?

   4. John washed the CAR yesterday.

4.의 전제가 되는 질문이나 의문으로는 다음 (a) ~ (c)를 설정할 수 있다.

(a) What did John wash yesterday?

(b) What did John do yesterday?

(c) What happened?

4.에서 (a)를 전제로 한다면 신정보가 되는 것은 the car이고, (b)를 전제로 하는 경우 신정보가 되는 것은 washed the car이다. 한편 (c)가 전제가 되는 경우에는 4.의 문장 전체가 신정보가 된다.

문장 전체가 신정보가 되는 것은 흔히 discourse[1]의 첫 문장의 경우이다. 그 밖의 모든 문장은 신정보와 구정보가 적절히 섞여서 구성되어 있다. 다음 5.에서 첫 문장은 전체가 신정보에 속하지만, 둘째 문장의 the king은 이미 구정보이다.

5. Once upon a time there lived a king. The king had a beautiful daughter.

해설 신정보만으로 이루어진 문장이 계속 이어지는 경우, 독자나 청자는 그것이 무슨 뜻인지 이해하기가 어려울 것이며, 구정보만으로 이루어진 문장이 계속 이어지면, 그저 따분하기만 할 것이다. 가장 효과적인 communication은 한 문장을 구성하는 데 있어서 신정보와 구정보가 <어떻게 적절히 섞여서 어떤 순서로> 제시되느냐에 달려있다고 볼 수 있다.

위의 1. ~ 3.은 하나의 문장에서 신정보가 서로 다른 여러 자리에 위치할 수 있음을 보여준다. 그렇기는 하지만, 영어에서는 원칙적으로 하나의 문장에서 어순상 구정보에 속하는 요소는 상대적으로 앞자리를 차지하고 신정보에 속하는 요소는 뒷자리를 차지한다.

다음 6.의 (a)와 (b)는 이와 같은 원칙을 잘 보여준다.

6. (a) The rain destroyed the crops.

(b) The crops were destroyed by the rain.

즉 6.의 (a)는 What did the rain do?라는 질문(또는 의문)을 전제로 한 문장이며, (b)는 What happened to the crops?라는 질문(또는 의문)을 전제로 한 문장이다. 말을 바꾼다면, (a)는 the rain이 구정보일 때 쓰이는 문장이며, (b)는 the crops가 구정보일 때 쓰이는 문장이다.

---

1) 아주 간단히 설명을 하자면 discourse는 '복수의 문장으로 이루어진 문법기술의 단위'를 말한다. discourse란 용어 대신에 text란 용어가 쓰이기도 한다. discourse와 text가 대조적으로 쓰이는 경우에는 전자는 말(spoken form)을, 후자는 글(written form)을 대상으로 삼기도 한다.

다음 7.의 (a)와 (b)의 차이는 무엇일까?

 7. (a) The twins told their mother all their secrets.
 (b) The twins told all their secrets to their mother.

7.의 (a)는 이른바 문장의 4형식에 속하고 (b)는 3형식에 속하는데, (a)는 all their secrets를 신정보로 삼고 있고 (b)에서는 their mother가 신정보에 속한다. 다시 말해서 (a)는 What did the twins tell their mother?를 전제로 하고 (b)는 Who did the twins tell all their secrets to?를 전제로 한다.

이와 마찬가지로 8.에 있어서의 (a)와 (b)의 차이는 각각 괄호 안의 의문문의 차이로 설명될 수 있다.

 8. (a) In England I met him.
  (What happened in England?)
 (b) I met him in England.
  (Where did you meet him?)

20.2 주제와 제술

(1) 앞에 나온 예문 6.에서는 능동태와 수동태의 차이가 구성 요소의 정보 가치의 차이로 설명되었다.

 (a) The rain destroyed the crops.
  구정보   신정보
 (b) The crops were destroyed by the rain.
  구정보   신정보

그런데 능동태와 수동태의 차이는 '주제(theme)'의 차이로 설명할 수도 있다.

 9. (a) John patted the dog on the head.
 (b) The dog was patted on the head by John.

즉 9.의 (a)는 John이 주제이고, (b)는 the dog가 주제이다. 다시 말해서 (a)는 John에 관한 문장이고, (b)는 the dog에 관한 문장이다.

한편 9.의 (a)에서 John이 주제가 된다면, patted 이하는 이 주제를 서술한 부분으로 '제술(題述, rheme)'이라 불린다.

9.의 (b)에서는 the dog가 주제가 되고 was ⋯ 이하가 제술이 된다.

(a) <u>John</u> <u>patted the dog on the head</u>.
　　주제　　　　　제술

(b) <u>The dog</u> <u>was patted on the head by John</u>.
　　주제　　　　　　제술

해설 주제와 제술의 관계는 구정보와 신정보의 관계와 일치하는 경우도 있고 그렇지 않은 경우도 있다. 9.의 (a)에서 John이 구정보에 속하고 patted 이하가 신정보에 속하는 경우에는 구정보와 신정보의 관계는 주제와 제술의 관계와 일치한다. 하지만 문맥에 따라서는 예를 들어 (a)의 경우 문장 전체가 신정보가 되는 경우도 있겠다. 그런 경우도 주제는 John이다.

(2) 능동태와 수동태의 차이를 주제의 차이로 파악하려는 관점은 특히 10.과 12. ~ 14.의 (a)와 (b)의 차이를 설명하는 데 편리하다.

10. (a) Everybody in this room speaks two languages.

(b) Two languages are spoken by everybody in this room.

10.에서 (b)는 (a)의 수동태로 그 뜻이 동일한 것처럼 보이지만, 사실은 (a)와 (b)는 그 의미가 아주 다르다.

10.을 다음의 11.과 대조해 보자.

11. (a) Mary loves Tom.

(b) Tom is loved by Mary.

11.의 경우 (a)와 (b) 사이에는 의미상 (a)가 사실이라면 (b)도 자동적으로 사실이라는 관계가 성립되어 있다. Mary가 Tom을 사랑하는 것이 사실이라면, Tom이 Mary의 사랑을 받고 있는 것도 사실인 것이다. 능동태와 수동태가 같은 의미를 나타낸다는 말은 이와 같은 의미관계가 성립된다는 뜻이다.

그러나 10.의 (a)와 (b) 사이에는 이러한 의미관계가 성립되지 않는다. (a)의 two languages가 불특정적이며 비제한적이라면, (b)의 two languages는 어떤 특정한 두 언어만을 가리키기 때문이다. 그러면 (a)와 (b)의 two languages 가운데서, 왜 (b)의 two languages만이 특정한 언어를 가리키는 것일까? 그것은 (b)의 two languages가 주제가 되고 있기 때문이다. 그저 막연한 불특정적이고 비제한적인 것은 주제가 되지 못한다.

다음의 12.에서도 (a)와 (b)는 의미가 크게 다르다.

12. (a) Beavers build dams.

(비버는 둑을 만드는 습성을 가지고 있다.)

(b) Dams are built by beavers.

(둑은 비버에 의하여 만들어진다.)

(a)는 비버의 습성을 나타내는 '진(眞)'의 문장이지만, 그 수동태인 (b)는 '진'이라고는 볼 수 없다. 둑이 비버에 의하여 만들어지는 것은 아니기 때문이다. 이와 같은 차이는 결국 (a)와 (b)의 주제의 차이에 기인한다.

(3) 주지하는 바와 같이 difficult, easy, hard 등의 형용사는 다음과 같은 두 가지 문형이 가능하다. (⟹ 10.16.2(3))

13. (a) It is hard to please John. (← To please John is hard.)

(b) John is hard to please.

즉 difficult, easy, hard 등의 형용사는 (a)에서의 to 부정사의 목적어를 주어로 삼아 (b)처럼 문장을 바꾸어 쓸 수 있는 특성을 지닌다. 그렇다고 두 문장의 뜻이 아주 똑같지는 않다. (a)와 (b)의 주제가 다르기 때문이다. (a)는 'John의 비위를 맞추는 일이 어렵다'는 뜻이고 (b)는 일단 John을 주제로 삼은 다음 'John으로 말할 것 같으면 John은 비위를 맞추기가 어렵다'는 뜻이 된다.

다음 14.의 (a)와 (b)에는 이러한 의미 차이가 뚜렷이 드러나 있다.

14. (a) It is difficult to read many books.

(b) Many books are difficult to read.

(a)는 '많은 책을 읽는 일이 어렵다'는 뜻이지만, (b)에서는 Many books가 주제가 되어 특정성을 나타내고 있기 때문에 '이해하기 어려운 책이 많다'는 뜻을 나타낸다.

참고 영어에서는 흔히 위에서의 예가 그랬던 것처럼 주제와 주어는 흔히 겹친다. 다음은 주어와 주제가 다른 예다.

(Are you going to invite John?이란 질문을 받고 그 대답으로)

Oh, John I've already invited.

위의 예문의 주제는 John이다. 주어와 주제가 다르기 때문에 John이 주제임을 드러내기 위해서 목적어인 John을 목적어의 자리에서 주어의 앞자리로 옮겼다. 이와 같이 주제임을 드러내기 위해서 정상적인 자리에서 문장의 앞머리로 어순이 바뀐 주제를 특히 '유표적 주제 (marked theme)'라 부르기도 한다.

20.3 감정이입

(1) 너무 당연하기 때문에 소홀히 여기기 쉽지만, 다음 15.는 흔히 쓰이는 문장이지 만, 16.은 특정한 문맥을 전제로 하지 않는 이상, 흔히 쓰이는 문장이 아니다.

    15. I am cold/hungry.
    16. You are cold/hungry.

또한 17. ~ 18.에 대하여서도 15. ~ 16.에서와 똑같은 말을 할 수 있다.

    17. I think/believe he is not kind enough.
    18. You think/believe he is not kind enough.

You가 주어가 된 16.과 18.이 흔히 쓰이는 문장이 아닌 것은 <내가 상대방의 입장 이 되어서 배고픔이나 추위를 느끼고 생각하거나 믿는 일>이 일상적인 일이 아니기 때문이다.

그렇기는 하지만, 가령 3인칭 소설에서, 우리는 작가가 주인공의 입장이 되어 배고 픔이나 추위를 느끼고 울고 웃는 문장을 흔히 접한다.

    19. She was hot and panting as she unlocked the door.
    20. (a) The bartender put the drinks down in front of them.
       (b) Boylan's finger trembled a little as he picked up his glass.
       (c) Rudolph wondered how many whiskies he had had.

19. ~ 20.은 어떤 현대미국소설의 한 구절인데, 작가는 19.에서는 she의 입장이 되 어 있고(즉 she가 작가의 '감정이입(empathy)'의 대상이고), 20.의 (a)에서는 the bartender, (b) 에서는 Boylan, (c)에서는 Rudolph의 입장을 취하고 있다. 즉 작가는 이 3인칭 소설에 서 일단 각 문장의 주어의 관점에서 느끼고 행동하고 생각하는 입장을 취하고 있는 것이다.

다음 21.의 (a), (b)에서는 화자나 필자의 감정이입의 대상이 되고 있는 것은 John

이다. (b)에서 문맥을 고려하지 않을 때 his wife를 John's wife로 해석하는 것도 (b)가 John의 입장을 취한 문장이기 때문이다.

21.에서 (d)는 어색하다.

21. (a) John hit Mary.
    (b) John hit his wife.
    (c) Mary's husband hit her.
    (d) *Mary's husband hit his wife.

21.의 경우 화자는 (a)와 (b)에서는 John의 입장이 되고 있지만 (c)와 (d)에서는 Mary의 입장에 서 있다. 즉 주어가 소유격＋명사의 구조를 갖는 경우는 소유격 쪽이 화자의 감정이입의 대상이 되는 것이다. (d)가 어색한 것은 화자가 Mary를 감정이입의 대상으로 삼으면서, his wife에서는 he가 감정이입의 대상이 되고 있어, 한 문장 안에서의 감정이입의 대상이 일치하지 않기 때문이다.

22.의 경우는 어떨까?

22. (a) I received a package from Mary.
    (b) Mary received a package from Tom.
    (c) ?Mary received a package from me.

22.에서 (a)와 (b)가 정상적인 반면, (c)가 어색한 것은 (c)가 화자인 본인을 제쳐 놓고 Mary의 입장을 취하고 있기 때문이다.

23.의 (b)도 똑같은 이유에서 특별한 문맥을 전제로 하지 않는다면 어색하다.

23. (a) I love Mary.
    (b) ?Mary is loved by me.

20.4   End-focus와 End-weight

(1) 이미 살펴본 바와 같이 영어에서는, 문장의 초점이 되는 신정보는 흔히 구정보보다 뒷자리에 위치한다. 특히 '글'에 있어서는 새로운 정보뿐만 아니라 중요한 정보 역시 뒷자리에 위치한다. '말'에 있어서는 어순과 관계없이 특정 요소를 강하게 발음함으로써 그 요소가 새롭거나 중요한 정보에 속한다는 사실을 드러낼 수 있지만, 강세와 같은 수단을 사용할 수 없는 '글'에서는 중요한 요소를 뒷부분에 미루어 둠으로써 일종의 극적인 효과를 거둘 수 있는 것이다.

End-focus란 바로 한 문장을 구성하는 데 있어서 신정보나 중요한 정보에 속하는 요소를 어순상 뒷부분에 배열하는 원칙을 가리킨다.

(2) 이 end-focus와 대립되는 또 하나의 원칙이 end-weight란 원칙이다. end-weight의 원칙이란 한 문장을 구성하는 데 있어서 상대적으로 길이가 긴 구성요소나 문법구조가 복잡한 구성요소를 문장의 뒷자리에 배열하는 원칙을 가리킨다. 이 end-weight의 원칙에 입각하여 가장 흔히 사용되는 것이 형식주어 it이다. 단적으로 주부가 길거나 복잡하고 술부가 짧은 문장은 마치 머리만 비대하고 몸이 왜소한 모양처럼 균형이 잡힌 형체라고 할 수가 없는 것이다.

> 24. It's **a pity** to make a fool of yourself.
>
>   (← To make a fool of yourself is a pity.)
>
> 25. It **surprised me** to hear him say that.
>
>   (← To hear him say that surprised me.)

end-weight의 원칙에 의거하여 좀 더 자연스러운 영어로 어순을 바꾼 예를 추가해 보자.

> 26. I **confessed** the difficulties I had found myself in **to him**.
>
>   → I confessed **to him** the difficulties I had found myself in.
>
> 27. A rumor that he was secretly engaged to the widow **circulated**.
>
>   → A rumor **circulated** that he was secretly engaged to the widow.

Exercises

Ⅰ. 다음을 형식주어 It으로 시작하는 문장으로 바꾸어 쓰시오.

1. He is impossible to do business with.
2. You seem to have taken a dislike to him.
3. He is said to have been in prison once already.
4. He is certain to be charged with an offense.
5. Johnson is a difficult man to understand.

Ⅱ. 다음을 end-weight의 원칙에 따라 다시 쓰시오.

1. The time to decorate the house for Christmas has come.
2. We heard the story of how he has been stranded for days without food from his own lips.
3. The loaf that you sold me was stale.
4. A list of all the museums in Rome will be sent to you.
5. A report on meals served to children in schools has just been issued.

Exercises 해답

제1장

I. 1. a. b. c. e. g. h. k. m
   2. a. b. d. h. k
   3. a. b. c. f. h. k. l. n. o
   4. b. k. n
   5. a. b. c. h. i. j. k. m
   6. a. b. c. d. e. g. h. k. o
   7. a. b. c. f. h k. m (mad가 angry란 뜻일 때는 (e)도 가능)
   8. a. b. c. e. g. h. j. k
   9. a. b. d. h. k. m
   10. b. c. j

II. 1. 3. 5

제2장

I. 1. ask: a, c, d, e   2. believe: a, c, d
   3. consider: a, c, d, f   4. deny: a, c, f
   5. enjoy: a, f.   6. explain: a, c, d
   7. feel: a, c.   8. hope: c, e
   9. keep: a. b. f   10. mind: a, d, f

II. (a) 1, 3, 4, 7, 8, 9, 12, 13, 14, 18, 20
    (b) 2, 3, 6, 10, 11, 12, 15, 16
    (c) 1, 4, 8, 10, 12, 13, 17, 20
    (d) 7, 8, 19
    (e) 5, 7, 10, 11, 12, 15, 19
    (f) 5, 7, 10, 11, 12, 19

제3장

I. 1. have: a, b. c   be: a, b
   2. find: a, b   claim: a, b, c
   3. be: a, b, f   go: e   hear: a, b
   4. be: a, b, e   give: a, b, c, d, e, f
      go: a, b, c, d, e, f   leave: a, b, c, d, e, f
      catch: a, b, c, d, e, f get: a, b, c, d, e, f
      be: a, b   get: e

II. 1. a, c   2. c, d, e   3. e,
    4. catch: c, d, e
       attend: c, d, e

제4장

I. 1. must(또는 have to)   2, need   3. did   4. ought
   5. could   6. did   7. May

II. 1. should   2. would   3. should   4. should   5. would, would
    6. should   7. should   8. would

제5장

I. 1. c 2. d 3. b   4. d

II. 1. If he hadn't worked very hard, …
    2. If my mother had not been ill, I could have attended the meeting.
    3. If he had been born in better times, …
    4. … if I had met her
    5. If it had not been for my teacher's advice, …

제6장

I. 본문(능동태와 수동태의 용법차이) 참조

II. 1. The sky has been covered with dark clouds.

2. He is spoken well of by all the students.

3. Such things ought not to be spoken about in public.

4. The name of this baseball player is known to even little boys.

5. We all were surprised at the rapidity with which he mastered French.

6. The girl was given lessons by a well known pianist.

7. His house was painted white by John.

8. How is it spelt?

9. It is said that he was born in England.

10. Your professor will not be satisfied with your report.

Ⅲ. 1. of   2. by   3. on   4. by   5. by   6. in   7. by   8. in

제7장

Ⅰ. 1. The Middle Ages were times of feudal <u>rivalry</u>.

2. The <u>driver</u> must produce <u>his (or her) certificate</u> at the customs.

3. <u>The soldier</u> left his arms in the barracks.

4. 바꿀 수 없음

5. <u>A</u> goods <u>train</u> *carries* a heavier <u>load</u> than <u>a truck</u> *does*.

Ⅱ. 1. <u>Crises</u> often *occur* in the best regulated <u>families</u>.

2. Other <u>criteria</u> *are* required in analyzing these <u>phenomena</u>.

3. The anonymous <u>workmen</u> <u>were</u> the real <u>heroes</u> on the <u>campuses</u>.

4. The runners-up *were* given pound <u>notes</u>.

5. The <u>skeletons</u> found in the lower <u>strata</u> *were* taken at once to the <u>museums</u>.

Ⅲ. 1. 추상명사

2. 연필로 쓰다

   cf. Sign your name <u>in ink</u> or <u>in pencil</u>.

3. 총칭적 용법

4. (a) 시간이란 무엇인가?

   (b) 지금 몇 시입니까?

5. 실패작(보통명사로 바뀐 추상명사)/성공작

제8장

1. (a) O (b) O (c) O or the (d) O or the (e) the (f) O
2. (a) O (b) an (c) O (d) O (e) O (f) O (g) O (h) O or a (i) an
   (j) a (k) a (l) the
3. (a) O (b) O (c) O (d) the (e) the (f) O or the
4. (a) O (b) the (c) the (d) the
5. (a) O (b) the (c) O
6. (a) O (b) O (c) O (d) a (e) O (f) a (g) the (h) the
7. (a) the (b) the (c) the (d) the
8. (a) the (b) the (c) O (d) the
9. (a) the (b) O (c) O (d) O (e) the (f) O (g) O (h) the (i) the
10. (a) O (b) O (c) a or the (d) a (e) the (f) the

제9장

I. (1) (3) (5) (9)

II. (1) anywhere/everywhere/somewhere/nowhere
   (2) some/something
   (3) any/nothing

제10장

I. 1. all students interested
   2. the people involved
   3. All the women present
   4. the nearest doctor
   5. the doctor concerned
   6. the best seats available (또는 the best available seats)
   7. a much more complicated problem
   8. a much more complicated problems than that (또는 a problem much more
      complicated than that)
   9. The best road to take
   10. The most difficult people to understand (또는 The people most difficult to

  understand)

Ⅱ. 1. A   2. A   3. B   4. A   5. A   6. B   7. C   8. A
   9. C   10. C

Ⅲ. 1, 5

제11장

(1) h   (2) e   (3) i   (4) c   5) a   (6) k   (7) l   (8) d   (9) m   (10) f

제12장

1. with   2. at, at   3. to   4, for, for   5 with   6. with
7. On, as, at, in, into   8. at, at, with   9. into, behind, of, in, at
10. In, on, within, in, of

제13장

Ⅰ. 1. 단일개념을 만드는 and
   2. 명령문 + and의 용법
   3. 명사구 + and의 용법
   4. not A but B의 용법
   5. not only A but also B의 용법
   6. 종속접속사
   7. '말을 바꾸면'의 뜻을 갖는 or
   8. 명령문 + or의 용법
   9. Neither A, nor B, nor C의 용법
   10. Either A or B의 용법

Ⅱ. 본문 (13, 4) 참조

Ⅲ. Wherever he may go; however humble it may be

Ⅳ. (a) He arrived there *before* me. - 전치사
      It will be long *before* we meet again. - 접속사
      I have been there *before*. - 부사
   (b) Come *after* me. - 전치사

I met him three days *after*. - 부사

He arrived there *after* I did. - 접속사

제14장

Ⅰ. 1. C   2. A   3. B   4. C   5. A

Ⅱ. 1. A   2. C   3. A   4. B   5. B

제15장

(2) who를 that으로

(6) that을 which로

(7) in을 which 앞으로 (in which …)

(8) whom을 who로

제16장

Ⅰ. 본문 (16.1.5) 참조

Ⅱ. 명령문은 주어가 생략되고 동사의 원형으로 시작하는 형식의 문장을 가리킨다.
명령문은 '명령' 이외에도 문맥에 따라, 지시, 요구, 부탁, 간청, 권유, 경고등을 나
타낸다.
그와 대조적으로 '명령'이라는 화행은 명령문 이외에, Let's … 로 시작하는 권유문
으로 나타낼 수도 있고 I order … 란 평서문으로 시작할 수도 있다. (3.2(5) 해설 참조)

Ⅲ. 본문 (16.3.3) 참조

Ⅳ. 1. a   2. a   3. b   4. b   5. b   6. b

Ⅴ. (a) 앞으로 오랫동안 크리스마스와 일요일이 겹치지는 않을 것이다.
(b) 몇 해 지나지 않아서 크리스마스가 일요일과 겹칠 것이다.

제17장

Ⅰ. 본문 17.2 와 17.3 참조

Ⅱ. 1. Chinese food has to be served in small pieces, picked up little by little with
chopsticks, and eaten slowly.

2. The Koreans eat their food with chopsticks, the Europeans with knives and forks.

3. A young animal has to decide which of the things around it are to be eaten and which are to be avoided.

4. The young animal is protected from danger by its parents, or by some mechanism built into its nervous system from the start.

5. Your experience and mine are equally useful.

제18장

Ⅰ. 1. has 2. are, is   3. is   4. is   5. has, have   6. come
   7. has 8. is 9. are 10. was

Ⅱ. 1. I didn't think you understood why I couldn't do so.
   2. I was sure she would be waiting for us.
   3. I wished I had time to rest.
   4. It seemed that she had left her book in the car.
   5. It looked as if it might rain.

제19장

Ⅰ. 1. My friend said that he had enjoyed his trip to Europe a great deal.
   2. I wondered where I could get a book on this subject.
   3. The mother told the children not to make such a noise.
   4. He said that he had just received an urgent message and that he must go home at once.
   5. She told me that she respected me but that she didn't love me.
   6. "Shall we go out for lunch?" my roommate said.
   7. I said to him," Don't wait if I am late."
   8. He said to me, "When I get back, I will give you the money I borrowed from you yesterday."

Ⅱ. Who was it? Who could it be? It couldn't be a burglar, for he was smoking and he strolled lightly.

제20장

I. 1. It is impossible to do business with him.

　2. It seems that you took/have taken a dislike to him.

　3. It is said that he was/has been in prison once already.

　4. It is certain that he will be charged with an offense.

　5. It is difficult to understand Johnson.

II. 1. The time has come to decorate the house for Christmas.

　2. We heard the story from his own lips of how he has bee stranded for days without food.

　3. The loaf was stale that you sold me.

　4. A list will be sent to you of all the museums in Rome.

　5. A report has just been issued on meals served to children in schools.

참고문헌

Bolinger, D. L. 1977. *Meaning and Form*. London: Longman.

Carter, R. and M. McCarthy. 2006. *Cambridge Grammar of English*. Cambridge: Cambridge University Press.

Celce-Murcia, M. and D. Larsen-Freeman. 1999. *The Grammar Book*. Boston: Heinle & Heinle.

Close, R. A. 1975. *A Reference Grammar for Students of English*. London: Longman.

Cowan, R. 2008. *The Teacher's Grammar of English*. Cambridge: Cambridge University Press.

Curme, G. O. 1947. *Principles and Practice of English Grammar*. New York: Barnes & Noble.

Declerck, R. 1991. *A Comprehensive Descriptive Grammar of English*. Tokyo: Kaitakusha.

Dillon, G. I. 1970. *Introduction to Contemporary Linguistic Semantics*. New Jersey: Prentice-Hall.

Dixon, R. M. W. 1991. A *New Approach to English Grammar on Semantic Principles*. Oxford: Oxford University Press.

Douglas, B., S. Johansson., G. Leech., S. Conrad and E. Finegan. 1999. *Longman Grammar of Spoken and Written English*. London: Longman

Givon, T. 1993. *English Grammar, A Function-based Introduction*. Amsterdam/ Philadelphia: John Benjamin Publishing Co.

Greenbaum, S. 1969. *Studies in English Adverbial Usage*. London: Longman.

Greenbaum, S. and R. Quirk. 1990. *A Student's Grammar of the English Language*. London: Longman.

Halliday, M. A. K. and R. Hasan. 1976. *Cohesion in English*. London: Longman.

Hornby, A. S. 1962. *A Guide to Patterns and Usage in English*, London: Oxford University Press.

Jespersen, O. 1901-1949. *A Modern English Grammar on Historical Principles*. London: George Allen & Unwin/Copenhagen: Ejnar Munksgaard.

_____, 1933. *Essentials of English Grammar*. London: George Allen & Unwin.

Leech, G. 1969. *Towards a Semantic Description of English*. London: Longman.

_____, 1971. *Meaning and English Verb*. London: Longman.

Leech, G. and J. Svartvik. 1975. *A Communicative Grammar of English*. London:

Longman.

Ohashi, Y. 1978. *English Style*. Rowley: Newbury House.

Onions, C. T. 1904, 1969. *An Advanced English Syntax*. London: Routledge and Kegan Paul.

Palmer, F. R. 1979. *The English Verb*. London: Longman.

Quirk, R., S. Greenbaum, G. Leech and J. Svartvik. 1985. *A Comprehensive Grammar of the English Language*. London: Longman.

Roberts, P. 1954, *Understanding Grammar*. New York: Harper and Brothers.

Rutherford, W. 1977. *Modern English* (vol.2). New York: Harcourt Brace Jovanovich.

Sinclair, J. et al. (eds.) 1990. *Collins Cobuild English Grammar*. London and Glasgow: Collins.

Stockwell, R., P. Schachter, and B. H. Partee. 1973. *The Major Syntactic Structures of English*. New York: Holt, Rinehart and Winston, Inc.

Swan, M. 1997. *Practical English Usage* (new edition). Oxford: Oxford University Press.

Thompson, A. J. and A.V. Martinet. 1980. *A Practical English Grammar* (2nd edition). London: Oxford University Press.

Zandvoort, E. W. 1957. *A Handbook of English Grammar*. Croningen: Wolters Noordhoff.

사전류

Courtney, R. (ed.) 1983. *Longman Dictionary of Phrasal Verbs*. London: Longman.

Perrault, S. J. (ed.) 2008. *Merriam-Webster's Advanced Learner's English Dictionary*. Massachusetts: Merriam-Webster, Inc.

Rundell, M. et al. (eds.) 2002. *Macmillian English Dictionary for Advanced Learners of American English*. Oxford: Macmillan Education.

Sinclair, J. et al. (eds.) 1987. *Collins Cobuild English Language Dictionary*. London and Glasgow: Collins.

Summers, D. (ed.) 2003. *Longman Dictionary of Contemporary English*. London: Longman.

Summers, D. (ed.) 1992. *Dictionary of English Language and Culture*. London: Longman.

Wehmeier, S. (ed.) 2000. *Oxford Advanced Learner's Dictionary*. Oxford: Oxford University Press.

기타

Close, R. A. 1976. *Workbook*. London: Longman.

문 용, 2015. 한국어의 발상 영어의 발상. 서울대학교 출판문화원.

문법사항색인

어구색인

저자 약력

문 용

서울대 문리대 영문과 졸업
미국 인디애나 대학원 언어학과(M.A.)
영국 에딘버러 대학원에서 응용언어학 연구
현재 서울대학교 사범대학 영어과 명예교수

저 서

「한국어의 발상 영어의 발상」(서울대학교 출판문화원, 2015)
기타 논문 다수

제4개정판
고급영문법해설

초판발행	1987년 7월 25일	
개정판발행	1994년 9월 30일	
제2개정판발행	2002년 2월 5일	
제3개정판발행	2008년 11월 20일	
제4개정판발행	2017년 8월 30일	
중판발행	2024년 1월 31일	

지은이   문 용
펴낸이   안종만·안상준

편 집   전채린
기획/마케팅   조성호
표지디자인   김연서
제 작   고철민·조영환

펴낸곳   (주) **박영시**
              서울특별시 금천구 가산디지털2로 53, 210호(가산동, 한라시그마밸리)
              등록 1959. 3. 11. 제300-1959-1호(倫)
전 화   02)733-6771
f a x   02)736-4818
e-mail   pys@pybook.co.kr
homepage   www.pybook.co.kr
ISBN   979-11-303-0384-0 03740

copyright©문 용, 2017, Printed in Korea

정 가   24,000원